Edmar Bacha

Belíndia 2.0
Fábulas e ensaios sobre o país dos contrastes

CB020692

1ª edição

CIVILIZAÇÃO BRASILEIRA

Rio de Janeiro
2012

PROJETO GRÁFICO DE MIOLO
Evelyn Grumach e João de Souza Leite

CIP-BRASIL. CATALOGAÇÃO NA FONTE
SINDICATO NACIONAL DOS EDITORES DE LIVROS, RJ

B118b   Bacha, Edmar Lisboa, 1942-
Belíndia 2.0: fábulas e ensaios sobre o país dos contrastes / Edmar Bacha. –
Rio de Janeiro: Civilização Brasileira, 2012.

ISBN 978-85-200-1146-1

1. Inflação. 2. Moeda. 3. Política econômica. 4. Estabilização econômica – Brasil.
5. Brasil – Condições econômicas. 6. Desenvolvimento econômico – Brasil.
7. Economia – Brasil – História. I. Título.

CDD: 332.414
12-5564   CDU: 336.748.12

EDITORA AFILIADA

Este livro foi revisado segundo o novo Acordo Ortográfico da Língua Portuguesa.

Direitos desta edição adquiridos pela
EDITORA CIVILIZAÇÃO BRASILEIRA
Um selo da
EDITORA JOSÉ OLYMPIO LTDA.
Rua Argentina, 171 – Rio de Janeiro, RJ – 20921-380
Tel.: 2585-2000

Seja um leitor preferencial Record.
Cadastre-se e receba informações sobre nossos lançamentos e nossas promoções.

Atendimento e venda direta ao leitor:
mdireto@record.com.br ou (21) 2585-2002.

Impresso no Brasil
2012

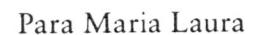
Para Maria Laura

Sumário

IV. Ciclo do Café e novas *commodities*

V. Epílogo

Introdução[1]

Tudo começou com Belíndia, nos tempos da ditadura e da alta inflação. Com a redemocratização, vieram as peripécias dos programas de estabilização, até o dragão ser domado pelo Plano Real. As dificuldades da retomada do crescimento e a persistência das altas taxas de juros foram os temas que então dominaram o debate. Neste início do século XXI surgem os desafios do redesenho das políticas sociais e do manejo do ascenso das *commodities*. É dessa trajetória do Brasil, entrelaçada com minha própria experiência profissional, que falam os ensaios deste volume.

Fábulas da inflação

Nos idos de 1974, sob o regime militar, havia um intenso debate sobre a distribuição de renda no país.[2] O Censo de 1970 revelara não só que ela era muito concentrada, mas também que essa concentração havia se agravado entre 1960 e 1970. Os 10% mais ricos, que já detinham 40% da renda total em 1960, passaram a deter 48% em 1970. Isso quer dizer que os 10% mais ricos se apropriaram de nada menos do que 72% do acréscimo da renda total entre 1960 e 1970![3] Nas reuniões mais acadê-

---

[1] Isentando-os das consequências, agradeço os comentários de Albert Fishlow, André Lara Resende, Francisco Lopes, John Williamson, Helga Hoffmann, Maria Laura Cavalcanti, Monica Baumgartem de Bolle, Pedro Malan, Persio Arida, Regis Bonelli, Rodolfo Hoffmann e Rogerio Werneck.
[2] As principais referências eram Fishlow (1972), Hoffmann e Duarte (1972) e Langoni (1973).
[3] Seja R_{it} a renda dos 10% mais ricos e R_t a renda total no ano t. Então: $\Delta R_{it}/\Delta R_t = (\Delta R_{it}/R_{it})/(\Delta R_t/R_t) = (\Delta R_{it}/R_{it})(R_{it}/R_t)/(\Delta R_t/R_t) = 0,669 \times 0,3966/0,369 \approx 72\%$. Os dados se referem à população com renda e foram retirados de E. Bacha e L. Taylor (1980), Tabela 10.1, p. 305. A fonte original é Langoni (1975), tabela 3-5, p. 64.

micas do Instituto de Pesquisa Econômica Aplicada (Ipea), no Rio, ou naquelas mais políticas do Centro Brasileiro de Análise e Planejamento (Cebrap), em São Paulo, esse era o tema dominante das discussões de que eu participava. Algum ministro do governo militar teria dito que era preciso primeiro crescer para depois distribuir, o que causou justa revolta nos meios em que eu circulava.

Em 1974, eu lecionava na Universidade de Brasília, mas também participava das atividades do grupo de pesquisas do Banco Mundial, que tinha acabado de publicar o volume *Redistribution with Growth.* Nele, Hollis Chenery e Montek Ahluwalia propunham alternativas para medir o crescimento econômico que levavam em conta não apenas o nível da renda, mas também a distribuição. Anos antes, na Universidade de Yale, eu tinha sido aluno de Edmund Phelps, que havia escrito em 1961 uma fábula deliciosa na *American Economic Review* sobre a chamada regra de ouro do crescimento econômico. Fiquei entusiasmado com a possibilidade de escrever um teorema matemático como se fosse uma fábula, ainda mais num artigo na principal revista acadêmica de economia do mundo!

Foi nesse contexto que me ocorreu a ideia de colocar as equações de Chenery e Ahluwalia numa fábula, para criticar a postura do governo militar de que o importante era o crescimento do PIB e que a distribuição da renda podia ficar para depois. Assim nasceu, em julho de 1974, "O economista e o rei da Belíndia: uma fábula para tecnocratas", que abre este volume.

Naquele mês, na reunião anual da Sociedade Brasileira para o Progresso da Ciência (SBPC), em Recife, mostrei a fábula para Celso Furtado, que imediatamente a enviou para Raimundo Pereira, o editor do jornal *Opinião,* de oposição. A fábula foi publicada com destaque, nas duas páginas centrais do semanário, e causou enorme sensação, logo se integrando ao arsenal da oposição à ditadura militar.

Na fábula, as propostas para medir o crescimento econômico levando em conta a distribuição de renda foram adotadas pelo rei de Belíndia. No mundo real, não prosperaram. Em nível internacional, ganhou proeminência uma proposta alternativa, de Mahbub ul Haq e Amartya

Sen, de calcular o Índice de Desenvolvimento Humano (IDH). Esse índice, divulgado anualmente pela Organização das Nações Unidas (ONU) desde 1990, leva em conta, além do Produto Interno Bruto (PIB), a educação e a saúde (e, nas suas versões ampliadas, também inclui a distribuição da renda). Sem negar os méritos do IDH, parece-me que as fórmulas de Chenery e Ahluwalia também devam ter seu lugar para medir a evolução do bem-estar econômico da população de um país. A experiência brasileira na década passada ilustra o que quero dizer.

O gráfico abaixo descreve a evolução anual do crescimento da renda domiciliar per capita por décimos da distribuição de renda entre 1999 e 2009.[4] Cada barra no gráfico mede o crescimento da renda de um grupo de domicílios, ordenados da esquerda para a direita dos 10% mais pobres até os 10% mais ricos. Vê-se que quanto mais pobre o domicílio, mais sua renda per capita cresceu no período – ao contrário do que havia ocorrido no país na década de 1960.

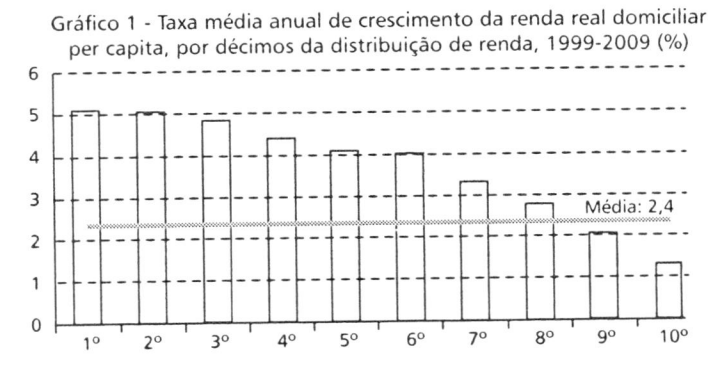

Gráfico 1 - Taxa média anual de crescimento da renda real domiciliar per capita, por décimos da distribuição de renda, 1999-2009 (%)

Embora a renda per capita dos oito primeiros décimos dos domicílios mais pobres tenha tido um crescimento anual variando de 5,1% a 2,8%, a média nacional (que equivale ao PIB per capita)[5] cresceu apenas 2,4%, conforme indicado no gráfico pela linha horizontal. A

---

[4]Dados gentilmente preparados por Rodolfo Hoffmann, a partir das Pesquisas Nacionais por Amostra de Domicílios (PNADs) de 1999 e 2009. Valores deflacionados pela média geométrica dos INPCs de setembro e outubro dos anos indicados.

[5] De acordo com o IPEADATA, o PIB per capita cresceu em média 2,0% ao ano entre 1999 e 2009.

explicação é que a renda per capita dos domicílios mais ricos, situados nos dois décimos superiores da distribuição, pouco cresceu e puxou a média para baixo. O gráfico não indica as participações dos diversos décimos na renda total dos domicílios. Sabemos, entretanto, que os 20% mais ricos apropriaram-se de cerca de 60% da renda total. Por isso, o crescimento da renda média para o conjunto dos domicílios é mais próximo da experiência dos 20% mais ricos do que da dos 80% mais pobres. Essa é a razão por que, na fábula, o PIB é chamado de Felicitômetro dos Ricos (quanto mais rico o domicílio, maior seu peso na média nacional).

Na fábula, também se calcula a média simples do crescimento da renda dos diversos décimos da distribuição, ou seja, a média na qual todos os décimos têm a mesma ponderação. Se fizermos isso com os dados do gráfico anterior, chegamos a uma taxa agregada de crescimento de 3,7%. Portanto, 56% mais alta do que os 2,4% da média nacional e bem mais representativa da experiência do grosso da população. Essa média simples denomina-se na fábula de taxa de crescimento com ponderações democráticas (porque cada décimo comparece com a mesma ponderação; ou seja, para cada décimo, um voto).

A fábula também introduz outro agregado, com o nome de taxa de crescimento com ponderações da pobreza (quanto mais pobre o domicílio, maior sua ponderação no agregado). Para esse cálculo, precisamos usar a participação dos diversos décimos na distribuição de renda e dar ao crescimento da renda de cada décimo um peso inversamente proporcional a sua participação na renda total. Quando fazemos isso, calculamos o valor de 4,6% para a taxa com ponderações da pobreza, número que, como vemos no gráfico, reflete a experiência de crescimento das parcelas mais pobres da população.

Em resumo, se usarmos as fórmulas de Chenery e Ahluwalia que inspiraram a fábula, obteremos os seguintes resultados alternativos para a taxa anual de crescimento da renda per capita dos domicílios brasileiros no período de 1999 a 2009:

Ponderação da riqueza (PIB per capita ou renda média): 2,4%
Ponderação democrática: 3,7%
Ponderação da pobreza: 4,6%

Esse exercício mostra como calcular medidas de crescimento da renda com foco na experiência, seja dos mais pobres seja da população como um todo, dependendo das ponderações que se adotem. Agora que estamos em ritmo de Belíndia 2.0, talvez, como na fábula, tenha chegado o tempo de o Instituto Brasileiro de Geografia e Estatística (IBGE) adotar "os três conceitos alternativos de crescimento tal como apresentados no relatório do economista visitante".

A fábula prestou bons serviços na luta contra a ditadura, mas foi o termo "Belíndia" – junção de Bélgica com Índia – que ficou para a história, como uma sintética descrição do Brasil das clivagens sociais, conforme descrito em *Os dois Brasis*, de Jacques Lambert, ou em *Brasil, terra de contrastes*, de Roger Bastide. Assim como as fórmulas matemáticas subjacentes à fábula não são de minha autoria, não requisito direitos de cunhagem do termo Belíndia. Ao que me lembre, ele apareceu num debate sobre distribuição de renda no auditório do Ipea em 1972. Ficou gravado na minha memória e inspirou a fábula.

Vale aqui uma digressão. De certa feita, John Williamson reclamou comigo de ter ficado com a fama de ser o pai do "Consenso de Washington" só porque escrevera um artigo com esse tema para explicar não o que ele pensava sobre políticas de desenvolvimento, mas sim o que os principais *think-tanks* da capital dos EUA pensavam a esse respeito. De nada adiantara ele ter escrito um novo artigo, com ênfase nas falhas do mercado, na distribuição de renda e na conservação dos recursos naturais, porque ninguém lhe deu atenção. Disse-lhe que não tinha jeito, sua paternidade do Consenso agora era parte da história, era difícil que ele conseguisse um exame de DNA. Disse a ele que eu também, com a fábula de Belíndia, o que queria era propagar uma nova maneira de medir o crescimento, com ênfase na distribuição da renda. Mas isso não prosperou e o que ficou para a história foi minha associação a um termo bem talhado.

* * *

Em 1979, fui da Universidade de Brasília para a Pontifícia Universidade Católica do Rio de Janeiro (PUC-Rio). Em 1984, estava em Nova York, como professor visitante na Universidade de Colúmbia. Pesquisava temas relacionados ao balanço de pagamentos e à dívida externa e organizava uma seleção de meus ensaios acadêmicos, publicados pela Fondo de Cultura Económica, no volume *El milagro y la crisis: economia brasileña y latinoamericana.*

Acompanhava a distância, de um lado, as peripécias do processo de redemocratização; de outro, os debates sobre como conter a inflação galopante. Na origem do debate estava um livro de 1970 de Mario Henrique Simonsen, cujo título diz tudo: *Inflação: gradualismo vs. tratamento de choque.* Retratava a controvérsia entre Delfim Netto e Reis Veloso, de um lado, e Roberto Campos e Octavio Gouvêa de Bulhões, de outro, sobre se o combate à inflação deveria ser gradual ou rápido. A perspectiva gradualista ganhou a parada durante o regime militar, mas, às portas da redemocratização, a inflação superava 200% ao ano e assim não havia como continuar insistindo naquela estratégia. O debate agora era outro. Não tínhamos ainda uma hiperinflação, mas havia causado forte impressão nos economistas que a assistiram uma palestra na Fundação Getulio Vargas de Thomas Sargent, então da Universidade de Minnesota, sobre as hiperinflações europeias da década de 1920. Nessa palestra, posteriormente publicada em Sargent (1983), ele sustentava que todas essas hiperinflações tinham sido detidas de forma súbita com uma mudança do regime fiscal.

A ditadura militar estava moribunda. O problema era como lidar com uma inflação tão alta, uma vez restaurada a democracia. Bulhões propôs um "choque ortodoxo", contemplando a supressão da correção monetária da dívida interna acompanhada de forte contenção da oferta de moeda. Francisco Lopes replicou com a proposta de um "choque heterodoxo", envolvendo o congelamento temporário de preços e salários. Persio Arida defendeu a neutralização da inflação através de graus mais elevados de indexação. André Lara Resende propôs a criação de uma moeda com paridade fixa em relação ao dólar. Ela circularia concomitantemente com o cruzeiro, que continuaria a se depreciar. A ideia era permitir que os agentes econômicos migrassem voluntariamente para a nova moeda, desde que abandonassem qualquer cláusula de indexação, dando assim fim à inflação aparentemente sem traumas.

Lopes apresentou suas ideias a Tancredo Neves, já eleito como o primeiro presidente da Nova República. Consta que Tancredo teria comentado com um assessor, depois que Lopes saiu da sala: "Esse menino do Lucas[6] tem cada ideia..." Imaginem o que Tancredo teria dito se tivesse tido a oportunidade de ouvir a proposta do filho de Otto Lara Resende!

Em Nova York, o que imaginei foi uma nova fábula, "O fim da inflação no reino de Lisarb", reproduzida como o segundo capítulo deste volume. Se Belíndia era a ilha dos contrastes, Lisarb era o país dos contrários. Ali, tudo funcionava de trás para frente, a começar pelo próprio nome do país, e proliferavam "audaciosas interpretações dos economistas locais para a persistente inflação". Seven, recém-eleito rei de Lisarb, convoca os economistas para um grande debate sobre como acabar com a inflação e fica ouvindo as sucessivas perorações dos efemeístas, dos economistas interioranos, da turma do meio de campo, de Arquimedes, o grego, do jovem financista e do danadinho (meu *alter ego*). Depois de caloroso debate, Seven retira-se meditabundo, pois "persuadira-se de que a inflação, uma questão social, não se resolvia com matemática ou fórmulas geniais. Vira que a economia ajudava bastante, mas também se convencera da importância de sua liderança política".

* * *

Infelizmente para o Brasil, Tancredo Neves não viveu para exercer sua liderança política e quem sabe acabar com a inflação sem que o

---

[6] Lucas Lopes, ministro da Fazenda no governo de Juscelino Kubitschek e pai de Chico.

país tivesse de passar por todos os traumas por que passou nos dez anos seguintes. Na presidência de José Sarney, a proposta de combate à inflação que ganhou aceitação foi o Plano Cruzado – uma troca de moedas acompanhada de congelamento de preços e salários. A proposta tinha o atrativo da simplicidade, além de ser algo similar a planos que tinham dado certo em Israel e pareciam também estar funcionando na Argentina.[7]

Como presidente do IBGE e membro da equipe econômica que introduziu o Plano Cruzado, senti-me então estimulado a explicar sua lógica através de uma nova fábula, "Inflaflução: o fim da inflação no país do futebol", o terceiro capítulo deste livro. Nela, transpus para o Maracanã, em dia de Fla-Flu, uma proposta de artigo de 1981 de meu ex-professor James Tobin, da Universidade de Yale, sobre como lidar com um tipo especial de inflação. Quando a inflação alta é puramente inercial, como preferia dizer Tobin, ou puramente de expectativas, como preferem dizer os monetaristas, existe um problema de ação coletiva que dificulta a transição para uma situação de inflação baixa. Ninguém quer abaixar primeiro, pois corre o risco de ficar sem ver o jogo. É preciso um mecanismo externo que suprima a inércia ou coordene as expectativas para permitir a baixa da inflação.

Na fábula da Inflaflução, o mecanismo externo consiste em o juiz subitamente parar de apitar o jogo e apitar para a plateia, que assiste ao jogo de pé. Surpresos, todos na plateia se sentam simultaneamente e daí em diante assistem ao jogo sentados, com mais conforto. O que a fábula não explica é como manter a plateia sentada quando surge um novo lance de emoção na partida. Na realidade do Plano Cruzado, não faltaram emoções quando o congelamento, desacompanhado das necessárias medidas de contenção da demanda, provocou um esvaziamento das prateleiras dos supermercados. A resposta do governo foi nada fazer até que, tendo vencido as eleições de 15 de novembro de 1986, flexibilizou o congelamento. Isso fez disparar o gatilho salarial, dando partida ao que

---

[7] A alternativa que se apresentava era a reforma monetária proposta por Persio Arida e André Lara Resende, que foi considerada muito complexa para a ocasião.

Dionisio Dias Carneiro aptamente denominou de regime de hiperinflação reprimida. Inconformado com a insistência do Ministério da Fazenda em querer manipular os índices de preços, demiti-me da presidência do IBGE em novembro de 1986. Fui o primeiro a sair de uma equipe que se foi despedaçando, na mesma medida em que a inflação voltava com força redobrada.

Caminhos da estabilização

Ainda sob o impacto do fracasso do Plano Cruzado, e de volta à PUC-Rio, fui convidado pela Associação Nacional dos Programas de Pós-Graduação em Economia (Anpec) para proferir a Aula Magna do 15º Encontro Anual da Associação, realizado em Salvador, no fim de 1987. Escrevi, para a ocasião, "Moeda, inércia e conflito: reflexões sobre políticas de estabilização no Brasil", que é o quarto capítulo deste volume. Ele revisita de forma "seletiva, estilizada e idiossincrática" o debate sobre políticas de estabilização no Brasil, tomando a crítica inercialista à análise monetarista como fio condutor do argumento. Em seguida, revisita o debate entre a "inércia" e o "conflito" para enfatizar que, como ensinava o fracasso do Plano Cruzado, mais difícil do que suprimir a inércia inflacionária era lidar com o conflito distributivo. Conclui dizendo que, para conciliar estabilização com crescimento e democracia, futuros planos de estabilização precisariam incorporar as lições de cada uma das três perspectivas – a monetarista, a inercialista e a conflitista – zerando o déficit do governo e desindexando salários e preços no contexto de um acordo social. Mas isso era então apenas um desejo, pois o saber era incompleto e o poder, inexistente.

* * *

Segue-se, como quinto capítulo, uma resenha de maior amplitude sobre as lições dos programas de estabilização nos países em desenvolvimento na década de 1980. Escrita na PUC-Rio, em parceria com Dionisio Dias Carneiro, por encomenda do Departamento de Assuntos Internacionais e Sociais das Nações Unidas, serviu como base para relatório do secretário-geral para a Assembleia Geral da ONU de 1991. Reporta de forma otimista:

> (...) há um contexto de redução de divergências entre abordagens antes irreconciliáveis. Essa convergência profissional é em parte uma reflexão sobre as falhas das versões mais extremas dos programas tanto ortodoxos quanto heterodoxos. Mas em parte é também uma reflexão sobre o sucesso de experiências que conseguiram combinar elementos ortodoxos e heterodoxos [como] Israel desde 1985 e México desde 1987.

O capítulo discute a seguir uma série de novos elementos que se agregaram aos velhos debates, entre os quais: choques *versus* gradualismo; escopo e sequenciamento das políticas de reforma; reforma do setor público; coordenação do investimento privado; papel do investimento público; política industrial; controles temporários de preços e âncoras nominais. Conclui com recomendações para os empréstimos baseados em políticas por parte do Fundo Monetário Internacional (FMI) e do Banco Mundial.

* * *

No início de 1993, inscrevi-me em concurso para professor titular de economia da Universidade Federal do Rio de Janeiro (UFRJ). O concurso estava marcado para junho daquele ano. Antes disso, entretanto, Fernando Henrique Cardoso foi nomeado ministro da Fazenda pelo presidente Itamar Franco. Com alguma relutância, ainda chamuscado por minha experiência com o Plano Cruzado, aceitei em maio de 1993 o convite para assessorar o novo ministro. Assim, quando prestei o concurso na UFRJ, em junho daquele ano, já estava de volta ao governo.

Logo que assumiu o Ministério da Fazenda, Fernando Henrique anunciou um Programa de Ação Imediata (PAI), voltado para o controle do déficit público. Havia, entretanto, enorme especulação sobre quais outras medidas seriam adotadas para combater a inflação, que àquela altura já superava 30% ao mês. Decidi, em parte por isso, preparar com cuidado a Aula Magna do concurso, focando exclusivamente nos aspectos fiscais da inflação brasileira. O resultado é "O fisco e a inflação", o sexto capítulo deste volume. Seu argumento central é que, no Brasil, a inflação era importante para o governo não só porque gerava o imposto inflacionário, mas principalmente porque corroía em termos reais a despesa programada no orçamento. Fazia isso sem diminuir a arrecadação dos impostos em termos reais, pois essa era protegida contra a inflação pela Ufir.[8] Isso explicaria o paradoxo de uma inflação alta conviver com um déficit primário[9] pequeno, pois o déficit era pequeno apenas por causa da contração das despesas causada pela própria inflação alta. Uma implicação do argumento era que, para deter a inflação, seria antes necessário conceber um mecanismo alternativo a ela para reduzir parte da despesa programada no orçamento. Trata-se da sustentação teórica para a criação em 1994 do Fundo Social de Emergência (hoje denominado de Desvinculação das Receitas da União), que foi a primeira etapa do Plano Real, através do qual se possibilitou a eliminação de parcela das despesas vinculadas no orçamento da União.

Passou despercebido um apêndice a esse capítulo, que formula um modelo alternativo de inflação, cuja dinâmica é determinada pelo fato de parcela importante da moeda ser remunerada pela própria inflação (trata-se de uma modelagem da correção monetária da dívida pública, que servia de lastro para as contas bancárias remuneradas). Essa remuneração potencializa o efeito do déficit primário sobre a inflação, sendo assim uma explicação alternativa à do corpo do capítulo de por que um déficit primário pequeno gerava uma inflação elevada. A implicação desse modelo é que a inflação poderia ser eliminada por uma reforma monetária crível que acabasse com a remuneração da moeda pela própria inflação. No corpo do capítulo, digo que esse raciocínio não era convincente porque para dar credibilidade à reforma monetária o governo teria de fazer um *overkill* fiscal. Isso, entretanto, era um ar-

---

[8] Ufir: Unidade Fiscal de Referência, um índice de acompanhamento diário da inflação, usado para o pagamento de impostos.
[9] Déficit primário: diferença entre as despesas e as receitas não financeiras do governo, ou seja, excluindo do cômputo os juros e as amortizações da dívida pública.

gumento algo exagerado, que usei para me proteger de possível alegação de que o assessor econômico do ministro da Fazenda favoreceria a ideia de acabar com a inflação através de uma reforma monetária envolvendo a desindexação da dívida pública. Àquela altura, eu estava convencido de que Fernando Henrique e seus assessores seríamos em breve demitidos, da mesma forma que ocorrera com os três ministros da Fazenda anteriores, nos primeiros sete meses da presidência de Itamar Franco. Portanto, a última coisa que queria era que ganhasse curso a versão de que eu favorecesse formas imaginosas de acabar com a inflação. Ainda vivíamos todos sob o impacto negativo do desastroso Plano Collor.

* * *

Meus vaticínios de que logo estaria fora do governo estavam equivocados. Fernando Henrique não somente não caiu, mas, em agosto de 1993, convenceu Persio Arida, Pedro Malan e André Lara Resende a integrarem a equipe econômica. Daí em diante, não havia mais como negar que um plano de estabilização estivesse em elaboração no Ministério da Fazenda. A dúvida era apenas sobre seu formato e sua data de execução.

O resto da história é bem sabido. O Plano Real foi anunciado por Fernando Henrique em 7 de dezembro de 1993, consistindo de três etapas sucessivas. A primeira era um mecanismo de ajuste fiscal, o Fundo Social de Emergência, que foi aprovado pelo Congresso em fevereiro de 1994. A segunda era um mecanismo de unificação do sistema de indexação, a Unidade Real de Valor (URV), que foi implantado de março a junho de 1994. E, finalmente, a terceira era a transformação da URV na nova moeda do país, o real, que se deu a partir de 1º de julho de 1994.

Fiquei na assessoria do Ministério da Fazenda até dezembro de 1994 e, quando Fernando Henrique tomou posse como presidente da República, assumi a presidência do Banco Nacional de Desenvolvimento Econômico e Social (BNDES), em janeiro de 1995. Nessa posição, escrevi, em meados de 1995, uma primeira avaliação do Plano Real. No ano seguinte, já fora do governo, escrevi uma segunda avaliação, incluindo o segundo ano do plano. Juntei as duas partes num texto em inglês para um seminário em homenagem a Albert Fishlow na Colômbia. Essa junção foi publicada em português, em 1997, num livro sobre o Plano Real, organizado por Aloizio Mercadante. Anos depois, retomei a versão em inglês, que foi então publicada num livro em homenagem a Lance Taylor, em 2003. Foi a partir dessa última versão que organizei o sétimo capítulo deste livro, sobre o Plano Real.

Trata-se de uma descrição das três etapas do plano, enfatizando o fato de todas terem sido pré-anunciadas e submetidas ao escrutínio do Congresso e suas características salientes: desindexação precedida de indexação plena; estabilização rápida sem congelamento de preços ou calote na dívida pública; adoção de políticas monetárias e cambiais flexíveis; e ausência de recessão. Como se trata de um capítulo inicialmente escrito para estrangeiros, tem o cuidado de esclarecer que o Plano Real foi bem mais do que uma clássica estabilização baseada na taxa de câmbio e de explicar por que o caminho da dolarização foi evitado. Relata ainda os desequilíbrios econômicos entre oferta e procura e entre câmbio e salários gerados pela introdução do plano e discute as políticas adotadas em 1995 e 1996 para a correção desses desequilíbrios. Conclui que o Plano Real foi bem-sucedido em trazer a inflação para baixo e em mantê-la em níveis reduzidos. Mas que, até então (1997), essa estabilidade não havia sido suficiente para compatibilizar crescimento econômico com razoável equilíbrio externo.

Em 1997, irrompeu a crise asiática. A ela se seguiu, em 1998, a crise russa. Sob a pressão de forte ataque especulativo, o governo brasileiro se viu forçado, na virada de 1998 para 1999, a abandonar o regime de câmbio administrado e deixar a moeda flutuar. A partir de janeiro de 1999, foi adotado um novo tripé de política econômica, baseado em superávit fiscal primário, câmbio flutuante e regime de metas para a inflação. Com a ajuda de um *boom* dos preços das *commodities*, esse tripé permitiu desde então conciliar a estabilidade de preços com o equilíbrio externo. Mas o crescimento econômico continuou a decepcionar.

Retomada do crescimento e políticas sociais

A estabilização estava incompleta enquanto não se resolvessem dois mistérios. O primeiro era por que a taxa de crescimento do PIB continuava tão baixa, após o colapso que sofrera em 1981-83, mesmo depois da estabilização alcançada pelo Plano Real. O segundo era por que as taxas reais de juros permaneciam tão altas mesmo depois de se adotar o câmbio flutuante e de se superar o medo de um governo de esquerda. A busca de respostas foi uma motivação a mais para que ex-colegas na PUC-Rio, agora todos fora do governo, constituíssemos em 2003 o Instituto de Estudos de Política Econômica, na Casa das Garças (Gávea, Rio de Janeiro). Os três artigos seguintes, todos eles discutidos em seminários no instituto, buscam pistas para desvendar os enigmas.

O oitavo capítulo, escrito com Regis Bonelli, é uma investigação empírica das causas do colapso da taxa de crescimento do PIB, identificando-o com um colapso da acumulação de capital a partir de 1981. A surpresa, revelada neste capítulo, é que, ao contrário das interpretações correntes, apenas parte desse colapso pode ser imputada a uma redução da taxa de poupança. O que os dados indicam é que a redução da taxa de poupança a partir de 1981 foi bem mais suave do que a queda da taxa de investimento em capital fixo. Apesar disso, o investimento caiu. Nossa principal explicação é que ocorreu uma forte queda do poder de compra da poupança sobre bens de investimento, ou seja, um forte aumento do preço relativo dos bens de investimento. Além disso, a relação produto-capital diminuiu de forma significativa, ou seja, uma mesma quantidade de investimento passou a gerar menos PIB do que anteriormente. Assim, houve um colapso do crescimento com certeza, mas ele teve razões estruturais mais profundas do que uma mera redução da taxa de poupança. A implicação era que as taxas de crescimento do período Dutra-JK ou do "milagre econômico" da década de 1970 não estavam mais à mão e que o PIB brasileiro deveria continuar a crescer a taxas não superiores a 4% ao ano.

* * *

O nono capítulo, escrito com André Lara Resende e Persio Arida, sobre as causas da alta taxa real de juros do país, tem uma abordagem totalmente distinta do anterior. Elabora uma conjetura a respeito do que denominamos "incerteza jurisdicional". Trata-se de uma incerteza de caráter difuso que permeia as decisões do Executivo, do Legislativo e do Judiciário e se manifesta predominantemente como um viés contra o poupador e contra o credor. A tendenciosidade não é contra o ato de poupar, mas contra a disponibilização financeira da poupança, a tentativa de uma transferência intertemporal de recursos através de instrumentos financeiros que, em última análise, são instrumentos de crédito. A incerteza jurisdicional entorpece o mercado de crédito, reduzindo prazos e aumentando os custos dos empréstimos. Países com incerteza jurisdicional elevada – como Argentina, Bolívia, Equador e Peru – viram seus sistemas financeiros dolarizarem-se. O Brasil, ao contrário, conseguiu desenvolver um enorme mercado financeiro interno baseado na moeda nacional. O custo dessa proeza se manifesta no prazo curto e na taxa de juros elevada dos empréstimos locais denominados na moeda do país.

Análises empíricas posteriores – uma inclusive escrita por mim mesmo em 2009, em colaboração com Marcio Holland e Fernando M. Gonçalves – tentaram dar conteúdo numérico ao conceito de incerteza jurisdicional e testar se essa construção empírica explicaria de um ponto de vista econométrico as altas taxas básicas de juros no país. Os resultados estatísticos não foram satisfatórios, mas não retiram mérito de um conceito que, desde sua introdução, tem contribuído para o debate sobre os entraves ao desenvolvimento dos mercados de crédito no país.

* * *

Apesar dos avanços institucionais do país desde a estabilização em 1994, a taxa real de juros, ainda que declinante, continua extremamente elevada para padrões internacionais. No momento em que escrevo esta Introdução (maio de 2012), o Banco Central procura evitar o impacto sobre o país de um ambiente internacional recessivo reduzindo a taxa básica de juros, apesar de a inflação doméstica ter terminado 2011 no teto do regime de metas (6,5% ao ano). Pode ser que essa estratégia dê certo e que o país chegue ao fim do governo em 2014 com a inflação na meta e uma taxa real de juros mais baixa.

Mas pode ser também que não, dependendo em parte da evolução da economia internacional. Caso não dê certo, o décimo capítulo deste volume – "Além da tríade: como reduzir os juros?" – propõe uma alternativa mais fundamentalista para fazer tanto a taxa real de juros como a taxa de inflação convergirem para padrões internacionais. Trata-se de um conjunto de mudanças institucionais, desenhadas para lidar com as persistentes heranças da hiperinflação e da superindexação, a serem implantadas em estágios sucessivos.

A primeira medida seria a aprovação de um teto para a expansão dos gastos do governo, de forma a fazer convergir a dívida pública como proporção do PIB para metade de seu valor atual. Nos cálculos do artigo, ao desfazer os riscos de um calote na dívida pública, essa medida provocaria uma queda também à metade da atual taxa real de juros. Na ocasião em que escrevi o artigo, ignorava que Israel havia implantado em 2010 uma regra desse tipo, de acordo com a fórmula:[10]

> teto da taxa de crescimento anual dos gastos do governo = (dívida pública a ser alcançada/dívida pública atual) x taxa média de crescimento do PIB nos últimos dez anos

A taxa média de crescimento do PIB brasileiro entre 2000 e 2010 foi de 3,6%. Aplicando a esse valor o objetivo de redução da dívida pública à metade de seu valor atual, resulta um teto para a expansão dos gastos do governo de 1,8% ao ano, em termos reais.

A segunda medida sugerida consiste em condicionar a expansão dos créditos direcionados (desembolsos do BNDES mais crédito habitacional e crédito agrícola) às variações da taxa Selic (Sistema Especial de Liquidação e de Custódia) do Banco Central. Atualmente, esses créditos subsidiados têm *funding* próprio e não são afetados pela política de juros

---

[10]http://www.financeisrael.mof.gov.il/FinanceIsrael/Docs/En/publications/fiscalRule.pdf

do Banco Central. Daí resulta que a taxa Selic tem de ser mais alta do que seria o caso se afetasse também os créditos direcionados. O objetivo a alcançar – pela via do contingenciamento – seria que as variações da taxa Selic tivessem sobre os créditos direcionados o mesmo impacto que têm, por via do custo, sobre os créditos livres. O capítulo não calcula os parâmetros de tal contingenciamento, mas eles podem ser obtidos sem dificuldade dos modelos macroeconômicos usados pelo Banco Central para a execução da política de metas.

As demais medidas listadas no capítulo seriam complementares a essas duas de caráter estruturante; a mais importante delas sendo o estabelecimento de uma meta de inflação de longo prazo, de 3% ao ano, a ser alcançada até o fim desta década.

* * *

A convergência da taxa real de juros e da taxa de inflação para padrões internacionais completaria a estabilização iniciada pelo Plano Real. Tempo, portanto, de repensar as políticas sociais para adequá-las ao século XXI.

O 11º capítulo, escrito com Simon Schwartzman, é uma adaptação da introdução que escrevemos ao livro *Brasil: a nova agenda social*. Nela, constatamos que embora o país gaste em políticas ditas sociais (previdência, assistência social, educação, saúde e segurança) valores similares, em proporção ao PIB, àqueles de países avançados, como Inglaterra e Estados Unidos, os resultados dessas políticas, em termos de bem-estar da população, são pífios. Constatamos ainda que, embora a cobertura dessas políticas tenha avançado muito – todas as crianças hoje em dia estão na escola, por exemplo –, a qualidade dessa cobertura – conforme indicada pelos péssimos resultados de testes escolares, por exemplo – é muito ruim.

Constatamos, enfim, que a população brasileira, ainda jovem, passará por um rápido processo de envelhecimento e de tal magnitude que em 2050 a composição etária da população será semelhante à dos países europeus hoje em dia. Concluímos que daqui em diante as políticas sociais serão não só mais complexas, mas também mais caras do que no passado. Resumimos então as evidências e propostas apresentadas pelos especialistas reunidos no livro *Brasil: a nova agenda social* para lidar com essa nova realidade em cada um dos setores considerados, a saber, saúde, previdência, assistência social, educação e segurança pública. O propósito é delinear uma agenda social que seja equânime, ao privilegiar o acesso dos mais pobres à seguridade social; realista, ao reconhecer a restrição orçamentária; e eficaz, ao lidar com a complexidade das tarefas à frente com uma gestão responsável e consequente dos recursos públicos.

Ciclo do café e novas *commodities*

Tema igualmente crítico para o desenvolvimento futuro do país é o ascenso dos preços das *commodities,* conjugado com a descoberta do petróleo do pré-sal. Os dois capítulos finais visam a contribuir para o entendimento das oportunidades e dos desafios que esses fenômenos colocam para o Brasil.

"Política brasileira do café: uma avaliação centenária", o 12º capítulo, adota uma perspectiva histórica sobre a questão da dependência das exportações de *commodities* e revê a experiência secular do país com a política do café. Entre 1850 e 1950, o café quase sempre respondeu por mais de 50% das exportações brasileiras e o Brasil por mais de 50% das exportações mundiais de café. Durante cem anos, pelo menos no que se refere às exportações, poderíamos parafrasear o dito de um senador do Império: "O Brasil é o café e o café é o Brasil."[11]

A versão original do capítulo foi escrita em 1992, por encomenda da firma exportadora de café Marcellino Martins & E. Johnston, que então comemorava 150 anos de existência. Do ponto de vista da historiografia econômica, o capítulo se divide em quatro partes. A primeira é uma avaliação do comportamento do mercado internacional do café no século XIX, para a qual me amparei na tese de doutorado de José

---

[11]Trata-se de uma paráfrase da frase do antiabolicionista Silveira Martins no Senado brasileiro, em 1880: "O Brasil é o café e o café é o negro." Cf. Taunay (1945, p. 231).

Antonio Ocampo, o que me permitiu reconsiderar, com base em novos dados, algumas proposições do clássico estudo de Delfim Netto sobre o período. A segunda parte refere-se às políticas de valorização do café na Primeira República, para cuja descrição utilizei a tese de doutorado de Winston Fritsch, contrastando-a, quando pertinente, com o citado estudo de Delfim Netto. A terceira parte é uma reavaliação da tese de Celso Furtado sobre o impacto industrializante da queima de café na década de 1930. Para ela me vali de uma extensa literatura sobre o tema, notadamente os estudos de Marcelo Abreu, Eliana Cardoso, Albert Fishlow e Carlos Pelaez. A quarta parte refere-se à política do café após a Segunda Guerra, para a qual usei minha tese de doutorado, além de pesquisa documental realizada especialmente para o capítulo.

O capítulo contém uma ampla resenha sobre a "ascensão, auge e queda da política de valorização do café, o mais importante marco de política econômica continuada da história moderna do Brasil". Para os propósitos desta introdução, vale a pena enfatizar somente um ponto das conclusões do estudo. Trata-se da constatação de que, especialmente no período após a Segunda Guerra, três políticas estiveram inextricavelmente entrelaçadas: a estabilização do câmbio, a valorização do café e a proteção da indústria. Uma política de sustentação da taxa de câmbio não podia ser concebida sem a maximização em curto prazo das receitas de exportação do café e a adoção de controles estritos às importações. Em torno dessas políticas constituiu-se um *lobby* poderoso que, ao manter o câmbio sobrevalorizado, impediu a diversificação das exportações, fechou a economia e prolongou o reinado do café, tudo muito além do que seria razoável, dado o desenvolvimento que o país já alcançara.

* * *

A partir do fim da década de 1960, o Brasil conseguiu rapidamente diversificar suas exportações e hoje em dia o café não representa mais do que 3% do total. Entretanto, desde o início deste século um fenômeno novo se manifesta – o ascenso dos preços das *commodities* no mercado mundial e a crescente importância dessas *commodities* na pauta das exportações brasileiras. Será essa "reprimarização das exportações" uma volta ao passado ou, ao contrário, o augúrio de novo padrão de crescimento? "Mais do que vinho velho em garrafa nova?", pergunta o subtítulo do último capítulo deste volume, escrito com Albert Fishlow.

O capítulo divide-se em duas partes. A primeira faz uma resenha da literatura sobre a "maldição dos recursos naturais" e a "doença holandesa". A maldição refere-se à arguição de que países ricos em recursos naturais, especialmente na África e na América Latina, crescem menos rapidamente do que países pobres em recursos naturais, especialmente na Ásia. A doença refere-se à "desindustrialização" que ocorreria em países beneficiados por auges de preços de *commodities*, especialmente no caso do petróleo. Se há algum consenso sobre essas questões, é que tudo depende da qualidade das instituições de governança dos países em causa, a qual condiciona a natureza das políticas adotadas. Mas há um complicador: petróleo e minérios, talvez também o sistema de *plantations,* tendem a gestar instituições de má qualidade, que alimentam um "efeito voracidade" na política, daí resultando tanto a maldição como a doença. Não há dúvida, entretanto, que, se boas políticas forem adotadas, os recursos naturais podem tornar-se uma bênção, haja vista os exemplos dos Estados Unidos e da Suécia, historicamente, e os da Noruega e Austrália, hoje em dia.

Com base nessas perspectivas, a segunda parte do capítulo passa uma vista de olhos nas experiências de Argentina, Brasil, Chile e Venezuela com o manejo de seus recursos naturais. Nos quatro casos, predomina o vaivém das políticas, com o Chile numa ponta, a Venezuela na outra, o Brasil encontrando seus caminhos, a Argentina incapaz de superar a volatilidade. Em todos esses casos, a característica dominante é a das políticas econômicas domésticas e sua transformação ao longo do tempo. No caso do Brasil, a avaliação é que o ascenso das *commodities* tem sido uma bênção, embora sua associação com uma baixa taxa de poupança e uma elevada taxa de juros leve à valorização do câmbio, que cria dificuldades para a indústria e periga trazer o velho protecionismo de volta.

* * *

São enormes os avanços do país quando se compara a situação atual com aquela descrita nas fábulas de Belíndia e Lisarb. A ditadura se foi, uma nova Constituição está em vigor e os partidos políticos disputam livremente o poder. A alta inflação foi domada e a longa década perdida de 1980-92 foi vencida. O país desfruta de um período de estabilidade e crescimento com distribuição de renda.

É longo, entretanto, o caminho a percorrer para podermos dizer que o futuro finalmente chegou ao País do Futuro de Stephan Zweig. Exemplos recentes fazem temer que ele permaneça distante. Pouco progresso se tem alcançado no desempenho da segurança pública, educação, saúde e previdência – áreas da política social em que o Brasil continua a ter características de um país subdesenvolvido. Nas regras de exploração do petróleo do pré-sal, o Congresso se concentrou na distribuição dos *royalties*, sem sequer discutir a modelagem excessivamente intervencionista que o Executivo desenhou para essa exploração. Essas posturas colocam em dúvida a capacidade do país de evitar a maldição dos recursos naturais. À compreensível fadiga com um sistema de metas de inflação baseado em altas taxas reais de juros se associa, entretanto, a ânsia de obter maiores taxas de crescimento do PIB com estímulos de demanda. Essa atitude arrisca alimentar os germes da cultura inflacionária que pareciam ter sido banidos pelo Plano Real. A política industrial vem se baseando na escolha de empresas vencedoras setor por setor, beneficiadas pelo protecionismo das compras governamentais e do crédito subsidiado do BNDES. O resultado pode ser um retorno ao capitalismo de compadrio que tinha sido aparentemente superado pela abertura da economia na década de 1990.

Nem a necessária modernização das políticas sociais nem a boa gestão das políticas econômicas parecem estar assim asseguradas. Este livro ilustra como o aperfeiçoamento das políticas é um processo contínuo, usando princípios básicos para desenvolver novas regras que, em seguida, continuam a evoluir. O perigo está em buscar soluções do passado, em vez de desenvolver novas soluções com base no fluxo constante de conhecimentos. Quando a fábula de Belíndia foi escrita, em 1974, ocorreu o primeiro choque de petróleo. Convencido da ideia de manter o crescimento do PIB a qualquer custo, o governo militar proclamou que o país era uma ilha de tranquilidade num mundo em convulsão e anunciou o 2º Plano Nacional de Desenvolvimento, que previa a continuidade de uma taxa de crescimento do PIB de 10% ao ano. Essa atitude levou o Brasil à crise da dívida externa e à alta inflação do início dos anos 1980.

Hoje, novamente nos deparamos com o mundo em convulsão, ainda sob o impacto da crise financeira de 2008-09. A tentação de retroceder no debate econômico está aí, diante da desordem dos outros e da falta de direção das políticas econômicas mundo afora. Ceder a essa tentação seria uma lástima, pois, por sua exitosa experiência de estabilização e reforma desde o início da década de 1990, o Brasil tem hoje a oportunidade de influenciar as escolhas de políticas também em outras partes do mundo. Nesta quadra em que parece haver somente a escolha entre duas opções: direita ou esquerda, liberalismo ou intervencionismo, monetarismo ou estruturalismo, e assim por diante, o que este livro enfatiza é a importância da trajetória democrática, não organizada por ideias preconcebidas.

O epílogo volta às fábulas para reforçar essa proposição. Reconta a evolução das controvérsias macroeconômicas com alguma dose de erotismo, sugerindo que, embora posições extremas se justifiquem de tempos em tempos, é na temperança que reside a fonte do prazer duradouro.

Referências

ABREU, Marcelo de P. "Crise, crescimento e modernização autoritária, 1930-1945". In: M. de P. Abreu (org.). *A ordem do progresso*. Rio de Janeiro: Campus, 1990, pp. 73-104.

ARIDA, Persio. "Neutralizar a inflação: uma ideia promissora". *Economia em Perspectiva*. São Paulo: Conselho Regional de Economistas de São Paulo, set., 1984.

_____ ; RESENDE, André Lara. "Inflação inercial e reforma monetária: Brasil". In: Persio Arida (org.), *Inflação zero: Argentina, Brasil, Israel*. Rio de Janeiro: Paz e Terra, 1986, pp. 9-35.

BACHA, Edmar. *An Econometric Model for the World Coffee Market: The Impact of Brazilian Price Policy*. Tese de Doutorado. New Haven, CT: Yale University. Processado, 1968. [Ann Harbor, Michigan: University Microfilms, 1971].

_____. *El Milagro y La Crisis: Economía Brasileña y Latinoamericana*. México: Fondo de Cultura Económica, 1986.

_____; HOLLAND, Marcio e GONÇALVES, Fernando M. "A panel-data analysis of interest rates and dollarization in Brazil". *Revista Brasileira de Economia*, 63(4), 2009, pp. 341-360.

_____; SCHWARTZMAN, Simon (orgs.). *Brasil: a nova agenda social*. Rio de Janeiro: LTC, 2011.

_____; TAYLOR, Lance. "Brazilian income distribution in the 1960s: 'facts', model results, and the controversy". In: L. Taylor et alii, *Models of Growth and Distribution for Brazil*. Nova York: Oxford University Press, 1980, pp. 296-342.

BASTIDE, Roger. *Brasil, terra de contrastes*. São Paulo: Difel, 1957, 9ª. ed., 1979.

BULHÕES, Octavio Gouvêa de. "Consenso mal aproveitado". *Conjuntura Econômica*, 38(12), 1984, pp. 111-118.

CARDOSO, Eliana. "The Great Depression and the Brazilian coffee-suport policy". In: *Inflation, Growth, and the Real Exchange Rate*. Nova York: Garland Publishing, 1987, pp. 17-28.

CHENERY, Hollis et alii. *Redistribution with Growth*. Londres: Oxford University Press, 1974.

DELFIM NETTO, A. *O problema do café no Brasil*. Rio de Janeiro: Fundação Getulio Vargas, Reproduzido de *Boletim n°. 5*. São Paulo: Faculdade de Ciências Econômicas e Administrativas da Universidade de São Paulo, 1959.]

FISHLOW, Albert. "Brazilian Size Distribution of Income". *American Economic Review*, 62(2), 1972, pp. 391-402.

_____. "Origins and consequences of import substitution in Brazil". In: L.E. Di Marco (org.). *International Trade and Development: Essays in Honor of Raúl Prebisch*. Nova York: Academic Press, 1972.

FRITSCH, Winston. *External Constraints on Economic Policy in Brazil, 1889-1930*. Londres: Macmillan, 1988.

FURTADO, Celso. *Formação econômica do Brasil*. Fundo de Cultura, 1959. Edição Comemorativa 50 Anos. São Paulo: Companhia das Letras, 2009.

HOFFMANN, Rodolfo; DUARTE, João Carlos. "A distribuição da renda no Brasil". *Revista de Administração de Empresas*, v. 12, n. 2, jun. 1972, pp. 46-66.

LAMBERT, Jacques. *Os dois Brasis*. São Paulo: Companhia Editora Nacional, 1959, 9ª ed., 1976. (Coleção Brasiliana n°. 335).

LANGONI, Carlos. *Distribuição de renda e desenvolvimento econômico do Brasil*. Rio de Janeiro: Editora Expressão e Cultura, 1973.

LOPES, Francisco. "Só um choque heterodoxo pode curar a inflação". *Economia em Perspectiva*. São Paulo: Conselho Regional de Economia de São Paulo, ago., 1984.

[Reproduzido em Francisco Lopes. *O choque heterodoxo: combate à inflação e reforma monetária*. Rio de Janeiro: Campus, 1986, pp. 118-120].

MERCADANTE, Aloizio. *O Brasil pós-real*. Campinas: Unicamp, Instituto de Economia, 1997.

NAÇÕES UNIDAS. *Report of the Secretary-General on Economic Stabilization Programmes in Developing Countries*. Nova York: Nações Unidas. A/46/385, 1991.

OCAMPO, José Antonio. *Colombia y La Economía Mundial, 1830-1910*. México: Siglo XXI, 1984.

PELAEZ, Carlos. "Análise econômica do programa brasileiro de sustentação do café, 1906-1945: teoria, política e medição". *Revista Brasileira de Economia*, 25(4), out/dez. 1971, pp. 5-212.

PHELPS, Edmund. "The Golden Rule of accumulation: a fable for growthmen". *The American Economic Review*, v. 51, nº. 4, set. 1961, pp. 638-643.

RESENDE, André Lara. "A moeda indexada: uma proposta para eliminar a inflação inercial". Rio de Janeiro: Departamento de Economia da PUC-Rio. Texto para Discussão nº. 75, set., 1984.

SARGENT, Thomas. "The End of Four Big Inflations". In: Robert Hall (org.). *Inflation: Causes and Effects*. Chicago: University of Chicago Press, 1983.

SIMONSEN, Mario Henrique. *Inflação: gradualismo vs tratamento de choque*. Rio de Janeiro: Apec, 1970.

TAUNAY, A. *Pequena história do café no Brasil*. Rio de Janeiro: Departamento Nacional do Café, 1945.

TOBIN, James. "Diagnosing Inflation: A Taxonomy". In: M.J. Flanders e A. Razin (orgs.). *Development in an Inflationary World*. Academic Press, 1981.

WILLIAMSON, John. "What Washington Means by Policy Reform". In: John Williamson (org.). *Latin American Readjustment: How Much has Happened*. Washington: Institute for International Economics, 1989.

———. "Revisiting the Washington Consensus". In: Louis Emmerij (org.). *Economic and Social Development into the XXI Century*. Washington: Interamerican Development Bank, 1997.

ZWEIG, Stephan. *Brasil: país do futuro*. Rio de Janeiro: Editora Guanabara, 1941 [L&PM Editores, 2006].

I. Fábulas da inflação

1. O rei da Belíndia: uma fábula para tecnocratas[12]

Era uma vez um reino situado num longínquo rincão a meio caminho entre o Ocidente e o Oriente, denominado Belíndia. Segundo revelações dos antigos, esse nome, estranha unidade dialética de contrários, tinha a ver com a natureza da colonização original do reino, onde povos trazidos das Índias produziam admiradas essências aromáticas que eram vendidas em mercados externos por comerciantes de origem belga.

Por aquele reino passou certa feita um economista que, em visita ao rei, explicou de seus afazeres, introduzindo-o nos mistérios dos juros compostos e das taxas de crescimento de produtos e preços. Tão impressionado ficou o monarca com o visitante que de imediato o contratou para estimar a taxa de crescimento de Belíndia.

Para felicidade do visitante, Belíndia dispunha de um bom Instituto de Estatística, que também se dedicava ao traçado de mapas e cartogramas. Atendendo a um pedido do economista, os estatísticos produziram uma imensa listagem na qual arrolaram, na primeira coluna, os nomes dos belíndios economicamente ativos; na segunda coluna, os rendimentos em rupias-reais (a moeda que circulava no reino) percebidos no ano de

[12]Originalmente publicado como "O Rei da Belíndia, o economista visitante e o produto interno bruto", no jornal *Opinião* (Rio de Janeiro, 19 ago. 1974, p. 14-5). Este capítulo corresponde ao texto em Edmar Bacha, *Os mitos de uma década*. Rio de Janeiro: Paz e Terra (1976, p. 57-61). Publicado com autorização da editora Paz e Terra.

MCMLX; e, na terceira coluna, a taxa de variação desses rendimentos (em rupias-reais de poder aquisitivo constante) entre MCMLX e MCMLXX para cada um dos nomes na lista.

A lista era enorme e incluía uma parcela substancial da população adulta de Belíndia. Por um passe de mágica, entretanto, uma amostra representativa de apenas seis elementos pôde ser extraída da população, com os seguintes resultados:

Nome	Renda mensal em rupias-reais em MCMLX	Taxa de crescimento da renda, em preços constantes, entre MCMLX e MCMLXX (%)
Antônio	100	15
Celso	10	2
Conceição	10	2
Fernando	10	2
Francisco	10	2
Paulo	10	2

Com esses dados, o economista pôs-se a trabalhar. Seu problema consistia em agregar de alguma maneira essa multiplicidade de taxas individuais de crescimento, de modo a chegar a uma taxa única que representasse o crescimento de Belíndia na década. O economista meditou. Ele não conhecia as inclinações políticas do rei da Belíndia. Entretanto, ele considerou a possibilidade de estar lidando com um liberal-democrata. Se assim fosse, o rei deveria aderir ao princípio básico de a cada pessoa um voto, independentemente de cor, sexo, classe social ou crença religiosa. Se uma pessoa vale tanto quanto outra no plano político, é plausível admitir que também a taxa de crescimento de sua renda deva valer tanto quanto a taxa de crescimento da renda de outra pessoa, independentemente da condição social em que se encontre.

O agregado democrático das taxas de crescimento seria nesse caso obtido ponderando-se igualmente as taxas individuais de crescimento. Na amostra considerada, cada elemento receberia uma ponderação igual a 0,1667, um número que somado a si mesmo seis vezes iguala à unidade, como deve acontecer com a soma de ponderações que se prezam. Então, obtém-se: 15% x 0,1667 + 5 x 2% x 0,1667 = 4,17%.

Com ponderações democráticas, a taxa de crescimento de Belíndia seria assim de 4,17% na década, ou seja, um meio-termo entre a taxa de crescimento de Antônio (15%) e a taxa de crescimento dos outros cinco nomes na amostra (2%), aproximando-se mais do segundo número devido ao maior número de pessoas que experimentaram essa taxa de crescimento.

Pensando melhor, o economista – ele próprio um liberal – constatou nos dados a extrema desigualdade da distribuição da renda em Belíndia em MCMLX. Antecipou, então, que uma das metas do rei seria a alteração dessa distribuição na direção de maior igualdade de níveis de renda. Uma expressão quantitativa desse sentimento seria a avaliação das taxas de crescimento na razão inversa da renda das pessoas. Ou seja, a taxa de crescimento de uma pessoa rica receberia uma ponderação baixa e a de uma pessoa pobre, uma ponderação alta. No caso em tela, como Antônio tem uma renda dez vezes maior do que a dos outros cinco, a taxa de crescimento de sua renda teria uma ponderação de um décimo da dos demais.

À nova taxa obtida com tais ponderações o economista denominou de "agregado da pobreza", por razões que lhe pareceram óbvias. Seguindo as regras acima, ele deu à taxa de crescimento da renda de Antônio um peso de 0,0196 e às taxas de crescimento da renda dos demais um peso de 0,196, que foram os valores mais aproximados às ponderações ideais que pôde obter. O resultado para o agregado foi o seguinte: 15% x 0,0196 + 5 x 2% x 0,196 = 2,25%

Com ponderações da pobreza, o economista concluiu que a taxa de crescimento na década fora de 2,25%. Portanto, significativamente menor do que a taxa democrática, como seria de esperar, já que a taxa da pobreza enfatiza mais do que a primeira a experiência dos mais pobres, cuja renda teve um crescimento bem menor do que a dos mais ricos.

Com essas duas taxas, o economista ia considerar encerrada sua tarefa e até traçou um gráfico para melhor explicar sua metodologia. No eixo vertical, colocou o valor das ponderações relativas e, no eixo horizontal, o valor das rendas individuais relativas. As duas regras de ponderação foram então representadas pelas linhas abaixo:

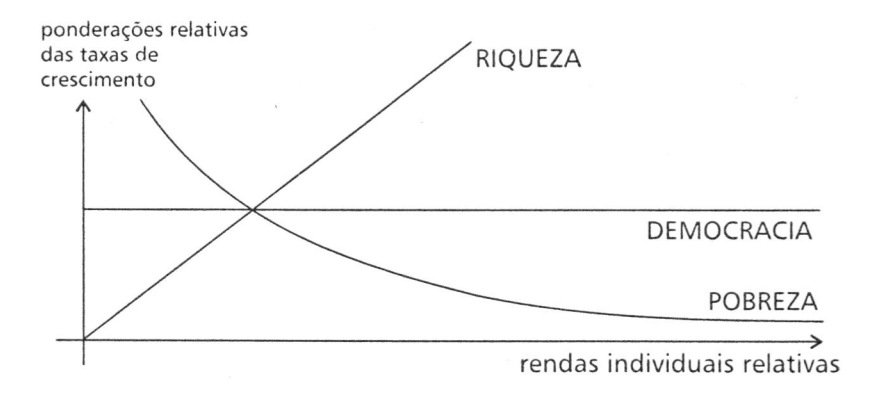

A terceira linha, saindo da origem e com uma inclinação positiva, o economista havia traçado apenas para referência. Entretanto, verificou que ela expressava um novo tipo de ponderação, exatamente inverso à ponderação da pobreza.[13]

De acordo com essa linha, as ponderações das taxas de crescimento são tão mais altas quanto maiores forem as rendas individuais. Ou seja, a taxa de crescimento da renda do rico vale mais do que a do pobre; e as ponderações variam proporcionalmente com a riqueza das pessoas. O economista não podia a princípio ver em que tipo de filosofia política enquadrar essas ponderações, mas finalmente imaginou que elas traduzissem uma aplicação de certo pensamento religioso segundo o qual a riqueza material era um sinal de bem-aventurança futura no reino dos céus; como os ricos eram os escolhidos, cabia ponderar a taxa de crescimento de sua renda mais fortemente do que a dos pobres, a quem estava reservada a danação do inferno.

---

[13]A razão pela qual as linhas se cruzam num mesmo ponto é que o economista tomou um mesmo nível de renda como base, dando às suas ponderações absolutas o valor de unidade nos três sistemas de ponderação. Por exemplo, admitindo que a renda-base seja de Rr$ 50, as ponderações relativas da renda de Antônio (Rr$ 100) seriam iguais a 1, 1/2 e 2, respectivamente nos casos de ponderações democráticas, da pobreza e da riqueza.

As ponderações da riqueza para Belíndia foram fáceis de achar; Antônio tinha uma renda de 100 para uma renda total de 150 (100 + 5 x 10); logo, a ponderação da taxa de crescimento de sua renda seria de 100/150 = 0,6667; cada um dos demais membros teria uma ponderação de 10/150 = 0,0667. E o Agregado da Riqueza pôde ser obtido imediatamente: 15% x 0,6667 + 5 x 2% x 0,0667 = 10,67%

O relatório final, portanto, concluía com três alternativas para a taxa de crescimento de Belíndia, as quais o economista sumariou no seguinte quadro:

Taxas de crescimento de Belíndia na década entre MCMLX e MCMLXX

Ponderações	Taxas (%)
Democrática	4,17
Pobreza	2,25
Riqueza	10,67

O rei ficou muito impressionado com o relatório que o economista lhe fez, no qual ficava claramente ressaltada a necessidade de um juízo de valor, de um julgamento político, antes de poder chegar a um valor agregado para o crescimento do reino. Qual não foi sua surpresa, entretanto, ao receber um relatório de seus próprios conselheiros, no qual se afiançava que a taxa de crescimento da economia na década tinha sido de 10,67% e ponto final. "Como os senhores chegaram a esse resultado?", indagou o rei, de posse do relatório do economista visitante, que ainda não fora dado a conhecer aos pares do reino. "Muito simplesmente, majestade. A renda total do reino em MCMLX foi igual a 150 rupias-reais. Para calcular a renda de MCMLXX, basta ver que a renda de Antônio, que era de Rr$ 100, aumentou de 15%; logo, passou para Rr$ 115; a renda das seis outras pessoas era de Rr$ 10 e aumentou de 2%, logo passando para Rr$ 10,2 em MCMLXX. Somando: 115 + 5 x 10,2 = Rr$ 166."

"Para calcular a taxa de crescimento do reino na década, basta, pois, subtrair 150 de 166 e dividir o resultado por 150, ou seja: (166 – 150)/150 = 10,67%. Essa, majestade, a taxa de crescimento do agregado que, na contabilidade nacional, se chama de renda pessoal disponível. Desde que somemos a esse agregado o valor dos lucros retidos, dos impostos e da depreciação, obtemos o conceito de PIB que Vossa Majestade tem usado frequentemente e cuja taxa de crescimento é praticamente igual à da renda pessoal disponível, como lhe poderemos mostrar."

"Não, não, está bem", balbuciou o rei, que não suportava o economês de seus conselheiros, o qual sempre o deixava muito confuso, acostumado que era aos raciocínios simples e diretos. Mas, sozinho, pôs-se a meditar sobre a igualdade entre a taxa de crescimento do PIB e a taxa de crescimento com ponderações da riqueza. Logo para ele se tornou claro o mistério: medir o crescimento do PIB diretamente é apenas uma maneira de encobrir um sistema de ponderações no qual cada pessoa comparece com o valor de sua renda; portanto, o resultado dos dois procedimentos somente poderia ser o mesmo.

O rei compreendeu então que o PIB era uma espécie de Felicitômetro dos Ricos. Incontinente, mandou demitir seu conselheiro-mor para finanças, que de longa data lhe vinha afiançando que o PIB era uma medida exclusivamente técnica, que envolvia apenas conceitos contábeis e não tinha qualquer implicação ética. E decretou à fundação que calculava as contas nacionais do reino que doravante explicitasse as ponderações adotadas, utilizando os três conceitos alternativos de crescimento tal como apresentados no relatório do economista visitante.

Desde esses acontecimentos, o reino tem vivido dias mais felizes, pois, embora pobre, passou pelo menos a contar com medidas honestas de crescimento.

Moral: Já não se fazem mais reis como antigamente.

2. O fim da inflação no reino de Lisarb[14]

Uma história em 12 atos, com pouca ação, mas muita emoção, escrita na esperança de que Sílvia e Júlia a possam ler, quando crescerem, como se fora um conto de fadas, e não uma casa de bruxas.

2.1. Lisarb

Vizinho de Belíndia, a ilha dos contrastes, estava Lisarb, o país dos contrários. Lá tudo funcionava de trás para frente, o que muito confundia seus habitantes e mais ainda os lisarbianistas estrangeiros, que só conseguiam exclamar ho-ho ou então hum-hum em face das audaciosas interpretações dos economistas locais para a persistente inflação no país. Seven foi escolhido como novo rei e decidiu acabar com a inflação antes que ela acabasse com o país. Convocou os economistas para uma grande reunião no Sambódromo e ficou ouvindo.

2.2. Efemeí

Havia muitos pontos de vista. Um pessoal, vindo de uma região ao norte chamada Efemeí, começou o debate dizendo: a única causa da inflação

---

[14]Originalmente publicado na *Revista de Economia Política* (5(1), jan.-mar.1985, pp.126-43)

é a emissão de dinheiro que resulta do déficit orçamentário do governo. Reduzam os gastos do governo e acabem com esse déficit que a inflação cai para zero no dia seguinte. Poucos na plateia pareciam concordar. Pois se davam conta de que o déficit persistia apenas porque havia inflação. Feitas as contas, chegavam à conclusão de que a culpa do déficit cabia exclusivamente à correção monetária da dívida do governo. Não fosse essa correção, o déficit seria igual a zero, uma vez que as receitas do governo eram suficientes para pagar o restante de suas despesas. Na arquibancada, tinha até uma turma de gozadores que, só para horrorizar os efemeístas, gritava assim: "Aqui em Lisarb não é o déficit que causa a inflação, mas é a inflação que causa o déficit!"

2.3. Interiores

Nisso, apareceram uns economistas, com sotaque interiorano, e disseram: "Vamos liquefazer a dívida interna; paremos de pagar a correção monetária que tudo se resolve." Os membros da Pátria Financeira tremeram de medo ao ouvir isso e muitos ameaçavam sair do estádio para estocar dólares, ouro, Coca-Cola, tudo que não fosse papel do governo. Ficaram, entretanto, para ouvir o resto do discurso, que dizia assim: "Ninguém perde com essa proposta. Pois se o governo anunciar que a correção monetária é zero, todo mundo vai perceber que, de repente, o déficit orçamentário ficou igual a zero. E aí os efemeístas têm razão. Se o déficit é zero, cessa a necessidade de emitir moeda e a inflação cai para zero no dia seguinte. De modo que uma correção monetária igual a zero não implica qualquer perda para os detentores da dívida pública."

2.4. Meio de campo

Foi aí que a turma da Pátria Financeira recebeu uma inesperada ajuda dum grupo de economistas lá no meio da plateia. Um deles falou: "Não nos iludamos com a contabilidade. Trata-se de um problema econômico. O pequeno desconto (às vezes até mesmo um prêmio) com que os títulos indexados do governo são hoje negociados no mercado reflete o fato de os agentes financeiros contarem com a correção monetária como coisa certa. O anúncio do não pagamento dessa correção provocaria uma imediata queda no valor de mercado desses títulos. Isso só não ocorreria caso o governo oferecesse a seus tomadores a opção de convertê-los em títulos não indexados, pagando taxas de juros de mercado. O que seria uma operação puramente cosmética, sem qualquer efeito sobre o déficit do governo, a menos que as taxas de juros despencassem verticalmente, das alturas em que agora estão para perto de zero. É difícil que tal queda pudesse ocorrer, a menos que a inflação também estivesse baixando para zero; de modo que voltamos ao ponto de partida."

Após tomar fôlego, o do meio do campo continuou: "Além do mais, mesmo que decidíssemos impor uma significativa perda de capital aos detentores dos títulos do governo, com o objetivo de fazer com que o déficit se reduzisse a zero, não se segue que a inflação iria cair para zero no dia seguinte – como sugerem os efemeístas e a turma do interior. Pois nem só do déficit se alimenta nossa inflação. É preciso não esquecer que a economia lisarbense tem mecanismos formais de indexação, que ligam a inflação presente à inflação passada. Notadamente os salários, que são reajustados a cada seis meses. Portanto, eles continuariam a aumentar pelo menos por mais seis meses além do dia em que o governo anunciasse que não ia mais pagar a correção monetária sobre a dívida pública. Mas se os salários continuarem a crescer, os preços em geral também continuarão a crescer, a menos que um rígido controle seja estabelecido. Desse modo, no melhor dos casos, vai levar um tempo até que a inflação caia para zero. No intervalo, o setor financeiro, que está carregado de papéis do governo, vai à breca."

Essa intervenção foi como um balde de água fria na plateia. Pois os economistas, embora em geral irritados com a ciranda financeira de que eram objeto os papéis do governo no mercado, não estavam tão a fim assim de descer o pau na Pátria Financeira.

2.5. Arquimedes

"Eureka!", exclamou um economista com cara de Arquimedes, "eu tenho a resposta! Se o problema é a indexação retardada dos salários, a solução está à mão. Vamos reformar a política salarial e passar a reajustar os salários não em função da inflação passada, mas da inflação futura. Como essa será zero estando o déficit zerado, os salários também pararão de subir imediatamente. Está, portanto, resolvido o problema."

Uma estrondosa vaia, à esquerda do estádio, contemplou essa intervenção. Uma representante dessa ala levantou-se e disse: "V.S.ª pode ser muito bom nas matemáticas, mas está querendo é estrepar os trabalhadores, cujos rendimentos vêm sendo corroídos pela inflação desde a última vez em que seus salários foram reajustados. Em vez de dar-lhes uma compensação, V.S.ª propõe que eles se conformem com a perda de poder de compra que têm sofrido."

"Reconheço meu erro", disse o economista com cara de filósofo grego. "Mas posso emendá-lo. Eis minha nova proposta. No Dia D em que o governo anunciar que a correção monetária daí para frente é zero, ele também anuncia um aumento salarial diferenciado, de acordo com a data do último reajuste de cada categoria. Esse aumento deverá ser suficiente, mas não mais do que suficiente, para que o poder de compra de cada assalariado, no Dia D, seja igual à média do poder de compra de que ele desfrutou nos seis meses anteriores. Depois desse reajuste, o governo decreta que, daí para frente, os salários serão reajustados de acordo com a inflação futura. Como a inflação vai ser, daí para diante, igual a zero – porque o déficit está zerado –, os salários também pararão de subir e tudo entrará nos eixos."

2.6. Financista

Por um minuto, reinou grande silêncio. Seria o triunfo da inteligência sobre os interesses de grupos? Teria Arquimedes conseguido transformar um problema social numa questão de aritmética? Estaria Lisarb próxima de uma solução para sua renitente inflação? Infelizmente para o leitor, ainda não. Pois aí se levantou um jovem financista que, traindo o país de origem de seu treinamento profissional, exclamou em língua aselgni: "Wait a moment!" E continuou, em língua pátria: "Se o grego está certo, por que o governo precisa anunciar o fim da correção monetária? Pois não é verdade que se a inflação for zero, a correção também será zero?" "É verdade!", todos exclamaram. "Ademais, não é verdade que se os salários pararem de crescer, os preços também pararão de crescer?" "Sim, é verdade!", exclamaram muitos. (Mas nem todos. Os efemeístas, de um lado, murmuraram: "Tudo depende do que acontecer com o déficit." A ala esquerda, por outro lado, dizia: "É preciso controlar os preços também.")

"Então", continuou o jovem financista, "para que queremos a desindexação financeira? O importante é a política salarial. Desde que os trabalhadores concordem em receber, do Dia D em diante, o mesmo salário real médio que percebem, entre cada reajuste salarial, com a inflação atual, cessa o motivo para que continue a haver essa inflação. Tudo o que a inflação faz em Lisarb, no momento, é reduzir os salários reais entre cada reajuste semestral. O governo nada ganha com a inflação: seus gastos estão indexados, assim como suas receitas. E seu déficit, hoje em dia, está praticamente todo coberto pela emissão de títulos, que também estão indexados, embora sirvam, como se moeda fossem, para facilitar a circulação de mercadorias."

Concluiu, então, o jovem financista, num arroubo nacionalista: "Apesar de isso contradizer tudo aquilo que os efemeístas aprenderam com os Ogacihc Boys, aqui em Lisarb há inflação sem haver imposto inflacionário." A exaltação era tanta que a plateia, mesmo sem entender direito, ia irromper em gritos de "a inflação é nossa, fora o efemeí", mas prevaleceu a compostura e todos se acalmaram.

2.7. Danadinho-I

O toque nacionalista final da peroração do jovem financista deixou abalada até mesmo a turma da esquerda. Mas tinha um danadinho que, depois de fazer muita conta num papel de cigarro, resolveu não se dar por vencido. E arguiu: "Vamos por partes. Tanto o Zorba quanto o financista concordam com que os salários reais dos trabalhadores depois do Dia D serão iguais a seus salários reais médios nos seis meses anteriores somente se nem um tostão do aumento salarial do Dia D for repassado aos preços?" Após um momento de reflexão, os dois concordaram. E aí se seguiu um tremendo bate-bola:

– Quem nos garante que esse repasse não vai ocorrer?

– Ora, as firmas deverão ter acumulado fundos líquidos para atender ao aumento salarial que teriam de dar na data do próximo reajuste. Portanto, estarão apenas antecipando uma despesa que de todas as formas iriam ter nos próximos meses.

– Mas e se elas decidirem aumentar os preços assim mesmo?

– Pior para aquelas que o fizerem, pois muitas não o farão. Quem aumentar o preço perderá mercado.

– Mas devemos esperar é que todas, ou pelo menos a maioria delas, irão aumentar os preços, pois é isso o que vêm tradicionalmente fazendo, depois de cada reajuste salarial.

– É que agora elas sabem que a inflação vai acabar; o jogo é, portanto, diferente.

– A inflação só acaba se elas não aumentarem os preços.

– Deixe de ser cricri, danadinho. O que você quer, reintroduzir controles administrativos de preços, justamente agora que o país se redemocratiza?

Engolindo em seco, o danadinho só pôde dizer: "Preferia não chegar a tanto, mas algo precisa ser feito para evitar quedas do salário real." Foi aí que um da turma do meio de campo resolveu mediar. Disse ele: "Vamos fazer o seguinte. Em vez de aumentar os salários de forma a manter a média real dos seis meses anteriores, vamos adicionar a essa média uma margem de, digamos, 5%. O governo então, depois do Dia D, passa a acompanhar de perto a evolução dos principais preços industriais, ficando entendido que sua expectativa é a de que não haja qualquer repasse dos aumentos dos salários aos preços. Entretanto, o governo só intervirá, para impor controles diretos, no caso de preços que subam mais do que 10%, num prazo de, digamos, seis meses. Ao fim de seis meses, a situação é reavaliada e, se possível, os controles são suspensos. Isso parece dar uma margem adequada de segurança para os trabalhadores, ao mesmo tempo que permite que se façam os ajustes marginais necessários nos preços relativos das diversas mercadorias, sem a necessidade da imposição de controles administrativos."

2.8. Danadinho-II

O danadinho deu de ombros e atacou novamente. "Voltemos à correção monetária", disse ele. "Aqui se está propondo um mecanismo no qual os trabalhadores se sacrificam, ao abdicar de sua luta pelo restabelecimento do pico salarial, concordando, em lugar disso, com um reajuste que é feito pela média dos salários anteriores (mais 5%, na fórmula da turma do muro). Os empresários, por seu lado, têm de, pelo menos temporariamente, abdicar de seu poder absoluto de determinar os preços de seus produtos, sob o risco de controles administrativos. Nem que seja só por justiça, não podemos deixar os banqueiros no bem-bom."

"Mas não se trata só de justiça. Pois na medida em que se mantenha a indexação pós-fixada dos títulos públicos, seus titulares continuarão garantidos (ao contrário dos trabalhadores e dos empresários) contra a eventualidade de a inflação não cair para perto de zero. Portanto, na medida em que eles se deem ao luxo de continuar antecipando inflação, também poderão continuar a bancar uma decisão de exigir a manutenção de taxas de juros elevadas para os títulos da dívida privada, que têm correção prefixada. Ou seja, eles estarão em condições de exigir um prêmio para continuar a reter os títulos privados em sua carteira, lado a lado com os títulos públicos, cujo valor é protegido da inflação pela correção pós-fixada."

"Corremos, portanto, o risco de continuar enfrentando uma situação de altas taxas de juros após o Dia D. É para nos assegurarmos de que as taxas de juros caiam juntamente com a inflação que é preciso acabar com os títulos indexados do governo. É esse o sentido econômico do fim da correção monetária, entendida não como expropriação da riqueza financeira, mas como conversão de títulos indexados em títulos não indexados. Essa conversão não é puramente cosmética, mas algo necessário para permitir a queda das taxas de juros", concluiu o danadinho.

2.9. Especuladores

Impressionado, o jovem financista retrucou: "Mas você se esquece do dólar e do ouro, caro amigo. Se as pessoas não têm mais títulos indexados do governo para comprar, elas vão fugir para o mercado paralelo, as pedras preciosas, a compra improdutiva de terras." O danadinho já estava por dizer que aí a coisa virava caso de polícia quando um da turma do meio de campo entrou novamente na discussão, dizendo: "Deixemos os especuladores irem aonde quiserem. O preço do dólar e o do ouro não estão indexados, portanto eles nem de perto oferecem a mesma proteção contra a inflação que é dada pelos títulos do governo. O importante é que a especulação não seja subsidiada nem garantida pelo governo. Portanto, o governo tem de tratar de não prover os dólares para os especuladores operarem, mantendo rígidos os controles sobre a compra e a venda de divisas e não se assustando com eventuais pulos do prêmio no paralelo. Quem for ao dólar e ao ouro correrá um grande risco de altas perdas, caso nossas propostas funcionem, a inflação caia e a economia se recupere. E as propostas aqui formuladas têm boas chances de ser bem-sucedidas, pois disso dependem os ganhos dos trabalhadores, empresários e, finda a correção monetária, também dos banqueiros. Proponhamo-nos a apostar na recuperação; os maus lisarbenses que apostem na especulação."

2.10. Tabelamento

"Ainda não me convenci", murmurou uma voz do lado esquerdo. "Por que ameaçar controlar só os preços industriais? Ninguém falou em congelar os preços que mais interessam aos trabalhadores, ou seja, os dos alimentos. Também ninguém falou em tabelar os juros, que estão nas nuvens. Não parece justo."

"Não parece, mas é", retrucou, irritado, o financista. "Em Lisarb, tanto o setor agrícola e de distribuição de alimentos como o financeiro são bastante competitivos. Ao contrário de importantes segmentos do setor industrial, é reduzido o poder de uma empresa ou de um pequeno grupo de empresas nesses setores para determinar os preços, dada a grande homogeneidade dos produtos que negociam: alimentos, num caso; créditos, no outro. Tabelamentos, nessas circunstâncias, só criam escassez, mercado negro e déficits governamentais."

"Daí, entretanto", gritou alguém do meio de campo, "não se deve inferir que esses setores devam ser deixados inteiramente ao livre jogo das forças de mercado. No setor agrícola, por exemplo, preços mínimos de garantia e estoques reguladores podem minimizar a volatilidade dos preços, causada por secas, enchentes e outros fenômenos climáticos inesperados."

"É possível", replicou o financista, agora mais calmo. "Mas no que se refere às taxas de juros, elas hoje estão em níveis ainda mais elevados do que são justificados pela inflação esperada pelos operadores financeiros. Isso devido a uma política deliberada do governo de restrição creditícia, a qual responde, em parte, à crise do balanço de pagamentos e, em parte, à ânsia de controlar a inflação através de instrumentos puramente monetários. Ora, a situação do balanço de pagamentos está agora bem mais folgada do que há dois anos; por outro lado, aqui estamos fazendo propostas para combater a inflação com instrumentos apropriados à realidade econômica lisarbense. Portanto, o Banco Central irá poder praticar uma política de menor aperto monetário a partir do Dia D, reduzindo em consequência os juros, sem grandes riscos de desequilibrar as contas externas ou de reacender a centelha inflacionária."

"Mas essa redução dos juros", disse o danadinho, "será de todo modo adicional àquela resultante do fim da pós-indexação dos títulos do governo. Fique também claro que continuamos necessitando de uma reforma profunda em nosso sistema financeiro, que ultimamente tem mais bem servido aos interesses da especulação financeira e do agrandamento estatal do que aqueles do desenvolvimento econômico do país. Queria também notar que ainda não discutimos o que fazer com as cadernetas de poupança e com o sistema financeiro de habitação. Isso sem falar na reforma fiscal de que necessitamos para lidar adequadamente com o problema da miséria em Lisarb."

"Oh, não, chega!", foi a exclamação geral. Ficou então decidido (com base no consagrado princípio da Vaca Amarela[15]) que uma comissão composta daqueles que mais se destacaram no debate apresentaria uma proposta detalhada sobre esses últimos assuntos, para posterior deliberação.

2.11. Nova moeda

"Consagremos o novo reinado com uma reforma monetária", propôs o jovem financista. "Criemos uma moeda, chamada índex (uma vez que estamos acabando com a indexação no país dos contrários), em substituição ao nosso combalido Oriezurc. Que os salários, a partir do Dia D, sejam denominados nessa nova unidade, bem como todos os demais contratos."

"Trata-se de um gesto simbólico bem-vindo", disse alguém da turma do meio de campo. "Mas é importante que à nova política salarial se associem a abolição dos títulos indexados do governo e a supervisão sobre os preços industriais. Não vamos esconder atrás de um novo símbolo monetário uma proposta para fazer os trabalhadores mais uma vez sofrerem sozinhos as agruras de uma política desinflacionária."

2.12. Rei Seven

Findo o conclave, Seven retirou-se, meditabundo. Persuadira-se de que a inflação, uma questão social, não se resolvia com matemáticas ou fórmulas geniais. Vira que a economia ajudava bastante, mas também se convencera da importância de sua liderança política.

Conseguiria ele, com todas as pressões a que seu governo estava submetido, manter o orçamento equilibrado, conforme era necessário

---

[15] Vaca amarela sujou a panela. Quem falar primeiro come tudo dela.

para dar credibilidade à nova moeda e, assim, debelar a inflação de vez? À semelhança da supervisão sobre os preços industriais, não deveria ele tratar de extrair dos banqueiros um acordo de cavalheiros para assegurar a queda das taxas de juros junto com a redução da inflação? Convenceria ele os trabalhadores a postergar a luta pelo restabelecimento dos picos salariais prévios oferecendo-lhes apenas a expectativa de uma expansão do emprego?

O certo é que Seven reafirmou sua convicção de que a felicidade de seu reino dependia da adoção de medidas decisivas para debelar a inflação e retomar o crescimento. Fora disso, havia, de um lado, o choque recessivo *à la* Chile; de outro, a hiperinflação *à la* Argentina. E então as bruxas.

3. A "inflaflução": os preços em alta no país do futebol[16]

Para entender os problemas de acabar com a inflação no Brasil, fica mais fácil pensar num jogo de futebol.

Imaginem o Maracanã cheio, mas não muito, tipo Fla-Flu de meio de campeonato (sem ser o da estreia de Sócrates, que aí fica gente demais para esta história).

Lá no início do segundo tempo, lance de grande emoção na área do Fluminense. A galera fica atiçada, o pessoal da geral estica o pescoço, quem está na arquibancada se levanta, o movimento se espalha para as cadeiras. No fim, está todo mundo vendo o jogo em pé.

"Senta que o leão é manso", grita alguém de boa vontade, enquanto outros tentam mudar a situação na base da bolinha de papel. O pessoal ora acha graça, ora se incomoda, mas permanece todo mundo firme (na geral todos ficam na ponta dos pés), porque sentando sozinho ninguém vê o jogo. O desconforto é grande, mas é melhor ver o Fla-Flu de pé do que sentar para só ver as costas dos vizinhos da frente. Ficam todos de pé na base da inércia.

A inflação no Brasil é por aí mesmo. Está todo mundo chateado porque os preços e os salários dos outros sobem todo mês, mas cada um trata de garantir seu próprio aumento, para se igualar com os demais.

---

[16]Adaptado do texto publicado em *Nova Imagem* (revista interna do IBGE, n° 1, nov.1985).

O resultado é que tudo sobe junto e ficam todos na mesma situação de antes: os brasileiros desconfortavelmente levando em frente suas vidas de trabalho, na ponta dos pés para não deixarem seus salários perder a corrida com os preços.

Ninguém se lembra mais do lance com que começou a inflação (faz tanto tempo!). Como ela veio para ficar, todo mundo tratou de se acomodar o melhor que pôde. A gente rica com a correção monetária mês a mês, o povão com o INPC a cada seis meses e o pessoal da geral se virando por conta própria, como sempre. No fim, está todo mundo lá – pobre e rico – vendo futebol de pé.

A analogia é boa, porque ela mostra que há dois problemas diferentes. O primeiro é a injustiça, que muita gente vai de geral, a maioria de arquibancada e uns poucos de cadeira. Esse problema é diferente do outro, de que estamos falando. Ou seja, do fato de que – não importa onde as pessoas se localizem – estão todas assistindo ao jogo de pé, todo mundo com raiva da inflação. Tirando a inflação da frente, dava para tratar mais tranquilamente do problema fundamental de que há muito pobre para pouco rico nesta nossa Belíndia, nesta mistura de riqueza da Bélgica com pobreza da Índia que é o Brasil.

No país do futebol, acabar com a inflação é que nem conseguir que todo mundo assista ao jogo sentado. Voltemos então ao Fla-Flu. Os economistas têm sugerido três maneiras de resolver o problema de estar todo mundo vendo o jogo de pé.

Há, em primeiro lugar, os monetaristas do FMI que defendem a recessão como forma de acabar com a inflação. É como sugerir que o juiz finja que mandou acabar com o jogo, tirando os dois times de campo. Aí, a plateia, sem ter o que fazer, se sentaria naturalmente. Então os times voltariam para jogar normalmente. A recessão seria apenas temporária. O problema com esse tratamento de choque é que o pessoal pode não entender que é coisa temporária, achar que o jogo acabou no meio mesmo, e aí quebra um pau danado, com mortes e escoriações generalizadas. Para evitar a pauleira, só pondo a polícia em volta, como aconteceu no Brasil nos idos de 1964 e no Chile em 1973.

Em segundo lugar, tradicionalmente, os economistas brasileiros não monetaristas vêm opinando que não tem jeito mesmo, que o pessoal está firme e não vai arredar pé. O negócio então é esperar o fim do jogo e ir empurrando com a barriga até lá. Será que dá? Tem gente jogando água nas pessoas da frente, para forçá-las a se sentar primeiro. Lá de baixo o que vem de volta são paus e pedras. A situação vai ficando preta. Acaba tendo de entrar a polícia em campo, antes de o jogo acabar.

Mais recentemente, tem sido proposta uma terceira opção, que é o que o governo Alfonsín fez na Argentina. O juiz vai para o meio do campo e então, por um momento, ao invés de apitar o jogo, apita para a plateia. Forte, com autoridade. Fascinados, todos se sentam ali mesmo onde estão (o pessoal da geral baixa das pontas dos pés). O juiz se volta então para os jogadores e a partida continua normalmente. Só que com todo mundo agora vendo o jogo mais confortavelmente do que antes, sentados, sem inflação.

Para acabar com a inflação, o de que se precisa é que todos se sentem juntos, ao mesmo tempo, atendendo à atitude heterodoxa do juiz de apitar para a plateia. Assim como aconteceu há pouco tempo na Argentina, quando Alfonsín anunciou a troca da moeda – 1.000 pesos por 1 austral – e decretou o congelamento geral de preços e salários.

O risco é que a plateia não obedeça ao apito extraordinário do juiz e ele tenha então de continuar apitando para fora, enquanto o jogo corre livre dentro do campo. Faltas não marcadas se sucedem e a confusão logo se instala. No fim, só chamando a polícia para restabelecer a ordem em campo.

Então, por que não se selar um acordo, a partir dos líderes de cada setor, para que todos concordem de antemão em que vão se sentar juntos, ao mesmo tempo, possivelmente com alguma arrumação para melhorar a situação daqueles que estão nos piores lugares? Os líderes poderão então acenar para o juiz quando o acordo estiver feito e ele poderá apitar para a plateia uma só vez, confiante em que todo mundo irá atender-lhe. O problema é que, depois de vinte anos de ter a polícia dentro do campo, são poucos os líderes que sobraram. Parece que será preciso esperar até a Constituinte para fazermos esse acordo. Vamos torcer para chegar lá, mesmo sem ele.

II. Caminhos da estabilização

4. Moeda, inércia e conflito: reflexões sobre políticas de estabilização no Brasil[17]

4.1. Introdução

Este texto propõe-se a uma revisão – seletiva, estilizada e idiossincrática – dos debates recentes sobre política de estabilização no país. Três elos da tradição da análise ortodoxa sobre inflação são usados como fios condutores desses debates: a) o déficit fiscal comanda a expansão monetária; b) a expansão monetária comanda as expectativas inflacionárias; e c) as expectativas inflacionárias determinam o curso da inflação.

Discutem-se, inicialmente, questões relacionadas ao conceito apropriado de déficit a se usar, numa perspectiva de controle da expansão monetária. Considera-se a seguir o debate sobre a inércia e as expectativas como fatores determinantes da taxa observada de inflação. O assunto seguinte é a controvérsia entre a inflação inercial e a inflação por conflito distributivo.

Problemas relacionados às disputas sobre o fato de a moeda ser ativa ou passiva constituem o próximo tópico. A seção final abre-se com uma

[17]Aula Magna do XV Encontro Anual da Associação Nacional de Centros de Pós-Graduação em Economia (ANPEC), Salvador, 4 de dezembro de 1987. Publicado originalmente em *Pesquisa e Planejamento Econômico* (18(1), abril 1988, pp.1-16). Sem prometê-los com os resultados, agradeço os comentários de Dionisio Dias Carneiro, Eduardo Modiano, Pedro Bodin, Rubens Penha Cysne e Winston Fritsch.

avaliação das tendências recentes da inflação no país, para concluir com uma breve listagem dos requisitos de uma política de estabilização que incorpore as lições de nossa história e de nossos debates.

4.2. Déficit nominal *versus* operacional

Uma primeira controvérsia a respeito dos elos da cadeia ortodoxa refere-se a qual é o conceito de déficit relevante para avaliar as necessidades de financiamento do governo através da emissão monetária em circunstâncias, como a brasileira, em que a dívida pública é um importante componente tanto do gasto governamental como de seu financiamento. Trata-se da distinção entre déficit "nominal" e déficit "operacional", a qual aparentemente ainda não está devidamente assentada. Comecemos por aí, notando inicialmente que a diferença entre esses dois conceitos refere-se à inclusão ou não, nos gastos do governo, daquela parcela dos juros sobre a dívida pública que simplesmente compensa seus detentores pela perda de valor da dívida preexistente, causada pela alta dos preços ao longo do período de execução orçamentária.[18]

Consideremos uma situação de inflação estável, para simplificar a análise, supondo que a economia esteja em estado estacionário. Tomando os preços do fim do período como unidade de medida, as adições ao estoque da dívida do governo, entre o início e o fim de um período orçamentário, podem ser divididas em duas partes: a variação real da dívida no período e a compensação pela perda de valor da dívida preexistente, devido à alta do nível de preços entre o início e o fim do período em causa. Em símbolos:

$$\Delta B = \Delta B^* + pB_{-1} \qquad\qquad (1)$$

---

[18]Trata-se de uma comparação de diferentes conceitos dentro de um mesmo período de análise. Para fazer comparações entre diferentes períodos, é adicionalmente preciso usar os preços de um determinado momento no tempo como unidade de medida de valores. Em outros termos, a série de déficits "nominais" é computada em preços constantes, não se confundindo, portanto, com a série de déficits em preços correntes, a qual é também conhecida como sendo "nominal". Para maiores detalhes, ver Simonsen e Cysne (1987, cap. 6).

onde ΔB é a variação observada da dívida no período, ΔB^* a sua variação real, p a taxa de inflação entre o início e o fim do período e B_{-1} a dívida no início do período.

O segundo termo do lado direito dessa equação (pB_{-1}) nada mais é do que a correção monetária da dívida preexistente. Suponhamos agora que o déficit nominal do governo seja exatamente igual à correção monetária da dívida preexistente. Então, tudo o que o governo terá de fazer será emitir novos títulos no volume exato para fazer a rolagem dos títulos preexistentes, incluindo a correção monetária a que eles fazem jus. Com isso, o governo não estará adicionando um cruzado sequer à sua dívida real que é retida pelo público. Em outras palavras, a menos que o governo deseje reduzir sua dívida com o público em termos reais, não terá de emitir um só cruzado para financiar um déficit nominal, por maior que esse seja, desde que provocado exclusivamente pela correção monetária da dívida preexistente.

Se tomarmos, pois, como padrão de referência a manutenção da constância da dívida do governo em termos reais, deveremos, por consequência, excluir a correção monetária da dívida do déficit do governo que potencialmente necessitaria ser financiado por uma expansão monetária. Isso quer dizer que, para os propósitos de política de estabilização, em vez de nos preocuparmos com o déficit nominal, temos de nos preocupar com o déficit operacional, como de fato vem ocorrendo no Brasil desde 1984.

Mais ainda, numa situação de inflação constante, que o governo não pretenda combater, é o déficit real, e não o déficit operacional, que deveria causar preocupação. O déficit real difere do operacional por computar entre as receitas do governo o imposto inflacionário, ou seja, aquela parte do aumento nominal da base monetária que representa a mera reposição, pelo público, da redução do valor real da base monetária preexistente, causada pela inflação observada entre o início e o fim do período orçamentário. Desde que o déficit real esteja zerado, o governo não estará exercendo qualquer pressão para fazer variar a taxa de inflação, pois nesse caso estará suprindo o setor privado de moeda apenas na medida necessária para acomodar a inflação preexistente.

Essas colocações parecem ser hoje aceitas por uma grande maioria de economistas, mas aparentemente ainda não pelo *staff* do FMI. Assim, em texto recente, supostamente de revisão de seus próprios procedimentos, eles escrevem:

> (...) o déficit operacional pode subestimar seriamente as consequências monetárias e sobre a demanda agregada das operações de financiamento do governo. Qualquer que seja a definição do déficit, os requisitos totais de empréstimos, em termos nominais, têm de ser financiados e esse financiamento tem de ser monitorado num programa para controlar a expansão total do crédito doméstico.[19]

Na análise acima, estivemos supondo que a correção monetária da dívida do governo fosse igual à inflação efetivamente observada no período de execução orçamentária. Nesse contexto, queremos crer que a posição do Departamento de Pesquisa do FMI esteja equivocada. Mas, no contexto brasileiro, é importante reconhecer o fato de que a compensação pela inflação que recebem os detentores da dívida pública – seja na forma da correção monetária ou cambial sobre os títulos com correção pós-fixada, seja na forma de descontos sobre o valor de face dos títulos com correção prefixada – tem por base a inflação passada, e não a inflação contemporânea.

Nesse regime de indexação defasada ocorrerá uma supercorreção dos títulos do governo, que não pode ser absorvida por uma mera rolagem da dívida preexistente, sempre que a inflação cair. O valor dessa supercorreção será igual à diferença entre a "nova" inflação pós-estabilização e a "velha" inflação, em que se baseia a correção monetária, multiplicada pelo estoque da dívida preexistente. Esse valor poderá ser substancial quando se está contemplando uma política de estabilização a partir de uma inflação tão alta como a brasileira.

---

[19]Fundo Monetário Internacional (1987, p. 27). Essa posição do Fundo é, entretanto, qualificada em Tanzi, Blejer e Teijeiro (1987), onde se reconhece que a inflação tende a superestimar o significado do déficit nominal, mas ainda assim se mantém que o déficit operacional "reflete um limite inferior para o déficit do setor público, que será relevante somente se o refinanciamento do serviço da dívida for factível na medida suposta e não tiver em si mesmo implicações inflacionárias".

Nesse contexto, se, ao cair a inflação, se mantiverem inalteradas as regras de correção monetária, haverá a necessidade de uma significativa expansão monetária (ou então de uma expansão da dívida do governo em termos reais), ainda que o déficit operacional esteja zerado. No caso limite, em que se objetiva trazer a inflação de chofre para zero, somente não haverá necessidade de expansão monetária caso o déficit nominal esteja zerado. É nesse contexto que se torna válida a preocupação do FMI com o déficit nominal.

Essa preocupação não representa, nesse caso, um equívoco de análise, mas sua aplicação prática implicaria romper um dos princípios básicos de uma boa política de estabilização, a saber, a neutralidade distributiva.

Isso porque quando a inflação cai, a indexação defasada de fato provoca uma supercorreção monetária, que gera substanciais ganhos de capital para os detentores dos títulos do governo, à custa dos contribuintes como um todo. É por isso que o professor Octavio Gouvêa de Bulhões propôs a supressão da correção monetária dos títulos do governo como parte integral de uma política de choque anti-inflacionário, ou seja, ao invés de controlar o déficit nominal, premiando os rentistas com um substancial ganho de capital, o correto seria controlar o déficit operacional, simultaneamente desindexando a dívida preexistente – seja sob a forma da aplicação de uma correção *pro rata* para os títulos pós-fixados, seja sob a forma de uma *tablita* de conversão financeira para os títulos com correção prefixada.

4.3. Expectativas *versus* inércia

Passemos, então, aos demais elos da corrente ortodoxa. Deixando temporariamente de lado a questão da interação entre a expansão monetária e as expectativas inflacionárias, tratemos da relação entre essas expectativas e a inflação observada. De acordo com a versão de Friedman e Phelps para a curva de Phillips, podemos escrever:

$$p = p^* - e(u - u') \qquad (2)$$

onde p é a taxa observada de inflação, p^* a taxa esperada de inflação, e o coeficiente do impacto do desemprego sobre a inflação, u a taxa observada de desemprego e u' a taxa natural de desemprego. Na prática econométrica brasileira, devido à inexistência de séries longas de desemprego, u e u' têm sido frequentemente substituídos, respectivamente, pelos graus observado e potencial de utilização da capacidade instalada.

Na tradição inercialista brasileira, entretanto, a curva de Phillips tem sido escrita da seguinte forma:

$$p = p_{-1} - e(u - u') \qquad (3)$$

onde p_{-1} é a taxa de inflação do período anterior e os demais termos são como em (2). Via de regra, obtém-se a equação (3) de uma equação de preços com *mark-up* constante, aplicado sobre custos variáveis de produção ajustados com periodicidade fixa em relação à inflação passada.

No início da década, o debate brasileiro entre "monetaristas" e "inercialistas" esteve equivocadamente centrado na questão de se o valor do coeficiente e, que mede o impacto do desemprego sobre a desaceleração da inflação, seria ou não significativamente diferente de zero. Alguns pós-keynesianos chegaram até a sugerir que e seria negativo, devido ao comportamento anticíclico do *mark-up*. Essa questão empírica foi eventualmente resolvida por Modiano (1985) a favor dos monetaristas: aqui, como nos Estados Unidos, constatou-se ter e um valor próximo da unidade, em estimativas econométricas envolvendo a utilização de dados anuais para a inflação e o desemprego. Desse modo, a cada aumento de um ponto percentual no desemprego corresponderia uma redução de um ponto percentual na taxa anual de inflação. Essa, entretanto, foi uma vitória de Pirro para os monetaristas, uma vez que, dado esse resultado, o que interessa para a avaliação de políticas é o ponto de partida da taxa de inflação. Se a taxa anual de inflação inicial é de 10%, como nos Estados Unidos, basta um ano de desemprego de 10 pontos percentuais acima da taxa natural para reduzir a inflação a zero no ano seguinte. Já se o ponto de partida é uma taxa de inflação de 100% ao ano, como no Brasil dos bons tempos, seriam precisos 10 anos de desemprego dessa magnitude para alcançar o mesmo resultado.

O ponto principal da crítica inercialista não está, na verdade, na discussão sobre se o valor do coeficiente e é exatamente igual a zero ou meramente pequeno em relação à taxa de inflação preexistente, mas sim na substituição da taxa esperada de inflação, p^*, pela taxa observada de inflação no ano anterior, p_{-1}, na determinação da inflação observada nesse ano. Isso implica que a curva de Phillips não se desloca para baixo, meramente pelo anúncio de uma contração monetária – pois essa não pode agir sobre p_{-1}, ainda que possa eventualmente afetar o estado das expectativas inflacionárias – mas somente em consequência da manutenção de um estado prolongado de desemprego na economia. Em suma, mantida a ligação da inflação presente à inflação passada, seria excessivo o custo em termos de desemprego de uma política de estabilização baseada apenas na contração monetária.

Esse desemprego seria provocado ou por uma contração da demanda real, no caso de rigidez tanto da taxa de variação dos preços quanto da dos salários, ou por uma queda da oferta real, no caso de indexação defasada de salários, mas com a variação dos preços respondendo ao menor ritmo de crescimento da demanda nominal. A proposta de desindexação salarial, constante dos planos de estabilização de regimes conservadores na América Latina desde o início dos anos 1960, corresponde a uma preocupação exclusiva com a rigidez dos salários. A adição, a essa desindexação, de um congelamento dos preços nos planos heterodoxos de estabilização corresponde a uma preocupação também com a rigidez dos preços.

Assim, o controle de preços e a desindexação salarial aparecem como ingredientes necessários de uma política de estabilização, para neutralizar o efeito negativo que a contenção monetária, possibilitada pelo controle do déficit operacional do governo, teria sobre o nível de emprego.

4.4. Inércia *versus* conflito

Quero crer que a necessidade de aliar políticas de supressão da inércia inflacionária às políticas de controle monetário-fiscal constitua, a esta altura, matéria mais ou menos consensual entre os economistas brasileiros, pelo menos num nível conceitual. Como suprimir a inércia, entretanto, continua sendo um tema controverso. Pois, ainda que as hipóteses ultramonetaristas de um Thomas Sargent, por exemplo, tenham pouca ressonância no país, continua a haver uma controvérsia entre inercialistas e – com o perdão da palavra – conflitistas sobre a natureza dessa inércia. Além disso, modelos inerciais tipicamente supõem que a moeda seja endógena e têm, por isso mesmo, muita dificuldade de avaliar o impacto sobre as expectativas inflacionárias de regimes de moeda ativa.

Tratemos, primeiro, da controvérsia sobre a inércia inflacionária, partindo da hipótese da inflação por conflito distributivo, que pode ser ilustrada com um modelo simples. Seja um mundo de um só produto, sem governo, nem matérias-primas, em que a moeda é o único ativo financeiro e no qual a equação de preços é dada por:

$$P = m.w \tag{4}$$

onde P é o preço do produto final, m a força do *mark-up* e w a taxa de salários e onde se supõe que a produtividade do trabalho seja constante e igual a 1.

Seja m^* o *mark-up* desejado e $(w/P)^*$ o salário real desejado, sendo verdade que:

$$m^* \, (w/P)^* > 1 \tag{5}$$

Há uma inconsistência distributiva, no sentido de que a soma das parcelas desejadas de renda é superior à unidade. Supõe-se tipicamente, então, que os empresários possam fazer valer seus desejos, enquanto que os trabalhadores reajam defasadamente a variações de preços. Assim, por exemplo:

$$m = m^* \tag{6}$$

e:

$$W = P_{-1} \cdot (w /P)^* \qquad (7)$$

Disso resulta, por substituição em (4), que:

$$(P/P_{-1}) - 1 = p = m^* (w/P)^* - 1 \qquad (8)$$

ou seja, a taxa de inflação é proporcional à intensidade do conflito distributivo.

Nesse modelo, a inércia inflacionária é derivada do conflito distributivo e não pode ser erradicada, a menos que haja uma solução prévia para esse conflito.

Uma objeção às conclusões desse modelo pode ser construída a partir de uma hipótese de racionalidade por parte dos assalariados, num contexto concorrencial. Se há inflação, dada a equação (7), o salário real observado, *w/P,* será necessariamente menor do que o salário real inicialmente desejado *(w/P)**. Mas, nesse caso, os assalariados deveriam reduzir sua oferta de mão de obra, tendo em vista que, dentro dos pressupostos marginalistas tradicionais, o salário real inicialmente desejado deveria estar correspondendo ao valor da mão de obra em ocupações alternativas. Ocorrendo esse ajuste, na nova margem do emprego assalariado o salário observado deverá necessariamente estar correspondendo ao salário desejado. Segue-se daí que os trabalhadores que optaram por manter-se na situação de assalariados deveriam ser indiferentes entre uma situação de inflação e uma situação de estabilidade, desde que o salário médio real observado fosse o mesmo, ou seja, o conflito original não precisaria ser sanado para permitir a estabilização, porque ele já teria sido superado ao longo do próprio processo inflacionário.

Mesmo que abandonemos as hipóteses neoclássicas e consideremos o modelo do conflito distributivo num ambiente de negociações coletivas, continuam a aparecer dificuldades. Pois o salário real médio que emerge dessas negociações num contexto inflacionário é uma solução de equilíbrio, no sentido de que merece a adesão voluntária dos sindicatos, por mais que – por uma questão de barganha – eles estejam continuamente levantando a bandeira da reposição do salário-pico. Se não estivessem de fato acomodados com o resultado da barganha, esses sindicatos teriam a opção de demandar uma redução da periodicidade dos reajustes salariais. Se não o fazem é presumivelmente por causa do receio que têm de que isso provoque desemprego. Mas aí recaímos no caso anterior, em que, na margem do emprego, o salário real médio observado equivale ao salário desejado. Somente a dificuldade de assegurar a simultaneidade das decisões de salários e preços poderia racionalmente justificar a recusa dos sindicatos em aceitar, numa situação de estabilidade de preços, o mesmo salário real médio que estiveram dispostos a aceitar numa situação inflacionária – conclui a crítica inercialista ao "conflitismo".

É com base em raciocínios desse tipo que os inercialistas tenderam a desconsiderar questões relativas ao conflito distributivo na concepção e implantação do Plano Cruzado. O pressuposto foi o de que a inércia inflacionária persistia, não por causa da intratabilidade do conflito distributivo, mas por causa das dificuldades de coordenação dos movimentos de preços e salários, num sistema descentralizado de decisões de preços, com contratos salariais superpostos. A imagem de Tobin (1981), de uma plateia assistindo de pé ao jogo de futebol, quando todos poderiam estar vendo melhor o jogo sentados, desde que houvesse um movimento coordenado nesse sentido, ilustra perfeitamente bem essa hipótese inercialista.

Se substituirmos a taxa de inflação pelo nível de preços, iremos ver que esse debate entre conflitistas e inercialistas reproduz quase *ipsis litteris* um outro debate, que já dura 50 anos na literatura econômica, sobre se os assalariados na *Teoria Geral* de Keynes sofrem ou não de "ilusão monetária" ao recusar um corte dos salários nominais, mas aceitar uma redução equivalente do salário real, por via de um aumento dos preços. Na verdade, estou aqui fazendo o papel do advogado do diabo a respeito da inflação por conflito distributivo, por continuar convencido de que essa hipótese oferece um rico filão para a compreensão dos problemas enfrentados pelas políticas de estabilização no país, tanto na Velha como na Nova República.

Recordo-me de um texto de Solow (1979), discutindo a hipótese da rigidez de preços e salários num contexto de expectativas racionais, em que diz que não será porque ele ainda não conseguira derivar essa rigidez de um modelo atendendo a todos os requisitos da moderna teoria econômica que deixaria de acreditar na existência desse fenômeno – porque os preços e salários nominais são rígidos! Da mesma maneira, não será porque ainda não tenha tido conhecimento de um modelo de conflito distributivo que seja totalmente consistente com a racionalidade econômica que deixarei de acreditar em sua importância para explicar tanto a inflação como as dificuldades da política de estabilização, pois essa importância é visível a olho nu. O desenvolvimento de uma teoria econômica consistente para a teoria "sociológica" do conflito distributivo continua sendo um dos mais intrigantes desafios para a investigação econômica brasileira sobre políticas de estabilização.

Uma hipótese que talvez valha a pena explorar é a seguinte: quando a inflação é parte do jogo, os sindicatos, após um período de aprendizado, avaliam racionalmente que de nada adianta tentar elevar salários acima da inflação passada ou reduzir a periodicidade dos reajustes salariais porque isso apenas redundaria em mais inflação. O fato de os empresários deterem o controle sobre a fixação de preços e de o governo, por sua política monetária, validar esse controle frustra antecipadamente qualquer esperança sindical de, através de um maior ativismo, romper os limites de variação salarial dados por (7). Num contexto inflacionário, a posição inferior de barganha dos sindicatos impede que eles insistam em obter a parcela da renda que consideram justa. Entretanto, caso se defina um novo jogo, em que o governo congele os preços ou adote uma política monetária que não mais acomode a inflação preexistente, por si mesmo isso não afetará a disposição dos sindicatos de manter sua meta de renda real. A percepção será a de que seu poder de barganha aumentou, de modo que eles estariam exigindo algum tipo de compensação – garantia de emprego, por exemplo – para renunciar à antiga meta de salário real nessas novas circunstâncias.

4.5. Moeda ativa *versus* passiva

Passando agora à questão da interação entre a política monetária e as expectativas inflacionárias, é preciso inicialmente notar que tanto os conflitistas como os inercialistas mantêm uma relação bastante ambígua em relação à oferta de moeda. Um pressuposto tradicional é que ela seja passiva, funcionando o Banco Central como um *deus ex machina* que, sempre que necessário, faz chover exatamente o volume de dinheiro necessário para validar a inércia inflacionária, nem mais nem menos. Mas isso implica que o Banco Central expanda suas operações ativas somente quando a demanda por base monetária sobe sob o impulso de um nível de preços mais elevado. Dada a óbvia falta de controle que o Banco Central tem sobre suas operações ativas, essa hipótese de moeda passiva é algo que ultrapassa os limites da credulidade no contexto institucional brasileiro e, além disso, não é confirmada pelos estudos econométricos disponíveis (um exemplo recente é Barbosa e Pereira [1987]). Uma hipótese mais plausível é a de uma política monetária endógena, na qual a oferta de moeda responda seja à demanda de crédito gerada pela inércia inflacionária seja àquela gerada pela necessidade de financiamento bancário do déficit operacional do governo.

Face à falta de evidência de uma política monetária passiva, os inercialistas respondem com a evidência empírica sobre a curva de Phillips, segundo a qual é apenas num prazo muito longo que a inflação se adapta às variações na taxa de expansão monetária. Depois da experiência do Plano Cruzado, os inercialistas possivelmente estarão também dispostos a aceitar uma dose significativa de assimetria entre as consequências de variações para mais e para menos da taxa de crescimento da oferta monetária. Para desacelerações, valeria a curva de Phillips inercialista da equação (3). Para acelerações, deveria também ser levada em conta a curva de Phillips expectacional da equação (2). Mas, de todos os modos – efeitos de remonetização à parte – os inercialistas aceitariam que, numa política de estabilização, é preciso atuar sobre os determinantes da inflação tanto de curto prazo – a indexação – como de longo prazo – a expansão monetária exigida pelo déficit operacional do governo.

Já os conflitistas parecem ter uma visão bem menos acabada das consequências de uma redução da taxa de expansão monetária por via de uma redução do déficit do governo. Para ilustrar, consideremos uma versão do modelo de conflito, em que o gasto real do governo represente uma subtração de recursos do setor privado. Nesse caso, o grau do conflito seria medido por:

$$\text{grau do conflito} = m^*w^* - (1 - g) \qquad (9)$$

no qual g é a parcela do produto gasta pelo governo. Note-se que estamos aqui introduzindo um princípio de racionalidade no conflito distributivo, ao asseverar que o que importa para a intensidade do conflito entre assalariados e empresários é quanto o governo absorve, e não a forma como se financia essa absorção, a qual pode ser feita através de impostos diretos, indiretos ou inflacionários. Também estamos supondo que os gastos do governo sejam totalmente improdutivos para arrefecer o conflito, ou seja, que esses gastos em nada contribuam para aumentar a disponibilidade de bens e serviços para o setor privado.

Consideremos agora uma situação em que o governo, decidido a combater a inflação, aumente os impostos e reduza a expansão monetária. O grau de conflito deveria ser o mesmo, porque apenas mudou a forma de financiamento, mas não a parcela do produto retirada pelo governo. Desse modo, a inflação não deveria cair. Ocorre, entretanto, que agora não há suficiente expansão monetária para sustentar a inflação. Alguma coisa tem de ceder, mas não é claro o que seja. Uma possibilidade é que, devido à falta de liquidez, caia o nível de atividade. Mas como isso afetaria o conflito? Se a falta de mercados e de emprego reduzir as parcelas desejadas de renda, *à la* curva de Phillips, isso pode diminuir a inflação; por outro lado, a menor disponibilidade de bens pode em si mesma atuar no sentido de aguçar o conflito, fazendo, portanto, subir ainda mais a taxa de inflação. Os conflitistas parecem estar preparados para qualquer resultado, mas isso quer apenas dizer que sua hipótese não tem o poder preditivo que seria de desejar.

Esse exemplo serve, entretanto, para ilustrar que a hipótese do conflito distributivo não se confunde com a do hiato inflacionário keynesiano. Nesse caso, os preços sobem devido a um excesso de demanda sobre a oferta de pleno emprego. No caso do conflito, os preços sobem com ou sem excesso de demanda, desde que a soma das parcelas desejadas de renda seja superior à unidade.

4.6. História e futuro

Do que foi dito, creio poder concluir que a força da hipótese do conflito distributivo não reside na solidez dos desenvolvimentos teóricos até agora disponíveis, mas na sua aderência ao senso comum e na evidência – para mim indisputável – de que boa parte das dificuldades do Plano Cruzado derivou-se da tentativa de dar a volta por trás do conflito, tentando comprar apoio popular com medidas de caráter populista – como o abono e o gatilho salariais, os juros reais negativos e o prolongamento do congelamento dos preços – que logo demonstraram sua incompatibilidade com os objetivos do programa de estabilização.

Outra crítica que, com justeza, também se fará à execução do Plano Cruzado refere-se a seu descompromisso com o controle do déficit público e à expansão monetária. É certo que, devido à remonetização, o crescimento da base monetária logo após o programa não é uma medida adequada do desequilíbrio financeiro do setor público, mas o fato de que conceitos mais amplos de liquidez também cresceram a taxas bastante elevadas deixa poucas dúvidas sobre a extensão daquele desequilíbrio.[20]

Antes do fracasso do Plano Cruzado, em suas versões mais polêmicas o inercialismo negava importância à necessidade de arrecadação do imposto inflacionário para explicar a expansão monetária, bem como ao conflito distributivo para explicar a inércia inflacionária. A inflação

---

[20]Outro fator possivelmente responsável pelo crescimento dos ativos financeiros terá sido uma supercorreção das cadernetas de poupança e outros ativos financeiros com mercados secundários limitados ou inexistentes, os quais, nas regras de conversão financeira do Plano Cruzado, foram tratados como se tivessem capitalização diária, quando eram de fato corrigidos monetariamente apenas uma vez ao mês.

persistiria apenas devido às "imperfeições" no processo de determinação de preços e salários, causadas pela falta de coordenação nos processos de decisão de preços e pela existência de contratos salariais superpostos. Tudo o de que se necessitava para criar um estado de "inflação zero" seria uma supressão dessas imperfeições de mercado, através do uso de técnicas adequadas de desindexação. O imposto inflacionário seria apenas uma dádiva de uma economia indexada a um governo benevolente, que não teria dificuldades seja de obter da sociedade outro tipo de imposto seja de cortar despesas quando se operasse a desindexação. De todos os modos, esse problema não tinha muita prioridade, pois a remonetização da economia, que se obteria com a estabilização, mais do que compensaria a perda do imposto inflacionário nos primeiros meses do programa. Quanto ao conflito distributivo, como vimos acima, poderia ter estado na origem da inflação, mas já tinha sido resolvido ao longo dela mesma. Tão logo os assalariados se dessem conta de que a inflação acabara, seriam os primeiros a sair em defesa do programa de estabilização.

Antecipo a possibilidade de no futuro os historiadores registrarem no mínimo como enigmático o fato de o inercialismo ter ganhado proeminência acadêmica e arrastre político justamente quando os pressupostos em que se baseava estavam sendo minados pela realidade, como passo a arguir. O grande trunfo empírico do inercialismo sempre foram os patamares inflacionários traçados pelos índices de preços no período 1968/85, todos eles aparentemente explicáveis pela interação entre os choques externos ou agrícolas e as mudanças nos regimes de indexação no país. Entretanto, como notei em Bacha (1986), é dúbia a evidência a favor de tais patamares a partir de 1981: pelo menos os índices de preços ao consumidor mostram uma aceleração contínua da taxa de inflação desde então até as vésperas do Plano Cruzado.

Essa aceleração é consistente com um aguçamento dos conflitos distributivos, causado pela crise da dívida externa, bem como por um ativismo sindical crescente que buscava aumentar o grau de indexação dos salários no país num contexto de progressiva abertura política do regime militar.

A aceleração inflacionária contínua a partir do início da década de 1980 também é consistente com o impacto que teve a crise da dívida externa sobre as necessidades de financiamento interno do governo, numa época em que – devido à inovação financeira e ao próprio aumento da taxa de inflação – estava minguando a relação entre a base monetária e o PIB. Ou seja, quando mais o governo passou a precisar do imposto inflacionário, menos ele se tornou disponível.

Se essas conjeturas estiverem corretas, segue-se que o inercialismo terá tido seu momento de glória justamente quando a inflação brasileira já deixara de ser inercial, para assumir características aceleracionistas, as quais poderiam ser explicadas tanto em termos monetaristas quanto conflitistas, mas não em termos estritamente inerciais – pois o inercialismo não comporta nem uma indexação endógena crescente nem uma necessidade, por parte do governo, de um imposto inflacionário maior do que aquele gerado pela inércia inflacionária.

A evidência acumulada com o Cruzado-II e com a fase de flexibilização do Plano Bresser parece sugerir que teremos agora entrado num regime que já não é mais de mera aceleração inflacionária, mas sim de hiperinflação reprimida.[21] A hiperinflação decorreria tanto de a necessidade de arrecadação do imposto inflacionário pelo governo estar tendendo a ultrapassar o valor máximo possível quanto de o grau de indexação de salários e preços administrados estar tendendo à perfeição. Nesse contexto, o que os sucessivos "choques heterodoxos" fazem é produzir súbitas remonetizações, que substituem temporariamente o imposto inflacionário, bem como paradas temporárias no regime de indexação crescente. Num processo que Robert Lucas nos ensinou a apreciar, na medida em que os sucessivos choques oferecem cada vez menos "surpresas", menos eficácia passam a ter para deter a aceleração inflacionária.

Concluo também sem grandes surpresas. Após termos tentado suprimir o conflito distributivo pela via autoritária em 1964 e apaziguá-lo pela via populista em 1986, parece ter chegado a hora de tentarmos superá-lo pela via de um acordo social. Como viabilizar esse acordo

---

[21]Esse termo é devido a Dionisio Dias Carneiro.

institucionalmente, envolvendo os partidos políticos e as organizações de classe, é algo que teremos de aprender fazendo, já que é limitada a experiência brasileira nessa área. Controlar o acesso do governo ao Banco Central deverá ser uma importante parte desse acordo. Também teremos aprendido que combater o déficit sem desindexar só produz recessão, enquanto que desindexar sem combater o déficit só produz desorganização. Se mantivermos um olho no déficit e outro no conflito distributivo, sugiro que também iremos concluir que as políticas de estabilização mais eficazes são aquelas que envolvem reduções dos gastos improdutivos do governo e o refinanciamento da dívida externa – pois ao mesmo tempo diminuem o tamanho do déficit a ser financiado internamente e aumentam o tamanho do bolo a ser distribuído, reduzindo, desse modo, o conflito distributivo.

O monetarismo nos ensinou a necessidade de zerar o déficit operacional, para controlar a expansão monetária e domar as expectativas inflacionárias. O inercialismo nos ensinou a necessidade de desindexar salários e juros e de coordenar as decisões de preços para evitar a recessão. O conflitismo nos ensinou a necessidade de promover um acordo social prévio para evitar que a política de estabilização caia presa seja do autoritarismo seja do populismo. Futuros programas de estabilização no país deverão saber incorporar as lições dessas três perspectivas, pois será somente assim que poderemos almejar compatibilizar a estabilização com o crescimento e a democracia.

Referências

BACHA, Edmar L. *A inércia e o conflito: o Plano Cruzado e seus desafios*. Rio de Janeiro: Departamento de Economia, PUC/RJ, Texto para Discussão, 1986, p. 131.

BARBOSA, Fernando de Holanda e PEREIRA, Pedro L. Valls. *O insucesso do Plano Cruzado: a evidência empírica da inflação 100% inercial para o Brasil*. Rio de Janeiro: Escola de Pós-Graduação em Economia, Fundação Getulio Vargas, Texto para Discussão, 1987, p. 98.

BULHÕES, Octavio Gouvêa de. "Consenso mal aproveitado". *Conjuntura Econômica* 38(12), 1984, pp. 111-118.

FUNDO MONETÁRIO INTERNACIONAL. *Theoretical aspects of the design of fund-supported adjustment programs*. Washington: Research Department of the International Monetary Fund, 1987.

MODIANO, Eduardo. "Salários, preços e câmbio: os multiplicadores dos choques numa economia indexada". *Pesquisa e Planejamento Econômico*. Rio de Janeiro, 15(1), abr. 1985, pp.1-31.

SIMONSEN, Mário Henrique e CYSNE, Rubens Penha. *Contabilidade nominal X contabilidade real*. 2.ª ed. Rio de Janeiro: Simposium Consultoria e Serviços Técnicos Ltda, 1987. (Módulos de Macroeconomia Aplicada, v. 3, Contas Nacionais.)

SOLOW, Robert M. "Alternative approaches to macroeconomic theory: a partial view". *Canadian Journal of Economics,* 12 (3), ago. 1979, pp. 339-54.

TANZI, V.; BLEJER, M.; TEIJÊIRO, M. "Inflation and the measurement of fiscal deficits". *IMF Staff Papers,* 34 (4), dez. 1987.

TOBIN, James. "Diagnosing inflation: a taxonomy". In: FLANDERS, M. June; RAZIN, Assaf (orgs). *Development in an inflationary world*. Nova York: Academic Press, 1981, pp. 19-30.

5. Programas de estabilização em países em desenvolvimento: antigas verdades e novos elementos[22]

Com Dionisio Dias Carneiro

5.1. Introdução

A interrupção do crescimento econômico tem sido uma causa tradicional de resistência política a programas de estabilização. Os anos 1980 foram uma década em que a maioria dos países em desenvolvimento não teve nem ajustamento nem crescimento satisfatório. Os países que tiveram crescimento mais significativo (Coreia do Sul, Tailândia, Turquia) já tinham passado por uma profunda reestruturação de suas políticas econômicas antes da crise mundial da dívida naquela década ou tinham conseguido se proteger dos excessos de dependência da dívida externa.

Subjacentes a muitas das tentativas de estabilização frustradas da última década estão a falta de perseverança nos esforços domésticos de ajustamento e a escassez de apoio financeiro externo. Mesmo nos raros casos em que se obteve alguma estabilidade de preços, a estagnação econômica continuou sendo a regra. Na terminologia de Lance Taylor

[22]Traduzido por Helga Hoffmann de Bacha e Carneiro (1993). Publicado por permissão da Oxford University Press. Uma versão anterior deste artigo foi preparada para o Departamento de Assuntos Econômicos e Sociais da ONU para servir de base a um relatório do Secretário Geral das Nações Unidas (Nações Unidas, 1991). Os autores agradecem os valiosos comentários de Marcelo de Paiva Abreu, Helga Hoffmann e Barry Herman.

(Taylor 1988), a resposta às tentativas de estabilização tem sido mais depressiva do que expansiva.

As dificuldades recentes da reestruturação econômica na Europa do Leste sintetizam e dramatizam as dificuldades de ajustamento observadas ao longo de muitos anos na América Latina e na África. Tornou-se mais evidente do que nunca a dificuldade de efetuar uma rápida transformação de sistemas econômicos corroídos por distorções e ausência de incentivos de mercado.

A última década foi decepcionante em seus resultados econômicos, mas rica em experiência. Acumularam-se lições de política econômica, sobretudo de fracassos, mas também de alguns êxitos, permitindo compreender melhor o que funciona e o que não funciona nas políticas de estabilização.

Nos últimos anos, organizaram-se muitos seminários profissionais para discutir essas experiências, desde o Seminário de Washington sobre Ajustamento Estrutural Orientado para o Crescimento, organizado pelo FMI e o Banco Mundial em 1987[23] até a Conferência de Gaborone de fevereiro de 1991, promovida pela Associação dos Bancos Centrais Africanos e o FMI.[24] Nesses seminários, as experiências de determinados países foram submetidas a escrutínio profissional em resposta à necessidade de melhorar a eficiência dos empréstimos com condicionalidade de política econômica oferecidos pelas agências multilaterais de crédito.

Há muitas questões não resolvidas e é difícil generalizar, mas chegou-se a um mínimo de convergência profissional em temas que há dez anos produziam um debate doutrinário feroz. Antigas verdades reafirmaram sua validade, mas acrescentaram-se muitos elementos novos à nossa compreensão de programas de estabilização voltados para o crescimento em países em desenvolvimento.

A finalidade deste capítulo é extrair as lições dessas experiências e desses debates. A próxima seção examina onde estamos na convergência profissional quanto a questões de estabilização. Fazemos primeiro uma

---

[23]Corbo et alii (1987).
[24]Helleiner (1992b).

revisão dos programas de curto prazo do FMI. Apresentamos o chamado Consenso de Washington, tal como incorporado aos atuais pacotes de médio prazo de ajustamento sendo propostos em conjunto pelo FMI e o Banco Mundial. Também são discutidos experimentos de estabilização heterodoxos. Finalmente, derivamos uma conclusão tentativa sobre o que seria hoje a visão predominante sobre os programas de estabilização para países em desenvolvimento.

A terceira seção trata dos aspectos sociopolíticos em países em desenvolvimento. Esses foram em geral negligenciados no passado, mas hoje em dia se reconhecem como essenciais para o sucesso dos esforços de estabilização.

A seção 4 é a mais longa e elabora 12 novos temas, que entraram na agenda dos debates sobre política de estabilização em países em desenvolvimento na última década. Esses temas são: (1) políticas de choque (*big bang) versus* gradualismo; (2) escopo *versus* intensidade das reformas de política econômica; (3) sequenciamento das reformas; (4) ajustamento fiscal permanente e reforma do setor público; (5) coordenação das decisões de investimento do setor privado; (6) investimento público em infraestrutura; (7) política industrial; (8) estabilidade das políticas e sua sustentabilidade; (9) controle de preços temporário e política de rendimentos; (10) âncoras nominais e redes de proteção financeira; (11) redução da dívida dos países de renda média e alívio da dívida dos países mais pobres; e (12) problemas especiais das antigas economias socialistas.

A maioria é de temas controversos, mas mesmo assim tentamos extrair de sua apresentação e análise um conjunto de conclusões, resumidas na última seção, sobre o papel que poderiam desempenhar os empréstimos com condicionalidade de política econômica em apoio a programas de estabilização voltados para o crescimento em países em desenvolvimento.

5.2. Convergência profissional

Até a primeira crise do petróleo, em meados dos anos 1970, as instituições de Bretton Woods tinham papéis claramente definidos. O FMI tinha o encargo de compensar deslocamentos temporários no balanço de pagamentos via empréstimos de estabilização; o Banco Mundial estava encarregado da promoção do desenvolvimento mediante empréstimos de longo prazo para projetos de investimento em infraestrutura.

Os primeiros programas de estabilização promovidos pelo FMI, em particular na América Latina, tinham um diagnóstico simples das dificuldades de balanço de pagamentos e inflação nesses países. O problema fundamental era o excesso de gasto público, que estava na raiz tanto da perda de reservas internacionais quanto das pressões inflacionárias domésticas. Um problema complementar era o de taxas de câmbio excessivamente apreciadas, apoiadas por controles quantitativos de importações, com os quais se pretendia reduzir os custos dos bens de consumo e insumos industriais importados. Finalmente, a poupança privada estaria sendo reprimida pela manutenção de taxas de juros negativas em termos reais, apoiadas pelo racionamento discriminatório do crédito.

Os programas de estabilização do Fundo orientavam-se, assim, por duas prescrições fundamentais: equilíbrio do orçamento e obtenção dos preços corretos. Cortes no gasto público excessivo, maxidesvalorizações do câmbio e taxas de juros reais positivas permitiriam eliminar os mecanismos de racionamento das divisas estrangeiras e de alocação de crédito doméstico, assim resolvendo as dificuldades de balanço de pagamento e inflação (ver FMI, 1987).

A visão original do Fundo em grande medida ignorava a existência de problemas estruturais internos e de ambiente externo adverso. Os primeiros, que se manifestavam na lenta resposta dos preços, na escassez de divisas estrangeiras e na poupança doméstica escassa, eram, segundo a doutrina do Fundo, a consequência de políticas econômicas errôneas subjacentes a um esforço de industrialização substitutiva de importações excessivamente ambicioso, controlado pelo Estado e de matiz populista. As dificuldades externas tampouco eram consideradas pelo Fundo, baseado no argumento de que as economias em desenvolvimento eram pequenas em relação ao resto do mundo e assim se defrontavam com demanda externa elástica para suas exportações e oferta externa elástica de capital estrangeiro. Se não exportavam mais ou não atraíam mais investimento é porque os incentivos domésticos estavam errados.[25]

O FMI também confrontou rapidamente a crítica à natureza de curto prazo de seu apoio financeiro: havia sido criado em Bretton Woods como instituição monetária, e não como agência de desenvolvimento. Crédito de longo prazo era responsabilidade do Banco Mundial. O perfil das duas instituições, no entanto, tornou-se cada vez mais entrelaçado quando o Banco Mundial começou a enfatizar empréstimos com cláusulas de política econômica no início dos anos 1980, depois de ter iniciado empréstimos para ajustamento estrutural em 1980.[26] Em resposta ao primeiro choque do petróleo, agravado depois pelo segundo, pelo choque das taxas de juros de 1979, pelas recessões mundiais em rápida sequência em 1980 e 1982 e pelo colapso do crédito bancário internacional para países em desenvolvimento, no fim dos anos 1980 os empréstimos para ajustamento já representavam 31% dos compromissos totais do Banco.[27]

Com essa sequência de choques externos negativos, comparáveis em magnitude apenas aos dos anos 1930, ficou evidente que os esforços de ajustamento dos países em desenvolvimento enfrentavam um ambiente externo extremamente adverso. Era necessário um enorme ajustamento estrutural e isso não podia ser alcançado apenas com a medicina tradicional do Fundo.

A experiência acumulada com programas do Fundo indicava também várias limitações da prescrição tradicional. Primeiro, as maxidesvalorizações do câmbio eram inflacionárias em um contexto de rigidez dos salários reais, razão pela qual os programas dos países com frequência não conseguiam cumprir as metas de inflação do Fundo. Segundo, as maxidesvalorizações frequentemente causavam uma queda significativa na demanda doméstica, que não era compensada pelo aumento das exportações, acentuando, assim, tendências recessivas no país. Terceiro, as maxidesvalorizações tenderam a afetar negativamente o orçamento

---

[25] Ver Killick (1984).
[26] Michalopoulos (1987); Bacha (1989).
[27] Jasperen e Shariff (1990).

do governo, nos casos em que o comércio exterior não era tributado e a dívida externa era elevada. Quarto, o ajustamento orçamentário feito sob a pressão de cumprir metas trimestrais muitas vezes não se sustentava. No curto prazo, os governos conseguiam apenas repressão do déficit, muitas vezes obtida pela suspensão de investimentos em infraestrutura econômica e social, mais fáceis de cortar; uma supressão do déficit voltada para o crescimento, conforme necessário para a estabilidade sustentada dos preços, exigiria um horizonte de prazo mais longo. Quinto, a poupança privada não respondeu positivamente às elevadas taxas de juros que normalmente acompanhavam os programas do Fundo; ao contrário, a fragilidade financeira derivada do impacto das altas taxas de juros frequentemente levou a falências e colapsos financeiros, além de agravar os custos do serviço da dívida pública.

Nessa reconsideração do conteúdo dos programas do Fundo, a contribuição do Banco Mundial foi a de enfatizar que, além de estabilização, os países em desenvolvimento precisavam de ajustamento estrutural, a ser alcançado, conforme o Banco, pela adoção de políticas econômicas liberais (Corbo e Fisher, 1992). Três novas linhas foram, assim, acrescentadas às prescrições do Fundo. A nova doutrina de ajustamento do Banco Mundial e do Fundo que se tornou conhecida como o Consenso de Washington (Williamson, 1990) tem cinco princípios:

1) equilíbrio orçamentário,
2) correção dos preços relativos,
3) liberalização do comércio exterior e do investimento estrangeiro,
4) privatização,
5) desregulamentação dos mercados domésticos.

A liberalização do comércio exterior teria de ser concretizada por uma sequência de medidas, começando pela substituição de cotas por tarifas, seguida da unificação tarifária e finalmente uma redução programada da tarifa uniforme, até alcançar, depois de alguns anos, um comércio substancialmente livre. A liberalização do investimento estrangeiro significava tratamento não discriminatório em relação ao investimento de residentes.

A privatização envolvia, em primeiro lugar, a devolução ao setor privado das firmas que eram privadas anteriormente, mas que por uma razão ou outra haviam caído nas mãos do setor público; em segundo lugar, a liquidação de empresas públicas que estivessem dando prejuízo; e, terceiro, a transferência para o setor privado de grandes empresas estatais que no passado haviam sido consideradas de importância estratégica.

A desregulamentação dos mercados domésticos envolvia medidas nos mercados de bens, de mão de obra e financeiros. Normalmente, o objetivo seria liberar esses mercados de controles governamentais, permitindo que os preços se formassem livremente pela oferta e procura. Deveriam ser estabelecidos, contudo, mecanismos para garantir a livre concorrência e uma regulamentação bancária prudencial. A desregulamentação envolveria também a introdução de sistemas legais adequados para a proteção dos direitos de propriedade e para a prevenção de abusos do poder de mercado.

Uma consequência bem-vinda dessa agenda expandida foi a de que as instituições de Bretton Woods reconheceram que o ajustamento em países em desenvolvimento era uma tarefa mais complexa e tomaria mais tempo do que imaginado inicialmente na doutrina do Fundo. Problemas de estabilização e de balanço de pagamentos não podiam ser tratados com eficácia em uma perspectiva de curto prazo e tinham de ser considerados como parte integral dos desafios do desenvolvimento. Mas permaneceu um viés, o de que a construção da confiança do setor privado, através da combinação de disciplina fiscal com políticas econômicas liberais, bastaria para o êxito dos esforços de ajustamento orientados para o crescimento.

Concebidas como contraponto a esse viés otimista das instituições multilaterais sediadas em Washington, as abordagens heterodoxas que se tornaram populares nos anos 1980 tentaram incorporar a rigidez inflacionária e a lenta resposta dos preços a um novo marco de referência de políticas, atribuindo papel maior à coordenação de preços e rendimentos diretamente pelo governo.[28] A necessidade de controles racionais que

---

[28]Ocampo (1987); Bruno et alii. (1988).

tolhessem não os movimentos nos preços de equilíbrio, mas somente os movimentos derivados de expectativas baseadas em preços passados, levou a recomendações em favor de controles temporários dos preços e do câmbio e de desindexação. Mas os programas heterodoxos também tenderam a minimizar a necessidade de equilíbrio fiscal imediato, baseados na teoria de que ganhos fiscais importantes seriam gerados pela estabilização dos preços, em virtude do efeito Olivera-Tanzi atuando em reverso e das receitas de senhoriagem que adviriam da remonetização da economia.

Vítimas de suas próprias promessas de estabilização com expansão econômica, muitas das tentativas heterodoxas caíram na armadilha do abandono do ajuste fiscal e do populismo. Estímulos prematuros à expansão econômica, mudanças indevidas de preços relativos, despreocupação com os incentivos econômicos para a recuperação do investimento e abusos de liberalização temporária de importações (como meio de reprimir preços internos na presença de taxas de câmbio inadequadas) são os principais elementos que caracterizam a inconsistência de várias tentativas de estabilização heterodoxa. O caso do Peru sob Alan García exemplifica o pior resultado desses experimentos, embora diversas doses dos mesmos ingredientes pudessem ser encontradas no Plano Cruzado do Brasil e no Plano Austral da Argentina.[29] O fracasso dos experimentos populistas com estabilização expansionista ajudou a arrefecer a crítica ao FMI. Conseguiu-se uma compreensão melhor dos "estreitos limites do possível" no curto prazo, bem como da necessidade de uma profunda reforma do setor público para manter os necessários investimentos do governo em infraestrutura social e econômica sem recorrer ao financiamento inflacionário.

Mais recentemente, há um contexto de redução de divergências entre abordagens antes irreconciliáveis. Essa convergência profissional é em parte uma reflexão sobre as falhas das versões mais extremas dos programas tanto ortodoxos quanto heterodoxos. Mas em parte é também uma reflexão sobre o sucesso de experiências que conseguiram combinar elementos ortodoxos e heterodoxos.

---

[29]Ver Kiguel e Liviatan (1992).

Assim, Israel desde 1985 e México desde 1987 conseguiram uma combinação adequada de componentes ortodoxos e heterodoxos em seus programas de estabilização.[30] Esses programas enfatizaram disciplina fiscal e políticas de mercado, mas não fugiram da adoção de políticas de rendimentos como forma de alcançar rápida deflação com pouca perda de produto. O Brasil em meados dos anos 1960 é um dos primeiros exemplos de um programa de estabilização apoiado em política de rendimentos.

O êxito da industrialização de Taiwan e da Coreia do Sul também ajudou a moderar o entusiasmo dos participantes do Consenso de Washington com o poder de políticas econômicas liberais para promover ajustamento com crescimento. Esses casos confirmaram que a disciplina fiscal e a abertura para o comércio internacional são ingredientes essenciais do ajustamento exitoso, mas mostraram que o papel coordenador do governo era importante não apenas em áreas de desenvolvimento humano como educação e saúde, mas também na adaptação tecnológica, na provisão de financiamento de longo prazo e na implantação da política industrial com critérios de desempenho (Wade, 1988; Amsden, 1989).

Em relação à política de comércio exterior, a fonte original da generalização de recomendações de maior abertura foi uma análise de 41 economias no *World Economic Report* do Banco Mundial de 1987. Desde então, a evidência da associação entre abertura e crescimento tem sido qualificada em vários estudos. Singer e Gray (1988) analisaram uma versão ampliada do conjunto de dados usado por Kavoussi (1985) e questionaram a universalidade das implicações de política contidas no referido relatório. A análise de regressão feita por Edwards (1992) tende a confirmar a relação de causalidade entre abertura e crescimento, pois ele conclui que intervenções no comércio (tal como medidas por desvios das estimativas de Learner (1984) de padrões comerciais segundo o modelo Heckscher-Ohlin) afetam negativamente o crescimento. O contexto dos modelos de crescimento endógeno usados por Edwards pode contribuir

---

[30] Bruno e Pitterman (1988); Dornbusch (1988).

para dar apoio empírico à ideia mais equilibrada de que – na colocação de Helleiner (1992a) – é mais por incentivo às exportações do que por liberalização das importações que regimes de comércio voltados para fora podem beneficiar o crescimento econômico.

Finalmente, as recomendações gerais de política de comércio exterior para países em desenvolvimento não podem deixar de avaliar o que está acontecendo no mundo em termos de fluxos de comércio e de finanças internacionais no momento em que essa política é implantada. Taylor (1991) reflete sobre as experiências bem-sucedidas de crescimento, em relação às perspectivas de modesto crescimento do comércio internacional e do financiamento externo nos anos 1990, para concluir que "talvez seja sábio optar por certo grau de orientação para dentro". Essa qualificação foi reforçada por Chakravarty e Singh (1988) no contexto da experiência de países grandes como a Índia e a China, que não haviam sido incluídos na amostra de países asiáticos do estudo de 1987 do Banco Mundial.

5.3. Dimensões sociopolíticas

A análise das experiências com ajustamento estrutural e políticas de estabilização nos anos 1980 trouxe outro consenso: a importância de "apropriação" dos programas pelo governo local. A ideia básica é simples: é baixa a probabilidade de que mesmo a melhor das políticas possa ter sucesso em um país se o governo a cargo de sua implantação não vê o pacote como expressão das suas próprias intenções. Essa ideia simples tem implicações práticas importantes tanto para a formulação das estratégias de política quanto para as discussões entre os representantes das agências multilaterais e as autoridades locais sobre os detalhes dos programas. Significa, por exemplo, que não se pode esperar a implantação feliz de medidas políticas decididas após "negociações de condicionalidades como se fosse num bazar" (Helleiner, 1992c).

Políticas de ajustamento tendem a ter custos políticos elevados, sujeitando os governos locais a uma série de pressões. Normalmente, essas pressões vêm de três fontes: os beneficiários do *status quo* anterior; os atingidos pela carga do ajustamento em termos de perda de produção, desemprego setorial e deslocamento de investimentos; e os críticos céticos, cuja voz ganha ressonância com o tempo que passa antes de ocorrerem resultados reconhecidos como benéficos. Uma razão importante para que a política de reformas seja abandonada cedo demais é que o próprio governo, ou a coalizão governamental, pode não estar convencido de que está na trilha econômica correta e estar convicto no máximo de que é preciso mostrar alguma disciplina para obter a boa vontade de doadores, credores ou parceiros internacionais. Isso significa que a fragilidade do apoio político doméstico é a maior debilidade da maioria das reformas para o ajustamento. Quando essa fragilidade é grande, considerar seriamente medidas de reforço da coalizão política em apoio ao programa pode aumentar as chances de sua sobrevivência e êxito. Essa abordagem talvez seja preferível à de "ensinar o dever de casa aos locais".

Outra fonte de resistência política que pode conspirar contra as chances de sucesso do programa é a dos efeitos negativos (de curto prazo) sobre os grupos de baixa renda na população. Isso pode ser grave quando as medidas de política são radicais desde o início e, assim, tendem a provocar deslocamentos setoriais de recursos e de emprego por um tempo longo demais para ser politicamente sustentável. Isso indica que é preciso desenvolver redes de proteção dos mais pobres contra os deslocamentos de curto prazo que serão provocados pelo programa de estabilização.

Níveis de pobreza e indicadores sociais têm de ser considerados explicitamente como uma restrição à execução das políticas, ou então o ajustamento será visto, na melhor das hipóteses, como custoso e, em muitos casos, como uma forma injustificável de ter acesso a divisas estrangeiras, em especial no caso de economias pobres com enorme escassez de dólares. Não se construirá apoio político para uma política econômica racional, e sim o incentivo será para criar maneiras de contornar ou evadir as "estranhas condicionalidades" das agências multilaterais.

Existe uma enorme defasagem entre a necessidade de políticas de ajustamento a um conjunto novo de restrições internacionais quando se está lidando com uma economia de mercado organizada e a necessidade de reformas na maioria das economias em desenvolvimento depois de uma década de políticas macroeconômicas frustradas, baixo crescimento econômico e condições sociais que se agravam. Os desequilíbrios existentes tendem a reforçar uns aos outros e as distorções de política econômica se acumulam em consequência de um ajustamento que tem se arrastado. Depois de um longo período de controles artificiais, não só as distorções do mercado passam a ser a regra, mas as oportunidades de usufruir de rendas sem contrapartida (*rent-seeking*) desenvolvem profundas raízes nos códigos institucionais e sociais. Sua remoção poderá exigir mais do que mudança legislativa e vontade política. Serão necessárias políticas consistentes por um longo período em que os resultados não se tornarão presentes a tempo de garantir a sustentação política daqueles que deram início aos programas.

Isso é particularmente dramático quando as reformas se levam a cabo na esteira de grandes alterações nas regras econômicas relativas ao direito de propriedade e ao papel do Estado. Em um número significativo de países da África subsaariana, as tentativas frustradas, depois da descolonização, de construir economias socialistas em cima de costumes tribais arraigados foram agora substituídas pela esperança igualmente frustrada de criar capitalismo da noite para o dia. Alguns países pareciam esperar que o mero anúncio de um novo regime com o apoio das agências multilaterais bastaria para inundar o país de capital estrangeiro. Nas atuais condições dos fluxos internacionais de capital privado é bem pouco provável que haverá investimento voluntário suficiente para todos os países só porque eles conseguiram aprovar legislação favorável à entrada de capital estrangeiro. Isso não significa que não se deva aprovar tal legislação, mas apenas que o apoio político a ela não deve basear-se em falsas esperanças, pois do contrário a estabilidade das regras para investimentos privados será prejudicada. E essa estabilidade é talvez o que é mais importante para atrair capital estrangeiro.

A conclusão é que ao escolher a estratégia de como implantar os programas, é preciso levar em conta a probabilidade de que passará um longo período entre a adoção de um pacote de políticas econômicas e os seus resultados políticos. Primeiro, não há vantagem em obrigar a equipe de governo a aceitar um programa no qual não acredita antes mesmo de começar. Segundo, devem incluir-se nos custos do programa medidas para evitar possíveis efeitos negativos sobre as populações de renda mais baixa, para evitar que efeitos negativos previsíveis tragam força a uma coalizão política contrária ao programa. Os esforços de estabilização não deveriam ser desculpa para reduzir o número dos atores sociais que influenciam os destinos do país. Terceiro, pode ser que seja improdutivo o apoio externo a medidas que, mesmo sendo razoáveis, se apoiam em uma coalizão política inconsistente. Isso porque podem ser necessárias mudanças frequentes nas medidas de política, que poderiam não ser apoiadas pela coalizão inicial, levando assim a maior incerteza. Quarto, a lealdade da equipe de governo encarregada da implantação tem de ser avaliada não apenas em termos de seu compromisso com a lógica do programa, mas também em termos dos impactos das medidas sobre seu status, seu papel e sua realização profissional em suas próprias sociedades.

5.4. Novos elementos

A riqueza da experiência com políticas de estabilização em países em desenvolvimento acrescentou muitos elementos novos a velhos debates. Em sua maioria, os novos temas continuam sendo controversos. Vamos tratar de fazer, a seguir, uma apresentação equilibrada das questões envolvidas, mas, sempre que tenhamos ideias firmes sobre o tema em questão, não hesitaremos em apresentar nossas próprias conclusões.

5.4.1. *Choque* versus *gradualismo*

A controvérsia sobre choques em comparação com gradualismo surgiu originalmente no contexto dos antigos programas de estabilização do FMI. O consenso que afinal parece ter saído desses debates, enriquecido pelas experiências de estabilização dos anos 1980, é o que se segue. Para combater um surto inflacionário em uma economia que normalmente não é inflacionária, a melhor política é um choque monetário que revele claramente a todos os agentes econômicos que o Banco Central não está disposto a acomodar comportamentos inflacionários. Para combater inflação crônica, seria recomendável a mesma coisa, desde que o déficit do governo tenha sido suprimido e que simultaneamente se possa obter uma forte desindexação de preços e salários. De fato, há muito argumento em favor de uma política de choque caso o único problema seja a estabilização. Não deixa de ser curioso que os defensores mais ardorosos de choques de estabilização "heterodoxos" (isto é, apoiados por políticas de rendimentos) nos anos 1980 tenham sido os críticos dos choques "ortodoxos" (isto é, puramente fiscais e monetários) dos antigos programas do Fundo. Na questão da estabilização, portanto, tratamentos de choque parecem ter hoje o consenso tanto do ponto de vista ortodoxo quanto do heterodoxo.

Os debates mais recentes sobre vantagens e desvantagens de um *big bang* de reformas econômicas liberais tendem a misturar duas questões diversas: de um lado, estabilização com ajustamento no contexto de pacotes conjuntos do Fundo e do Banco após uma crise de dívida e, de outro, a conversão das antigas economias socialistas centralmente planificadas em economias capitalistas movidas a lucro.

No caso de estabilização com ajustamento, a evidência de casos de sucesso inequívoco (Chile hoje, Turquia nos anos 1980, Brasil nos anos 1960) e mesmo de casos de sucesso moderado (Gana e Tanzânia nos anos 1980) sugere que a estabilização voltada para o crescimento exige muito tempo. E assim é recomendável muita prudência na introdução de reformas de liberalização, independentemente de o programa ter sido iniciado com uma política de choque apoiada pelo FMI ou com uma abordagem gradual formulada localmente.

No caso da conversão das antigas economias socialistas, o entusiasmo inicial com um *big bang* parece estar dando lugar a uma abordagem mais moderada, que enfatiza a definição de um núcleo de mudanças políticas essenciais, baseado na análise cuidadosa da situação específica de cada país.[31] Essa mudança de opinião decorreu de uma série de experiências frustradas com *big bangs*, como os programas da Iugoslávia nos anos

---

[31]Ver Williamson (1991).

1980 e os implantados em Guiné-Bissau e Moçambique, com economias devastadas por guerras, sem falar do caso mais recente da Polônia.

Mesmo no caso de reformas propondo uma mudança não tão radical quanto a conversão direta para o capitalismo, o entusiasmo inicial com políticas de choque evoluiu para a ideia do sequenciamento de políticas cuidadosamente escolhido. A essência dessa evolução é uma abordagem mais pragmática da definição de um subconjunto de mudanças de política prioritárias. Essa passou a ser considerada uma estratégia melhor do que um pacote que abrangesse tudo, com risco de fracasso e desmoralização. Isso significa, primeiro, dar mais importância à eliminação das distorções maiores, como, por exemplo, as que geram risco de hiperinflação ou limitam severamente a oferta de divisas estrangeiras. Segundo, significa dar grande importância à manutenção da estabilidade de preços, ou pelo menos quase estabilidade (mesmo que não haja risco imediato de hiperinflação), como pré-requisito de um programa de ajustamento de sucesso, o que implica deixar para uma segunda etapa de reformas as medidas para aumentar a eficiência da economia.

O debate sobre choque *versus* gradualismo evoluiu também para uma discussão de mais sentido e operacionalidade no que se refere a duas dimensões dos dilemas de política, a saber, o escopo e a intensidade das mudanças.

5.4.2. Escopo das reformas

As experiências recentes de reforma econômica ensinam algo importante sobre o escopo das reformas recomendadas. Primeiro, a natureza diferenciada dos desequilíbrios e das distorções mais óbvios é crítica ao se determinarem as medidas a serem tomadas no início do programa. Assim, as ameaças de hiperinflação, que se observam em alguns países da América Latina, diferentes da escassez extrema de divisas estrangeiras, mais típica de economias da África, são imediatamente reconhecíveis como casos polares que requerem prioridades de política totalmente diferentes ao se iniciar o programa de reformas.

Um país com hiperinflação aberta ou reprimida pode não ter escassez de dólares no curto prazo, já que a desorganização da economia pode ter cumprido a tarefa de limitar a absorção doméstica e as importações, além de aumentar a vantagem de atividades exportadoras. Contudo, uma garantia de apoio em moeda estrangeira pode ser necessária a fim de manter um choque anti-inflacionário que tem de sinalizar que o governo não dependerá de financiamento inflacionário.

Um país pequeno com penúria de divisas estrangeiras mostra outro quadro. Por exemplo, a remoção das distorções cambiais, combinada com cortes drásticos na despesa pública, pode simplesmente gerar uma economia mais desorganizada, se não se levam em conta atrasos na reação da oferta ou a falta de credibilidade das políticas governamentais devido a fracassos passados.

Uma vez decidido o foco das primeiras medidas, permanece, contudo, a questão da intensidade em cada passo: quanto depreciar o câmbio; até que ponto corrigir os preços administrados pelo governo; em quanto aumentar as taxas de juros ou reduzir os controles financeiros são exemplos que se referem à intensidade do uso dos instrumentos de política econômica. Antes de qualquer coisa, é preciso considerar, durante a tomada de decisões, que o tabuleiro das políticas de estabilização vai continuar por muito tempo no futuro e que, portanto, as vantagens de curto prazo de grandes jogadas têm de ser contrabalançadas pela necessidade de manter consistência de políticas por um tempo prolongado. A segunda consideração é a força política dos grupos negativamente afetados pelas ações de política, bem como as possibilidades que tem o governo de oferecer compensação aos que têm perdas por causa dessas ações. Se a economia política não é favorável, talvez seja melhor ter prudência na mudança dos preços relativos. Uma terceira consideração é que, após fazer uma maxidesvalorização ou um maxiajustamento dos preços do setor público, o governo ganha margem de manobra (em termos de maior oferta de divisas estrangeiras ou maior receita orçamentária) para mexer nas âncoras nominais.

A conclusão é que os elementos essenciais a serem incluídos logo no início num pacote de reforma não podem ser predeterminados, pois dependem das restrições percebidas para um funcionamento minimamente aceitável da economia. Na maioria dos casos, os desequilíbrios que tendem a sufocar os mercados dos países e impedir o funcionamento do sistema econômico no curto prazo são a inflação descontrolada e a escassez aguda de moeda estrangeira. O escopo dos pacotes de medidas deveria concentrar-se o quanto possível na remoção dos obstáculos mais visíveis e a intensidade das medidas deveria ter em conta que esse jogo de política se estenderá por um longo tempo. Rodrik (1989) tem um argumento semelhante para as reformas do comércio exterior. Isso leva à questão do sequenciamento.

5.4.3. Sequenciamento

Medidas de ajustamento podem ser anunciadas como um pacote único, mas não todas podem ser introduzidas de um dia para o outro. Isso coloca a questão do sequenciamento adequado das reformas. O Banco Mundial tem insistido em que é preciso primeiro estabilizar a economia, antes de adotar medidas de ajustamento estrutural (tais como liberalização, desregulamentação e privatização) e, finalmente, investir e crescer (Selowski, 1990).

A percepção da necessidade desse tipo de sequenciamento parece ter nascido da reação ao fracasso dos experimentos monetaristas de economia aberta em meados dos anos 1970, no Cone Sul da América Latina. Nesses casos, as medidas de liberalização tenderam a preceder o ajuste fiscal. Tais experimentos tiveram vida curta e terminaram em graves crises de balanço de pagamentos.

A América Latina também foi cena de um segundo grupo de experimentos fracassados de política econômica, as tentativas de estabilização expansionistas na Argentina (Plano Austral), Brasil (Plano Cruzado) e Peru (Plano Inti). Nesses casos, foram usados congelamentos de salários e preços, não como mecanismos de coordenação – que é o papel positivo que eles podem desempenhar – mas como substitutos inadequados do ajuste fiscal e monetário, que os governos desses países não queriam ou não podiam introduzir e manter.

O segundo conjunto de experimentos expansionistas fracassados ensinou que as antigas virtudes da disciplina fiscal, rigor monetário e preços corretos podem não ser suficientes, mas são ingredientes necessários de qualquer tentativa séria de estabilização. Voltar ao crescimento é o objetivo final, mas esse não se alcança sem que antes sejam dados alguns passos intermediários.

O primeiro conjunto dos experimentos monetaristas em economias abertas ensinou, primeiro, que o ajuste fiscal tem de preceder a liberalização, do contrário são inevitáveis corridas especulativas. Segundo, a desregulamentação deveria começar naqueles mercados que se ajustam mais lentamente, isto é, em primeiro lugar deveria vir o mercado de trabalho e depois os mercados de bens e, finalmente, os mercados financeiros. De outro modo, a tendência será a de uma reação exagerada da taxa de câmbio e dos juros, pois os mercados financeiros reagem aos incentivos de preços muito mais rapidamente do que os outros mercados.

De fato, a desregulamentação dos mercados financeiros tem sido parte frequente dos objetivos das reformas estruturais. O objetivo básico está claro: criar condições para que as taxas de juros que se aplicam a diferentes formas de endividamento reflitam as taxas de retorno e as preferências por ativos dos detentores de riqueza. A esperança é que o movimento no sentido de mercados financeiros competitivos fará com que as taxas de retorno do capital reflitam sua escassez relativa, de modo a tornar mais atraentes os usos do capital que aproveitem melhor as oportunidades de investimento existentes. Tipicamente os mercados reprimidos são excessivamente regulados, variando de um monopólio completo da intermediação financeira pelo setor público até controles diretos sobre transações ou tetos para juros na tomada e concessão de empréstimos, proteção a bancos domésticos, proliferação de mercados de crédito informal e uma grande variedade de canalização direta de fundos compulsórios para prioridades de investimento definidas pelo governo.

Desregulamentação, nesse contexto, normalmente significa liberar as taxas de juros para os intermediários e as remunerações dos ativos financeiros, de modo que uma proporção maior da poupança privada possa ser canalizada via mercados financeiros.

Esse é apenas um exemplo em que o sequenciamento errado pode ser desastroso. Mercados financeiros tendem a ser extremamente regulados e têm distorções abundantes praticamente em toda parte; assim, pode ser forte a tentação de desregulamentar prematuramente. O resultado da desregulamentação prematura pode ser maior volatilidade das taxas de juros induzida por comportamento especulativo, aumento da incerteza quanto aos custos do crédito sem a contrapartida de aprofundamento do setor financeiro, "mentalidade financeira" difundida nos negócios privados muito antes de se alcançar flexibilidade na intermediação entre poupança e investimento e, finalmente, facilidade para a fuga de capitais diante de elevada incerteza nos mercados domésticos, antes que se possa atrair capital estrangeiro com o novo regime.

5.4.4. *Reforma do setor público*

Um dos pontos críticos no sequenciamento das reformas refere-se ao ajuste fiscal. O fato é que um ajuste fiscal durável leva tempo. O que se pode fazer no curto prazo são medidas temporárias de ajuste, tais como um aumento de uma só vez nos preços administrados pelo setor público, redução do investimento em infraestrutura, atrasos nos pagamentos aos credores e fornecedores domésticos, adiamento da revisão salarial dos funcionários públicos e uma moratória da dívida externa. Isso é repressão de déficit e não supressão de déficit. Com essas medidas, mesmo que sejam cumpridos os critérios de desempenho trimestral monitorado pelo FMI, o problema do desequilíbrio fiscal fundamental permanece sem solução.

A supressão do déficit envolve transferência de investimentos para o setor privado, consolidação da dívida, mudança na política de pessoal do setor público e uma estrutura administrativa do setor público com foco em incentivos. Implica também instaurar um novo regime monetário, capaz de evitar o surgimento de déficits quase-fiscais nas contas do Banco Central, mesmo quando o orçamento do governo central esteja sob controle.[32]

Isso significa que o ajustamento fiscal requer profundas mudanças institucionais na operação do governo central e na interação de outras entidades do setor público com o setor privado. Necessária é a supres-

---

[32]Tanzi (1987).

são do déficit público potencial que está por trás de todo o passivo acumulado pelo governo ao longo dos anos, no contexto de um regime estatal de orçamento com fraca restrição ao gasto e acomodatício em favor de diferentes grupos de interesse dentro e fora do setor público. A supressão do déficit exige, de fato, uma completa reforma do setor público, envolvendo pelo menos dois elementos: medidas para melhorar a eficiência da economia e medidas para aumentar a poupança pública. Isso exige uma reforma fiscal em sentido amplo, em geral envolvendo reestruturação da dívida (doméstica e externa), eliminação de direitos adquiridos a rendimentos sem contrapartida, fechamento de empresas estatais que sejam irremediavelmente deficitárias e adoção de um sistema tributário mais adequado. Mas normalmente envolve também a elaboração de regras constitucionais e regulamentos para a intervenção do Estado que sejam orientados para o desempenho e dificultem gastos deficitários irresponsáveis, além de regras do jogo mais estáveis para o investidor privado.

O problema é que um ajuste fiscal permanente leva tempo, como se conclui das reformas do Estado subjacentes: no início do programa, estão disponíveis apenas medidas temporárias. Mas a implicação é que o programa de reformas não pode esperar até que seja alcançada a estabilização, pois essa não ocorrerá enquanto os agentes econômicos não estejam convencidos de que está ocorrendo um ajustamento fiscal permanente. Daí o papel crítico que podem desempenhar, no desenho dos programas de estabilização dos organismos multilaterais, os empréstimos de ajustamento estrutural que visam a apoiar a reforma do setor público.

5.4.5. Coordenação do investimento privado

Uma das principais lições da experiência é que a estabilização em países de inflação cronicamente alta é um processo que leva bastante tempo: não é um ano ou dois, é algo como uma década.[33]

Quando um estado de inflação crônica passa a ser de verdadeira hiperinflação, como na Bolívia no início dos anos 1980, a inflação pode

---

[33]Kiguel e Liviatan (1988).

cair rapidamente, de modo quase instantâneo, uma vez implantado um programa severo de desinflação.[34] Isso acontece porque tais economias se tornam substancialmente dolarizadas, em termos da determinação dos preços e salários e dos ativos financeiros. Nesses casos, um ajuste fiscal rigoroso acompanhado da vinculação da moeda interna ao dólar consegue produzir uma estabilidade de preços quase instantânea.

Mesmo nesses raros casos, no entanto, para evitar o colapso do regime cambial estável possivelmente é necessário grande rigor fiscal e restrição monetária, a fim de criar confiança na nova orientação de política econômica. Essas políticas contracionistas, contudo, prejudicam a geração de um clima econômico favorável à recuperação do crescimento.

O Chile é talvez o único exemplo de país com inflação crônica que teve êxito em estabilizar sua economia (e isso com uma taxa de inflação que ainda neste momento é da ordem de 20%). A lição do Chile é que a cura da inflação crônica por métodos ortodoxos pode ser bem-sucedida, mas o tratamento pode levar décadas ou mais. Durante esse período, a disciplina fiscal e monetária tem de ser mantida com persistência. É mais a persistência do que políticas específicas (para o câmbio ou os salários) que parece ser a chave do sucesso. As principais desvantagens desse sucesso são a baixa taxa de crescimento e as graves crises que sofreu a economia chilena ao longo do caminho.[35]

A experiência de estabilização do Chile, e as que ainda estão se dando em Israel e no México, confirma a antiga verdade de que austeridade fiscal, taxa de câmbio real competitiva, mercados financeiros saudáveis e desregulamentação são necessários para a estabilização e oferecem as precondições para a volta do crescimento. Mas esses casos mostram que é preciso distinguir entre condições necessárias e suficientes. O ajustamento é estritamente necessário, mas pode não ser suficiente. Porque eles têm a opção de esperar,[36] os proprietários de ativos tendem a postergar a repatriação do capital que foi expatriado e os investidores tendem a

---

[34]Morales (1988).
[35]Corbo e Solimano (1991).
[36]Ver Dornbusch (1990).

adiar o início de projetos de investimento. Isso cria um problema sério de coordenação, um elemento novo em programas de estabilização voltados para o crescimento que abordagens tradicionais normalmente não reconhecem.

Como o investimento físico é parcialmente irreversível, o comportamento racional do setor privado leva ao adiamento do investimento até que desapareça boa parte da incerteza residual quanto ao êxito das reformas. Sem investimento, as reformas têm menos chance de se sustentar; mas o investimento não ocorre enquanto há incerteza quanto às futuras políticas. Daí a conclusão nada alentadora de que o sucesso das políticas pode depender em boa medida da psicologia das expectativas do setor privado.

Uma reforma pode acabar sendo revertida pela simples razão de uma expectativa compartilhada de que ela não vai durar. Mesmo que a expectativa inicial não se baseie nos fundamentos subjacentes, pode vir a ser uma profecia autorrealizada. Isso é especialmente preocupante hoje na Argentina, no Brasil e no Peru, onde os agentes econômicos, depois de testemunhar uma série de tentativas de estabilização fracassadas, preferem esperar a tomar decisões irrevogáveis de investimento.

A conclusão é que há necessidade de um mecanismo de coordenação para superar a tendência do mercado competitivo a esperar. Entram no quadro considerações de economia política. O que os mercados consideram ação suficiente de política pode simplesmente estar fora do escopo político de governos democráticos. Se o governo chegasse ao ponto de criar incentivos que motivassem o retorno dos capitais e a retomada do investimento exclusivamente como cálculo econômico, o tamanho da redução do salário real poderia ser tão extremo que, agora por motivos políticos, os proprietários de ativos considerariam o país uma localização perigosa demais.[37]

Na esteira de um agudo choque macroeconômico, mercados competitivos podem ser por si só incapazes de restaurar um bom equilíbrio. Um mecanismo de coordenação como o de uma política industrial

---

[37]Dornbusch (1990).

sensata pode ser necessário para a retomada do crescimento depois de se obter a estabilização.

O valor da opção da espera também ilustra o papel crítico dos empréstimos de estabilização em ajudar governos reformistas na execução de seus programas. Um passo decisivo nessa direção seria o apoio dos países desenvolvidos à suspensão do serviço da dívida por um período substancial de tempo. Isso poderia proporcionar a necessária rede de proteção financeira, não só dissuadindo potenciais ataques especulativos, mas também induzindo investidores a reverter a fuga de capitais e dar início a projetos de investimento.

A estabilização de 1985 de Israel exemplifica esse ponto. O empréstimo de estabilização de US$ 1,5 bilhão proporcionado pelos Estados Unidos não chegou a ser desembolsado, no sentido de ser transformado em bens importados, mas isso não significa que foi inútil; ao contrário, sem essa garantia, o *shekel* provavelmente teria sido vítima de um ataque especulativo e o governo de Israel não teria sido capaz de ganhar tempo para colocar o esforço de estabilização em bases sólidas.[38]

5.4.6. *Abordagens diferenciadas para o investimento público*

Uma queda no investimento foi o resultado de um número significativo de tentativas de estabilização nos anos 1980.[39] Embora esse fenômeno seja obviamente indesejável para os países em desenvolvimento em seu conjunto, em alguns casos, em especial nas economias da África subsaariana, essa contração foi consequência de um período prévio caracterizado por investimentos elevados, mas ineficientes.[40] A combinação de empresas paraestatais ineficientes com assistência estrangeira inadequada e com ajuda externa vinculada à aceitação de produtos do país credor explica o desperdício em alguns surtos de investimento em países africanos. A redução do investimento pode ser sinal, no caso, de melhor uso de recursos escassos e melhoria subsequente nas perspectivas de crescimento.

---

[38]Bruno e Pitterman (1988).
[39]Helleiner (1992a); Serven e Solimano (1993).
[40]Ndulu (1991).

Na maioria dos casos, no entanto, a redução do investimento ocorreu como resposta imprevista do investimento privado ao declínio no investimento público decorrente dos cortes no orçamento fiscal. O saber convencional ao tempo dos primeiros programas era que a redução do investimento público, acompanhada de medidas de austeridade afetando o gasto público em seu conjunto, abriria espaço para o investimento privado, que tinha sido anteriormente deslocado pelos excessivos gastos de capital do governo, dadas as limitações de poupança. O investimento do governo seria, assim, substituído vantajosamente por investimento privado voltado para o lucro, o que levaria a ganhos de produtividade dos gastos de capital, devido ao melhor uso das poupanças escassas.

A evidência empírica obtida nos anos 1980[41] a respeito da complementaridade entre o investimento público e o privado chama a atenção para o fato de que a diminuição do investimento público pode ser prejudicial ao investimento privado no longo prazo, ainda que sua expansão possa deslocar o investimento privado no curto prazo. A qualidade do investimento público parece ser um fator crítico na indução do crescimento, em especial nos casos em que uma infraestrutura inadequada requer grandes projetos públicos para melhorar as perspectivas de lucratividade das empresas privadas.[42]

Os cortes naquelas despesas governamentais com capacidade de induzir investimentos privados, no contexto de esforços indiscriminados para reduzir a despesa pública, podem ter duas consequências indesejadas para o investimento privado: interrupção de projetos factíveis, adiados devido à falta de obras de infraestrutura complementares, e aumento da incerteza.

Consequências de longo prazo negativas dos programas de ajustamento poderiam, portanto, ser evitadas se as reduções indiscriminadas do investimento público fossem substituídas por uma análise judiciosa das prioridades relativas aos programas de investimento. O desempenho do crescimento depois dos programas de ajustamento pode ser melhorado se

---

[41]Blejer e Kahn (1984, por exemplo).
[42]Como notado por Greene e Villanueva (1991).

houver conhecimento melhor das complementaridades entre investimento público e privado no país que passa pelo ajustamento.

Nesse contexto, a privatização pode ser uma forma sensata de conciliar a necessidade de preservar projetos importantes com as limitações da restrita capacidade financeira do governo.

Há também necessidade de reverter a compressão da capacidade de financiamento do governo, que surgiu como parte do processo de deterioração do déficit orçamentário. O déficit pode ser visto como excesso de investimento público sobre poupança pública. A receita pública que excede o consumo do governo mais o serviço da dívida pública declinaram em virtualmente todos os países. A recuperação da poupança pública tornou-se, assim, uma das questões importantes, porém negligenciadas, do ajuste fiscal nos programas de estabilização subsequentes à crise da dívida. Como a dívida externa tornou-se em última instância dívida pública, mesmo onde começou sendo predominantemente privada, o serviço da dívida absorve poupança pública. Isso é especialmente importante nos países em que o governo é comprador líquido de moeda estrangeira, além de ser investidor importante ou fonte de financiamento de longo prazo para o setor privado.[43] Colocar a ênfase na recuperação da poupança pública resultaria em efeito negativo menor das políticas de estabilização e ajustamento sobre a taxa de investimento do país, tanto pública quanto privada.

5.4.7. *Política industrial*

Uma política industrial sensata pode ser um mecanismo de coordenação potencial capaz de reduzir a incerteza que restringe o investimento privado no período imediato a uma experiência de estabilização. Os ingredientes de tal política são difíceis de explicitar, exceto em termos muito gerais.

A evidência empírica nos estudos comparativos disponíveis[44] tende a reforçar a visão de que o problema do comportamento do investimento

---

[43]Werneck (1991).
[44]Serven e Solimano (1993).

subsequente às políticas de estabilização vai mais além da relação entre investimento público e privado tratada no item anterior. Tem a ver com a capacidade de o governo transmitir posições claras e sustentáveis sobre questões como o papel relativo de empresas privadas e do governo, bem como sua capacidade de definir prioridades de investimento de longo prazo com apoio político sustentado, conforme expresso na legislação e na ação efetiva do governo.

Não há substituto para um conjunto de políticas estruturais bem definidas como forma de aumentar a lucratividade esperada do setor privado e reduzir a variância dos cenários de longo prazo projetados pelos investidores potenciais. Assim, definições básicas quanto a questões estratégicas – tais como direitos de propriedade, desenvolvimento dos recursos humanos e incentivo à aquisição de competência científica para absorver e adaptar novas tecnologias – estão presentes em todos os casos de sucesso de longo prazo das políticas de estabilização e ajustamento.

Em todos os casos de elevada taxa de investimento, como Coreia do Sul, Tailândia e Cingapura, conexões estreitas entre um governo voltado para o crescimento e a comunidade de negócios que espera lucratividade contribuíram para fortalecer o investimento privado, não só através de canais diretos como a alocação especial de crédito, mas também de apoio à educação adequada da força de trabalho em todos os níveis.

5.4.8. Acertando nas políticas

No contexto de amplas reformas políticas, os investidores privados poderão reagir mais à variância do que à média dos lucros esperados. Reformas de política econômica que parecem desejáveis de acordo com a análise econômica padrão podem ter efeito perverso se induzirem dúvidas quanto à sua permanência.[45] Pacotes de reformas que enfatizam a estabilidade e sustentabilidade das políticas tendem a dar melhor resultado em investimento e crescimento do que políticas sem credibilidade.[46] Essas podem ter o foco correto na liberalização e na formação

---

[45]Rodrik (1991).
[46]Calvo (1986).

de preços apropriados, mas descuidam de seu impacto no orçamento do governo, na oferta de moeda estrangeira e nas reações não controláveis dos grupos de interesse afetados.

Uma reavaliação das experiências exitosas dos últimos anos no que se refere ao crescimento após políticas de ajustamento[47] contribuiu para qualificar propostas anteriores sobre o valor de políticas não intervencionistas e para explicar as histórias de sucesso das economias do Leste da Ásia que tiveram rápido crescimento, com base no mercado e voltadas para o exterior. A ênfase na importância da qualidade da intervenção do governo parece ser essencial em uma conclusão mais equilibrada a respeito dessas histórias de sucesso. O que importa no caso é a capacidade dos governos de seguir políticas de incentivo que não se choquem contra os sinais de mercado, mesmo que os preços tenham que ser submetidos a distorções derivadas da presença de subsídios e barreiras protecionistas.

A lição a ser extraída da comparação das histórias de sucesso com os fracassos evidentes, ou mesmos dos sucessos abortados dos anos 1970, leva a uma conclusão simples, mas frustrante: intervenções do governo podem ser uma ajuda ou um obstáculo às oportunidades de mercado. Como promover a intervenção que ajuda e conter a que obstaculiza é uma questão complexa de economia política para a qual não há resposta fácil. Alguns economistas concluem que os requisitos de uma boa intervenção do governo são tão extremos que eles preferem viver com as imperfeições de mercado. Outros concluem que essas imperfeições permeiam de tal forma os países em desenvolvimento que a formulação e implantação de políticas intervencionistas para melhorar os mercados são necessárias para a recuperação do crescimento.

5.4.9. *Controles temporários*

Tentativas de estabilização baseadas em controles diretos de preços ou políticas de rendimentos definidas de maneira restrita, desconsiderando a disciplina fiscal e monetária, em geral fracassaram.

---

[47]Lau (1986); Amsden (1989).

Apesar disso, continua válido um argumento forte em favor de controles temporários: tentativas exitosas de estabilização baseadas nos fundamentos da economia podem conseguir apoio político e implicar menos perda de produto quando são usadas políticas de rendimentos para evitar os efeitos desfavoráveis das expectativas baseadas no que aconteceu no passado e da rigidez nos contratos, que são mais regra do que exceção em países com uma longa experiência inflacionária.[48]

A fraqueza da abordagem baseada em controles temporários para ter mais apoio político é que ela tende a se perpetuar. A economia política da situação é tal que sempre parece existir um bom motivo para postergar o ajuste fiscal e estender os controles de preços.

Uma administração sensata dos controles de preços é um determinante crítico do êxito de uma tentativa de estabilização. Suponha, por exemplo, que um congelamento dos preços administrados pelo governo, da taxa de câmbio e de algum salário de referência tenha sido parte do pacote inicial de estabilização. Se ocorrer um choque inflacionário desfavorável, os valores fixados terão credibilidade cada vez menor e, por conseguinte, uma onda de expectativas pessimistas pode arruinar o esforço de estabilização. A pressão pela desvalorização do câmbio depende, é claro, da deterioração do balanço de pagamentos no tempo, comparada à possibilidade de obter financiamento estrangeiro, que pode ser crucial para as opções de política com que se defronte o governo.

O mesmo problema surge quando as perspectivas de déficit do setor público se deterioram porque tarifas e preços do setor público fazem parte das âncoras nominais. As consequências para o esforço de estabilização dependerão de cálculos, nada fáceis, para estimar os efeitos da desinflação sobre o orçamento fiscal.

Quando a estabilização fracassa, o prolongamento excessivo dos controles de preços traz necessariamente as piores consequências em termos de distorções, instabilidade institucional e danos gerais à credibilidade do governo, com repercussões negativas para futuros esforços de estabilização.

---

[48]Kiguel e Liviatan (1992).

5.4.10. *Âncoras nominais*

O objetivo de longo prazo de um programa de ajustamento é criar condições para o florescimento de um quadro institucional em que uma economia flexível possa se transformar em uma economia próspera. Nessa situação, os preços relativos em geral, e em especial o preço real da moeda estrangeira, deveriam poder sinalizar a escassez econômica.

A estabilização da taxa de câmbio real, contudo, pode conflitar com a necessidade de estabilizar a taxa de câmbio nominal para garantir a rápida desinflação. Trata-se do papel da política cambial de prover uma âncora nominal.[49]

Suponha que está ocorrendo estabilização fiscal e que, portanto, o Banco Central não está mais forçado a adotar uma política monetária passiva para financiar o déficit orçamentário. Deveria o Banco Central definir sua política monetária em termos de uma meta monetária ou de uma regra para a taxa de câmbio?

Se a inflação de fato parasse repentinamente, a demanda de moeda em termos reais aumentaria significativamente. Nesse caso, seria necessária alguma acomodação monetária: prefixar metas de expansão monetária nessas circunstâncias seria difícil, se não impossível.

Mas a expansão monetária poderia ocorrer com segurança via monetização da entrada de divisas estrangeiras, a uma taxa de câmbio nominal fixa. Nesse caso, o Banco Central estaria simplesmente remonetizando a economia, tendo, na margem, 100% de reserva de moeda estrangeira como garantia. Fixar a taxa de câmbio nominal é uma opção atraente que estabelece um ponto focal imediato para coordenar as expectativas e a formação de preços.

Além do mais, em uma economia que passou por um longo período de inflação desorganizadora e perspectivas de balanço de pagamentos insustentáveis, pode não ser factível formular e implantar uma política econômica que tenha credibilidade, a não ser que seja oferecida uma perspectiva bastante estável para a taxa de câmbio como âncora nomi-

---

[49]Kiguel e Liviatan (1992).

nal: um elemento de cálculo econômico, substituindo as expectativas enormemente divergentes quanto aos valores nominais.

Em algumas experiências concretas, como no México, uma taxa de câmbio fixa desempenhou um importante papel de apoio na definição de um consenso em torno das possibilidades de estabilização. Isso é especialmente importante quando a economia já passou por um forte ajuste fiscal, quando os preços relativos são percebidos como sustentáveis e quando os benefícios de se reduzir a volatilidade claramente superam os riscos de aumento das distorções associadas com a manutenção de uma taxa de câmbio fixa em um mundo de taxas flutuantes.

É claro que algum grau de desvalorização excessiva anterior, como a que precedeu o experimento do México em 1987, ajuda no início da tentativa de estabilização, mas não parece haver substituto para um forte apoio financeiro externo, seja bilateral seja das agências de crédito multilaterais. Quando a moeda local não pode ser ancorada com credibilidade suficiente nos compromissos firmes dos responsáveis locais pela política econômica, a melhor alternativa para construir a confiança que permita a reversão da fuga de capitais pode vir da disponibilidade de linhas externas de financiamento oficial.

5.4.11. Redução e alívio da dívida

Uma característica comum dos programas de ajustamento pós-crise da dívida externa foi o tamanho limitado das mudanças favoráveis de fluxos – como no déficit primário do orçamento e no déficit do comércio exterior – que se puderam conseguir com rapidez em um contexto orientado para o crescimento. O custo do serviço da dívida previamente acumulada mostrou-se simplesmente alto demais para ser compensado por um superávit primário sustentável no orçamento ou por um superávit na balança comercial.[50] As limitações das políticas tradicionais com o objetivo de controlar a absorção doméstica na presença de uma dívida externa alta e difícil de financiar tiveram sua contrapartida interna na dificuldade de controlar e reduzir a dívida doméstica do setor público.

---

[50]Bresser Pereira (1991).

Em países que experimentaram um longo período de inflação alta, virtualmente não se encontra quem voluntariamente queira deter títulos da dívida pública e a consequência é que são necessárias políticas voltadas para a redução do estoque da dívida, para completar as políticas de redução do déficit voltadas para os fluxos de receita e despesa.

Redução e reestruturação da dívida externa são ingredientes essenciais dos programas de estabilização nos países pesadamente endividados. Em geral, se reconhece que são insuficientes as reduções de dívida oferecidas pelo Plano Brady. Cortes maiores da dívida bancária comercial serão necessários para um segundo grupo de países que estão na lista de espera para o Plano Brady e acumulam atrasos no pagamento dos juros da dívida.

As dívidas dos países de renda média nas agências oficiais deveriam ter o mesmo tratamento dado ao Egito e à Polônia. Espera-se que os países industriais aprovem em breve os termos acordados em Trinidad para a redução da dívida oficial dos países de baixa renda. O Banco Mundial, entre outros, reconheceu que são insuficientes os termos acordados na reunião de Toronto.

A dívida dos países de menor desenvolvimento junto ao FMI não pode ser deixada de fora das operações de redução da dívida. É preciso abandonar a ficção de que essas dívidas não podem ser reestruturadas ou reduzidas, mesmo que isso requeira a venda de parte das reservas de ouro do Fundo.

Muitos países africanos estão no momento passando por programas de ajustamento que se mostraram extremamente difíceis de manter e com um grau de frustração excepcional com a falta de alívio das pressões provindas do colapso da oferta de divisas estrangeiras. Em resposta aos problemas africanos, foi iniciada a redução das dívidas, mas será preciso ir muito mais longe.

De uma perspectiva geral, dois aspectos das experiências recentes das economias africanas, assim como de algumas economias latino-americanas devastadas por guerras, devem ser considerados: o primeiro é que o tempo que vai decorrer antes que se obtenham os resultados esperados vai ser bastante longo. O segundo é que os custos domésticos das longas negociações para reescalonamento das dívidas não são sustentáveis nesses países.

O primeiro aspecto representa um desafio para as agências multilaterais de crédito: deve ser feito um esforço extra para definir regras especiais para o cronograma dos empréstimos com condicionalidade de política econômica para essas economias. Isso exige financiamento especial com prazos mais flexíveis e um sistema cuidadosamente elaborado de monitoramento e de fornecimento de assessoria, com o máximo de uso da capacidade de pesquisa de base local.

Um esforço especial das economias nacionais e das agências multilaterais, bem como de muitas agências de ajuda bilateral, foi feito e continua sendo feito no sentido de prover a África do necessário investimento em recursos humanos e em capacidade de pesquisa acadêmica capaz de melhorar o gerenciamento econômico. A continuidade do apoio a esforços como o do Consórcio Africano de Pesquisa Econômica (Aerc, na sigla inglesa) é essencial se queremos que o conhecimento especializado desenvolvido pela pesquisa local contribua para aumentar a eficiência de recursos domésticos e internacionais na melhoria das condições econômicas e sociais da região.

O segundo aspecto refere-se ao longo processo de discussões e negociações da dívida. Embora tenha sido alcançado algum progresso nos últimos anos, é preciso um reconhecimento mais amplo dos custos que isso implica para alguns dos países mais pobres, mantendo negociações longas e dolorosas relativas a uma dívida externa cujos juros em grande medida eles não conseguem pagar. A consequência da atual situação do ritual das negociações é que recursos humanos e financeiros escassos, que poderiam ser usados para melhorar a administração econômica, estão sendo consumidos em longas e inúteis discussões.

5.4.12. *Reformas nas antigas economias socialistas*

Em países em que profundas reformas institucionais são parte de uma mudança política mais abrangente, como no caso da instalação de um sistema com base no mercado em antigas economias socialistas, pacotes ousados são vistos como necessários para instalar um novo regime. Isso não significa, no entanto, como mostra a experiência recente em alguns países africanos, que esses pacotes sejam à prova de frustração.

Há vários conflitos que, em tal contexto, precisam ser levados em conta: liberalização de preços, desvalorização cambial e plena monetização de salários e proventos envolvem a conversão de direitos especiais de compra, cartões de consumo e compensações não monetárias em quantias comparáveis expressas em moeda nacional, com poder de compra geral, que podem ocultar mudanças drásticas nos rendimentos relativos.

É grande a tentação de dar de uma só vez os três passos: liberalização dos preços, desvalorização cambial e plena monetização dos salários e honorários. Exceto que não se consegue calcular com uma margem de erro razoável quanta desvalorização é necessária e raramente existe um "preço de mercado livre" de divisas estrangeiras a que se possa recorrer.

A remoção de sistemas duais de preços (fixados pelo governo ou formados pelo mercado) tem ocorrido em vários países, com graus diversos de atrito e sucesso. A monetização dos salários e honorários dá início à plena exposição das desigualdades, normalmente disfarçadas em um enxame de direitos de compra, acesso a importações com câmbio favorecido e empréstimos dos bancos oficiais a taxas altamente subsidiadas.

A inflação pode ser gerada ao se tentar recuperar os rendimentos reais através de aumentos dos salários e honorários, ao se sobrecarregar o orçamento fiscal ou a imprimir moeda para financiar os encargos adicionais. Tais conflitos distributivos desembocam facilmente em inflação por causa de restrições fracas à expansão do gasto orçamentário, o que pode prejudicar uma tentativa inicial de ajustamento de resto coerente. Será necessária, então, uma segunda rodada de ajustamentos, com cortes no orçamento, demissão de funcionários públicos e mais desvalorização cambial, desenhando um quadro de fracasso das reformas institucionais que muito dificulta a formação de um consenso social.

O caminho do capitalismo talvez seja pavimentado de surtos inflacionários, agudos conflitos distributivos e vários pontos de parada e retomada. Ainda que não seja totalmente convincente a evidência das vantagens de uma abordagem gradual das reformas institucionais, um longo período de ajustamento, que requer apoio externo, parece ser inevitável.

Além do mais, mudanças drásticas nas regras do jogo não são necessariamente mais convincentes quando já se sofreram vários choques, como parte de repetidas tentativas de lidar com distorções de longa data e com resistentes instituições perpetuadoras da inflação.

Essas considerações dão peso a alguns aspectos esquecidos do gradualismo, pois a persistência de políticas consistentes parece essencial para restabelecer a confiança na governabilidade e estabilidade fundamental do país. Fracassos repetidos de tentativas de aplicar políticas de choque ou de *big bang* podem dar origem a uma desconfiança perigosa não só quanto à administração econômica, mas à viabilidade do país.

5.5. Conclusões

Mudanças de política econômica eficazes e sustentáveis têm maior probabilidade de obter a estabilização orientada para o crescimento com a ajuda de empréstimos externos e esse parece ser o caso de todas as histórias de sucesso.

Não está claro, no entanto, se o apoio externo deveria favorecer a política de *big bang*. Do ponto de vista estritamente ortodoxo das políticas baseadas nos fundamentos da economia, a probabilidade de sucesso das mudanças de política dependerá da consistência interna das políticas bem como de sua credibilidade, que por sua vez depende positivamente da consistência. Efeitos muito defasados e longos hiatos certamente desafiam a sustentabilidade – política e econômica – das reformas. Economistas ortodoxos acreditam que não há muito a fazer para reduzir as defasagens nas expectativas, pois elas se relacionam com o tempo que os agentes econômicos levam para se convencer de que o governo não vai desistir e reverter as políticas. Então, o ponto de vista ortodoxo favoreceria os *big bangs* e tenderia ao pessimismo quanto à possibilidade de se usar uma abordagem menos ambiciosa como forma de angariar apoio político e aumentar a probabilidade de êxito. Um amplo choque de liberalização e cortes convincentes do gasto público, por exemplo, seriam as únicas esperanças de sucesso das políticas de estabilização, não importa quanto tempo passe para que os resultados apareçam.

O melhor que se pode esperar nesse contexto seria um encurtamento das defasagens na resposta da economia às políticas baseadas nos fundamentos, através do aprendizado com a experiência das outras economias. Infelizmente, a evidência dos sucessos existentes não chega a fornecer um *Vademecum* razoável de prescrições de política econômica, mais além de elementos muito gerais, ainda que importantes, em torno dos quais identificamos um mínimo de convergência profissional, como analisamos anteriormente.

Dito isso, é preciso levar em conta a evidência de que resultados lentos e a deterioração de credibilidade de um *big bang* tendem a contaminar novos esforços quando se abandona um pacote atrás do outro ou ele é reformulado com resultados insatisfatórios e pouca correção das condições econômicas de longo prazo. Grande parte dos fracassos do ajustamento após a crise da dívida seguiu esse padrão de parada e retomada, com progresso limitado e aumento de instabilidade. Killick e Manuel (1995) relatam que 50% dos 242 programas do FMI na década de 1980 não se completaram e verificam que uma maior instabilidade é o resultado geral dessa falta de implantação. Se os empréstimos com condicionalidade de política econômica são incapazes de aumentar a chance de sucesso com o passar do tempo, fica difícil recomendá-los.

Uma das lições dessas experiências é que pacote de políticas de choque deveria dar maior importância ao fator tempo do que ao escopo. Deveria ser capaz de aliviar restrições imediatas de modo a ganhar apoio para o que poderá ser um longo empreendimento, ainda que o anúncio deva incluir todos os elementos considerados necessários em um programa consistente. Controles temporários podem ser introduzidos, mas mantendo um alerta contra as tentações populistas que tendem a substituir o avanço na correção das causas fundamentais dos desequilíbrios pela manutenção exagerada desses controles.

Quando a redução imediata de algum desequilíbrio crítico não é alcançada, mas se julga que o programa está na direção correta, recomenda-se financiamento complementar que permita ao programa manter seu curso. A liberação em fatias (*tranching*) dos empréstimos com condicionalidade de política econômica tem sido a maneira tradicional de permitir o apoio limitado a uma medida de política na direção correta, mas cuja intensidade não se considera convincente. De fato, essa pode ser uma maneira conveniente de iniciar um programa sempre que parece existir forte resistência política ao ajustamento. O fatiamento do empréstimo pode ser uma maneira prática de prevenir que pacotes de ajustamento parcial se transformem em um adiamento sem sentido de mudanças estruturais. Sua patologia mais comum, no entanto, é o estabelecimento de prazos curtos demais entre as verificações de cumprimento das condicionalidades.

Condicionalidades excessivas podem ser outro efeito secundário de um programa por demais abrangente. Essa tem sido a fonte comum das dispensas de desempenho (*waivers*) que pontilharam os programas de ajustamento nos anos 1980. As consequências podem ser mais sérias do que a simples congestão burocrática: a credibilidade pode ser seriamente prejudicada quando um número excessivo de metas requer dispensa de desempenho.

Pode ocorrer contaminação da credibilidade das partes razoáveis do programa por causa de falhas nas partes menos factíveis. Uma combinação de um escopo ambicioso com metas excessivamente otimistas aumenta a probabilidade de que alguns resultados fiquem muito longe dos objetivos e, assim, o risco de contaminação.

As condicionalidades que não são cumpridas levam a grandes atrasos no desembolso das parcelas do empréstimo e virtualmente prejudicam em seu conjunto o pacote, que passa a ter financiamento insuficiente. À recomendação de que o fatiamento deveria dar-se em intervalos mais longos acrescentaríamos que deve ser também feito com parcimônia.

Os empréstimos com condicionalidade de política econômica deveriam visar a um aumento da "estabilidade, da credibilidade das políticas e do esforço sustentado do governo".[51] Um pré-requisito essencial

---

[51]Helleiner (1992a).

de sucesso é que o governo assuma a autoria e a responsabilidade pelo programa, que ele seja apropriado pelo governo. Para aumentar as probabilidades de sucesso, o crédito multilateral a programas pelos quais o governo local assume a responsabilidade deveria premiar as políticas econômicas racionais e pragmáticas, em oposição às populistas. Para isso é essencial que a elaboração do programa se baseie em um diagnóstico adequado das distorções e dos desequilíbrios mais importantes que afetam o país e que haja preocupação com metas realistas e prazos razoáveis para o fatiamento e com a diminuição dos custos sociais de um ajustamento estrutural prolongado.

Referências

AMSDEN, A. *Asia's Next Giant*. Nova York: Oxford University Press, 1989.

BACHA, E. "La crisis de la deuda latinoamericana y la función del Banco Mundial en el ajuste estructural". Centro de Estudios Monetarios Latinoamericanos (Cemla), *Boletín*, 35(3), maio-junho, 1989, pp. 117-133.

BACHA, E. e CARNEIRO, D.D. "Stabilization programmes in developing countries: old truths and new elements". In: P. Bardhan, M. Datta-Caudhuri, T.N. Krishnan (orgs.). *Development and Change: Essays in Honour of K. N. Raj*. Bombay: Oxford University Press, 1993, pp. 170-196.

BLEJER, M. I.; KAHN, M.S. "Government Policy and Private Investment in Developing Countries". *IMF Staff Papers*, 31, Washington, ago. 1984.

BRESSER PEREIRA, L.C. "La Crisis de America Latina: Consensus de Washington o Crisis Fiscal". *Pensamiento Iberoamericano*, 19, 1991.

BRUNO, M. e PITTERMAN, M. "Israel Stabilization: a Two-Year Review". In: M. Bruno et alii (eds.), 1988.

BRUNO, M. et alii (orgs.). *Inflation Stabilization: the Experiences of Argentina, Brazil, Bolivia and Mexico*. Cambridge: Massachusetts Institute of Technology Press, 1988.

CALVO, C. "Temporary Stabilization: Predetermined Exchange Rates". *Journal of Political Economy*, 94, 1986.

CHAKRAVARY, S. e SINGH, A. "The Desirable Forms of Openness in the South", mimeo. Helsinki: World Institute for Development Economics Research, 1998.

CONWAY, P. "How Successful is World Bank Lending Structural Adjustment?". *Policy Research Working Paper Series 581*. Washington, Banco Mundial, mar. 1991.

CORBO, V. et alii (eds.). *Growth-Oriented Adjustment Programs*. Washington: International Monetary Fund and The World Bank, 1987.

CORBO, V. e FISHER, S. "Adjustment Programs and Bank Support: rationale and main results". In: CORBO, V.; FISCHER, S.; WEBB, S. (orgs.). *Adjustment Lending Revisited: Policies to Restore Growth*. Washington: The World Bank, 1992.

CORBO, V.; SOLIMANO, A. "Chile's Experience with Stabilization Revisited". In: M. Bruno et alii (orgs.). *Lessons of Economic Stabilization and its Aftermath*. Cambridge: Massachusetts Institute of Technology Press, 1991.

DORNBUSCH, R. "Mexico: stabilization, debt and growth", Cambridge, Massachusetts Institute of Technology, maio, 1988.

_____."Policies to Move from Stabilization to Growth". *Center for Economic Policy Research*, set., 1990.

DORNBUSCH, R.; STURZENEGGER, F.; WOLF, H. "Extreme inflation: dynamics and stabilization". *Brookings Papers on Economic Activity*, n°. 2, 1990.

EDWARDS, S. "Trade Orientation, Distortions, and Growth in Developing Countries". *Journal of Development Economics*, 39(1), jul., 1992, pp. 31-57.

GREENE, J.;VILLANUEVE, D. "Private Investment in Developing Countries". *IMF Staff Papers*, 38, n°. 1, mar., 1991.

HELLEINER, G.K. "Round table discussion: adjustment strategies for the 1990s". In: CORBO, V.; FISCHER, S.; WEBB, S. (orgs.). *Adjustment Lending Revisited: Policies to Restore Growth*, Washington: The World Bank, 1992a.

_____."Panel discussion on Adjustment, Resources, and Growth: How to Manage the 1990s". In: PATEL, I.G. (org.). *Policies for African Development: From the 1980s to the 1990s*. Washington: International Monetary Fund, 1992b.

_____."The IMF, the World Bank, and Africa's Adjustment and External Debt Problems: An Unofficial View". *World Development*, 20(6), jun., 1992c, p. 779-792.

IMF RESEARCH DEPARTMENT. "Theoretical Aspects of the Design of Fund-Supported Adjustment Programs". Occasional Paper 55, Washington, set., 1987.

JASPEREN, F.; SHARIFF, K. "The Macroeconomic Underpinnings of Adjustment Lending", processado, IBRD PRE WPS 511, Washington, mar., 1990.

KAVOUSSI, R.M. "International Trade and Economic Development: the Recent Experience of Developing Countries". *Journal of Developing Areas*, 19, abr., 1985.

KIGUEL, M.; N. LIVIATAN, N. "Inflationary Rigidities and Orthodox Stabilization Policies: Lessons from Latin America".*The World Bank Economic Review*, 2, n°. 3, set., 1988.

_____. "When do heterodox stabilization work? Lessons from experience". *The World Bank Economic Review*, 7(1), 1992, pp. 35-57.

KILLICK, T. *The Quest for Economic Stabilization: the IMF and the Third World.* Londres: ODI and Gower Publishing Company, 1984.

KILLICK, T.; MANUEL, M. "What Can We Know About the Effect of IMF Programs?" *World Economy*, v. 15, set., 1995, pp. 575-97.

LAU, L. (org.) *Models of Development – A Comparative Study of Economic Growth in South Korea and Taiwan.* San Francisco: Institute for Contemporary Studies, 1986.

LEARNER, E.E. *Sources of International Comparative Advantage: Theory and Evidence.* Cambridge: MIT Press, 1984.

MICHALOPOULOS, C. "World Bank Programs for Adjustment and Growth". In: CORBO, V. et alii, 1987.

MORALES, J.A. "Inflation stabilization in Bolivia". In: Bruno, M. et alii, 1988.

NDULU, B. "Growth and Adjustment in Sub-Saharan Africa". In: CHIBBER, A. e FISCHER, S. (orgs.). *Economic Reform in Sub-Saharan Africa.* Washington: The World Bank, 1991.

OCAMPO, J. A. (org.) "Planes Antiflacionarios Recientes en la America Latina". *El Trimestre Económico*, número especial, set., 1987.

RODRIK, D. "Credibility and Trade Reform: A Policymaker's Guide". *The World Economy*, v. 9, mar., 1989.

———."Policy Uncertainty and Private Investment in Developing Countries". *Journal of Development Economics*, 36(2), 1991.

SELOWSKY, M. "Stages in the Recovery of Latin America's Growth". *Finance and Development*, jun., 1990.

SERVEN, L. e SOLIMANO, A. "Economic Adjustment and Investment Performance in Developing Countries". In: SERVEN, L. e SOLIMANO, A. (orgs.). *Economic Adjustment and Investment Performance in Developing Countries: The Experience of the 1980s.* Washington: The World Bank, 1993.

SINGER, H.W. e GRAY, P. "Trade Policy and Growth of Developing Countries, some new data". *World Development*, 10, nº. 3, 1988.

TANZI, V. "Fiscal Policy, Growth, and the Design of Stabilization Programs". *Finance and Development*, 24(2), 1987, pp. 15-17.

TAYLOR, L. "Economic Openness: Problems to the Century's End". In: BANURI, T. (org.). *Economic Liberalization: No Panacea.* Oxford: Oxford University Press, 1991.

———.*Varieties of Stabilization Experience.* Oxford: Clarendon Press, 1998.

UNITED NATIONS. "Economic Stabilization Programmes in Developing Countries – Report of the Secretary-General", processed, United Nations General Assembly, A/46/385, Nova York, set., 18, 1991.

WADE, R. "The Role of Government in Overcoming Market Failure: Taiwan, Republic of Korea and Japan". In: HUGHES, H. (org.), *Achieving Industrialization in East Asia*. Cambridge: Cambridge University Press, 1988.

WERNECK, R. "Public Sector Adjustment to External Shocks and Domestic Pressures, 1970-85". In: SELOWSKY, M. e LARRAIN, F. (orgs.). *The Public Sector and the Latin American Crisis, 1970-1985*. San Francisco: International Center for Economic Growth, 1991.

WILLIAMSON, J. "What Washington Means by Policy Reform". In: J. Williamson (org.). *Latin American Adjustment: How Much Has Happened?* Washington: Institute for International Economics.

_____. *The Economic Opening of Eastern Europe*. Washington: Institute for International Economics, 1991.

6. O fisco e a inflação: uma interpretação do caso brasileiro[52]

6.1. Introdução

Por que o Brasil teve uma inflação superior a 1.000% ao ano em 1992 se o déficit do setor público não foi tão grande assim (de apenas 1,7% do PIB, no conceito operacional)? Comparações com a Itália ou com a Grécia, por exemplo, são inevitáveis, pois nesses países o déficit fiscal tem sido superior a 10% do PIB, mas a inflação anual é de apenas um dígito.

Em comunicação pessoal, Michael Bruno – possivelmente o mais conhecido especialista mundial em políticas de estabilização em países em desenvolvimento – manifestou-me sua impressão de que entre os países com inflação crônica, o Brasil seria o único cuja inflação não aparentava ser puramente fiscal.

[52]Versão revista de Aula Magna em homenagem ao professor Octávio Gouvêa de Bulhões, no concurso para professor titular da cadeira de Macroeconomia da Faculdade de Economia e Administração da Universidade Federal do Rio de Janeiro (Rio de Janeiro, 28/6/1993). Publicado originalmente em *Revista de Economia Política* 53, 14(1), jan.-mar. 1994, pp. 5-17). Sem implicá-los nos resultados, agradeço os comentários e discussões de Pedro Bodin, Guillermo Calvo, Dionísio Carneiro, Antônio Delfim Netto, Gustavo Franco, Winston Fritsch, Paulo Haddad, Elena Landau, Roberto Macedo, João Paulo de Almeida Magalhães, Afonso Celso Pastore, Maria da Conceição Tavares e Rogério Werneck.

Mas serão esses indícios do caráter não fiscal da inflação brasileira realmente válidos? Acredito que não e vou sustentar a tese oposta com base em dois conceitos complementares que, embora emergentes na literatura, não parecem ainda ter recebido um tratamento analítico adequado: o déficit orçamentário potencial com inflação zero e a erosão pela inflação das despesas orçamentárias do governo.

6.2. Análises "fundamentalistas"

É conveniente começar por uma breve análise crítica das três explicações mais comumente encontradas na literatura para sugerir o caráter fiscal da inflação brasileira: a perda de confiança na moeda nacional; a antecipação inflacionária da monetização futura da dívida interna; e o financiamento com quase-moeda do elevado déficit nominal do setor público.

A perda da confiança na moeda nacional é um fenômeno patente nas estatísticas de evolução da retenção da moeda como proporção do PIB. Logo após o pós-guerra, a relação entre M1 (papel-moeda em poder do público mais depósitos bancários à vista) e PIB era da ordem de 25%; há vinte anos, ainda se situava em cerca de 15%; hoje em dia, tende para um décimo desse último valor.

Quanto menor a retenção de moeda como proporção do PIB, maior tem de ser a inflação para o financiamento, por via da expansão monetária, de um dado déficit público (também medido como proporção do PIB). Mas a própria inflação causa uma diminuição da retenção voluntária de encaixes reais, de modo que um mecanismo causal perverso pode ser posto em marcha: a partir de certo nível, a emissão monetária necessária para financiar o déficit público causa uma aceleração temporária da inflação. Essa gera menor retenção de moeda que, por sua vez, força uma taxa maior de inflação para financiar o mesmo déficit de antes.

Trata-se do fenômeno dos assim chamados dois equilíbrios, ou da armadilha inflacionária.[53] O equilíbrio dual, fruto da perda da confiança na moeda, implica que uma economia pode estar parada num equilíbrio

---

[53] Ver a respeito Simonsen e Cysne (1989, pp. 418-21) e Bruno e Fischer (1990).

de alta inflação quando, com o mesmo déficit fiscal, poderia desfrutar uma taxa mais baixa de inflação.[54]

O Gráfico 1 ilustra esse fenômeno. No eixo vertical, medem-se o déficit fiscal, d, e a arrecadação do imposto inflacionário, m; ambos como proporção do PIB. No eixo horizontal, mede-se a taxa de inflação, p. Supõem-se condições de equilíbrio estacionário, em que o produto é constante e há igualdade entre as taxas esperada e observada de inflação.[55] A curva do imposto inflacionário, m (também conhecida por curva de Lafer da inflação), é traçada supondo-se uma função de demanda de moeda *à la* Cagan.

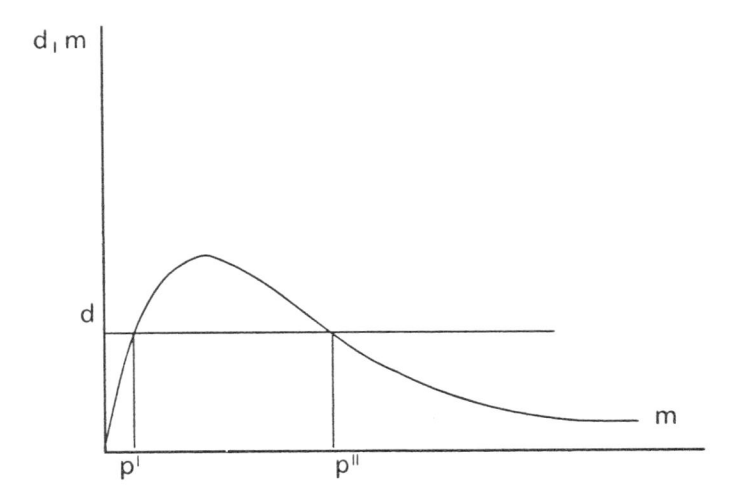

Um dado déficit fiscal como proporção do PIB, d, pode ser financiado, por via do imposto inflacionário, seja com uma inflação baixa, p', seja com uma inflação alta, p''.

Nessa visão do problema, países em que a confiança na moeda não se teria perdido, como Itália ou Grécia, estariam em p', enquanto o Brasil

---

[54] A conceituação aqui proposta para a perda de confiança na moeda não é a única possível. Outros autores preferem reservar o termo para descrever deslocamentos para baixo da função da demanda da moeda em relação à taxa de inflação, provocados, por exemplo, por uma dolarização extemporânea. Ver a respeito Bruno e Fischer (1986).

[55] A hipótese de estacionariedade permite igualar os conceitos de senhoriagem e imposto inflacionário. Veja o Apêndice A para um tratamento explícito da dinâmica inflacionária e das condições de convergência para um equilíbrio estacionário.

estaria em p" – do "lado errado" da curva de Lafer. Fosse essa explicação verdadeira, bastariam medidas que restabelecessem a confiança na moeda – como, por exemplo, a introdução de uma paridade fixa com o dólar num regime cambial de conversibilidade plena (a chamada dolarização) – para trazer a economia de p" para p' sem necessidade de qualquer mudança no regime fiscal.[56]

Um dos problemas dessa análise é que ela desconsidera que boa parte do déficit é financiada não por emissão de moeda, mas pela colocação de títulos. No contexto atemporal em que a análise da armadilha inflacionária se coloca, um déficit integralmente financiado pela colocação de títulos não deveria ter qualquer impacto inflacionário. Esse problema foi resolvido no artigo clássico de Sargent e Wallace (1981), em que a questão do financiamento do déficit do governo é posta num contexto intertemporal. Esses autores supõem que o déficit do governo esteja de início sendo integralmente financiado pela colocação de títulos, mas também que a dívida interna esteja sendo acumulada num processo de bola de neve, o qual deverá, portanto, ser interrompido em algum ponto no futuro. Nesse ponto, ocorreria uma súbita monetização da dívida interna. Caso as expectativas inflacionárias que entram na demanda de moeda sejam estacionárias, o nível de preços permaneceria constante até o dia da monetização, quando então daria um salto proporcional à monetização realizada. Com expectativas racionais, entretanto, os agentes incorporam em suas decisões atuais a monetização futura esperada e, para não sofrer perdas de capital, começam desde logo a reduzir sua retenção de moeda. Portanto, há inflação não porque a oferta de moeda esteja crescendo, mas porque a demanda de moeda decresce ao longo do tempo.

Esse fenômeno é ilustrado no Gráfico 2, em que no eixo vertical se colocam a oferta de moeda, M, e o nível de preços, P; e no eixo horizontal se marca o tempo. A linha cheia indica o comportamento da

---

[56]Mudanças no sistema de indexação interna seriam, entretanto, necessárias, para evitar uma valorização da moeda nacional devido à permanência de inércia inflacionária no setor de bens não comercializáveis da economia. Ver Bruno (1990) a respeito do problema das âncoras múltiplas.

oferta de moeda, constante ao longo do tempo, exceto em *t1*, quando há a monetização súbita da dívida interna e a oferta de moeda muda de patamar. Se as expectativas fossem estacionárias, os preços seguiriam a mesma trajetória da moeda. Entretanto, com expectativas racionais ou, mais precisamente, com previsão perfeita, os agentes antecipam a monetização futura e fogem da moeda desde o primeiro momento. Por isso, os preços sobem continuamente entre *t0* e *t1*, de acordo com a linha pontilhada, mesmo com a oferta de moeda constante. Resolve-se, assim, de maneira brilhante, o problema de explicar por que há inflação se não há concomitante expansão monetária.

Esse tipo de análise parece ter tido considerável influência nas propostas de choque monetário veiculadas no país. Note-se no Gráfico 2 que após a monetização o déficit do governo é igual a zero, pois por hipótese ele se devia apenas à necessidade de pagar juros sobre a dívida interna, necessidade essa que desaparece com a monetização súbita. Nessas circunstâncias de expectativas racionais, toda a inflação devida à monetização já teria ocorrido e, portanto, após o governo libertar-se da dívida, com o déficit primário zerado, não haveria mais razão para que a inflação prosseguisse.

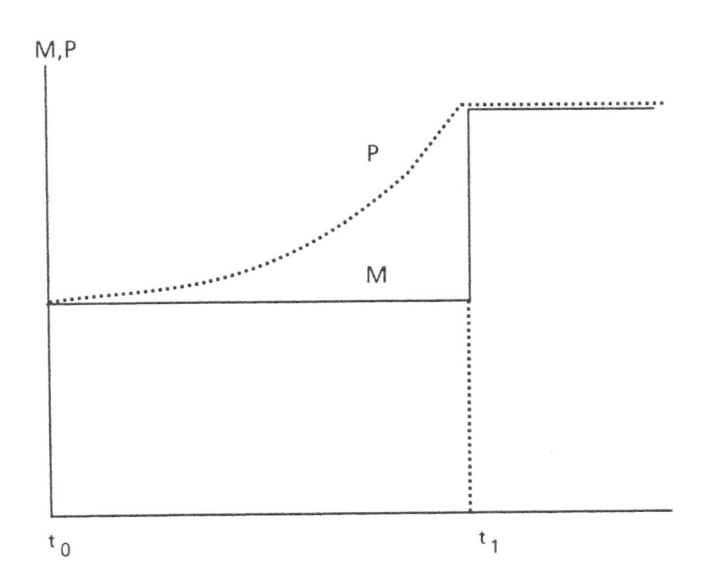

O terceiro enfoque fundamentalista também destaca a problemática do financiamento do déficit por via da dívida, mas a ênfase agora é dada ao fato de essa dívida ser na verdade uma quase-moeda que paga juros. Assim, alega-se com alguma frequência que o déficit fiscal brasileiro é pequeno em termos operacionais, mas muito grande em termos nominais, acima de 40% do PIB em 1992. Esse déficit é quase que totalmente financiado pela emissão de dívida interna de curtíssimo prazo, com liquidez diária garantida pelo Banco Central, dívida essa que funciona como se fosse moeda.[57] A necessidade de financiar, com uma quase-moeda que paga juros, um déficit tão elevado assim é que explicaria a superinflação brasileira. A essa observação contrapõe-se o argumento de que o déficit nominal é elevado apenas porque a taxa nominal de juros sobre a quase-moeda tem de acompanhar a superinflação que existe no país. Se a inflação baixasse, os juros também baixariam e o déficit nominal tenderia a se igualar ao déficit operacional.[58] A tréplica vem com a indagação: como poderia a inflação baixar se um déficit tão elevado está permanentemente realimentando a oferta de quase-moeda? A par de uma reforma monetária crível que eliminasse a remuneração da moeda, uma resposta a esse *conundrum* somente poderia ser dada por um ganho de credibilidade – conseguido, por exemplo, através de um *overkill* fiscal (conjugado a uma "privatização selvagem") – que, convencendo os agentes econômicos da seriedade do governo, permitisse uma rápida baixa da taxa interna de juros.[59]

As conclusões das interpretações fundamentalistas da inflação brasileira são, portanto, paradoxais, pois uma termina favorecendo a dolarização, enquanto que as outras duas favorecem ou um calote na dívida interna ou um *overkill* fiscal somente para afetar as expectativas (pois o problema fiscal estaria apenas na cabeça das pessoas, não na

---

[57]Para uma discussão da eficácia da política monetária em condições de quase-moeda remunerada, ver Carneiro e Garcia (1993).

[58]Para exposições mais detalhadas desse argumento, ver Simonsen e Cysne (1989, pp. 20-38) e Bacha (1988), este último reproduzido como cap. 4 deste livro.

[59]Ver o Apêndice B para uma formulação simplificada da hipótese da moeda remunerada como causa da inflação.

realidade dos fatos). Minha conclusão é que novas rotas precisam ser exploradas para fundamentar uma explicação convincente da origem fiscal da inflação brasileira – uma explicação da qual, ao contrário das teses supostamente fundamentalistas antes descritas, se pudesse concluir ser de fato imperativa a mudança do regime fiscal como condição para se obter uma duradoura estabilidade de preços.[60]

6.3. Do déficit reprimido ao déficit potencial

Já há algum tempo, na América Latina, se tem trabalhado com o conceito de déficit reprimido para definir aquela situação em que se obtém um equilíbrio apenas temporário das contas do governo, pela compressão de despesas sabidamente necessárias dentro de um dado regime fiscal. Exemplo dessa repressão é uma redução temporária da folha de salários do governo, obtida por uma compressão dos salários do funcionalismo, em vez de por uma eliminação da "gordura" no emprego público. Redução insustentável de salários é uma repressão do déficit. Redução sustentável da gordura no emprego seria uma supressão do déficit.

A mera repressão do déficit não deveria ter efeitos anti-inflacionários significativos, pois os agentes econômicos entenderiam ser ela temporária, antecipando, assim, o retorno do déficit e da inflação. Nessas condições, fugiriam da moeda desde hoje, fazendo, como no exemplo anterior, com que a inflação prosseguisse, apesar da redução temporária do déficit.

Essa análise reforça as considerações que se seguem, nas quais se supõe que a demanda de moeda dependa apenas da inflação contemporânea, e não daquela esperada para o futuro. Trata-se, entretanto, de aproveitar a diferenciação entre déficit reprimido e déficit suprimido para explorar o conceito implícito de déficit potencial, aquele que ocorreria caso não houvesse repressão fiscal.

Uma primeira tentativa de mensurar o déficit potencial no caso brasileiro é feita na recente dissertação de mestrado de Eduardo Refinetti

---

[60] A mudança do regime fiscal como condição para deter processos hiperinflacionários é explorada em Sargent (1983).

Guardia (1992) para a Universidade de Campinas. Nessa dissertação, o déficit potencial do governo federal é entendido como aquele inserido na lei orçamentária aprovada pelo Congresso Nacional. Guardia constata que, embora supostamente equilibrado no conjunto de suas contas, o orçamento da República embute um déficit potencial considerável em sua parte propriamente fiscal (no conceito operacional), devido tanto a uma subestimação das despesas como a uma superestimação das receitas. Segundo Guardia, os valores do déficit potencial assim definido são extraordinariamente elevados. Em sua análise dos orçamentos dos últimos anos, ele encontra valores para as despesas fiscais autorizadas da ordem de US$ 100 bilhões, contra receitas fiscais realizadas pouco superiores a US$ 60 bilhões. Trata-se de déficits potenciais de aproximadamente US$ 40 bilhões, cerca de 10% do PIB, somente para o governo federal. Ainda que análises posteriores possam indicar que esses números sejam exagerados, eles abrem a porta para uma nova compreensão fiscal de por que a inflação no Brasil é tão elevada.

Igualmente importante para essa nova compreensão é o fato de que, após a execução orçamentária, os déficits efetivamente observados são apenas uma pequena fração dos valores orçados. O que acontece no meio do caminho é uma história bem conhecida em Brasília, mas praticamente inexplorada na literatura econômica. Trata-se do uso da inflação para reprimir as despesas orçadas.

A inflação ajuda de duas formas na redução do déficit orçamentário aos valores efetivamente observados no fim do ano fiscal. Em primeiro lugar, o orçamento embute uma previsão inflacionária bem menor do que a inflação efetivamente observada. Isso reduz o valor real das despesas executadas, mesmo sem controle do caixa. Já as receitas, por estarem indexadas, pouco sofrem com a inflação maior do que a orçada. Em segundo lugar, através do controle do caixa, o Ministério da Fazenda adia a liberação das verbas orçamentárias para o fim do ano ou mesmo para os restos a pagar no ano seguinte, desse modo fazendo com que o valor real dessas despesas seja adicionalmente reduzido pela inflação. Todo o processo é eventualmente legalizado por um decreto de contingenciamento ou uma lei de reprogramação orçamentária.

Como o déficit potencial inicial é aparentemente muito grande e as despesas são pelo menos parcialmente indexadas, é preciso uma inflação muito elevada (certamente mais elevada do que aquela embutida na proposta orçamentária) para viabilizar, por via da repressão inflacionária, o relativo equilíbrio nas contas públicas que se observa nos dados brasileiros.

Essa hipótese é corroborada em texto recente de Don Patinkin (1993), que, ao criticar tentativas de explicar a inflação no contexto de um jogo entre o governo e o público, sugere que se se deseja analisar a inflação do ponto de vista da teoria dos jogos, então a formulação mais plausível seria a de um jogo entre um ministro da Fazenda economizador e os demais ministérios gastadores. Por sua coincidência com o tema básico deste texto, vale a pena fazer uma longa citação do trecho relevante de Patinkin (1993:115-6), numa tradução livre:

> A inflação pode ser vista (e devo admitir que essa visão é muito influenciada por muitos anos de observação da cena de Israel) como a imposição de um imposto pelo ministro da Fazenda aos demais ministros do governo. Especificamente, numa situação na qual – por se tratar de um governo de coalizão – o ministro da Fazenda não tem o poder de forçar os ministérios a fazer reduções adequadas nas suas respectivas demandas orçamentárias. Confrontando, assim, um orçamento global cujas despesas planejadas excedem amplamente as receitas esperadas, ele poderá aparentar aceitar essas demandas e, então, financiar o déficit imprimindo dinheiro e deixando a inflação resultante produzir a necessária redução nas despesas governamentais reais. Por implicar uma redução linear, esse pode ser de fato o caminho de menor resistência para o ministro da Fazenda.
>
> Isso não significa que os demais ministros sofram de ilusão monetária. Ao contrário, eles podem ser vistos como estando num "dilema do prisioneiro", em que, por recear que sua posição relativa aos demais ministérios possa piorar, cada um insiste num orçamento nominal exagerado, cuja soma gera uma inflação que faz perigar a sobrevivência do governo de coalizão, tornando a situação pior para todos eles. Um corolário dessa "teoria da coalizão inflacionária" é que quanto mais fraca a coalizão, maior a taxa de inflação.

6.4. Ilustração gráfica

Essa hipótese fiscal alternativa para a inflação brasileira é ilustrada no Gráfico 3. No eixo vertical, medem-se o déficit, d, e a arrecadação do imposto inflacionário, m; no horizontal, a taxa de inflação, p. Supõem-se novamente condições de estado estacionário, com o produto constante e igualdade entre a taxa de inflação observada e a esperada. Supõe-se ainda que o déficit seja integralmente financiado por expansão monetária.[61]

A curva m do imposto inflacionário é a mesma do Gráfico 1. A novidade é a curva negativamente inclinada, d, que relaciona, numa aproximação linear, o déficit fiscal à inflação. Com inflação zero, o déficit assumiria seu valor potencial, d^*. À medida que a inflação cresce, o déficit declina por meio da redução do valor real das despesas, que são orçadas em valores nominais. Essas despesas vão tendo seu valor real tão mais erodido quanto maior for a inflação (em relação àquela prevista no orçamento) e quanto mais rígido for o controle na boca do caixa. Essa erosão não ocorre no lado das receitas (ou ocorre em muito menor medida do que no lado das despesas) porque os impostos, por meio da indexação, estão razoavelmente bem defendidos da inflação.[62]

Essa relação negativa entre déficit e inflação contrapõe-se ao conhecido efeito Olivera-Tanzi, segundo o qual seria positiva a relação entre o déficit e a inflação. O efeito Olivera-Tanzi, vê-se, vale apenas para países onde as despesas públicas são indexadas, mas os impostos não o são, exatamente o oposto ao caso brasileiro.

O equilíbrio entre o déficit fiscal (que é igual à oferta-fluxo de moeda) e o imposto inflacionário (que é igual à demanda-fluxo de moeda) se dá

---

[61]Uma extensão desse tipo de análise, para o caso em que o déficit é parcialmente financiado pela colocação de títulos, é feita em Bruno e Fischer (1990).
[62]Uma fórmula aproximada para a relação entre o déficit e a inflação seria $d = d_0 + r[1 + (b.c)p]/(1 + p)$, em que d_0 = déficit real incompressível (possivelmente um superávit, no caso brasileiro), p = taxa de inflação, r = despesas nominais compressíveis, b e c = parâmetros de política compreendidos entre 0 e 1, tais que 1-b = grau de subestimação da inflação no orçamento e 1-c = grau de subestimação da data média de liberação dos recursos no orçamento (por exemplo, o orçamento implicitamente supõe que os recursos serão liberados em duodécimos iguais ao longo do ano; o controle de caixa faz com que essa liberação seja de fato feita muito mais próxima do fim do ano). Com inflação igual a zero, o déficit potencial, segundo essa fórmula, seria:d_0+r. Na medida em que a inflação cresce, o déficit cai, tendendo, no limite, para d_0.

com o déficit *d#* e a inflação *p#*, no Gráfico 3. De forma condizente com os resultados empíricos disponíveis, supõe-se que o equilíbrio inflacionário brasileiro se dê no "lado errado" da curva de Lafer.

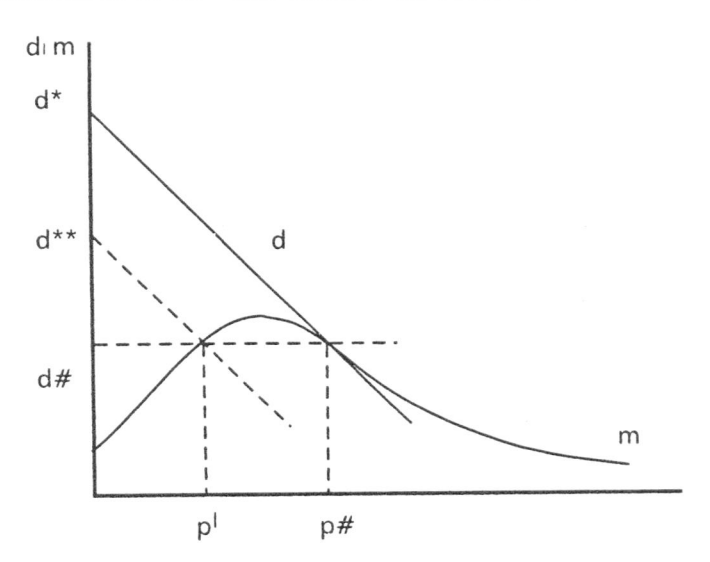

A estabilidade do equilíbrio depende de supostos adicionais sobre a dinâmica da inflação. No Apêndice A, supondo-se expectativas adaptativas, argui-se que o equilíbrio será estável desde que, em termos do Gráfico 3, a curva *d* seja mais inclinada do que a curva *m*, implicando que o efeito redutor da inflação sobre o déficit é mais forte do que sobre o imposto inflacionário. Trata-se de uma hipótese plausível nas condições brasileiras, em que a retenção de moeda já atingiu valores bastante reduzidos. Nessas condições, podem-se derivar algumas conclusões relevantes de política econômica.

6.5. Alguns resultados

Em primeiro lugar, fica claro por que não basta um truque cambial que restabeleça a confiança na moeda para reduzir a inflação de *p#* para, por exemplo, *p'*, no Gráfico 3. Pois, com a taxa de inflação em *p'*, o déficit fiscal seria muito maior que o imposto inflacionário e, portanto, a inflação se aceleraria, a partir de p', de volta para $p\#$.

Como, então, reduzir a inflação para p'? Caso se mantenha inalterada a repressão inflacionária das despesas, será preciso diminuir o déficit potencial de d^* para d^{**}, no Gráfico 3. Entretanto, de um ponto de vista político, será provavelmente muito difícil manter a repressão das despesas ao se negociar um corte no déficit potencial. O preço a pagar pelo corte do déficit potencial possivelmente será o de as despesas orçadas passarem a ser mais bem defendidas contra a inflação (devendo notar-se que a indexação é apenas um dos possíveis mecanismos para essa defesa, embora seja seguramente o mais perigoso deles). Sem a repressão inflacionária das despesas, entretanto, o déficit para de cair com a elevação da inflação – a linha d se transforma numa reta horizontal. Portanto, para viabilizar uma taxa de inflação igual a p' no Gráfico 3, será preciso cortar o déficit potencial mais profundamente para $d\#$, e não apenas para d^{**}.

A necessidade desse corte profundo – que, junto com a desrepressão das despesas, caracterizaria uma mudança revolucionária do regime fiscal brasileiro – deriva-se do fato de que o processo inflacionário antes descrito tende a gerar uma inflação cada vez maior ao longo do tempo. Isso por não ser crível que as despesas permaneçam relativamente desindexadas, quando as receitas estão razoavelmente bem indexadas. O mais provável é que, na falta de uma mudança convincente do regime fiscal, os agentes beneficiários da despesa pública tratem de defender o valor real de seu quinhão, como, aliás, já o vêm fazendo: os congressistas tentando proibir o Executivo de fazer contingenciamento orçamentário e lançando mão de receita inflacionária para financiar as despesas orçadas;[63] os funcionários, pensionistas e aposentados tratando de obter indexação mensal para seus proventos; os fornecedores e empreiteiros praticando sobrepreços em seus faturamentos. Ao longo do tempo, a curva d vai rotando para o alto (fazendo eixo em d^*), na medida em que a despesa

---

[63]Trata-se da "fonte 188" de receita orçamentária, que consiste na remuneração (na verdade, mera correção monetária) dos depósitos do Tesouro no Banco Central.

orçada fica cada vez mais indexada. Essa rotação é coerente com a observação de uma taxa de inflação progressivamente mais elevada desde meados da década de 1980, exceto pelas paradas temporárias impostas pelos sucessivos planos de estabilização.

Outro ponto refere-se aos cortes necessários para se obter um orçamento realista, que possa ser executado com inflação baixa. Para introduzir o tema, suponha-se que, depois dos cortes "estruturais", o governo continue necessitando do mesmo imposto inflacionário de antes, mas não mais conte com a repressão inflacionária das despesas. Nos termos do Gráfico 3, está-se falando num corte do déficit potencial de d^* para $d\#$, conjuntamente com a introdução de mecanismos institucionais que protejam as despesas orçadas contra a inflação, implicando, pois, uma relação horizontal entre o déficit e a inflação. O déficit final, $d\#$, é o mesmo que existia antes dos cortes; mas agora a inflação de equilíbrio será p', e não mais $p\#$.[64] Como o déficit é o mesmo e as receitas estão indexadas, isso quer dizer que as despesas também terão o mesmo valor real de antes: no agregado, ninguém perde. A dificuldade da negociação política reside, entretanto, em que agora os cortes terão de ser para valer, ou seja, eliminando permanentemente unidades de despesa e transferindo os ganhos daí advindos para as unidades de despesa que permanecerem no governo.

Dito de outro modo, a eliminação de um número significativo de unidades de despesa viabiliza o aumento do valor real das dotações orçamentárias das unidades remanescentes, ainda que o valor nominal dessas dotações continue sendo o mesmo de antes. Um exemplo numérico ajuda a entender esse importante ponto. Suponha-se que de início haja duas unidades de despesa, a "própria" e a "imprópria", cada uma das quais com despesas orçadas equivalentes a US$ 10, para um total

---

[64]Com a dinâmica da inflação descrita no Apêndice A, é fácil mostrar que, no novo regime fiscal, o ponto p' é um equilíbrio estável, enquanto que o ponto $p\#$ é um equilíbrio instável. Portanto, depois da mudança do regime fiscal, a inflação deveria iniciar uma trajetória declinante que a traria do antigo equilíbrio em $p\#$ para o novo equilíbrio em p'. No Apêndice B, argui-se, entretanto, que a velocidade de convergência pode ser lenta, dependendo da importância da moeda remunerada no agregado monetário total.

de despesas orçamentárias de US$ 20. As receitas fiscais totais são, por hipótese, de apenas US$ 10. O déficit potencial é de US$ 10. Entretanto, por causa da superinflação, o valor real das despesas de cada unidade é erodido até que se reduza, por exemplo, para US$ 6 em cada uma delas (nesse caso, o déficit final seria de US$ 2, financiado pelo imposto inflacionário no "lado errado" da curva de Lafer, isto é, à direita do ponto de arrecadação máxima do imposto inflacionário).

Ressalta-se, nesse exemplo numérico, uma mensagem básica do enfoque fiscal deste capítulo: o governo necessita da inflação mais para reduzir as despesas orçadas do que para financiar o déficit remanescente. Isso explica o paradoxo de por que uma inflação tão grande é necessária para financiar um déficit tão pequeno.

Suponha-se agora que se elimine a unidade de despesa "imprópria" e que o governo federal só retenha a unidade de despesa "própria". Se o déficit final for os mesmos US$ 2 e se as receitas não se alterarem, a unidade de despesa "própria" poderá realizar despesas de US$ 12, o dobro do que anteriormente de fato conseguia realizar. Mantendo-se, entretanto, a dotação orçamentária (e efetiva) da unidade "própria" em US$ 10, o governo poderia abdicar integralmente do uso do imposto inflacionário.

Observa-se, nesse exemplo, como se integram, no novo enfoque fiscal, dois polos até então dicotômicos de explicação da inflação brasileira: o conflito distributivo e o déficit orçamentário.[65] A diferença é que, no enfoque deste capítulo, o conflito se manifesta não na disputa entre salários e lucros por uma fatia do produto, mas na disputa entre os grupos de interesse por uma fatia do orçamento. A soma das fatias desejadas é maior do que as receitas fiscais disponíveis. A inflação resolve o conflito de duas maneiras: diminuindo o tamanho das fatias efetivamente distribuídas e gerando o imposto inflacionário necessário para cobrir a diferença remanescente entre o gasto efetivo e a arrecadação de impostos.[66]

---

[65] Ver Bacha (1988), reproduzido como cap. 5 deste livro.
[66] As observações de Patinkin (1993, pp. 114-6) mostram que a hipótese deste texto não é exclusiva do caso brasileiro.

A conclusão é que a resolução, sem uso da inflação, do conflito fiscal brasileiro envolve decisões políticas fundamentais sobre a composição do gasto público: o governo federal tem de transferir para outras esferas governamentais ou para o setor privado parte de suas exageradas atribuições atuais, para que possa especializar-se com vantagem nas funções que de fato lhe cabem, num novo modelo de desenvolvimento com inflação sob controle.

Apêndice A: Estabilidade do equilíbrio inflacionário

Este apêndice desenvolve o modelo de inflação do texto para estudar a estabilidade do equilíbrio inflacionário.

Numa aproximação linear, suponha que a relação entre o déficit fiscal como proporção do PIB, d, e a taxa de inflação, p, seja dada por:

$$d = d_0 - rp \qquad\qquad d_0 > 0,\ r > 0 \qquad\qquad (1)$$

em que d_0 é o déficit com inflação zero e r mede o impacto da inflação sobre o déficit. O déficit é integralmente financiado por expansão monetária, m. Para obter uma expressão para m, considere a seguinte função de demanda por moeda:

$$M = PY.f(p^e) \qquad\qquad f'' < 0 \qquad\qquad (2)$$

em que: M = demanda nominal por moeda, P = nível de preços, Y = nível do produto (suposto constante), PY = PIB nominal, f = função de demanda real por moeda, p^e = taxa esperada de inflação, f'' = derivada de f em relação a p^e.

Tomando a derivada de (2) em relação ao tempo e dividindo o resultado por PY, obtém-se a seguinte expressão para a expansão monetária:

$$m = M'/PY = f'' p^{e'} + f.p \qquad\qquad (3)$$

em que o sobrescrito (') indica a derivada da respectiva variável em relação ao tempo. A restrição orçamentária do governo requer que:

$$d = m \tag{4}$$

Substituindo (3) e (1) em (4), obtém-se a seguinte expressão para a trajetória da taxa de inflação:

$$p = d_0/(f+r) - [f''/(f+r)].p^{e'} \tag{5}$$

Em equilíbrio estacionário, com $p^{e'} = 0$, vem:

$$p = d_0/(f+r) \tag{6}$$

A inflação de equilíbrio é diretamente proporcional ao déficit potencial (isto é, àquele com inflação zero) e inversamente proporcional à soma da demanda por moeda, f, com a sensibilidade do déficit em relação à inflação, r. Para estudar a estabilidade desse equilíbrio (que pode ser múltiplo, tendo em vista a dependência negativa de f em relação a p^e), admita a seguinte regra de formação de expectativas:

$$p^{e'} = a(p-p^e) \qquad a>0 \tag{7}$$

Ou seja, a expectativa de inflação se acelera quando a inflação observada é maior do que a inflação esperada e se desacelera no caso oposto.

Substituindo em (7) o valor de p dado em (5) e simplificando, vem:

$$p^{e'}[1 + af''/(f+r)] = a[d_0/(f+r) - p^e] \tag{8}$$

Claramente, um equilíbrio será localmente estável – $p^{e'}$ convergindo para zero em (8), p^e convergindo para p em (7) e p convergindo para $d_0/(f+r)$ em (5) – desde que, no entorno desse equilíbrio:

$$1 + af''/(f+r) > 0, \text{ sendo } f'' < 0 \tag{9}$$

Tomando o valor absoluto de f'' e rearranjando termos, vem:

$$r > f((a|f''|/f)-1) \qquad\qquad (10)$$

Uma interpretação heurística da condição (10) é a seguinte: assimilando o termo *"a"* ao valor da taxa de inflação de equilíbrio, a expressão $a|f''|/f$ dá o valor absoluto da elasticidade do imposto inflacionário em relação à inflação. No equilíbrio que interessa ao texto – do lado "errado" da curva de Lafer – esse valor é maior do que a unidade. Isso significa que, nesse equilíbrio, o lado direito de (10) – que pode ser assimilado ao valor da derivada do imposto inflacionário em relação à inflação – é positivo. Nesse caso, a condição (10) pode ser interpretada como requerendo, para que esse equilíbrio seja estável, que a derivada do déficit fiscal em relação à inflação, r, seja, em valor absoluto, maior do que a derivada do imposto inflacionário em relação à inflação.

Apêndice B: Inflação e moeda remunerada[67]

Este apêndice desenvolve o modelo mais simples possível de uma situação em que a inflação "descola" do déficit primário do governo, sendo função exclusivamente das expectativas inflacionárias.

Suponha que a quantidade de moeda possa ser dividida em duas parcelas. Uma parcela, h, é de moeda remunerada e paga uma taxa de juros positiva igual a i. Outra parcela, $1-h$, é de moeda não remunerada e paga uma taxa de juros igual a zero. Para simplificar a análise, suponha que a demanda por esse agregado monetário, B, seja dada por:

$$B = kP \qquad\qquad k>0 \qquad\qquad (1)$$

---

[67] A formulação neste Apêndice é majoritariamente devida a Guillermo Calvo, numa resposta a nota minha em que os resultados de equilíbrio aqui contidos são derivados supondo igualdade entre as taxas de inflação esperada e observada.

em que B é a demanda nominal pela soma de moeda remunerada com moeda não remunerada, k é uma constante e P é o nível de preços. Supõe-se o produto real constante e igual à unidade.

A restrição orçamentária do governo satisfaz a:

$$B' = G + ihB \qquad (2)$$

em que B' é a derivada em relação ao tempo do agregado monetário, G é o déficit primário nominal e hB é a parcela da moeda que é remunerada à taxa i. Admitindo que $i=p^e$, ou seja, que a taxa de juros do *overnight* seja igual à taxa esperada de inflação, vem, de (1) e (2):

$$B'/B = p = g/k + h.p^e \qquad (3)$$

em que $p = P'/P$ é a taxa de inflação e $g = G/P$. A equação (3) estabelece um vínculo entre a inflação observada e a inflação esperada, cuja força varia diretamente com a parcela de moeda remunerada no agregado monetário.

Suponha expectativas adaptativas, tais que:

$$p^{e'} = a(p^e - p), \qquad a>0 \qquad (4)$$

em que $p^{e'}$ é a variação no tempo da expectativa da inflação, p^e.

Substituindo em (4) o valor de p dado em (3), vem:

$$p^{e'} = a(g/k - (1-h)p^e) \qquad (5)$$

Em equilíbrio estacionário, $p^{e'} = 0$, logo $p^e = p$ por (4), e, por (3):

$$p = g/k(1-h) \qquad (6)$$

Com k constante, a taxa de inflação de equilíbrio varia diretamente com a parcela de moeda remunerada no agregado monetário, h. Num modelo mais realista, o valor de k deveria aumentar quando h aumenta.

Se, entretanto, essa variação for menos do que proporcional, mantém-se o resultado de que a inflação cresce com a parcela de moeda remunerada no agregado monetário.

Suponha, ademais, que a partir de uma situação de equilíbrio estacionário ocorra uma elevação exógena da inflação esperada. Então, de (5), a inflação esperada voltará para o equilíbrio anterior segundo a expressão:

$$dp^e/dp^e = -a(1-h) \qquad (7)$$

O valor dessa derivada pode ser muito baixo, se os valores de h estiverem próximos da unidade. Ou seja, a existência de moeda remunerada reduz o ritmo em que a inflação converge para seu equilíbrio estacionário.

Finalmente, admita que o governo elimine o déficit primário, fazendo $g = 0$, em condições em que toda a moeda é remunerada, ou $h = 1$. Em (6), verifica-se que a taxa de inflação é indeterminada. Mais precisamente, nesse caso, vê-se em (3) que $p = p^e$, ou seja, a inflação será puramente de expectativas e, portanto, igual a um arbitrário valor inicial.

Isso, entretanto, não significa que a mera eliminação da moeda remunerada resolva o problema inflacionário, pois, a menos que os agentes econômicos estejam firmemente convencidos de que o déficit primário tenha desaparecido para sempre, essa eliminação poderá simplesmente resultar em que a demanda por moeda nacional convirja para zero, com os agentes econômicos tratando de substituir todos os seus cruzeiros por dólares, assim fazendo $k = 0$ na equação (3) e levando a inflação a crescer sem limites. Ou seja, no caso brasileiro, a existência da moeda remunerada pode muito bem estar impedindo a inflação não de ir para zero, mas de ir para infinito!

Referências

BACHA, E. "Moeda, inércia e conflito: reflexões sobre políticas de estabilização no Brasil". *Pesquisa e Planejamento Econômico* 18(1), pp. 1-16, abril, 1988. [Reproduzido como capítulo 4 neste livro.]

BRUNO, M. "High inflation and the nominal anchors of an open economy". Cambridge, NBER Working Paper, nº 3518, nov., 1990.

BRUNO, M. e S. Fischer. "The inflationary process: shocks and accommodation". In: BEN-PORATH, Y. (org.). *The Israeli Economy: Maturing through Crisis*. Cambridge: Harvard University Press, 1986.

_____."Seignorage, operating rules, and the high inflation *trap*". *Quarterly Journal of Economics*, 105(2), maio, 1989, pp.353-74,

CARNEIRO, D.D. e GARCIA, M. "Capital flows and monetary control under a domestic currency substitution regime: the recent Brazilian experience". Texto para Discussão nº. 304. Rio de Janeiro, Departamento de Economia, PUC-Rio, agosto, 1993.

GUARDIA, E.R. *Orçamento público e política fiscal: aspectos institucionais e a experiência recente, 1985-1991*. Dissertação de mestrado em economia, Universidade de Campinas, nov., 1992.

PATINKIN, D. "Israel's stabilization program of 1985, or some simple truths of monetary theory". *Journal of Economic Perspectives*, 7 (2), pp. 103-28, primavera, 1993.

SARGENT, T. "The end of four big inflations". In: Hall, R. (org.) *Inflation*. Chicago: NBER e Chicago University Press, 1983.

SARGENT, T. e WALLACE, N. "Some unpleasant monetarist arithmetic". *Quarterly Review*, Federal Reserve Bank of Minneapolis, pp. 1-17, 1981.

SIMONSEN, M.H. e CYSNE, R. *Macroeconomia*. Rio de Janeiro: Ao Livro Técnico, 1989.

7. O Plano Real: uma avaliação[68]

7.1. Introdução

Lançado em 1993, sob condições políticas peculiares, no último ano de um governo fraco e dividido e sem receber o apoio do FMI, o Plano Real foi bem-sucedido em acabar com a alta inflação brasileira, com um programa de reforma monetária de origens genuinamente domésticas.

Este artigo contém uma descrição analítica do programa, iniciando na próxima seção com o contexto econômico e político em que ele se desenvolveu. Segue-se, na seção 3, uma explicação das três fases do plano e, na seção 4, uma descrição detalhada das principais características da reforma monetária: uma estabilização súbita preanunciada, precedida por uma fase de indexação plena, introduzida sem congelamento de preços, confisco de ativos financeiros ou recessão e acompanhada de políticas cambial e monetária flexíveis.

O sucesso inicial do plano foi tão completo que seu estrategista político, Fernando Henrique Cardoso, foi eleito presidente em 1994, a tempo de reagir ao impacto da crise do balanço de pagamentos mexicano e aos desequilíbrios resultantes da introdução do plano, entre demanda e

---

[68]Adaptado de Bacha (2003), com material de Bacha (1997). Publicado com autorização de Edward Elgar Publishing Ltd. Agradeço a Adauto de Lima pelo trabalho de assistência de pesquisa. Tradução do inglês por Pedro Paulo Zahluth Bastos, revista pelo autor.

oferta agregadas e entre salários e preços – como se descreve na seção 5. Durante 1995, severas iniciativas de política monetária e medidas adicionais de desindexação foram introduzidas. À custa de uma recessão temporária e uma maior fragilidade financeira, essas iniciativas foram bem-sucedidas em manter a inflação numa trajetória declinante, como detalhado na seção 6. A seção 7 sumaria as conclusões.

7.2. O contexto econômico e político: 1993

Quando o ministro das Relações Exteriores Fernando Henrique Cardoso tomou posse como ministro da Fazenda, em maio de 1993, a inflação brasileira estava em 25% ao mês, numa trajetória de aceleração lenta, mas persistente, superior a um ponto percentual ao mês. A nomeação de Fernando Henrique foi muito bem recebida, em vista de sua proeminência como político e intelectual, mas a atitude da elite econômica brasileira era de total incredulidade quanto à possibilidade da implantação de uma política anti-inflacionária efetiva durante o curto mandato do presidente Itamar Franco, particularmente devido ao fato de Fernando Henrique já ser o quarto ministro da Fazenda nos oito meses iniciais do mandato do presidente.

Itamar fora senador por Minas Gerais, conhecido por suas inclinações econômicas nacionalistas. Em 1989, tornou-se inesperadamente candidato a vice-presidente na campanha presidencial de Fernando Collor. Collor venceu a eleição e tomou posse em janeiro de 1990. Em setembro de 1992, depois do *impeachment* de Collor sob acusações de corrupção, Itamar sucedeu o presidente eleito, com quem já se havia desentendido. Uma frouxa coalizão de centro-esquerda foi então formada no Congresso para apoiar Itamar na complementação do mandato de Collor até janeiro de 1995. Um dos partidos da coalizão era o PSDB, do qual o senador Fernando Henrique era um dos membros mais influentes. Foi nesse contexto que Fernando Henrique, que mantinha boas relações pessoais com Itamar, tornou-se ministro das Relações Exteriores. Os dois primeiros ministros da Fazenda de Itamar haviam se demitido depois de uma série de conflitos com o presidente quanto à gestão da política econômica, enquanto o terceiro deixara o cargo sob acusações de manter conexões empresariais impróprias.

Fernando Henrique e sua pequena equipe econômica inicial (da qual o autor era membro) decidiram, então, adotar uma política econômica bastante conservadora e apresentaram o Programa de Ação Imediata, com ênfase total no ajuste das contas do setor público, cujos desequilíbrios eram identificados como a causa fundamental da inflação crônica no Brasil. A base analítica desse programa encontra-se explicitada em trabalho anterior (Bacha, 1994, reproduzido no Capítulo 6 deste livro). O argumento básico era que ocorria no Brasil um "efeito Olivera-Tanzi às avessas," ou seja, a inflação ajudava a equilibrar o orçamento, já que os impostos eram protegidos contra a inflação, enquanto as despesas eram determinadas no orçamento em termos nominais. O efeito Olivera-Tanzi sustenta, ao contrário, que o déficit orçamentário aumenta quando a inflação sobe, sob o pressuposto de que os gastos do governo são fixos em termos reais, enquanto as receitas tributárias não são protegidas contra a inflação.

A inflação, portanto, não só gerava um imposto inflacionário para o Tesouro Nacional, ao aumentar a demanda por moeda emitida pelo Banco Central, mas, talvez mais importante que isso, ela reduzia o gasto real previsto no orçamento. A conclusão do trabalho anterior foi que o controle da inflação pressupunha que o governo equilibrasse seu orçamento *ex ante*, isto é, mostrasse a determinação política de cortar do orçamento os excessos de gastos que seriam erodidos pela inflação ou então financiados pelo imposto inflacionário.

O progresso obtido nos primeiros meses da gestão de Fernando Henrique foi considerável, em termos das metas do programa inicial, que incluíam cortes profundos no orçamento federal para 1993, renegociação das dívidas de estados e municípios com o governo federal, reorganização do relacionamento contábil entre o Banco Central e o Tesouro Nacional e renegociação da dívida externa do governo com bancos estrangeiros. A inflação, porém, continuava a subir.

Em fins de agosto, disputas pessoais e políticas levaram às renúncias dos presidentes do Banco Central e do BNDES. Embora preocupantes, esses eventos tiveram um efeito extremamente positivo, uma vez que propiciaram a ocasião para um fortalecimento substancial da equipe econômica inicial de Fernando Henrique. Uma característica comum a quase todos os membros da equipe econômica então ampliada consistia em eles terem sido colegas no Departamento de Economia da PUC-Rio, onde, desde o início dos anos 1980, vinham estudando o processo inflacionário do Brasil. Alguns deles (incluindo o autor) eram também membros ativos do PSDB, o mesmo partido de Fernando Henrique.

O ministro e sua equipe sabiam perfeitamente que para controlar a inflação era necessário ir além das metas fiscais do programa econômico inicial, que objetivavam controlar o déficit operacional *ex ante,* mas não agiam sobre o déficit nominal. A diferença entre o déficit nominal e o operacional é que o primeiro inclui os pagamentos dos juros nominais sobre a dívida pública, enquanto o último só inclui os pagamentos dos juros reais (isto é, corrigidos pela inflação). Uma vez que os pagamentos de juros nominais dependem da taxa de inflação, com inflação elevada o déficit nominal pode ser muito alto, mesmo quando o déficit operacional está equilibrado. Assim, em 1993, quando a inflação foi de 2.490%, o orçamento operacional apresentou um superávit de 0,25% do PIB, enquanto o déficit nominal foi de 58,4% do PIB.

O orçamento operacional podia estar equilibrado, mas enquanto a inflação mantivesse elevado o déficit nominal, a oferta monetária no seu conceito amplo continuaria a se expandir, realimentando, assim, a taxa de inflação. A oferta de moeda no sentido amplo inclui o valor da dívida pública interna, que era um substituto quase perfeito da moeda, por motivos que serão explorados na próxima seção. Além disso, à medida que os agentes econômicos aperfeiçoavam os mecanismos de indexação de suas remunerações, a aceleração inflacionária seria inevitável. Pior ainda, com as eleições presidenciais de outubro de 1994 à vista, não podia ser descartada a ocorrência de uma hiperinflação virulenta, causada por uma fuga da moeda doméstica em antecipação ao choque econômico que quase com certeza seria adotado pelo novo governo. O assim chamado Plano Collor I, introduzido na inauguração do governo anterior, congelara 75% de todos os ativos financeiros privados domésticos.[69]

Controlar o déficit nominal era um problema monetário, e não fiscal, no sentido de que se a inflação acabasse, o déficit nominal seria igual ao déficit operacional. Dessa forma, se o último estivesse equilibrado, a oferta monetária ampla deixaria de crescer, corroborando, assim, o fim da inflação. Para lidar com o círculo vicioso entre inflação e oferta monetária ampla, três estratégias poderiam ser contempladas: declarar um congelamento de preços e salários, como no fracassado Plano Cruzado de 1986;[70] prefixar a taxa de câmbio, as tarifas públicas e os preços dos oligopólios do setor privado de acordo com uma trajetória declinante, como no fracassado programa de estabilização do ministro Delfim Netto em 1980;[71] ou adotar um amplo programa de reforma monetária.

Após longa reflexão, optou-se, em setembro de 1993, pela terceira alternativa, a despeito dos altos riscos envolvidos. A ideia de repetir o Plano Cruzado repugnava os membros da equipe (inclusive o autor) que haviam participado dessa tentativa fracassada de acabar com a inflação brasileira. Utilizar a técnica de prefixar a trajetória dos preços-chave para reduzir lentamente a inflação também contrariava a profunda convicção da equipe de que técnicas gradualistas eram impotentes para lidar com a inflação crônica brasileira.

As linhas gerais do programa de reforma monetária já haviam sido longamente debatidas pelos membros da equipe, tendo como base a proposta de reforma monetária de Arida e Lara Resende (1986). Nessa proposta, a ideia era criar temporariamente um sistema bimonetário, em que a moeda nova teria paridade fixa com o dólar, sendo permitida a conversão voluntária de salários e preços contratuais na nova moeda, desde que fossem abolidas as cláusulas de indexação. Quando essa conversão se completasse, a moeda velha seria extinta.

---

[69] Para análises das tentativas de estabilização do governo Collor, ver Faro (1990, 1991).
[70] Para uma avaliação, ver Modiano (1990).
[71] Para uma avaliação, ver Carneiro (1990).

A equipe, entretanto, optou por um procedimento em dois estágios de substituição da velha moeda inflacionada (o cruzeiro real) por uma moeda nova e estável, inicialmente como unidade de valor e em seguida como meio de pagamento. Assim, o primeiro passo consistia em criar uma unidade de conta, a URV (iniciais de "unidade real de valor"), cuja taxa de câmbio informal em relação ao dólar era de 1 URV = US$ 1. O valor dessa unidade em termos do cruzeiro real (assim como o valor do dólar em relação ao cruzeiro real) seria reajustado diariamente pelo Banco Central, *in tandem* com a taxa diária da inflação observada em cruzeiros reais. A partir daí, de acordo com regras pré-especificadas, todos os contratos de preços e salários em cruzeiros reais seriam convertidos em URVs, substituindo, assim, os contratos previamente estipulados segundo diferentes indexadores e períodos, inclusive sobrepostos. Quando todos os contratos tivessem sido convertidos em URV, essa unidade de conta passaria a ser emitida sob o nome de real, como a nova moeda do país, com uma paridade inicial de R$ 1 = US$ 1.

A reação inicial de economistas estrangeiros não familiarizados com a economia brasileira, quando apresentados a esse programa, é inevitavelmente a de perguntar: por que não dolarizar a moeda de imediato, em vez de fazê-la passar por um mecanismo de conversão tão complexo? Uma razão é que isso não resolveria o problema da conversão dos contratos, já que os contratos existentes, denominados em cruzeiros reais com diferentes cláusulas de indexação, não mantinham valores invariáveis em dólar. Graças à indexação generalizada e à existência de substitutos da moeda protegidos contra a inflação, a economia brasileira não se dolarizou, a despeito da alta inflação crônica. Como contratos denominados em dólar eram proibidos, eles eram estabelecidos em cruzeiros reais, com cláusulas periódicas de reajuste indexadas à evolução de índice doméstico de preços. Em vez de forçar uma dolarização artificial da economia, o Plano Real trilhou um caminho em direção à estabilidade de preços aperfeiçoando esse mecanismo doméstico de indexação contratual.

Além de introduzir a nova moeda de uma forma sequencial e de estipular regras para a conversão de contratos, outra novidade do programa foi fazer preceder a reforma monetária pela aprovação de uma emenda constitucional que permitisse o equilíbrio do orçamento fiscal. Também se estabeleceu que todos os passos da reforma monetária seriam previamente anunciados desde o início.

Apenas sob tais condições, segundo a avaliação da equipe, seria possível obter da população a confiança necessária para o sucesso de um programa tão ambicioso, no último ano de um governo fraco e dividido. Itamar esperava um programa com resultados mais imediatos e com menos precondições, mas deu pleno consentimento para que Fernando Henrique e sua equipe procedessem da maneira que julgassem mais adequada. O programa também foi submetido, em uma reunião a portas fechadas, à liderança do PSDB. Depois de uma longa discussão, a reação dos políticos foi sintetizada pelo então senador Mário Covas mais ou menos nos seguintes termos: "Neste partido, nós, políticos, damos a direção política e vocês, economistas, dão a direção técnica: se esta é a única maneira pela qual vocês acham razoável proceder, OK, nós os acompanharemos... até o precipício!" Apesar desse relutante apoio político, a equipe econômica sabia muito bem que a linha de ação proposta nunca havia sido experimentada antes, no Brasil ou em qualquer outro lugar, e que o sucesso da estabilização estava longe de ser garantido.

O fato de o FMI, após longa negociação, não ter apoiado o programa não ajudou a melhorar as expectativas de sucesso. A equipe do Fundo desejava um ajuste fiscal muito mais profundo do que era factível e uma política monetária muito mais apertada do que parecia aconselhável. A equipe do Fundo também estranhava a proposta de uma reforma monetária em dois estágios, não conseguindo ver como a inflação poderia sofrer uma queda abrupta com a introdução da nova moeda se as posturas fiscal e monetária não seriam tão diferentes daquelas observadas na antiga moeda – com a postura fiscal sendo medida pelo déficit operacional e a monetária pelo nível das taxas de juros reais.

Os autores do plano não conseguiram convencer a equipe do Fundo de que o motivo pelo qual a "mágica" da reforma monetária poderia funcionar era que o Brasil operava em um regime de indexação generalizada de preços e salários, com a moeda e o câmbio completamente passivos, sendo essa a razão por que a inflação mostrava-se insensível tanto ao déficit operacional (que estava em equilíbrio *ex post*, e, nesse sentido, não requeria o imposto inflacionário como um mecanismo de financiamento) como às taxas reais de juros (que estavam alinhadas com o "risco Brasil", como indicado pelas entradas líquidas de capital externo).[72] Assim que os contratos de preços e salários fossem desindexados com a introdução da nova moeda, políticas monetárias e cambiais ativas poderiam ser implementadas. Talvez a equipe do Fundo se sentisse atraída por essas proposições, mas – tendo manchado sua reputação ao apoiar sucessivas tentativas recentes de estabilização fracassadas no Brasil e sentindo um óbvio desconforto com o incerto contexto político no qual o plano seria implantado – decidiu por observar a distância, em vez de envolver-se com um esquema tão novo.

No fim de 1993, o nível de tensão na equipe econômica aumentou ainda mais quando alguns membros da equipe decidiram sair do governo antes do lançamento do programa.

7.3. O lançamento do Plano Real: 1994

O Plano Real foi um programa de estabilização preanunciado em três estágios, cuja natureza sequencial foi apresentada ao país por Fernando Henrique em 7 de dezembro de 1993 (ver Plano [1994]). O primeiro estágio era um mecanismo de equilíbrio orçamentário. O segundo introduzia uma unidade de conta estável para alinhar os preços relativos mais importantes da economia. O terceiro estabelecia a conversão dessa unidade de conta na nova moeda do país, a uma taxa de paridade semifixa com o dólar.

O primeiro estágio consistiu em equilibrar o orçamento fiscal operacional, por intermédio de cortes profundos na proposta orçamentária para 1994. A implantação desses cortes exigiu a aprovação pelo Congresso de uma emenda constitucional (que ficou conhecida como Fundo

---

[72]Para uma modelagem do tipo brasileiro de inflação, com déficit operacional nulo e moeda indexada, ver Bacha (1994, apêndice B), reproduzido como cap. 6 deste livro.

Social de Emergência), permitindo o corte, nos anos fiscais de 1994 e 1995, de 20% de um conjunto importante das destinações orçamentárias. A pedido de Fernando Henrique, Itamar submeteu ao Congresso um conjunto de reformas constitucionais profundas na área fiscal, que garantiriam um equilíbrio orçamentário mais permanente. O Fundo Social de Emergência foi concebido como um instrumento temporário para equilibrar o orçamento enquanto as medidas mais permanentes não entrassem em vigor. O Congresso, entretanto, não conseguiu votar essas medidas em tempo hábil.

A finalidade da etapa fiscal do plano era demonstrar a capacidade de o governo federal executar as despesas orçadas sem precisar das receitas geradas pela inflação. Tradicionalmente, o orçamento federal era aprovado com um grande déficit, mas como as despesas eram fixadas em termos nominais, enquanto os impostos eram indexados ao nível de preços, a inflação contribuía para fechar o hiato entre despesa e receita. O equilíbrio exato era desnecessário, pois a inflação também gerava um montante considerável de recursos adicionais por meio do imposto inflacionário. Em ambos os sentidos – compressão dos gastos orçados e geração do imposto inflacionário – o governo se tornara dependente da inflação para equilibrar suas contas. Os cortes no orçamento permitidos pelo Fundo Social de Emergência representaram, portanto, um compromisso do governo federal de abandonar práticas orçamentárias dependentes da inflação. A aprovação da emenda constitucional pelo Congresso traria reconhecimento político à tese da equipe econômica de que o equilíbrio do orçamento era um primeiro passo essencial para o controle da inflação.

Com a aprovação da emenda pelo Congresso – que ocorreu em fevereiro de 1994 – o governo introduziu, em 1º de março de 1994, uma unidade de conta estável (que foi denominada de Unidade Real de Valor, ou URV), aproximadamente em paridade com o dólar. Com poucas exceções, requereu-se que todos os contratos de preços e salários fossem redenominados nessa nova unidade de conta. Excluindo-se salários, aluguéis residenciais, mensalidades escolares e preços e tarifas públicos, os termos das conversões poderiam ser negociados livremente entre as partes contratantes, desde que fossem abolidas as cláusulas de reajuste de preços inferiores a um ano.

A proposta original de Arida e Lara Resende (1986) contemplava uma conversão voluntária de salários e preços contratuais, mas isso se revelou difícil, inclusive por causa da irredutibilidade dos salários nominais determinada pela Constituição. De acordo com a lei vigente, os salários do setor privado tinham reajuste pleno pela taxa de inflação a cada quatro meses, com um reajuste parcial no segundo mês. Nesse caso, se fosse permitida a livre negociação, os assalariados poderiam esperar até que seus respectivos salários se encontrassem no pico quadrimestral e então requerer a conversão desse valor em URV. Isso levaria a uma pressão intensa sobre os preços, já que o pico dos salários era cerca de 30% superior ao valor médio dos salários reais ao longo do quadrimestre. Determinou-se, portanto, que, na introdução da URV, em 1º de março de 1994, todos os salários seriam convertidos pelo salário real médio do quadrimestre anterior. A aprovação política dessa medida em tempo hábil exigiu que procedimentos similares fossem impostos aos aluguéis residenciais e às mensalidades escolares.

A conversão de todos os contratos numa unidade de conta estável, vista como um primeiro passo em direção a uma moeda estável, significava, essencialmente, que todos os contratos vigentes na economia poderiam se beneficiar, dali em diante, da indexação diária, tendo sido também anunciado que o valor da nova unidade de conta seria reajustado diariamente, mantendo a paridade com o dólar, de acordo com a evolução da média de três índices de preços muito utilizados na indexação de contratos. Contratos expressos em dólar continuaram sendo proibidos. Depois de convertidos em URV, os preços contratados não poderiam mais conter cláusulas de indexação de curto prazo e os reajustes contratuais só poderiam ocorrer depois de um ano. No caso dos contratos salariais, as revisões poderiam acontecer na próxima data-base de negociação.

A principal finalidade dessa segunda etapa do plano era alinhar os preços relativos mais importantes da economia, uma vez que a existência de contratos indexados, com indexadores e datas de reajuste diferentes, implicava uma grande dispersão de preços a qualquer momento, com alguns deles tendo sido reajustados recentemente e outros apresentando uma grande defasagem. Em tais circunstâncias, uma súbita interrupção do processo inflacionário surpreenderia alguns preços em seu valor de pico e outros no vale. Tais desalinhamentos de preços tenderiam inevitavelmente a impor pressões inflacionárias adicionais, na medida em que cláusulas prévias de reajuste continuariam a forçar para cima os preços defasados. Esse mecanismo de indexação não sincronizado fornecia o chamado componente inercial da inflação brasileira, distinto do componente estrutural associado ao déficit operacional *ex ante* do orçamento federal.

Em 1º de julho de 1994, após um período de quatro meses de conversões de contratos, o Banco Central começou a emitir a URV como a nova moeda do país, agora denominada real, para cuja paridade cambial foi estabelecido o teto de R$ 1/US$ 1. O Banco Central comprometeu-se a vender dólares toda vez que seu valor no mercado cambial ameaçasse superar R$ 1, mas não era obrigado a intervir caso esse valor se mantivesse em níveis inferiores à paridade. Isso ficou conhecido como a política cambial da banda assimétrica, com um limite superior de R$ 1 e um limite inferior indefinido, que na prática provou estar em torno de US$ 0,83 por real. Em conformidade com a proposta inicial do programa, a data de conversão da moeda foi anunciada com trinta dias de antecedência. O governo fixou, então, uma taxa de conversão de R$ 1 por CR$ 2.750 (esse foi o valor em cruzeiros reais da URV em 30 de junho de 1994) para a troca do estoque de moeda e para a redenominação em reais dos contratos e preços ainda não convertidos de cruzeiros reais em URV. Completou-se, assim, a reforma monetária em três estágios de que consistiu o Plano Real. Com a substituição do cruzeiro real pelo real como a moeda oficial do país, todos os contratos cujo valor havia sido previamente estipulado em termos reais (isto é, em URV) passaram a ter seu valor fixo em termos nominais (isto é, em reais).

7.4. Principais características da reforma monetária

O Plano Real teve características bastante peculiares quando comparado a outros programas de reforma monetária. Primeiro, a desindexação de preços e salários foi precedida de uma fase de indexação plena. Segundo, a reforma monetária foi preanunciada, negociada com o Congresso e introduzida sem congelamento de preços e salários. Terceiro, a estabilização foi alcançada sem confisco de ativos financeiros. Quarto, tanto a política monetária quanto a cambial foram flexíveis, em vez de obedecer a metas monetárias estritas ou a um regime cambial fixo. Quinto, a estabilização aconteceu no contexto de uma economia em expansão.

7.4.1. Desindexação precedida de indexação plena

O aspecto mais interessante e polêmico do programa foi sua segunda fase, isto é, a introdução de uma unidade de conta estável para alinhar os preços relativos da economia por meio de um mecanismo de indexação plena. À primeira vista, isso poderia parecer uma contradição, dado o diagnóstico amplamente aceito de que a dificuldade de combater a inflação brasileira residia especificamente no alto grau de indexação da economia. Como seria possível a uma acentuação no mecanismo de indexação ajudar o combate à inflação?

O ponto crítico para esclarecer esse aparente paradoxo é o procedimento de conversão pela média. Consideremos especificamente os salários, embora o raciocínio se aplique a qualquer fluxo de renda sujeito a indexação. Uma aceleração na indexação (digamos, uma redução do período de reajuste de quatro para dois meses) tende a acelerar a inflação se o ponto de partida for o valor de pico, pois nesse caso – com o produto real mantido constante por uma política monetária passiva – uma inflação mais rápida é exigida para que, ao longo do ciclo salarial, o valor real do salário retorne à média anterior. No entanto, quando os salários são primeiro convertidos a seu valor médio e só então submetidos a uma indexação mais frequente, a aceleração inflacionária não é mais necessária para reduzir o salário real a seu valor prévio de equilíbrio.

É difícil imaginar que os salários teriam sido voluntariamente convertidos pela média, caso não tivessem sido forçados a fazê-lo pelo dispositivo legal de conversão imediata no dia da introdução da URV. O dispositivo legal para permitir a conversão pela média consistia em definir a URV como uma pré-moeda, que fazia parte do sistema monetário do país. Do ponto de vista legal, os advogados do governo consideraram aceitável fixar os salários em unidades dessa pré-moeda, mesmo que o valor resultante pago em cruzeiros reais fosse inferior ao que os assalariados teriam recebido no fim do mês pela lei salarial anterior.

Uma conversão voluntária pela média poderia ter acontecido se o programa gozasse de total credibilidade, com os agentes convencidos não só de que o orçamento estava de fato equilibrado, mas também de que a política monetária na nova moeda não seria acomodatícia como antes. Dada a evidência passada de fracassos em sucessivos planos de estabilização, além das precárias condições políticas nas quais o Plano Real foi introduzido, a conversão voluntária pela média exigiria um verdadeiro ato de fé por parte dos agentes econômicos. Mais provavelmente, apostar-se-ia que o governo não cumpriria a promessa de austeridade fiscal e monetária, o que levaria os líderes trabalhistas, a classe empresarial e a poderosa Justiça do Trabalho a continuar operando como antes. Isto é, com generosas concessões salariais sendo imediatamente repassadas aos preços. No Brasil, a justiça trabalhista tem a prerrogativa constitucional de fixar o valor dos reajustes salariais caso não haja acordo entre empregados e empregadores em suas negociações anuais. A tradição da Justiça do Trabalho era a de compensar plenamente os salários pela inflação passada, acrescentando uma margem de 4% a 7% a título de ganho de produtividade.

Um ponto sutil é que, com a URV, o período de reajuste dos salários foi não apenas encurtado, mas, de fato, reduzido a níveis próximos de zero. Esse período não era exatamente igual a zero porque a URV era corrigida não pela taxa de inflação corrente, mas sim pela variação de índices de preços que refletiam a inflação com aproximadamente um mês de defasagem. De qualquer maneira, nesse novo contexto, os salários tinham uma resposta integral e quase imediata a qualquer mudança na taxa de inflação. Consequentemente, a taxa de inflação requerida para reduzir os salários tornou-se quase infinita: o ponto, entretanto, era que, dado que os salários já haviam sido convertidos pela média, a redução dos salários reais pela inflação não era mais necessária. Um complicador era que o mesmo mecanismo de indexação se aplicava à taxa de câmbio – reajustada diariamente *pari passu* com a URV – e parcialmente também à oferta de moeda.

A moeda, no sentido restrito (e, no Brasil daquele tempo, quantitativamente insignificante) de papel-moeda em poder do público mais depósitos à vista, não foi convertida em URV – pois esse era o estágio final da reforma monetária – mas seus substitutos em geral, como fundos financeiros de curto prazo, passaram a ser cotados de acordo com a URV ou com a taxa de juros de curto prazo, sendo essa reajustada pelo Banco Central de acordo com a taxa corrente de inflação. Por outro lado, um sistema de redesconto automático por parte do Banco Central garantia aos bancos comerciais suas necessidades de liquidez no mercado de reservas bancárias. Nesse sentido, a taxa de crescimento da base monetária era totalmente determinada pela demanda por moeda. A conclusão é que, com a introdução da URV, o nível de preços ficou virtualmente sem âncoras (fossem elas os salários, o câmbio ou a oferta de moeda) e, portanto, se tornou extremamente suscetível a uma eventual aceleração inflacionária causada por expectativas adversas ou choques de oferta.

Daí o dilema do formulador de política. Por um lado, o aperfeiçoamento do sistema de indexação era necessário para liberar a economia da inércia de preços e salários, garantindo que, quando a URV fosse transformada de um indexador universal em uma nova moeda não indexada (o real), nenhuma "memória inflacionária" continuasse atuando. Por outro lado, quanto mais perfeita fosse a indexação, mais suscetível ficaria a economia a entrar numa espiral hiperinflacionária provocada por expectativas adversas ou choques de oferta.

Era preciso chegar a um compromisso e esse tomou diversas formas. Primeiro, a URV foi desenhada para variar de acordo com a inflação passada, e não a corrente. Isso, em parte, também aconteceu porque o cálculo dos índices de preço exigia no mínimo uma semana para a coleta de uma amostra representativa de preços e outra para o processamento de dados – e a equipe econômica queria usar os preços observados para calcular a URV, demonstrando que ela era uma medida objetiva da inflação em cruzeiros reais, não sujeita a manipulações ou a especulações governamentais otimistas.

Segundo, proibiu-se inicialmente a conversão dos contratos financeiros em URV, introduzindo-se, em seguida, um procedimento gradual para permitir que, sucessivamente, tais instrumentos – duplicatas, Certificados de Depósito Bancário (CDBs), títulos do Tesouro, fundos de curto prazo etc. – passassem a ser emitidos em URV. A moderação na conversão dos instrumentos financeiros refletia a preocupação de manter intacta a demanda por cruzeiros reais, isto é, de evitar uma fuga da moeda doméstica, que poderia causar uma aceleração súbita da inflação.

Terceiro, proibiu-se inicialmente que os preços de bens e serviços para pagamento à vista fossem expressos em URV, com o propósito de não reduzir os "custos de menu" dos reajustes diários de preços, considerados capazes de pôr um certo freio na aceleração inflacionária. No terceiro mês da URV, essa restrição foi suspensa para que a população se acostumasse à experiência de preços constantes em URV. Quarto, os preços e tarifas públicos foram convertidos em URV através de um procedimento gradual, com um encurtamento progressivo do período de reajuste dos preços em cruzeiros reais, mantendo-se aproximadamente constantes os preços reais médios.

A decisão final dizia respeito ao período de duração da URV. Alguns economistas influentes argumentavam que dado que os salários haviam sido convertidos pela média, a maior parte do trabalho já havia sido feita e o período da URV deveria ser encurtado para durar, no máximo, dois meses. Esse argumento tinha também uma preocupação política, no seguinte sentido: de início, os assalariados se sentiriam satisfeitos ao ver seus reajustes quadrimestrais substituídos por reajustes mensais. Mas em seguida sua insatisfação cresceria, pois, como seus salários eram recebidos em cruzeiros reais, eles seriam corroídos pela inflação diária que continuava a ocorrer. Assim, para maximizar a boa vontade dos assalariados e evitar o risco de uma hiperinflação, a duração do período de vigência da URV deveria ser encurtada, ao invés de estendida.

Outros economistas, porém, argumentavam que as condições políticas não estavam maduras para a estabilização e que a duração do período de vigência da URV deveria se estender até a posse do novo governo. Havia o temor de que a capacidade da equipe econômica de controlar as políticas fiscal e monetária declinaria abruptamente assim que a reforma monetária provocasse uma interrupção da inflação. Também se argumentava que quanto mais extensa fosse a vigência da URV, mais incentivadas seriam as conversões voluntárias, enquanto que um período mais curto exigiria maior intervenção governamental.

O período de quatro meses finalmente adotado talvez tenha sido curto demais para a conversão de aluguéis, mensalidades escolares e planos de saúde, o que deixou algum resíduo inflacionário para o período do real. O problema não foi de natureza econômica, mas derivado de pressões políticas no governo contra as regras de conversão propostas pela equipe econômica para esses contratos. Alcançou-se uma solução de compromisso apenas no fim do período de vigência da URV, o que provocou uma inflação em reais que deveria ter sido absorvida, idealmente, em cruzeiros reais, ainda na vigência da URV.

O Plano Real foi implantado em condições políticas peculiares. Estavam marcadas eleições gerais para 3 de outubro de 1994, incluída a eleição para presidente. Fernando Henrique deixou o Ministério da Fazenda no início de abril, para transformar-se no candidato a presidente de uma coalizão de centro, com o apoio de Itamar. Foi substituído pelo embaixador Rubens Ricupero, que preservou em suas funções todos os membros da equipe de Fernando Henrique.[73] Se Fernando Henrique tivesse uma boa chance de ser eleito, os mercados naturalmente antecipariam que o programa continuaria no próximo governo e isso ajudaria a estabilizar as expectativas e evitar ataques especulativos. Se, ao contrário, as perspectivas eleitorais do candidato líder das oposições, Luiz Inácio Lula da Silva, do PT, continuassem a melhorar, baseadas

---

[73]No início de setembro, devido a declarações infelizes, inadvertidamente transmitidas pela televisão a cabo, o embaixador Rubens Ricupero teve de deixar o ministério, sendo substituído pelo então governador do Ceará, Ciro Gomes, que também manteve em seus cargos toda a equipe de Fernando Henrique.

em parte em suas críticas contra o fracasso governamental em conter a escalada inflacionária, os mercados financeiros poderiam antecipar uma descontinuidade no programa.

Tendo-se obtido a partir de 1º de julho de 1994 o controle inflacionário inicial, todos os candidatos tiveram de adaptar seus discursos eleitorais à nova realidade monetária, comprometendo-se a manter intacto o plano caso fossem eleitos. Mas o principal beneficiário do sucesso inicial do plano foi seu autor, Fernando Henrique. No início da campanha, as pesquisas de opinião conferiam-lhe a metade dos votos do candidato líder, Lula. Fernando Henrique assumiu a liderança das pesquisas após a introdução do real e elegeu-se presidente com uma maioria de 54% dos votos no primeiro turno.

Na prática, a experiência de quatro meses com a URV não levou a uma aceleração apreciável da inflação em cruzeiros reais, exceto nos últimos dias que precederam a introdução do real, quando houve uma escalada de preços na expectativa da mudança do regime monetário que se seguiria. O Ministério da Fazenda comprometera-se a não impor congelamento de preços (exceto de preços e tarifas públicos) após a introdução do real, mas, levando-se em conta experiências de estabilização anteriores em que o congelamento fora inicialmente negado para depois ser introduzido de surpresa, é possível que os agentes econômicos não tenham acreditado plenamente no compromisso assumido pelo governo, particularmente porque se sabia que o ministro da Justiça pressionava a favor da adoção de controle de preços.[74] O medo do controle de preços pode ter levado à aceleração da inflação verificada a partir de meados de junho, mas de modo geral uma estratégia avessa ao risco por parte dos formadores de preços levaria de qualquer maneira a aumentos preventivos. Afinal, os preços sempre poderiam ser reduzidos caso se verificasse algum desalinhamento, enquanto que um aumento de preços em reais após 1º de julho seria muito visível e capaz de induzir à resistência dos consumidores e mesmo a alguma retaliação por parte do governo.

---

[74]Sobre o tema, ver Oliveira (1996, pp. 59-66).

7.4.2. Estabilização súbita sem congelamento de preços

As negociações entre as partes privadas quanto aos termos da conversão de seus contratos em URV foram, em muitos casos, bastante árduas, tendo em vista a dificuldade de distribuir as perdas e os ganhos inflacionários implícitos nos contratos anteriores.

Um caso interessante foi o da conversão dos preços das passagens dos ônibus municipais, controlados pelas prefeituras. Tais preços eram, tipicamente, ajustados mensalmente de acordo com a inflação. Apesar dos esforços do governo federal, durante a vigência da URV os governos municipais resistiram à ideia de encurtar gradualmente os períodos de reajuste, ainda que mantendo o mesmo valor real médio das tarifas. De modo geral, eles foram, então, convertidos de cruzeiros reais em reais em 1º de julho, imediatamente após terem sido reajustados pela inflação plena do período anterior, o que acarretou um aumento significativo no preço real médio ao longo de trinta dias, uma vez que ele deixou de ser erodido pela inflação diária que ocorria entre os sucessivos reajustes mensais. As negociações subsequentes entre o governo federal e as prefeituras resultaram numa certa reversão dessas decisões, porém não na maioria dos casos.

O argumento usado contra a redução das tarifas mostra as complexidades da redistribuição de renda em economias inflacionárias. O argumento era que os reajustes mensais dos preços das passagens de ônibus, que entravam em vigor imediatamente, correspondiam aos reajustes mensais dos salários dos empregados das empresas de ônibus, que eram pagos somente após trinta dias. Ou seja, a margem de lucro das empresas derivava da defasagem de trinta dias entre o aumento das tarifas e o subsequente aumento dos salários. Em 1º de julho, os salários subiram de acordo com o acordado um mês antes e, portanto, se as tarifas também não subissem nessa data, a margem de lucro das empresas cairia em relação à que prevalecia antes da introdução do real. Com o fim da inflação, a defasagem entre salários e tarifas ao longo do mês deixou de existir e, portanto, em termos de custos salariais, os preços reajustados das passagens de ônibus continuaram os mesmos, ainda que estivessem mais altos do que antes em termos do índice geral de preços.

Outro exemplo, do setor privado, foram os contratos para vendas de livros entre editoras e livrarias. Antes da URV, as editoras vendiam seus livros com um desconto de 30%, mas com um prazo de pagamento de 40 dias, o que resultava num generoso desconto adicional, dependendo do dia da venda do livro ao consumidor final. Na conversão para a URV, as editoras queriam manter o desconto em 30%, embora, daí em diante, com os preços fixados em URV, elas garantissem a recuperação plena dos valores reais contratados. Com a autorização para os bancos descontarem duplicatas denominadas em URV, na maioria das negociações desse tipo as partes conseguiram chegar a um acordo sem a necessidade de intervenção do governo.

No entanto, em setores importantes para o custo de vida, tais como planos de saúde, medicamentos, alimentos e produtos de higiene e limpeza, o Ministério da Fazenda criou um fórum informal de negociação e ofereceu, frequentemente, seus próprios serviços como árbitro, para estabelecer um acordo entre as partes litigantes. Essa importante característica do programa ficou conhecida como a "dallarização", um trocadilho com o nome do principal negociador de preços do governo, José Milton Dallari. Normalmente, esses acordos envolviam o compromisso de manter constantes por algum tempo os preços estabelecidos em URV.

O principal objetivo do período da URV foi o de permitir um alinhamento substancial de preços e salários e a eliminação da indexação retroativa, sem a necessidade de um subsequente congelamento de preços e salários para conter a inflação, como nos planos de estabilização anteriores. A indexação retroativa foi extinta porque a própria URV era um índice de preços e, mesmo não refletindo a taxa de inflação momentânea, mudou a regra salarial de um ciclo quadrimestral para um regime de indexação diária, ajudando, assim, a convencer os sindicatos a aceitar a conversão dos salários pelo seu valor médio (em vez do valor de pico) sem a promessa de um subsequente congelamento de preços.

As maiores armadilhas para essa concordância estavam na aceleração amplamente antecipada da inflação durante a vigência da URV e na ausência de um mecanismo de proteção dos salários uma vez introduzido o real. Para garantir que o Congresso aprovasse a URV (criada através de uma medida provisória), dois mecanismos de proteção dos salários foram incluídos na proposta do governo. O primeiro permitia um aumento salarial, na data-base subsequente de cada categoria, caso ficasse comprovado que nos quatro meses de vigência da URV a soma dos salários convertidos em URV fora inferior ao que teria sido pela lei salarial anterior. Como na maioria dos casos verificou-se uma diferença positiva a favor da URV, esse mecanismo não afetou o comportamento dos salários após a introdução do real, prevenindo, ainda por cima, as críticas a supostas perdas salariais na conversão à URV.

O segundo mecanismo introduziu um índice oficial de preços para medir a inflação em reais, construído para incorporar a aceleração da inflação nos últimos dias da URV, a qual, devido à defasagem no cálculo dos índices de preços, não fora computada no último valor da URV, do dia 30 de junho. O acordo foi que, durante o primeiro ano do real, os salários receberiam reajuste pleno de acordo com a evolução do índice oficial, na data-base subsequente de cada categoria. Assim, um mecanismo aparentemente suave de indexação salarial foi mantido para os primeiros 12 meses do real. Infelizmente, parcialmente por conta de grandes aumentos de aluguéis residenciais e outros serviços, esse índice oficial acumulou uma inflação próxima a 12% nos dois primeiros meses do real, gerando, assim, uma forte pressão salarial que contribuiu significativamente para a apreciação efetiva da nova moeda.

A contrapartida política dessas concessões salariais foi que elas ajudaram a convencer a Justiça do Trabalho a cooperar com o governo, aceitando aplicar estritamente os termos da nova lei salarial nos dissídios coletivos, ao invés de, como de costume, restabelecer o valor de pico dos salários a cada negociação anual.

Apesar da elevação de preços nos últimos dias da URV, o sucesso do Plano Real provou ser correto o controvertido argumento de que a inflação poderia ser reduzida abruptamente sem congelamento de preços e salários. Especialistas estrangeiros foram unânimes em aconselhar a equipe econômica do governo a adotar um congelamento temporário de preços na fase inicial do real. Os mesmos consultores consideraram uma loucura anunciar com antecedência a introdução do real, temerosos quanto a um aumento generalizado de preços de natureza defensiva e a uma fuga da moeda.

É verdade que as tarifas e os preços públicos foram congelados e a taxa de câmbio não poderia ser desvalorizada além de seu valor de paridade. Além disso, aumentos salariais (além dos termos da lei salarial) resultantes de acordos coletivos nas respectivas datas-base não poderiam ser repassados aos preços. Essa restrição não estava na lei – porque a equipe econômica achou que, se isso fosse feito, a Justiça do Trabalho sentir-se-ia mais confortável para ratificar os aumentos salariais, deixando ao governo a impossível tarefa de evitar as subsequentes elevações de preços. Ela foi introduzida no discurso governamental como uma espécie de mandamento moral que a classe empresarial deveria seguir.

Foi bastante divulgado o caso da indústria automobilística, cuja negociação salarial o Ministério da Fazenda recusou-se a aceitar, por entender que ela teria efeitos colaterais perniciosos, mesmo diante da promessa da indústria de não elevar seus preços em seguida. Nesse caso, a negociação envolvia o sindicato mais poderoso do país e o cartel mais poderoso da América Latina. Tradicionalmente, essa negociação dava o tom das subsequentes reivindicações salariais na mais importante zona industrial do país, o ABC. A intervenção do ministro da Fazenda consistiu basicamente no uso de sua autoridade moral (embora associada ao recurso punitivo de redução das tarifas sobre carros importados), mas surtiu um efeito positivo, no sentido não só de forçar uma revisão nos termos do acordo, mas também de garantir que ele não se generalizasse para outros setores.

Por meio do mecanismo informal de negociação de preços, chegou-se a acordos de persuasão moral entre o governo e os grupos empresariais mais importantes do país, para que eles mantivessem seus preços constantes em reais. Mas isso é muito diferente da utilização de controles formais de preços, uma vez que envolveu um mecanismo de consulta, por meio do qual a cooperação foi negociada, e não imposta. Os setores críticos da economia foram convidados a se tornar parceiros no esforço de estabilização, ao invés de operarem como opositores. É importante observar, ainda, que não houve tentativa de estabelecer pactos sociais formais, pois se julgou impossível negociá-los no contexto de uma sociedade heterogênea e atomizada como o Brasil, particularmente levando-se em conta a feroz disputa eleitoral para a Presidência que estava em curso.

7.4.3. Estabilização sem confisco de ativos financeiros

Quando o real foi introduzido, a base monetária correspondia a 0,6% do PIB e o M1 (papel moeda em poder do público mais depósitos bancários à vista), igualmente modesto, era de 1,1% do PIB. A moeda relevante era carregada sob a forma de fundos de curto prazo, sobre os quais se podiam passar cheques, já que os bancos comerciais garantiam a transferência automática desses fundos para as contas correntes. Tais fundos eram normalmente lastreados por títulos de um mês do Banco Central, que podiam por ele ser recomprados automaticamente à taxa de juros do overnight. Em princípio, o Banco Central estava preparado para prover liquidez imediata e sem custos à totalidade da dívida federal (títulos do Tesouro e do Banco Central em poder do público), que era detida predominantemente pelo próprio sistema bancário, e não por aplicadores finais. Essa dívida chegava a 6,8% do PIB e era o substituto doméstico da moeda que permitiu ao Brasil, a despeito das elevadíssimas taxas de inflação, evitar a dolarização de seu sistema monetário.[75]

Os brasileiros de alta renda continuavam a reter depósitos em moeda doméstica, pois essa era protegida contra a inflação, e os bancos se dispunham a fornecer tal proteção, já que o Banco Central garantia remuneração e liquidez. Esse era o caso das contas bancárias médias e altas; o papel-moeda e as pequenas contas não gozavam de tal proteção, o que significava que o imposto inflacionário era pago majoritariamente pelas camadas mais pobres da sociedade.

O Brasil operava, assim, com um sistema monetário em que se remunerava a moeda no seu conceito amplo, a uma taxa mantida mais ou menos constante, em termos reais, pelo Banco Central. Como resultado, uma elevação no nível de preços domésticos traduzia-se imediatamente

---

[75]Para uma análise técnica, ver Garcia (1996).

no aumento similar do estoque de moeda no seu conceito amplo. Se, ao nível mais elevado de preços, houvesse demanda adicional por moeda no seu conceito restrito, essa seria automaticamente fornecida sob a forma de reservas bancárias adicionais, através do mecanismo de recompra automática do Banco Central.

Essa característica do sistema monetário levou vários autores a acreditar que o Brasil teria de lidar com o problema da "liquidez excessiva" para implantar um programa de estabilização. O argumento era que uma parada súbita no processo inflacionário não seria imediatamente crível, principalmente em vista do fracasso de vários esforços de estabilização anteriores, ainda que o orçamento operacional do governo estivesse temporariamente equilibrado. Dessa forma, a moeda doméstica somente continuaria a ser retida pelo público se as taxas nominais de juros se mantivessem altas, o que significaria que o déficit nominal do setor público (que alimentava a oferta de moeda no seu conceito amplo) manter-se-ia elevado. Nessas circunstâncias, a queda da inflação, induzida, por exemplo, por um congelamento de preços e salários, só poderia ser temporária, porque a oferta de moeda no conceito amplo continuaria a crescer a taxas elevadas. Arguia-se que a tentativa de resolver esse problema por meio de uma redução súbita nas taxas nominais de juros causaria uma fuga da moeda na direção do dólar, gerando uma pressão substancial no mercado de câmbio e colocando em risco o programa de estabilização.

Esse raciocínio levava à conclusão de que a supressão da liquidez dos fundos de curto prazo era um ingrediente necessário ao sucesso de um programa de estabilização no país. O Plano Collor I sintetizaria tal raciocínio ao decretar, em 1º de março de 1990, que 75% de todas as contas de curto prazo fossem bloqueados por um período de 18 meses e que apenas os 25% restantes ficassem disponíveis com liquidez imediata.

O Plano Real optou por uma linha diferente de ataque ao problema. Inicialmente, procurou-se construir um consenso nacional em torno da necessidade de zerar o déficit operacional do orçamento como precondição para a estabilização e, em seguida, obteve-se do Congresso a emenda constitucional requerida para garantir tal equilíbrio no período

1994/95. Comprometeu-se, então, com um procedimento de conversão monetária passo a passo, respeitando os contratos existentes, numa estratégia de introdução gradual e transparente da nova moeda. A ideia era conquistar a confiança da população na promessa de uma estabilização "sem choque, sem congelamento e sem confisco", repetida *ad nauseam* pelo ministro da Fazenda e sua equipe econômica: fazer apenas o que foi anunciado e anunciar apenas o que seria feito.

Esse esforço de relações públicas foi realizado com convicção, pois a equipe econômica sabia que tinha uma oportunidade única de implantar uma reforma monetária sem os traumas provocados por um sequestro de ativos financeiros. Isso foi possível graças ao grande volume de reservas internacionais acumuladas desde 1992. No momento da conversão monetária, em 30 de junho de 1994, elas somavam US$ 40,1 bilhões no conceito de caixa, correspondentes a 12,5 vezes a base monetária e a 62% do estoque de moeda no conceito amplo (dívida pública detida pelo público, mais papel-moeda e depósitos à vista). É verdade que as reservas correspondiam apenas a 30% da oferta de moeda num conceito ainda mais amplo (incluindo cadernetas de poupança e CDBs), mas mesmo assim pareciam suficientes para prover a nova moeda de uma forte linha de defesa, especialmente porque as restrições existentes à fuga de capitais foram mantidas.

A decisão fundamental, porém, referia-se à taxa de juros do *overnight* que o Banco Central fixaria para o primeiro dia do real: para o último dia do cruzeiro real ela fora estipulada em 50% ao mês, abrindo em 8% ao mês no primeiro dia do real, o que representava uma queda realmente grande, mas que ainda deixava margem substancial para a arbitragem internacional da taxa de juros, em vista do limite de R$ 1 para US$ 1 fixado para a taxa de câmbio. A taxa de 8% era também muito alta em termos reais, uma vez que a maior parte da inflação medida pelos índices de preços de julho foi majoritariamente determinada pelo resíduo deixado pelos índices de preços de junho. Medida corretamente a partir de 1º de julho, a taxa de inflação no primeiro mês do real foi próxima de zero, mas isso não era sabido de antemão e levou algum tempo para aparecer nos índices de preços.

Em agosto, o Banco Central deixou a taxa do *overnight* cair para 5% ao mês e esse movimento declinante continuou até outubro. A taxa de juros nos primeiros meses do real foi suficientemente alta para manter os depósitos nas cadernetas de poupança e não induziu a uma corrida ao consumo.

Por fim, verificou-se que o problema da "liquidez excessiva" era inexistente. Pelo contrário, os brasileiros orgulharam-se da estabilidade da nova moeda e rapidamente engordaram o estoque de moeda não remunerada. Com o impulso adicional de exigência de uma reserva marginal de 100% sobre os depósitos bancários, a base monetária cresceu 300% do fim de junho ao fim de setembro, tornando difícil para o governo cumprir as metas monetárias estritas que havia inicialmente estabelecido para essa variável. A contrapartida dessa remonetização foi a redução do volume dos fundos de curto prazo, lastreados em dívida pública, o que contribuiu para a redução do pagamento de juros pelo governo federal. A grande diferença entre a taxa de juros doméstica e a do dólar, por outro lado, atraiu fundos estrangeiros, forçando o governo a elevar as barreiras à entrada de capitais de curto prazo, ao mesmo tempo que permitia uma apreciação do real em relação ao dólar em torno de 15%.

A decisão de permitir uma conversão voluntária da dívida interna a taxas de juros de mercado foi muito mais onerosa em termos orçamentários do que a alternativa de forçar um alongamento compulsório do prazo da dívida a taxas de juros fixas. Mas isso se refere ao problema do custo fiscal, e não ao problema do estoque de moeda enfatizado na literatura sobre a "liquidez excessiva". Em vista do superávit primário no orçamento que se sentiam capazes de produzir, os integrantes da equipe econômica consideraram que valia a pena assumir o custo fiscal, no intuito de fortalecer a confiança da população no programa, já que haviam prometido estabilizar os preços "sem choques, sem surpresas, sem confiscos e sem congelamentos". Acreditava-se também que se o programa de estabilização fosse bem-sucedido, em tempo hábil iria ocorrer um alongamento voluntário da dívida interna a taxas de juros mais baixas, favorecido pela evidência da determinação do governo de respeitar os contratos existentes.

O único ato do governo contestado na Justiça referiu-se à mensuração do fator de correção monetária aplicado à dívida interna do governo e outros débitos durante os meses de julho e agosto de 1994 – assim como às negociações salariais anuais depois de 1º de julho. O problema era que os índices de preços existentes levariam algum tempo para refletir a brusca queda da inflação ocorrida a partir de 1º de julho, tanto porque mediam as médias dos preços nos últimos trinta dias (e não os preços no fim do período), quanto porque o período a que se referiam era defasado em relação ao mês corrente. Assim, índices de preços não ajustados em julho e agosto indicariam fatores de correção monetária muito elevados, mesmo quando, de fato, a inflação houvesse declinado a quase zero desde a introdução da nova moeda. As autoridades governamentais, por essa razão, determinaram que, para fins de correção monetária, os índices de preços de julho e agosto deveriam ser calculados convertendo-se em unidades da URV do dia da coleta os preços em cruzeiros reais coletados durante maio e junho. Garantia-se, assim, que a correção monetária de julho e agosto refletisse de fato a inflação em reais, e não o *carry-over* da inflação em cruzeiros reais.

Os detentores da dívida indexada do governo, que estavam especulando com os ganhos inflacionários derivados da correção monetária segundo as regras anteriores, obviamente ficaram insatisfeitos com essa decisão e processaram o governo; ainda se espera a decisão final do Supremo Tribunal Federal sobre essa questão. A base legal para a atuação do governo foi o fato de ele ter o direito pela Constituição de determinar as regras de conversão de contratos para a nova moeda, desde que mantido o "equilíbrio econômico e financeiro" desses contratos, o que parece ser o caso.

Além disso, os índices de preços de julho e agosto só poderiam ser calculados ou transformando-se em cruzeiros reais os preços desses dois meses, que foram coletados em reais, ou transformando-se em reais (ou seja, em URV) os preços coletados em cruzeiros reais em maio e junho. O governo simplesmente determinou que a conversão dos preços coletados em cruzeiros reais deveria ser feita pelo valor da URV do dia da coleta. Foi em parte para fortalecer a base legal dessa decisão que o governo instituiu a URV não como um mero índice de preços, mas como uma "pré-moeda", que se tornou parte integrante do sistema monetário do país em 1º. de março (e que foi transformada em moeda de fato, na base de 1 URV por 1 real, em 1º. de julho). Conforme já explicado, outra importante razão para criar a URV como uma quase-moeda foi garantir a legalidade da conversão dos salários pela média, sem ofender a garantia constitucional de irredutibilidade dos salários nominais numa dada moeda.

7.4.4. Estabilização com políticas cambial e monetária flexíveis

Nos livros-textos, são apresentados dois casos extremos para o regime monetário de uma economia aberta: de um lado, o regime de taxa de câmbio fixa com uma política monetária passiva; e, de outro, o regime de taxa de câmbio flutuante com uma política monetária ativa. O estágio inicial do Plano Real situa-se num ponto intermediário. As autoridades econômicas estavam legalmente comprometidas com um limite superior de R$ 1 para US$ 1 para a taxa de câmbio real/dólar. Ademais, por um lado, as taxas de juros internas foram mantidas em níveis suficientemente altos para evitar uma depreciação do real frente ao dólar. Por outro lado, foram estabelecidas restrições à entrada de capitais estrangeiros de curto prazo, a fim de evitar uma valorização excessiva do real. Na prática, o real operou num regime de bandas cambiais, com as autoridades mantendo a taxa de câmbio do dólar próxima de um limite inferior informal, e usando controles sobre o fluxo de capitais para perseguir uma política monetária independente.

Mais complexa é a resposta à questão de quais foram exatamente as metas operacionais dessa política monetária. Inicialmente, no intuito de conquistar confiança, as autoridades se comprometeram com metas restritas para a base monetária, que acabaram por se revelar desnecessárias, em face da aceitação, muito acima das expectativas, da nova moeda. A expansão da demanda por moeda foi acomodada pelo uso de uma margem de erro de 20% incluída na lei que instituiu o real e pela definição da meta monetária em termos de médias trimestrais, em vez de valores de fim de período. Uma inovação foi o estabelecimento de metas trimestrais também para a "base monetária ampliada", que soma a dívida do governo em poder do público ao conceito tradicional da base monetária.

Na prática, a política monetária continuou a ser praticada, como antes do real, através de uma taxa de juros julgada adequada para manter a demanda privada por bens e serviços sob controle. O problema, porém, é que mudanças na taxa de juros parecem ter um impacto limitado devido a um efeito-riqueza perverso. Esse efeito decorre de o setor privado como um todo ser um credor líquido, enquanto o setor público é um devedor líquido, e de a maior parte da riqueza financeira do setor privado ser remunerada a taxas de juros flutuantes. Portanto, a riqueza financeira não declina em valor quando a taxa de juros aumenta e isso limita o impacto contracionista de uma alta da taxa de juros.[76]

Por essa razão, o Banco Central no início do real adotou medidas destinadas a restringir diretamente a capacidade de criação de crédito do sistema bancário. Inicialmente, estabeleceu-se um compulsório de 100% sobre os depósitos à vista. Como os bancos continuaram a expandir seus empréstimos com o uso de CDBs e outros passivos, as autoridades decidiram estabelecer um compulsório de 15% diretamente sobre o volume de tais empréstimos, limitando ainda o número de prestações no crédito ao consumidor.

Essas medidas de aperto monetário causaram um encurtamento das linhas de crédito interbancário, levando à falência vários bancos de menor porte e prejudicando a posição de liquidez dos bancos estaduais, que se viram incapacitados de continuar rolando as dívidas de curto prazo de seus respectivos estados no mercado. A resposta inicial das autoridades monetárias a esse problema tomou a forma de um *swap* temporário de títulos do Banco Central por títulos estaduais ilíquidos, até a posse dos novos governadores em 1º de janeiro de 1995, após a qual se pôde realizar um ataque mais firme ao problema estrutural da fragilidade financeira dos bancos estaduais.

---

[76]Para uma análise mais aprofundada, ver Lopes (1997).

7.4.5. Estabilização sem recessão

Enquanto o controle progressivo de uma inflação moderada é normalmente acompanhado de uma redução da atividade econômica, o fim súbito de inflações muito elevadas tende a provocar uma retomada da atividade econômica. O Plano Real não fugiu a essa regra: ocorreu uma aceleração significativa da atividade econômica a partir de 1º de julho de 1994, apesar do equilíbrio do orçamento federal e da prática de taxas de juros reais elevadas. Várias razões explicam esse fenômeno.

Primeiro, o Plano Real eliminou abruptamente a coleta de um imposto inflacionário de 2% a 3% do PIB, que era anteriormente pago pela população de baixa renda sem acesso às contas remuneradas que protegiam a riqueza financeira dos brasileiros mais prósperos. Isso significava que, com a inflação elevada, o poder de compra efetivo dos salários tendia a ser de 10% a 15% menor do que seu pretenso valor no dia do pagamento, devido à deterioração provocada pela inflação diária nos saldos monetários, ao longo do período em que os salários eram gastos. Os assalariados procuravam se defender dessa deterioração concentrando suas compras no início de cada mês, mas isso não era de grande valia, já que os comerciantes costumavam concentrar os aumentos de preços no fim do mês, em antecipação ao surto da demanda no início do mês seguinte, pois sabiam que a busca de melhores ofertas por parte dos assalariados seria obliterada pela angústia de ver a inflação diária corroer seus rendimentos. Para ilustrar esse ponto com um caso concreto, no início de 1994 os trabalhadores de uma fazenda no interior do Estado de São Paulo pediram a seu patrão que mantivesse em segredo o dia do pagamento de seus salários, de modo que eles pudessem chegar às lojas da cidade mais próxima antes que os lojistas soubessem que os salários haviam sido pagos. Com o fim da inflação, a corrosão diária dos saldos monetários dos assalariados deixou de existir e, assim, seu poder de compra aumentou de forma significativa.

Uma segunda razão para o surto de demanda foi que a poupança financeira protegida pelas cláusulas de indexação tornou-se menos atraente como *hedge* contra a variação dos preços relativos de ativos reais, já que essa variabilidade sofreu uma forte redução com o fim da inflação alta. Com a inflação baixa, a aquisição de ativos reais tornou-se mais atraente, porque seus preços ficaram menos voláteis, causando, assim, um aumento no nível desejado de estoques e de bens de consumo duráveis.

Terceiro, a incerteza em relação à renda ocasionada pela inflação elevada tendia a induzir à poupança, como medida preventiva, para fazer frente a futuras variações da renda real. Isso também se tornou menos necessário em vista da relativa estabilidade da renda real observada após 1º. de julho. Dessa forma, também o consumo advindo da renda corrente foi favorecido pela redução da incerteza quanto à renda real.

Quarto, a incerteza a respeito da capacidade do governo de sustentar a estabilidade dos preços e da taxa de câmbio também pode ter levado a uma antecipação de despesas em consumo e investimento. Finalmente, a estabilidade da renda real melhorou a avaliação de crédito tanto dos consumidores quanto das firmas, induzindo a uma ruptura abrupta das restrições que antes limitavam a concessão de crédito tanto pelos bancos quanto pelo comércio.

O governo reagiu ao surto da demanda privada apertando o crédito e reduzindo as barreiras às importações. A apreciação da taxa de câmbio real que ocorreu como consequência das entradas de capital atuou na mesma direção. Mas, no fim de 1994, o risco de um superaquecimento ainda apresentava um grande desafio para o Plano Real, como indicado por um rápido aumento da taxa de utilização da capacidade industrial e de uma reversão igualmente rápida do superávit no comércio exterior.

7.5. Desequilíbrio econômico: 1995

Quando Fernando Henrique assumiu a Presidência da República, em 1º. de janeiro de 1995, o sucesso inicial do Plano Real era incontestável. Como ilustra o Gráfico 1, a inflação caíra abruptamente de algo como 45% ao mês na primeira metade de 1994 para 1% a 2% ao mês no fim do ano.[77]

---

[77] O Gráfico 1 mostra o comportamento do Índice Geral de Preços – Disponibilidade Interna da Fundação Getulio Vargas.

Nesse período, a força do real fora testada por duas mudanças de ministros da Fazenda. Em abril de 1994, Fernando Henrique candidatou-se à Presidência e foi substituído por Rubens Ricupero. Em setembro, Ricupero cedeu seu lugar a Ciro Gomes. A saída de Fernando Henrique enfraqueceu o controle do Ministério da Fazenda sobre a execução da política econômica. Por exemplo, no fim de junho de 1994, Ricupero teve de ameaçar se demitir para conseguir deter medidas de controle de preços propostas pelo ministro da Justiça. Em setembro e de novo em dezembro, contrariando pareceres da equipe econômica, o governo decretou aumentos de salários para parcelas do funcionalismo público.

Além desses percalços políticos, na segunda metade de 1994 o Plano também sobreviveu a uma geada devastadora, a um dos períodos mais longos de seca da história do país e a uma disparada dos preços das *commodities* no mercado internacional.

O sucesso inicial do Plano Real demonstrou na prática a correção das proposições teóricas que o sustentavam: primeiro, que seria necessário demonstrar a vontade política de equilibrar as contas do governo sem a ajuda da corrosão inflacionária das despesas orçadas; segundo, que a conversão dos salários e demais contratos denominados em cruzeiros reais para uma unidade de conta indexada diariamente (a URV) não levaria necessariamente a uma aceleração súbita da inflação, desde que a conversão fosse realizada segundo os valores reais médios; e, terceiro, que, mediante uma reforma monetária, a inflação poderia ser interrompida, de uma forma preanunciada, sem o confisco de ativos financeiros ou o congelamento de preços e salários.

A despeito do sucesso inicial do Plano, era claro que um desequilíbrio cumulativo estava em curso e que, sem uma ação governamental corretiva, tal desequilíbrio poderia levar a problemas similares àqueles que condenaram ao fracasso, desde 1986, as tentativas anteriores de estabilização da economia brasileira.

Um dos principais problemas era a discrepância entre os aumentos dos salários nominais, determinados pelas regras da política salarial, e a apreciação cambial, determinada pelo rumo das políticas cambial e monetária. Dessa discrepância resultava uma forte valorização do câmbio em termos reais.

Os salários foram convertidos em URV, em março de 1994, de acordo com o valor real médio dos quatro meses anteriores. Essas médias, entretanto, foram calculadas para os dias em que eles eram pagos, e não para os dias em que eram gastos. Isso gerou um ganho no poder de compra dos salários, depois do real, equivalente ao imposto inflacionário que erodia os salários em cruzeiros reais, entre o dia de pagamento e os dias de efetivo gasto dos salários. Além do mais, os salários passaram a ser recebidos mês a mês em uma moeda que preservava um poder de compra estável, enquanto anteriormente eles sofriam uma intensa deterioração real entre os picos que se seguiam aos reajustes quadrimestrais e os vales que precediam esses reajustes. Ainda que o valor real médio fosse o mesmo, ocorrera um ganho de renda real por causa da eliminação da volatilidade de renda real antes observada ao longo do ciclo quadrimestral de reajustes salariais. Tal ganho manifestou-se na facilidade com a qual os assalariados passaram a ter acesso ao crédito. O crédito ao consumidor expandiu-se consideravelmente no período, apesar do depósito compulsório de, na margem, 100%, que, no início do Plano, o Banco Central impôs sobre os depósitos à vista nos bancos comerciais. Entre junho e dezembro de 1994, os empréstimos do sistema financeiro aos consumidores expandiram-se em nada menos do que 150%.[78]

Mais importante ainda, a indexação anual dos salários foi mantida por 12 meses, baseada num novo índice de preços, o IPCr (Índice de Preços ao Consumidor em Real), que nos primeiros três meses do plano acumulou uma variação de 23%. Essa variação foi determinada principalmente por uma combinação do retardo do registro da inflação em cruzeiros reais em junho de 1994 com problemas sazonais na oferta de alimentos, acompanhados por uma substancial elevação dos aluguéis residenciais. Não era, portanto, uma medida da inflação genuína em reais (que se

---

[78]Cf. Boletim (1996a, p. 98).

Gráfico 1 - Taxas mensais de inflação, 1993-1997

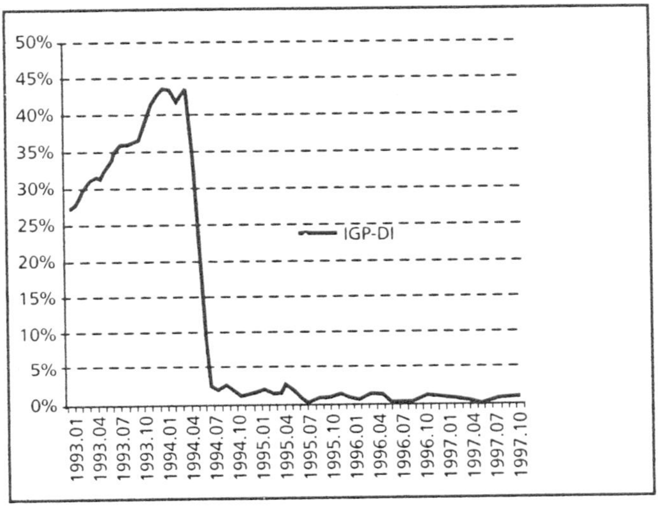

Fonte: Fundação Getulio Vargas.

reduziu para algo próximo de zero, como indicado pelo comportamento dos preços industriais no atacado). Quando incorporada aos salários, entretanto, essa variação provocou uma elevação real dos custos de produção, acentuando a dificuldade de manter o congelamento das tarifas e dos preços públicos e o controle informal exercido sobre os preços de setores oligopolistas do comércio e da indústria.

Enquanto isso, a combinação das altas taxas de juros domésticas, produzidas por uma política monetária apertada, com a banda assimétrica da política cambial resultou numa apreciação do real em relação ao dólar. Da paridade unitária do início do Plano, o real apreciara-se para R$ 0,85 por dólar em 31 de dezembro de 1994, isto é, uma apreciação cambial de 15%, que reforçou o declínio da relação entre a taxa de câmbio e os salários. O impacto negativo da apreciação cambial sobre as contas externas fortaleceu-se com a decisão tomada pela equipe econômica, em setembro de 1994, de acelerar o ritmo da abertura comercial, como meio de evitar a transmissão para os preços das pressões de custo e de demanda que se manifestavam.

As pressões de demanda originaram-se do aumento do poder de compra dos salários já descrito, acompanhado de um movimento de antecipação de compras, tanto de bens de consumo duráveis quanto de equipamentos, na expectativa de que a estabilização seria apenas temporária, como sugerido pelo fracasso das experiências de estabilização anteriores. Esse aumento da demanda foi chancelado por uma expansão de 37% nos empréstimos do sistema financeiro para o setor privado, entre junho e dezembro de 1994.[79]

A essas pressões de demanda do setor privado superpuseram-se aquelas advindas do setor público. A despeito da oposição da equipe econômica, Itamar concedeu, em setembro e dezembro de 1994, aumentos dos salários às Forças Armadas e às faixas de renda mais baixas do funcionalismo público, sob a justificativa de garantir isonomia salarial em relação aos funcionários do Legislativo e do Judiciário. Em janeiro de 1995, todos os funcionários públicos beneficiaram-se da lei de indexação salarial, não apenas com o reajuste integral de acordo com o IPCr, mas também com a substituição, por uma média salarial anual mais alta, da média quadrimestral mais baixa que fora adotada em março de 1994 na conversão dos salários em URV.

A versão original da medida provisória enviada ao Congresso instituindo a URV sequer previa qualquer regra de correção monetária dos salários, seja do setor público seja do privado, mas apenas a substituição da média quadrimestral por uma média anual, na primeira data-base de negociação salarial após a introdução do real, caso a segunda média fosse superior à primeira. Foi para garantir a aprovação da medida provisória da URV antes de lançar o real que a equipe econômica negociou no Congresso a indexação anual dos salários pelo IPCr.

Em março de 1995, Fernando Henrique decretou um significativo aumento dos bônus salariais para a elite de comando do Executivo federal. Finalmente, em maio de 1995, o salário mínimo foi reajustado para R$ 100, numa variação 10% superior à do IPCr, num movimento que também beneficiou as pensões e aposentadorias da previdência social.

Em conjunto, essas decisões levaram a um forte aumento das contas de pessoal e de previdência do setor público como um todo, já que

---

[79]Boletim (1996a, p. 98).

decisões similares, se não ainda mais generosas, foram adotadas nos estados e municípios.

A expansão da demanda interna, parte da qual foi desviada para as importações, teve duas consequências: um elevado grau de utilização da capacidade na indústria e uma rápida deterioração da balança comercial. O comportamento dos índices de preços indicava que a combinação das pressões de custo com as de demanda eram suficientemente fortes para provocar um aumento da inflação, a despeito da maior concorrência de bens importados propiciada pela apreciação da taxa de câmbio e a aceleração da abertura comercial.

Foi nesse contexto de forte queda da relação câmbio/salários e de desequilíbrio entre a demanda e a oferta que o Brasil foi golpeado, no fim de 1994, pelo "efeito tequila" da crise do balanço de pagamentos mexicano. Isso levou a uma fuga de capitais que reduziu as reservas internacionais, superpondo-se, assim, ao efeito negativo sobre elas da deterioração da balança comercial. Como consequência, as reservas internacionais experimentaram uma acentuada queda a partir do fim de 1994.

7.6. Ajustamento e suas consequências: 1995/96

Entre março e junho de 1995, o novo governo adotou uma série de medidas drásticas de política econômica para reagir aos desequilíbrios que ameaçavam a sustentação do Plano Real.

Em primeiro lugar, foram tomadas as decisões de elevar substancialmente as taxas básicas de juros e de impor restrições adicionais à expansão creditícia. Essas medidas restritivas superpuseram-se àquelas já adotadas em dezembro de 1994, que instituíram depósitos compulsórios de 30% sobre CDBs e 15% sobre os créditos bancários. Associadas a um aumento da taxa de inadimplência, tais medidas contracionistas tiveram um forte impacto sobre a expansão do crédito para o setor privado. Sua taxa de crescimento caiu para 20,6% na primeira metade de 1995, para 9,2% na segunda metade e daí para apenas 4% na primeira metade de

1996.[80] Simultaneamente a esse aperto monetário, em março de 1995 o governo promoveu uma desvalorização de 5% do real em relação ao dólar, substituiu a banda assimétrica por uma banda flutuante de câmbio e decretou uma aguda elevação, de 20% para 70%, das tarifas de importação de automóveis e eletrodomésticos.

Graças à incerteza quanto à forma como o governo operaria o novo regime de bandas cambiais, houve um aumento temporário da pressão sobre as reservas internacionais – até que se esclarecesse que o Banco Central definiria de tempos em tempos uma "banda larga" para a taxa de câmbio e que, dentro dessa banda, realizaria uma política de intervenções diárias, para caracterizar uma "minibanda" e praticar pequenas, mas sucessivas, desvalorizações dessas minibandas durante o mês, em dias e magnitudes não preanunciados. O valor acumulado dessas minidesvalorizações, entretanto, seria pequeno em comparação com os diferenciais entre as taxas de juros de curto prazo internas e as internacionais. Isto é, foi mantido o incentivo para preservar em carteira títulos financeiros denominados em reais. A partir de setembro de 1995, o Banco Central passou a desvalorizar sistematicamente o real em relação ao dólar, a uma taxa mensal de aproximadamente 0,6%.

As medidas cambiais adotadas não deram um incentivo para transferir ativos financeiros de curto prazo de dólares para reais, porque as entradas de capitais para a aquisição de ativos de renda fixa foram sujeitas a um imposto de 7%. Entretanto, até fevereiro de 1996, quando as brechas remanescentes foram fechadas pelo Banco Central, as exceções a essa regra possibilitaram uma considerável entrada de capitais de curto prazo.

Em junho de 1995, o governo editou uma medida provisória de desindexação, abolindo o IPCr e instituindo um regime de livre negociação salarial a partir de julho daquele ano. Mais precisamente, nos acordos salariais anuais a partir dessa data, seria juridicamente garantido apenas o resíduo do IPCr acumulado de julho de 1994 a julho de 1995 que não fora repassado em acordos salariais anteriores. Assim, por exemplo, um sindicato com data-base em outubro de 1995 teria direito

---

[80]Cf. Boletim (1996b, p. 110).

ao IPCr de outubro de 1994 a junho de 1995, mas teria de negociar qualquer compensação pela inflação ocorrida entre junho e setembro de 1995. Essa decisão implicou uma ruptura histórica com o regime de indexação salarial introduzido pelo regime militar em 1964. O objetivo tecnocrático de então fora substituir negociações salariais por um mero cálculo aritmético da inflação passada, mas seu único resultado foi a institucionalização da inflação como um meio de acomodar os conflitos distributivos entre trabalhadores e empregadores.[81]

As medidas de ajustamento foram bem-sucedidas em reverter, a partir de abril de 1995, a tendência inflacionária manifesta no índice de preços industriais no atacado. Por outro lado, as medidas adotadas em março de 1995 foram bem-sucedidas em reverter temporariamente o déficit externo: a partir de julho de 1995, a balança comercial voltou a apresentar pequenos superávits, numa situação que esteve sob controle até a primeira metade de 1996. Daí em diante, entretanto, os déficits comerciais voltaram a aumentar à medida que a economia recuperava-se do aperto creditício de 1995.

A partir da segunda metade de 1995, também se verificou uma reversão dos movimentos adversos na conta de capitais. Consequentemente, as reservas internacionais, que haviam declinado algo em torno de US$ 10 bilhões na primeira metade de 1995, mais do que recuperaram tais perdas, aumentando continuamente de valor, até atingir US$ 59 bilhões no fim de 1995. Os dados indicam uma mudança muito significativa na conta de capitais entre esses dois períodos: em 1995, as entradas a curto prazo atraídas pelos diferenciais de taxas de juros representaram a maior parte do financiamento. Em 1996, as entradas de curto prazo diminuíram, enquanto investimentos diretos e empréstimos de longo prazo representaram a maior parte do financiamento. Tais movimentos sugerem que os déficits comerciais eram menos preocupantes no fim de 1996 do que no início de 1995, já que, pelo menos temporariamente, um financiamento mais adequado parecia estar à disposição do país.

---

[81] Para uma das primeiras críticas do sistema de indexação brasileiro, ver Fishlow (2004).

As consequências negativas do aperto creditício apareceram em pelo menos três áreas: a atividade econômica, a fragilidade financeira e o déficit do setor público. O PIB estava crescendo a um ritmo acelerado, desde o lançamento do Plano Real até o primeiro trimestre de 1995. O aperto creditício não apenas paralisou a economia como também levou a um declínio da atividade econômica no segundo e terceiro trimestres daquele ano. A partir daí, a economia começou a se recuperar, lentamente de início, e mais firmemente na segunda metade de 1995. A força da recuperação no fim de 1996 aparentemente deveu-se ao fato de que, em março de 1996, em face do tépido comportamento da economia no primeiro trimestre, o Banco Central promoveu uma nova rodada de relaxamento das restrições à expansão do crédito ao consumidor.

A desaceleração do nível de atividade econômica na segunda metade de 1995 e a persistente elevação das taxas de juros e dos salários agravaram a situação financeira das firmas que haviam se endividado durante a expansão econômica dos 12 meses anteriores. A agricultura e a produção de equipamentos agrícolas foram particularmente afetados, já que os preços dos alimentos caíram como consequência de uma supersafra em 1995.

Além do mais, a apreciação do real e o aprofundamento do processo de liberalização comercial trouxeram dificuldades adicionais para as firmas mais frágeis dos setores mais diretamente afetados pela competição internacional, como bens de capital, autopeças, brinquedos, couro, vestuário e têxteis. Consequentemente, a inadimplência e as falências cresceram significativamente. A parcela dos empréstimos do sistema financeiro para o setor privado que estava atrasada ou sob liquidação passou de 7,5% para 15,4% do total, entre dezembro de 1994 e dezembro de 1995, e continuou a crescer até atingir o valor máximo de 19,8% em agosto de 1996.[82]

Para os bancos comerciais, as perdas com tais créditos sobrepuseram-se ao fim dos ganhos com o imposto inflacionário, que obtinham anteriormente, de forma plena, sobre os depósitos a vista e as transferências financeiras e, parcialmente, sobre os depósitos a prazo. A fragilidade de

---

[82]Boletim (1996b, pp. 106 e 110).

uma parte do sistema financeiro ficou evidente quando o Banco Central, para interromper uma corrida às agências, foi forçado a fechar o Banco Econômico (o sétimo banco privado do país) em agosto de 1995. Apenas naquele momento foram tomadas as decisões tardias de instituir um sistema mais amplo de proteção aos depósitos a vista e de criar o Programa de Estímulo à Reestruturação e ao Fortalecimento do Sistema Financeiro Nacional (Proer). Esse programa possibilitou a transferência para novos proprietários dos bancos privados problemáticos, cuja bancarrota, no julgamento da autoridade monetária, poderia ameaçar a estabilidade do sistema financeiro como um todo. O Proer permitia a transferência para o governo federal dos créditos duvidosos dos bancos em dificuldade, tendo como contrapartida a garantia de certa tranquilidade no sistema financeiro.

Por intermédio do Proer, o Banco Central adiantou empréstimos aos bancos em dificuldade (que normalmente eram colocados sob intervenção da autoridade monetária), num valor igual à diferença entre o total de seus passivos e o total dos bons ativos transferidos para os novos proprietários. Como colateral para esses empréstimos, o Banco Central aceitou pelo valor de face algumas dívidas velhas do governo federal, com um valor de mercado provavelmente 50% inferior ao das letras do Banco Central que foram emitidas para esterilizar a expansão monetária provocada pelos empréstimos feitos aos bancos sob intervenção. Como essas dívidas velhas foram registradas nas contas governamentais por seu valor de face, esse mecanismo de resgate não representou um aumento imediato no déficit orçamentário ou na dívida líquida do setor público, o que apenas aconteceria quando os débitos duvidosos fossem liquidados e as garantias fossem executadas. Utilizando a prática internacional,[83] uma estimativa aproximada dos custos do Proer e de outras intervenções do Banco Central seria de 4,7% do PIB, sendo 3% em créditos do BC para o sistema bancário, entre dezembro de 1994 e novembro de 1996, e 1,7% da recapitalização do Banco do Brasil no início de 1996.

Um terceiro impacto da política de elevação das taxas de juros foi sobre o déficit do setor público. No conceito operacional, o balanço

---

[83]Ver, por exemplo, Rojas-Suárez e Weisbrod (1996).

consolidado do setor público alterou-se de um superávit de 1,3% do PIB em 1994 para um déficit de 4,8% do PIB em 1995, uma deteriôração de 6,1% do PIB. Três quartos dessa deterioração deveram-se ao já mencionado aumento nos salários e aposentadorias, já que o resultado primário alterou-se de um superávit de 5,1% em 1994 para apenas 0,4% do PIB em 1995. Mas também digno de nota é o impacto do pagamento de juros reais, que aumentou de 3,8 para 5,1% do PIB entre 1994 e 1995.

O aumento do déficit operacional em 1995 levou a uma interrupção do processo de declínio gradual da dívida líquida do setor público como proporção do PIB que vinha ocorrendo desde o início da década. Entre dezembro de 1994 e dezembro de 1995, a dívida líquida aumentou de 28,1 para 29,9% do PIB e daí para 34,2% do PIB em dezembro de 1996.

7.7. Conclusões

Apesar de o Plano Real ter tido um sucesso espetacular em seus primeiros seis meses de existência, a economia brasileira encontrava-se numa rota insustentável quando o país foi golpeado pela crise mexicana, em termos de desequilíbrios crescentes entre demanda e produção e salários e preços. As causas dessas tendências foram múltiplas: a indexação salarial, o déficit do setor público, a apreciação da taxa de câmbio, a expansão do crédito para o setor privado.

As iniciativas restritivas adotadas na primeira metade de 1995 mostraram-se bem-sucedidas em superar os problemas iniciais do Plano e mantiveram a tendência declinante da inflação ao longo da segunda metade de 1996. O ressurgimento de grandes déficits comerciais desde setembro de 1996 indicava, entretanto, que o *mix* de políticas mostrava-se incapaz de garantir simultaneamente a estabilidade de preços, o crescimento sustentado do PIB e o equilíbrio externo.

A conclusão é que o Plano Real não apenas foi bem-sucedido em baixar as taxas de inflação, mas também em mantê-las baixas. Entretanto, ainda não foi bem-sucedido em produzir uma tendência econômica na qual o controle inflacionário seja compatível com crescimento econômico sustentado e razoável equilíbrio externo.

Referências

ARIDA, P.; LARA RESENDE, A. "Inflação inercial e reforma monetária". In: Persio Arida (org.). *Inflação zero*. Rio de Janeiro: Paz e Terra, 1986.

BACHA, E.L. "O fisco e a inflação: uma interpretação do caso brasileiro". *Revista de Economia Política* (53), v. 14, nº 1, jan./mar. 1994, pp. 5-17. [Reproduzido como capítulo 6 deste livro].

_____."O Plano Real: uma avaliação". In: Aloizio Mercadante (org.). *O Brasil pós-real: a política econômica em debate*. Campinas: Unicamp, 1997, pp. 11-70.

_____."Brazil's Plano Real: a view from the inside". In: A.K. Dutt e J. Ros (orgs.). *Development Economics and Struturalist Macroeconomics: Essays in Honor of Lance Taylor*. Cheltenham: Edward Elgar, 2003, pp. 181-205.

BOLETIM DO BANCO CENTRAL. Brasília, v. 32, nº 4, abr. 1996a.

BOLETIM DO BANCO CENTRAL. Brasília, v. 32, nº 12, dez. 1996b.

CARNEIRO, D.D. "Ajuste externo e desequilíbrio interno". In: M. Paiva Abreu (org.). *A ordem do progresso: cem anos de política econômica republicana, 1889-1989*. Rio de Janeiro: Campus, 1990, 4ª ed.

FARO, C. (org.). *O Plano Collor*. Rio de Janeiro: Ao Livro Técnico, 1990.

_____.*O Plano Collor 2*. Rio de Janeiro: Ao Livro Técnico, 1991.

FISHLOW, A. "O estilo de indexação brasileiro: inflação sem lágrimas?" In: A. Fishlow, *Desenvolvimento no Brasil e na América Latina – Uma perspectiva histórica*. Rio de Janeiro: Paz e Terra, 2004 (versão original em inglês: *Brookings Papers on Economic Activity*, nº. 1, 1974).

GARCIA, M. "Avoiding some costs of inflation and crawling towards hyperinflation: the case of Brazilian domestic currency substitute". *Journal of Development Economics*, v. 51, nº. 1, out. 1996, pp. 139-59.

LOPES, F. "O mecanismo de transmissão de política monetária numa economia em processo de estabilização: notas sobre o caso do Brasil". *Revista de Economia Política*, v. 17, nº. 3, jul/set. 1997, pp. 5-11.

MODIANO, E. "A ópera dos três cruzados: 1985-1989". Em: M. Paiva Abreu (org.). *A ordem do progresso: cem anos de política econômica republicana, 1889-1989* Rio de Janeiro: Campus, 1990, 4ª ed.

OLIVEIRA, G. *Brasil Real*. São Paulo: Mandarim, 1996.

PLANO. Fernando Henrique Cardoso. Exposição de Motivos nº. 395, de 7 de dezembro de 1993. *Revista de Economia Política*, v. 14, nº. 2 (54), abr./jun. 1994, pp. 114-31.

ROJAS-SUÁREZ, L. e WEISBROD, S. "Banking crises in Latin America: experience and issues". In: R. Hausmann e L. Rojas-Suárez (orgs.). *Banking crises in Latin America*. Washington: Inter-American Development Bank, 1996, pp. 3-21.

III. Retomada do crescimento e políticas sociais

8. Uma interpretação das causas da desaceleração econômica do Brasil[84]

Com Regis Bonelli

8.1. Introdução

Há um mistério na experiência brasileira de crescimento. Por que a taxa de crescimento do PIB diminuiu tão drasticamente desde 1980, depois de se manter em cerca de 7% em média ao ano entre 1940 e 1980? Esse colapso do crescimento econômico brasileiro é resumido no Gráfico 1, que exibe as taxas anuais de crescimento do PIB de 1940 a 2002. Uma linha de tendência decenal foi adicionada ao gráfico para ilustrar o agudo declínio da taxa de crescimento do país desde 1980.

Este capítulo é parte de uma recente onda de interesse na análise da experiência brasileira de crescimento, conforme ilustrada pelos trabalhos de Bonelli e Fonseca (1998), Pinheiro et alii (2001), Bugarin et alii (2007), Pinheiro (2003) e Gomes, Pessoa e Veloso (2003). Sua característica distintiva é uma nova maneira de expressar a igualdade entre poupança e investimento como uma forma de organizar a contabilização do crescimento brasileiro.

[84]Adaptado de Bacha e Bonelli (2005). Agradecemos os comentários de Olivier Blanchard, Rogério Werneck e participantes em seminários na Casa das Garças e no Ipea (Rio de Janeiro) à versão original. Erros remanescentes são de nossa inteira responsabilidade.

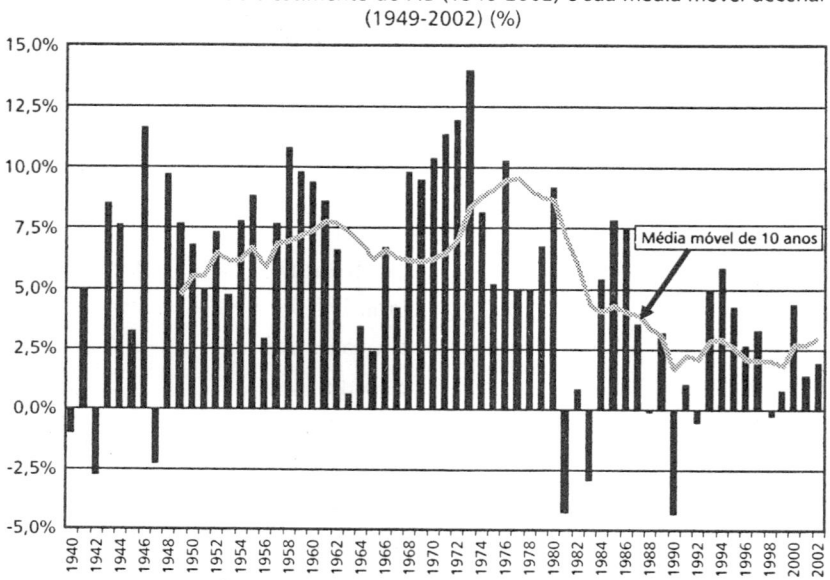

Gráfico 1 - Taxas de crescimento do PIB (1940-2002) e sua média móvel decenal (1949-2002) (%)

Para tanto, a Seção 2 contém uma breve resenha histórica do crescimento econômico brasileiro desde a Segunda Guerra, incorporando as descobertas do texto. A análise empírica começa na Seção 3, que exibe a associação entre o crescimento do PIB e a acumulação de capital e apresenta uma nova maneira de decompor a identidade entre poupança e investimento que leva em conta os múltiplos componentes da acumulação de capital. A Seção 4 mostra que a poupança, por si só, é insuficiente para explicar o colapso da acumulação de capital. As Seções 5, 6 e 7 arguem que, para uma descrição mais completa da acumulação de capital, é preciso levar em conta, além da poupança, as mudanças no preço relativo do investimento, na razão entre o produto e o capital em uso e no grau de utilização da capacidade. A Seção 8 propõe uma taxonomia das fases de crescimento do país desde 1940 e discute a decomposição do crescimento do estoque de capital para essas fases. A Seção 9 decompõe a taxa de crescimento do PIB segundo o modelo de crescimento de Solow, indicando os fatores responsáveis pelo colapso do crescimento desde 1980. A Seção 10 conclui o trabalho com estimativas do potencial atual de crescimento do país.

O Apêndice 1 contém uma derivação da decomposição da acumulação do capital usada no texto e o Apêndice 2 revê brevemente o modelo de crescimento de Solow.

8.2. Esquema histórico

Para desvendar o mistério do colapso do crescimento brasileiro a partir de 1980 é preciso voltar ao início dos anos 1970 ou, talvez, até o começo dos anos 1950. Em ambas as ocasiões, o país foi atingido por choques adversos de termos de intercâmbio de longa duração – um choque do petróleo num caso, uma depressão dos preços do café no outro. As respostas de política para a escassez de divisas resultante poderiam ter reproduzido as dos países do Sudeste da Ásia, pondo foco num aumento da "exportabilidade" da economia – e, assim, reduzindo a dependência do país das exportações de café nos anos 1950 e reforçando sua capacidade de pagar preços de petróleo mais elevados nos anos 1970.

Nos anos 1950, um pessimismo sobre o potencial das exportações, associado com os interesses de grupos de cafeicultores e industrialistas voltados para a substituição de importações, impediu a diversificação das exportações. Ao contrário, a valorização do café e o protecionismo industrial mantiveram a dependência do país com relação às exportações de café e geraram um forte movimento de industrialização substitutiva de importações.

De fato, o período entre 1952 e 1955 foi crítico para a definição do padrão de industrialização que o Brasil passou a seguir desde então. Em 1952, o presidente Getúlio Vargas (janeiro de 1951-agosto de 1954), sob a influência do ministro da Fazenda, Horacio Lafer (fevereiro de 1951-junho de 1953), reinstalou a política de valorização do café do pré-guerra como uma forma de defender uma taxa de câmbio que se tornara supervalorizada com o fim do *boom* da Guerra da Coreia. Em 1953, o ministro da Fazenda, Oswaldo Aranha (junho de 1953-agosto de 1954), instituiu um sistema de câmbio múltiplo como uma forma de privilegiar as importações "essenciais", definidas como aquelas sem similar nacional. Para apoiar o movimento em prol da industrialização, criou-se um banco nacional de desenvolvimento (BNDE) em 1952 e instituiu-se o monopólio estatal de petróleo (Petrobras) em 1953.

O conservador vice-presidente Café Filho (agosto de 1954 – novembro de 1955) assumiu a presidência depois do suicídio de Vargas. Seu ministro da Fazenda, Eugenio Gudin (agosto de 1954 – abril de 1955), tentou desfazer o esquema de valorização do café, mas foi forçado a renunciar. Seu sucessor, José Maria Whitaker (abril de 1955 – outubro de 1955), tentou desmantelar o sistema de câmbio múltiplo de Aranha, mas também foi demitido. O próprio presidente Café Filho foi destituído, no assim chamado antigolpe democrático de novembro de 1955.

Com a eleição do presidente Juscelino Kubitschek (1956-61), o jogo em torno da estratégia de desenvolvimento terminou e o Brasil embarcou numa trajetória de industrialização substitutiva de importações que iria durar até os anos 1980. Nesse processo, aumentou substancialmente o custo relativo do capital, enquanto a partir de meados da década de 1970 diminuía a produtividade do capital. Uma qualificação, todavia, aplica-se aqui: o mundo inteiro adotou processos de produção mais intensivos em capital em resposta aos choques de petróleo do início dos anos 1970, em consequência do que a produtividade do capital declinou no mundo como um todo, ainda que menos do que no Brasil. O que singularizou o Brasil foi a associação de tal declínio com um forte aumento no preço relativo dos bens de investimento.

O protecionismo industrial sob a presidência de Kubitschek esteve associado com a promoção do investimento estrangeiro direto. Isso aumentou a taxa de absorção do progresso técnico e teve sucesso em manter o impulso de crescimento herdado dos anos 1940. A convulsão política, associada a uma inflação em aceleração no início da década de 1960, temporariamente interrompeu esse processo. Os tecnocratas que ascenderam ao poder com o golpe militar de 1964 conseguiram estabilizar a economia, enquanto introduziam reformas fiscais e financeiras significativas. O *boom* de poupança e investimento que resultou, associado a uma alta taxa de avanço tecnológico, ficou conhecido como o "milagre econômico brasileiro" do período 1965-74.

No início dos anos 1970, uma economia superaquecida foi atingida pelo choque do petróleo. A obsessão com a legitimação de um regime autoritário estatizante através do sucesso econômico de curto prazo determinou uma ênfase renovada em substituição pesada de importações, financiada por uma forte expansão da dívida externa. O ponto crítico definidor do futuro econômico do Brasil foi a decisão do general Geisel (1974-79) de enfrentar o choque do petróleo de 1973 dobrando a aposta numa substituição de importações superpesada. Isso só pode ser colocado em prática com base em uma dependência profunda da reciclagem financeira internacional dos petrodólares. Com o benefício do conhecimento da história, essa foi uma decisão desafortunada, porque o cenário internacional deteriorou-se continuamente a partir do fim dos anos 1970. Na economia doméstica, uma indexação salarial aperfeiçoada acompanhou a abertura do regime militar que foi iniciada pelo mesmo general Geisel e levada adiante pelo general Figueiredo (1979-85). Demanda doméstica excessiva e maior indexação de preços e salários levaram a dívida externa e a inflação a aumentarem fortemente. O preço relativo do investimento aumentou e a produtividade do capital declinou substancialmente entre 1974 e 1984. Esse período foi também caracterizado por "regressão" tecnológica, ao invés de por progresso técnico. Um ambiente internacional continuadamente adverso eventualmente forçou o país a declarar uma moratória nas suas obrigações externas no fim de 1982.

A crise financeira do início dos anos 1980 pôs um ponto final tanto no regime militar como no crescimento econômico forçado. O retorno do país à democracia em 1985 ocorreu sob uma pesada dívida externa e inflação em aceleração. A euforia política com a redemocratização, acelerada pelo sucesso de curto prazo de um congelamento de preços e salários em 1986, obscureceu as ineficiências econômicas herdadas do regime militar. Isso alimentou uma sequência de "choques heterodoxos" fracassados de estabilização e moratórias de dívida, enquanto uma nova Constituição populista era promulgada em 1988 – assim tornando o país praticamente ingovernável. As moratórias da dívida começaram quando o ministro do Planejamento, Delfim Netto (1979-84), subestimou fortemente, através de uma prefixação artificial, a correção monetária da dívida interna em 1980. Veio em seguida a suspensão do pagamento da dívida externa de dezembro de 1982, levada a cabo pelo mesmo ministro. Após isso, o presidente José Sarney (1985-90) implantou três sucessivos choques heterodoxos de estabilização que suprimiram temporariamente a correção monetária da dívida interna. No começo de 1987, Sarney declarou uma moratória unilateral da dívida externa. De todas as moratórias da dívida interna, a maior foi o congelamento por 18 meses de praticamente todos os ativos financeiros domésticos no início do governo Collor (1990-92).

A hiperinflação ganhou corpo, mas foi finalmente dominada pelo Plano Real de 1994. Isso abriu caminho, sob o presidente Fernando Henrique Cardoso (1995-02), para uma mudança radical do modelo estatizante de substituição de importações que prevaleceu no regime militar. Mas uma política fiscal frouxa e uma dependência excessiva da âncora cambial (que requereu o apoio de altas taxas reais de juros) não favoreceram as exportações nem o investimento privado, impedindo que uma retomada sustentada do crescimento tivesse lugar. Depois de uma crise cambial que culminou em janeiro de 1999, um tripé mais sensato de política macroeconômica foi adotado, composto de superávit fiscal primário elevado, política monetária de metas de inflação e taxa de câmbio flutuante. As reformas estruturais do governo Fernando Henrique conseguiram deter as tendências de aumento do preço do investimento e de declínio da produtividade do capital, enquanto aumentavam o grau de utilização da capacidade sem acelerar a inflação. O progresso técnico voltou a se manifestar, mas isso não foi suficiente para gerar crescimento sustentado, mesmo depois de 1999, porque a acumulação de capital se viu contida por uma sucessão de choques adversos: o estouro da bolha da bolsa de valores Nasdaq, a crise interna de energia, o 11 de Setembro, a moratória da Argentina e o espectro de uma presidência esquerdista de Lula.

Em seus primeiros anos de governo, em lugar de tentar um retorno populista ao modelo estatizante de economia fechada do passado, como muitos temiam, o presidente Lula manteve intacto o tripé de política macroeconômica pós-1999. A economia recuperou-se em 2004, mas a sustentação de um crescimento econômico continuado ainda é um ponto de interrogação.

Com esse pano de fundo, as próximas seções desenvolvem um esquema contábil para explicar o crescimento econômico com o propósito de dar substância às interpretações acima e também permitir uma avaliação do atual potencial de crescimento do país.

8.3. Crescimento do PIB correlaciona-se com a acumulação de capital

A acumulação de capital é uma candidata natural para começar a explicação do crescimento brasileiro. No conhecido modelo de Solow, fora do estado estacionário a acumulação de capital partilha com o crescimento do trabalho a responsabilidade pelo crescimento do PIB. Conforme se visualiza no Gráfico 2, o pressuposto de que o cresci-

Gráfico 2 - Taxas de crescimento do PIB e do estoque de capital, 1941-2002 (%)

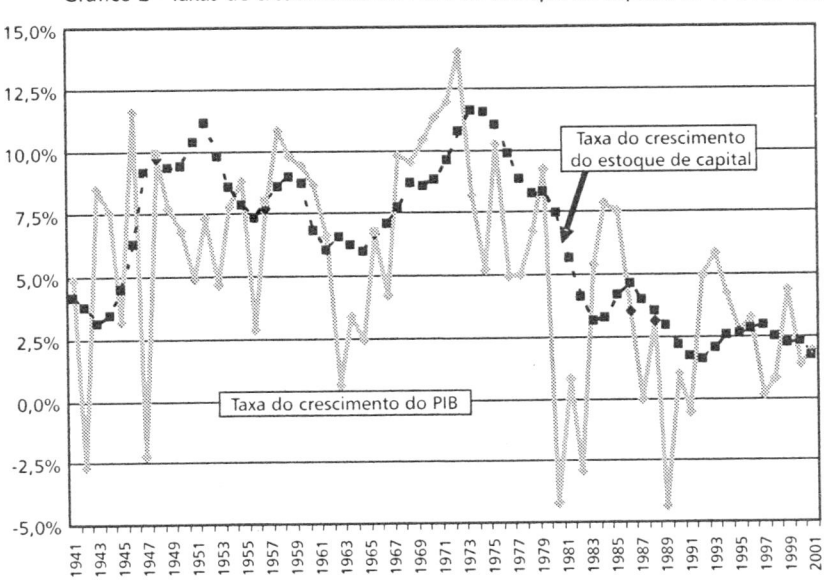

mento do PIB correlaciona-se com a acumulação de capital encontra apoio nos dados brasileiros.[85]

O Gráfico 2 mostra as taxas de crescimento do estoque de capital juntamente com as do PIB. Uma associação positiva é aparente entre as duas séries. Em particular, a depressão do crescimento do PIB desde 1980 é acompanhada por um colapso similar da acumulação de capital. A tendência do PIB é, assim, bem capturada pela evolução do estoque de capital. Mas o Gráfico 2 também indica que a taxa anual de crescimento do PIB é bem mais volátil do que a do estoque de capital. Isso é de esperar, em vista dos componentes cíclicos e irregulares da série de PIB, bem como da inércia associada a mudanças nas relações entre fluxos de investimento e estoques de capital. O conceito de capital em uso é introduzido para levar em conta tais flutuações. Ele é obtido pela multiplicação do estoque de capital pelo grau de utilização da capacidade.

A correlação entre o crescimento do PIB e o crescimento do capital em uso é muito alta (R = 0,83). Isso confirma que a acumulação de capital é de fato um bom lugar para começar uma análise do crescimento do PIB. Tendo em conta que mais tarde teremos de incorporar o emprego e o progresso técnico na análise, começaremos a discussão do crescimento brasileiro focando os determinantes da taxa de crescimento do estoque de capital.

No Apêndice 1 mostramos que a taxa de crescimento do estoque de capital (K') pode ser expressa de acordo com a seguinte identidade:

$$K' = s(1/p)uv - \delta \qquad (1)$$

---

[85]O sistema de Contas Nacionais começa em 1947. Dados para anos anteriores são disponíveis, mas com qualidade variável, especialmente no que concerne aos deflatores de preços. Lucilene Morandi graciosamente nos forneceu os dados de 1940 até 1946, bem como toda a série do estoque de capital. Essa série foi por ela construída com base num método de inventário perpétuo, de forma consistente com as séries de investimento real nas Contas Nacionais. Para detalhes, veja-se Morandi e Reis (2004). Devido à inexistência de deflatores de preços apropriados antes de 1947, os dados de estoque de capital são mais confiáveis a partir de meados dos anos 1960.

Nesta fórmula:

s = taxa de poupança agregada (soma da taxa de poupança interna e externa);

p = preço relativo do investimento (razão entre o deflator implícito da formação bruta de capital fixo e o deflator implícito do produto interno bruto);

u = grau de utilização do estoque de capital;

v = relação produto/capital em uso (razão entre o PIB e o estoque de capital em utilização);

δ = taxa anual de depreciação do estoque de capital.

Essa equação é derivada da identidade entre investimento e poupança. Do lado esquerdo da equação, a taxa de crescimento do estoque de capital nada mais é do que o investimento fixo líquido, expresso como proporção do estoque de capital preexistente. Do lado direito, temos as fontes de financiamento desse investimento. É fácil entender que o primeiro componente seja a taxa de poupança, pois é essa que financia o investimento que faz crescer o estoque de capital preexistente. Entretanto, o que interessa não é a poupança em si mesma, mas seu poder de compra sobre bens de investimento, que é o que determina o investimento real da economia. Por isso, divide-se s por p, que mede o preço dos bens do investimento. A razão s/p é igual à taxa de investimento, medida como uma razão do PIB, em preços constantes. Para igualá-la ao lado esquerdo da equação é preciso convertê-la de unidades do PIB em unidades do estoque de capital. Os dois termos seguintes do lado direito da fórmula, ou seja, uv, fazem exatamente isso. Eles nada mais são do que a relação produto-capital, expressa como o resultado da multiplicação do grau de utilização do estoque de capital (u) pela relação entre o PIB e o estoque de capital em uso (v). Chega-se assim ao investimento bruto. Quando se deduz a depreciação, δ, obtém-se o investimento líquido como proporção do estoque de capital preexistente, ou seja, a taxa de variação do estoque de capital.

As seções seguintes discutem a evolução de cada uma das variáveis que entram na decomposição da variação do estoque de capital, com exceção da taxa de depreciação, pois, como essa varia muito pouco ao longo do tempo – apenas entre 0,038 e 0,040 –, não explica as flutuações na formação do capital.

8.4. A poupança sozinha não explica o colapso do crescimento

A poupança seria uma candidata óbvia para explicar o colapso da acumulação de capital desde 1980. O Gráfico 3 exibe o comportamento tanto da taxa de poupança agregada (doméstica mais externa) como da poupança doméstica (poupança doméstica bruta como proporção do PIB nominal) de 1940 a 2002. A poupança doméstica é obtida como um resíduo a partir da poupança agregada após dedução da poupança externa, a contabilização da qual pode ter variado ao longo do tempo. Privilegiaremos uma análise baseada na poupança agregada (doméstica + externa) e, em geral, deixaremos de lado a série para a poupança doméstica.

Com pouca flutuação, a taxa de poupança agregada é em média de cerca de 15% do PIB de 1947 até 1965. Ela escala para quase 24% em 1980 e então diminui para cerca de 19% daí em diante – com uma reversão de tendência e um incrível pico durante o período hiperinflacionário de 1987-89, quando atinge uma média de 24,8%. Esse desvio deve-se ao

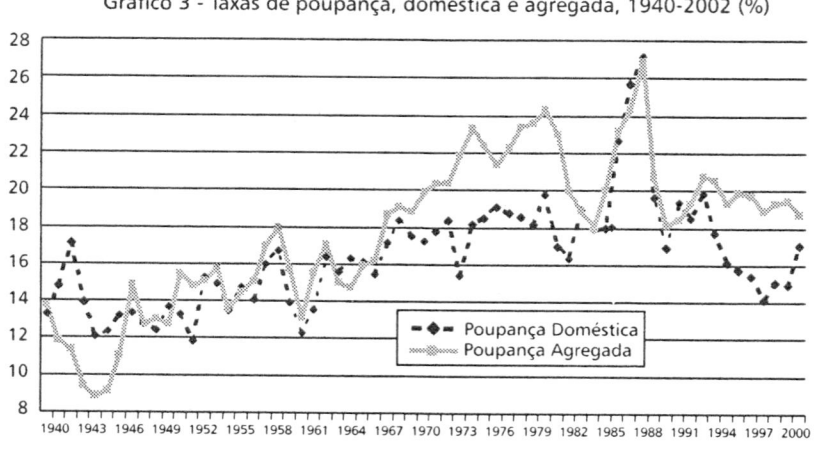

Gráfico 3 - Taxas de poupança, doméstica e agregada, 1940-2002 (%)

comportamento da taxa de poupança doméstica em 1987-89, que parece contrariar as realidades econômicas desse período turbulento: um tempo em que a poupança do governo contraiu-se e a inflação acelerou-se. É difícil acreditar que em tais circunstâncias a taxa de poupança doméstica tenha aumentado para 27% do PIB em 1989 a partir do nível relativamente estável de 19% observado de 1970 até 1986 somente para cair novamente para os mesmos 19% no período subsequente de 1990-93! Um erro de medida da poupança doméstica em 1987-89 é sugerido por esse comportamento. Testar essa hipótese requereria uma avaliação detalhada das séries de preços subjacentes às Contas Nacionais do período. Isso é tarefa para o futuro. Por enquanto, aceitaremos a série de poupança tal como ela aparece nas Contas Nacionais.

Os movimentos da taxa de poupança agregada são fortes, mas têm pouca relação com o colapso da formação de capital depois de 1980. Essa falta de associação é documentada por um coeficiente de correlação (não significativo) de $R = -0,02$ entre o crescimento do estoque de capital e a taxa de poupança agregada no período 1941-2002. Uma inspeção mais detida dos dados, contudo, sugere que uma quebra estrutural parece haver ocorrido após o início dos anos 1980 na relação entre as taxas de poupança e de crescimento do estoque de capital: coeficientes de correlação de 0,66 e 0,64 entre essas duas variáveis foram encontrados para os períodos de 1941-80 e 1981-2002, respectivamente. Isso indica que existe alguma associação. Mas depois de 1980 a mesma taxa de poupança parece gerar menos crescimento do estoque de capital do que antes desse ano.

Assim, a aparente falta de associação para o período como um todo não significa que a taxa de poupança seja desimportante para a acumulação de capital; mas sim que a poupança, por si mesma, não consegue explicar o colapso na taxa de crescimento do PIB a partir de 1980. As próximas seções investigam quais variáveis parecem estar entupindo o canal de transmissão da poupança para a acumulação de capital e o crescimento do PIB desde 1980.

8.5. Aumento sustentado do preço relativo do investimento

O Gráfico 4 mostra o extraordinário comportamento do preço relativo do investimento entre 1950 e 2000, definido como a razão entre o deflator de preços do investimento fixo bruto e o deflator de preços do PIB.[86] O mesmo Gráfico 4 mostra a evolução em 1950-2000 de uma variável similar: a média mundial do preço relativo do investimento a preços de dólar internacional, também do projeto PWT.

Gráfico 4 - Preços relativos do investimento, Brasil e mundo, 1950-2000

Em termos gerais, o preço relativo do investimento no Brasil aumenta rapidamente entre o começo dos anos 1950 e meados dos anos 1960. Então, cai um pouco até meados dos anos 1970. Posteriormente, ele aumenta muito rapidamente, a um ponto tal que no começo dos anos 1990 p é mais do que o dobro do valor no começo dos anos 1950.[87] O

---

[86]Esses dados são do projeto das Penn World Tables (PWT 6.1) de Heston, Summers e Atten (2002) e não são exatamente iguais àqueles diretamente derivados das Contas Nacionais brasileiras. Contudo, o coeficiente de correlação entre as duas séries de preços é muito alto, R = 0,962. Nas Penn World Tables, o numerário para todos os índices de preços em todos os anos é o deflator do PIB dos EUA.

[87]Para uma análise prévia do comportamento do preço relativo dos bens de investimento no Brasil, veja-se D. Carneiro e R. Werneck (1993).

preço relativo de máquinas e equipamentos (não mostrado) replica o padrão do preço relativo do investimento, exceto por flutuações mais amplas, que provavelmente estão associadas a mudanças nos preços de maquinaria importada em alguns períodos, devido a movimentos da taxa de câmbio real e mudanças na política de comércio exterior.

O aumento do preço relativo do investimento é uma anomalia brasileira numa perspectiva mundial. A média mundial das PWT para essa relação de preços permanece relativamente constante no período 1950-2000, como se indica no Gráfico 4.

Explicações possíveis para o aumento do preço relativo do investimento no Brasil incluem as seguintes:

1) aumento do poder de oligopólio em indústrias produzindo tanto bens finais como bens intermediários de investimento (como o cimento);

2) ineficiências no processo de produção de bens de capital, na medida em que cada vez mais bens previamente importados são produzidos domesticamente;

3) maior demanda por bens duráveis, incluindo habitações, como uma proteção contra a hiperinflação e os riscos de moratória financeira, com reflexos no preço relativo de tais bens se a curva de oferta é inclinada positivamente – uma hipótese sugerida por Bugarin et alii (2003);

4) comportamento defensivo de preços dos oligopolistas, face a atrasos no pagamento de compras governamentais, num contexto de inflação em aceleração;[88]

5) erros de medida de índices de preços, conforme sugerido por Pinheiro (2003). Isso viria na forma de uma superestimativa dos

---

[88] Os deflatores de preços dos bens de investimento nas Contas Nacionais brasileiras são derivados dos índices de preços por atacado e de custo da construção da Fundação Getulio Vargas. Esses são frequentemente derivados de preços "de lista" obtidos de uma amostra de firmas. Para bens duráveis, que são normalmente vendidos a crédito, tais preços de lista podem haver incorporado prêmios crescentes tanto com a inflação como com os atrasos de pagamentos nas compras governamentais.

aumentos dos preços relativos dos bens de investimento, particularmente durante o período hiperinflacionário de 1987-89.

Os fatores (1) e (2) podem ter operado mais fortemente até o início dos anos 1980. Os fatores (3) a (5) podem ter-se tornado importantes quando a inflação saiu de controle a partir de meados dos anos 1980. Contudo, o preço relativo dos bens de investimento não caiu substancialmente depois da estabilização de preços em 1994, o que sugere que é ou erro de medida ou custo relativo (acrescido de poder de mercado), e não a demanda especulativa, o que explica o comportamento dessa variável desde 1980. Além disso, demanda especulativa (ou de precaução) por bens duráveis deveria afetar os preços dos bens de capital instalados, não necessariamente o custo dos novos bens de investimento, que são objeto de nossa análise.

Uma avaliação do comportamento da relação entre o produto e o capital em uso nos ajudará a compreender melhor a evolução de p.

8.6. Produtividade do capital decrescente

O Gráfico 5 mostra o comportamento da relação entre o produto e o capital em uso, v, no período de 1940-2002.[89] O fato marcante nesse gráfico é a tendência declinante de v desde imediatamente após a Segunda Guerra até o princípio dos anos 1990. Em mais detalhe: começando de um nível elevado de mais do que 0,6 no começo dos anos 1940, a relação produto/capital em uso aumenta durante a guerra e então declina continuamente até o começo dos anos 1950, para cerca de 0,5. Daí até meados dos anos 1970 v flutua em torno de uma tendência ligeiramente negativa. O próximo estágio é uma forte contração de v, começando em 1973 e somente tendo uma pausa em 1983, com v reduzindo-se para algo

---

[89]Conforme explicado anteriormente, a série de estoque de capital é de Morandi e Reis (2004); a construção da série de u está explicada no Apêndice 2 da versão em inglês de Bacha e Bonelli (2005), disponível no site da Ecostrat: www.ecostrat.net/textos_estudos_macro.html. A razão v foi obtida pela divisão do PIB real (a preços constantes de 2000), Y, pelo estoque real de capital em uso, uK.

em torno de 0,36. Um pequeno declínio ocorre depois de 1987, até que v se estabiliza em cerca de 0,34 desde o início dos anos 1990 (média de 1992-2002). Tais épocas são em geral consistentes com a experiência de industrialização brasileira: substituição leve de importações durante a guerra e até meados dos anos 1950; substituição de importação de bens duráveis de consumo no fim dos anos 1950 e nos anos 1960; substituição pesada das importações de bens de capital e produtos intermediários desde o início dos anos 1970 até o princípio dos anos 1980.

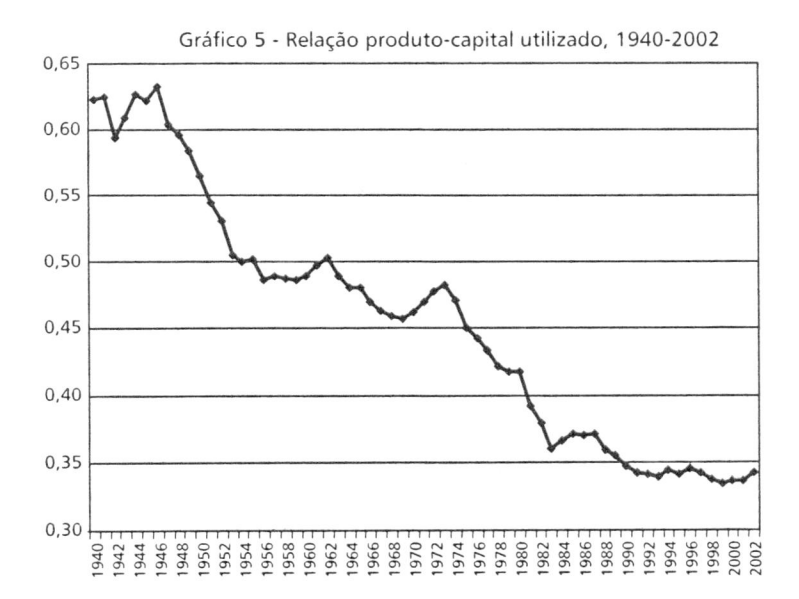

Gráfico 5 - Relação produto-capital utilizado, 1940-2002

Três hipóteses são sugeridas para explicar o declínio de v, a saber:

i) um declínio na relação produto-capital pode ser esperado à medida que uma economia se move de um estágio predominantemente rural (como o Brasil até a década de 1930) para escalar na direção de uma economia industrial madura. Essa tendência pode ter sido acentuada por características específicas da industrialização brasileira: um processo de substituição de importações altamente protegido, acompanhado de um padrão de industrialização oligopolista com forte presença de empresas públicas;

ii) a experiência brasileira pode estar simplesmente refletindo uma tendência mundial mais geral de relações produto-capital declinantes;

iii) finalmente, num mundo de Solow, a relação produto-capital não é um dado técnico e pode declinar porque está convergindo para um valor de equilíbrio estacionário mais baixo, de forma consistente, por exemplo, com um aumento duradouro da taxa de poupança.

Consideremos essas três hipóteses de forma sucessiva.

Culpado por associação: os preços relativos aumentam à medida que a produtividade cai. O Gráfico 6 reforça a conjetura de que a trajetória de substituição de importações escolhida pelo país a partir do início dos anos 1980 pode estar por trás do comportamento observado das séries. Trata-se de um diagrama de dispersão, com a relação produto-capital em uso no eixo horizontal e o preço relativo do investimento no eixo vertical.

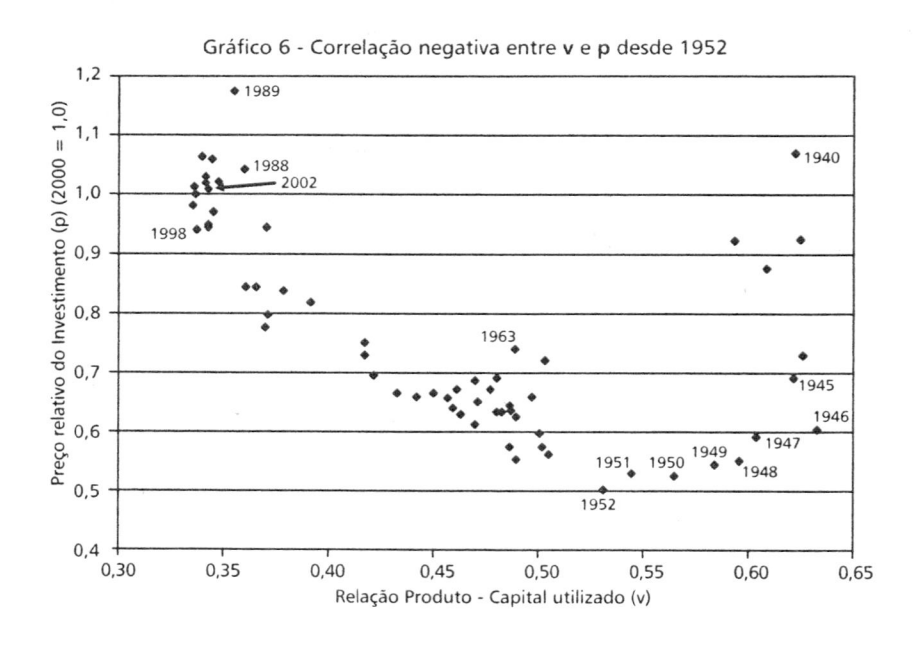

Gráfico 6 - Correlação negativa entre **v** e **p** desde 1952

A partir do início dos anos 1950, acompanhando as decisões de política econômica mencionadas na Seção 2 no sentido de aprofundar o processo de substituição de importações, o preço relativo do investimento e a relação produto-capital em uso apresentam uma correlação negativa: à medida que o primeiro cresce, a segunda cai, continuamente, até o início dos anos 1990.

Para ajudar a fixar ideias sobre uma possível sequência de causalidade, imagine-se uma economia de um só setor inicialmente produzindo bens de consumo tanto para uso doméstico como para exportar e importando bens de capital para expandir a capacidade produtiva. Introduza-se nessa economia um setor produtor de bens de capital (relativamente ineficiente) para o qual, na margem, são desviados cada vez mais bens de consumo que poderiam ser exportados, em troca de bens de investimento produzidos domesticamente. À medida que o tamanho do desvio cresce, a produtividade total cai, mas isso pode ser temporariamente ocultado se a introdução do setor produtor de bens de capital é acompanhada por um esforço adicional de poupança. É isso o que parece ter acontecido no Brasil. Como mostrado no Gráfico 3, a taxa de poupança total aumentou para 20% do PIB no começo dos anos 1970, vinda de cerca de 15% do PIB nos anos 1950, com uma ampla ajuda da poupança externa. Conjuntamente com um melhor uso da capacidade instalada, isso foi mais do que suficiente para produzir o "milagre econômico brasileiro" da primeira parte do regime militar (1964 até 1974). Na segunda parte do regime militar, de 1974 até 1984, em seguida à decisão do governo de aprofundar o processo de substituição de importações sob condições externas extremamente adversas, a relação produto/capital em uso declinou 24%, enquanto que o preço relativo do investimento aumentou 33%.

Causalidade internacional: uma tendência mundial para uso mais intensivo do capital. O Gráfico 7 compara a evolução da relação produto-capital no Brasil com uma média simples da relação produto-capital para uma amostra de 83 países no período 1950-2000.[90] A evolução da

---

[90]Samuel Pessoa gentilmente nos forneceu suas séries para as relações produto-capital desses 83

relação produto-capital do Brasil coincide amplamente com a da média mundial, que também declina no período pós-1970, possivelmente como uma reação ao primeiro choque do petróleo. Além disso, a relação para o Brasil é sempre menor do que a média mundial, exceto no período 1967-73. Esses resultados são apenas sugestivos, porque os dados de estoque de capital baseados nas PWT somente podem ser usados com mais confiança a partir de 1970.[91] Mesmo assim, eles indicam que o Brasil não foi muito diferente do resto do mundo na evolução histórica da relação produto-capital.

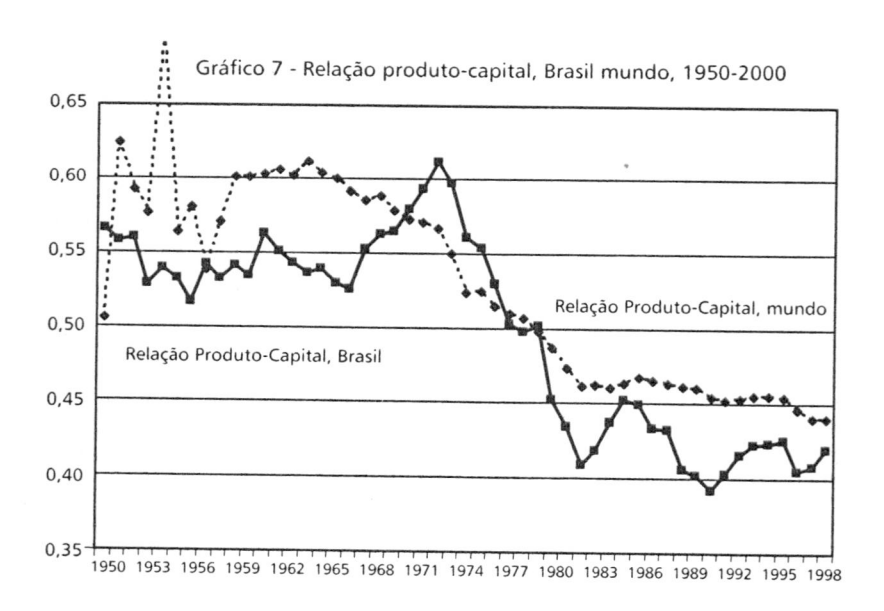

Gráfico 7 - Relação produto-capital, Brasil mundo, 1950-2000

países, baseadas nos dados das PWT (cf. Gomes et alii, 2003). Como essas séries não são ajustadas pelo grau de utilização da capacidade, também usamos as séries de Pessoa para o caso brasileiro. Assim, estritamente falando, as séries mostradas no Gráfico 7 são, na terminologia deste estudo, não para v, mas sim para vu. Ademais, os dados de Pessoa para 1950-59 compreendem apenas 47 países. Usamos a razão entre a relação produto-capital média dessa subamostra para aquela da amostra completa de países em 1960 para corrigir os dados de 1950-59 e, assim, impedir a série de dar um pulo quando a amostra completa foi introduzida a partir de 1960.
[91]Gomes et alii. (2003) usaram um estoque de capital simulado para 1950 (ou 1960, dependendo do país) e então completaram as séries aplicando um método de estoques perpétuos nos dados das PWT para o investimento a preços constantes daí em diante.

Convergência para um estado estacionário de Solow. Um resultado conhecido do modelo de Solow é que se a relação produto-capital não é constante, ela está convergindo para seu valor de estado estacionário. Para obter esse valor, observe-se que a taxa de crescimento estacionário do estoque de capital, K'_{ss} (bem como a do PIB, Y'_{ss}), é dada por:

$$K'_{ss} = A' + N' \qquad (2)$$

onde A' é a taxa de crescimento da produtividade total dos fatores e N' é a taxa de crescimento da força de trabalho. Estimamos A' como o resíduo de uma função de produção Cobb-Douglas, supondo um valor de 0,5 para a elasticidade do produto com respeito ao capital em uso.[92]

O comportamento de A' assim estimado é altamente congruente com o padrão volátil de crescimento do PIB. Por causa dessa volatilidade de ano para ano, trabalharemos com uma média anual de A' para períodos representativos, quando formos discutir as épocas características de crescimento do Brasil. De uma forma ampla, duas longas ondas são sugeridas pelo comportamento de A': uma prévia a meados dos anos 1970 – quando A' foi geralmente muito alto – e outra depois de meados de 1970 – quando A' foi geralmente muito baixo. Mais recentemente, isto é, depois de 1988, A' parece estar tendendo a crescer novamente. O comportamento de A', como veremos com mais detalhe na próxima seção, sugere que, de uma perspectiva da produtividade total dos fatores, o mergulho do crescimento brasileiro começa não na década de 1980, mas na década de 1970.

O valor de estado estacionário de v_{ss} é fácil de calcular. Simplesmente substitua-se o valor de estado estacionário de K', dado por (2), na expressão para a acumulação de capital (1) para obter:

$$v_{ss} = (\delta + A' + N')/s(1/p)u \qquad (3)$$

---

[92] Os dados da força de trabalho foram extraídos dos Censos Demográficos decenais e interpolados para os demais anos supondo uma elasticidade constante (dentro de cada década) com respeito ao crescimento do estoque de capital utilizado.

Juntando nossas estimativas de $s(1/p)u$ com aquelas para $\delta + A' + N'$ calculamos os valores de v_{ss}. Contrariamente à sabedoria convencional dos livros-texto, v_{ss} não é uma constante, mas flutua consideravelmente. Contudo, os valores calculados de v_{ss} são menores do que os de v para a maior parte do período. Assim, um processo de ajustamento de longo prazo em direção a um valor estacionário mais baixo poderia também estar explicando o comportamento observado de v. Essa conclusão do modelo de Solow é confirmada por uma regressão de mínimos quadrados comuns de v em v_{ss} e em seu próprio valor defasado, sumariada na Tabela 1.

Tabela 1 – Resultados da regressão – Variável dependente: v

R^2 ajustado	0,9814			
Erro padrão	0,0040			
Núm.Obs.	62	(1941-2002)		
	Coeficientes	Erro padrão	Estat. T	P-valor
v (−1)	0,9590	0,0020	484,4	0,000
v (ss)	0,0359	0,0019	18,5	0,000

A soma dos coeficientes de $v(-1)$ e v_{ss} é igual a 1, como se deveria esperar de um processo de ajustamento em que v converge assintoticamente para v_{ss}.[93] Além disso, o coeficiente de v_{ss} indica que somente 3,6% da distância entre v e v_{ss} são percorridos ao longo de um ano. Isso significa que se requerem quase 19 anos para fechar metade do hiato entre o v observado e seu correspondente valor de equilíbrio estacionário. Esse resultado é semelhante ao das simulações numéricas da velocidade de convergência num modelo de Solow linearizado em Romer (2001). Nas suas simulações, Romer estima que somente 4% da distância entre os valores observados e de estado estacionário da relação entre capital e trabalho efetivo são cobertos ao longo de um ano.

---

[93] Os resíduos dessa equação são estacionários, mas não são ruídos brancos. Entretanto, outras especificações com um termo constante adicionado ou variáveis diferenciadas indicam que os resultados obtidos são robustos.

Nossa conclusão tentativa é que qualquer das três hipóteses – ineficiências no processo de substituição de importações, tendência mundial de aumento da intensidade de uso do capital e ajustamento de longo prazo a uma taxa de poupança mais elevada – são interpretações plausíveis para o declínio da relação produto-capital utilizada do país.

8.7. Histerese da capacidade ociosa?

O último componente de nossa explicação para a frustração do crescimento brasileiro é um declínio no grau médio de utilização da capacidade, u. A construção de uma série para essa variável não é uma tarefa estatística fácil, particularmente porque nenhuma informação sobre ela é disponível antes de 1968; a partir de então, uma inferência pode ser feita sobre o valor da utilização da capacidade na economia como um todo a partir das taxas de utilização da capacidade na indústria.

O Gráfico 8 mostra o comportamento do grau estimado de capacidade ociosa na economia como um todo *(1-u)*, de 1940 a 2002. Padrões cíclicos normais são indicados até o fim dos anos 1970. Mas a partir do início dos anos 1980 a economia brasileira parece ser incapaz, até mesmo temporariamente, de retornar a um estado de plena utilização da capacidade.

Nos quarenta anos anteriores a 1980, o grau médio de capacidade ociosa foi de 3,4%. Depois de 1980, ele aumentou para 7,6%. Da mesma forma,

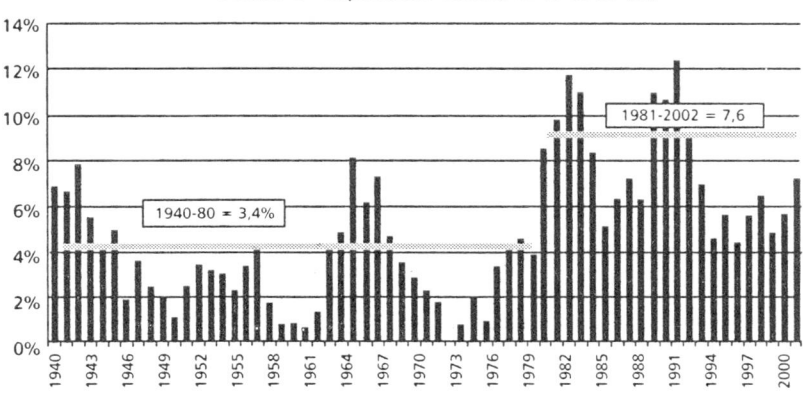

Gráfico 8 - Capacidade ociosa, 1940-2002 (%)

antes de 1980 o grau mínimo de capacidade ociosa foi zero, enquanto que depois de 1980 ele foi em torno de 4,4%. Na falta de estudos adicionais, não é claro se devemos escolher a média ou o mínimo como uma estimativa da taxa normal de ociosidade. Mas ambas sugerem um aumento de mais de 4 pontos de percentagem na taxa normal de ociosidade depois de 1980.

Por que isso teria ocorrido? Falta de demanda efetiva não pode ser apresentada como explicação, porque, em vários anos nesse período (por exemplo: 1986, 1989, 1995-96), a inflação ou os déficits externos claramente aceleraram sob a pressão de demanda doméstica excessiva. Uma hipótese possível é que estejamos subestimando o grau de ociosidade antes de 1970, porque nosso procedimento de estimação para esse período é muito indireto, resultando de uma inferência a partir da taxa de variação da produção industrial, e não de observação direta.

Independentemente de se aceitar ou não nosso método de estimação para 1940-68, é ainda verdade que os níveis observados de utilização de capacidade na indústria no início dos anos 1970 jamais foram alcançados a partir de 1980. De fato, foi somente nos picos do *boom* de demanda provocados pelo Plano Real (1995 e 1997) e durante a recuperação cíclica de 2000 que o grau de utilização de 1968 foi alcançado após 1980.

Explicar o declínio sustentado do grau de utilização de capacidade após 1980 é algo que não temos como fazer aqui. Meramente em termos de tópicos de pesquisa, em primeiro lugar em nossa lista estariam as sucessivas moratórias da dívida interna e externa nos anos 1980. Depois dessas moratórias (que interromperam apenas temporariamente o crescimento da dívida pública), parece haver ocorrido um aumento substancial na taxa real de juros no país. Uma explicação possível é que a sequência de moratórias da dívida aumentou tanto as taxas requeridas de retorno do capital como a taxa real de juros. Isso teria levado a um aumento da margem desejada de lucros sobre os custos variáveis, assim tendendo a acelerar a taxa de inflação para uma dada taxa de desemprego (ou, de forma equivalente no curto prazo, para uma dada taxa de utilização da capacidade). A implicação é que a taxa de desemprego que não acelera a inflação (ou de forma equivalente no curto prazo, a taxa normal de capacidade ociosa) se tornaria maior do que antes.

O aumento do ônus dos impostos a partir do início dos anos 1990 estaria em segundo lugar na fila para explicar o aumento na capacidade ociosa. Um forte aumento na parcela do trabalho informal no emprego urbano total acompanhou esse processo ao longo da década de 1990. Uma hipótese plausível é que o aumento da cunha fiscal tenha deslocado a atividade econômica do setor formal mais produtivo para o setor informal menos produtivo, assim reduzindo o grau de utilização da capacidade no setor formal.

Em terceiro lugar, e de forma mais genérica, a Constituição de 1988, acoplada a decisões legislativas e judiciárias subsequentes, parece haver agravado a precariedade do sistema de regulação econômica e, particularmente, a incerteza sobre as relações contratuais. Um ambiente jurídico menos confiável pode também haver contribuído para aumentar a volatilidade da produção e reduzir o uso da capacidade instalada.

Em resumo, nossa hipótese tentativa é que uma série de intervenções de política distorcedoras da alocação de recursos após 1980 levou a um maior grau de capacidade ociosa normal desde então.

8.8. Contabilizando o crescimento do capital: uma síntese

Conforme salientado, na maior parte do período analisado o Brasil esteve fora do estado estacionário, com v continuamente perseguindo um volátil v_{ss}. Também vimos que a velocidade de convergência de v na direção de v_{ss} é pequena. Isso justifica que na busca de uma síntese da experiência brasileira de crescimento centremos a atenção no comportamento das taxas de crescimento do estoque de capital e do PIB fora do estado estacionário. Começamos com a definição de seis períodos com aproximadamente dez anos cada, caracterizados pelas origens e consequências de políticas econômicas amplamente similares. Esses períodos são os seguintes:

1. Prosperidade do fim de guerra e imediato pós-guerra: 1942-52;
2. Era de JK e suas sequelas: 1952-64;
3. "Milagre" autoritário brasileiro: 1964-74;
4. Choques externos e declínio dos militares: 1974-84;
5. Hiperinflação: 1984-93;
6. Era do Real: 1993-2002.

Na Tabela 2, as taxas de crescimento do estoque de capital para cada uma dessas épocas é decomposta, de acordo com a equação (1) em seus componentes u (utilização de capacidade), v (relação produto/capital em uso), p (preço relativo do investimento) e s (taxa de poupança).

Tabela 2 – Decomposição das taxas de crescimento do estoque de capital, 1942-2002

Períodos	K'	u	v	p	s
1942-52	0,077	0,969	0,591	0,615	0,122
1952-64	0,078	0,975	0,493	0,632	0,154
1964-74	0,085	0,963	0,469	0,649	0,186
1974-84	0,078	0,940	0,408	0,751	0,222
1984-93	0,031	0,915	0,355	0,978	0,210
1993-02	0,024	0,943	0,340	0,993	0,196

Os dados na tabela confirmam que o crescimento do estoque de capital avançou a taxas muito elevadas até meados dos anos 1980, com um clímax de 8,5% ao ano no período do "milagre" (1964-74). Mas o comportamento de seus componentes mudou de forma significativa dependendo da fase considerada. Assim, a utilização média de capacidade permaneceu em níveis elevados durante as três primeiras fases (1942 até 1974), em cerca de 0,97. Ela declinou fortemente depois disso, especialmente no período 1974-84. A relação produto/capital em uso, v, caiu durante toda a história e sua tendência declinante foi também acentuada na década de 1974-84. O preço relativo do investimento, por sua vez, aumentou continuamente em todos os períodos, e de forma particularmente forte desde 1984.

A partir da última coluna na Tabela 2, confirmamos que a taxa de poupança, s, foi a principal fonte de dinamismo do estoque de capital até o início dos anos 1980: s aumentou substancialmente do início dos anos 1940 até 1974-84, refletindo o grande aumento do déficit externo nesse último período. Não fosse por isso, a taxa de crescimento do estoque de capital em 1974-84 teria sido muito mais baixa, dadas as forças de contração exercidas por menor utilização de capacidade, reduzida relação produto/capital utilizado e maiores preços do investimento. O colapso do crescimento do estoque de capital depois de 1984 é explicado principalmente pelo comportamento muito adverso de p, o preço relativo do investimento. Também colaboraram as quedas de u e especialmente de v, enquanto que s permaneceu praticamente inalterada. Um pequeno declínio da poupança ajuda a explicar o desempenho ruim de K' no último período na tabela (1993-02), junto com declínios em v e em $1/p$. A utilização da capacidade, por sua vez, contribuiu para aumentar K' nesse período.

Em resumo, a principal razão da depressão na acumulação de capital nos últimos vinte anos parece ter sido o aumento no preço relativo do investimento, que reduziu fortemente o poder de compra da poupança. Um exercício simples ilustra essa conclusão. Suponha-se que p houvesse permanecido até 2002 com seu valor médio no período do "milagre" (1964-74), isto é, 1/3 menor do que o valor observado no período 1984-2002. Então, tudo o mais permanecendo constante, a taxa média de crescimento do estoque de capital teria sido duas vezes maior em 1984-2002. Recorde-se que o fenômeno de um p crescente foi uma peculiaridade brasileira, provavelmente relacionada ao isolamento econômico do período posterior a 1974. Nossa conclusão tentativa é, pois, que uma resposta mais inteligente aos choques econômicos dos anos 1970 teria podido evitar o declínio na acumulação de capital observado nas duas últimas décadas.

A decomposição do crescimento do PIB segundo o modelo de Solow é discutida na próxima seção.

8.9. Contabilização do crescimento do PIB

Decompõe-se o crescimento do PIB de acordo com a função de produção tradicional de Solow, da qual – como se mostra no Apêndice 2 – a seguinte aproximação é obtida, sob a hipótese de que a elasticidade do produto com respeito tanto ao capital quanto ao trabalho é igual a 0,5:

$$Y' = (1/v)' + A' + L' \qquad (4)$$

onde Y' é a taxa de crescimento do PIB, A' é a taxa de progresso técnico ampliador de trabalho (ou taxa de crescimento da produtividade total dos fatores), L' é a taxa de crescimento do emprego e *(1/v)'* representa o aprofundamento do capital (isto é, a diferença entre o crescimento do estoque de capital em uso e o crescimento do trabalho). A equação (4) mostra que, fora do estado estacionário, o aprofundamento do capital contribui para a explicação do crescimento do PIB.

A Tabela 3 mostra os resultados da decomposição do crescimento do PIB expressa pela equação (4). Adicionamos uma última coluna para mostrar a parcela do crescimento do PIB explicada pelo crescimento da produtividade total dos fatores (*A'*).

Tabela 3 – Decomposição das taxas de crescimento do PIB –
Modelo de Solow, 1942-2002

Período	Y'	(1/v)'	L'	A'	A'/ Y'(%)
1942-52	0,069	0,011	0,021	0,035	51,1
1952-64	0,067	0,008	0,025	0,032	48,1
1964-74	0,088	0,002	0,032	0,052	59,0
1974-84	0,039	0,026	0,031	−0,017	−43,5
1984-93	0,025	0,008	0,025	−0,008	−32,0
1993-02	0,027	−0,001	0,016	0,012	43,1

O resultado mais importante dessa tabela é enfatizar o papel crucial de *(1/v)'* para explicar o crescimento do PIB em 1974-84: o aprofundamento do capital a uma taxa de 2,6% ao ano foi o principal fator responsável para a sustentação de uma taxa média de crescimento do PIB de 3,9% nesse período, uma vez que o crescimento do trabalho efetivo (A' + L') foi de apenas 1,4% ao ano. Mesmo moderado, o crescimento do PIB na última década do regime militar somente pôde ser mantido na base de altas doses de aprofundamento do capital financiadas pela acumulação de dívida externa. A dívida externa como uma proporção do PIB aumentou para 43,1% em 1984 vindo de 16,3% em 1974, enquanto que a razão do serviço da dívida para as exportações de mercadorias passou de 33,4% para 102,3% no mesmo período (Cf. Gordon, 2002). Por outro lado, tanto em 1964-74 como em 1993-02 a contribuição do aprofundamento do capital foi pequena ou inexistente.

A importância de mudanças na produtividade total dos fatores variou substancialmente através do tempo, atingindo valores negativos tanto durante o período dos choques externos (1974-84) – quando uma surpreendente taxa de declínio de 1,7% ao ano foi observada – quanto nos anos da hiperinflação (1984-93). Nos demais períodos, A' representou uma parcela substancial do crescimento do PIB, com um máximo de 60% nos anos do "milagre". Na era do presidente Fernando Henrique Cardoso, não fora por uma recuperação de A' (1,2% ao ano, contra -0,8% no período anterior), o crescimento do PIB teria sido de apenas 1,5% ao ano, em vez dos observados 2,7%. Assim, de uma perspectiva de períodos decenais, as duas "décadas perdidas" para a produtividade total dos fatores não foram as décadas de 1980 e 1990, mas sim, 1974-84 e 1984-93 – a longa e atormentada transição da ditadura para a democracia, caracterizada pelo acúmulo da dívida externa e pela hiperinflação.

Esse resultado depende criticamente de considerar-se o período 1974-84 como um todo, o que implica visualizar a crise de 1980-83 como uma parte integral da assim chamada marcha forçada do período Geisel. Uma alternativa seria considerar o período menor de 1974-80 de forma isolada e o período mais longo de 1980-93 como um só bloco. O aprofundamento do capital medido por *(1/v)'* caracterizou ambos os períodos, procedendo a 2,0% ao ano em 1974-80 e a 1,6% ao ano em 1980-93. Mas os colapsos do crescimento do PIB e do progresso técnico ocorreram integralmente dentro do segundo período. O crescimento anual do PIB em 1974-80 foi menor do que no "milagre", mas ainda assim respeitáveis 6,9% ao ano. O progresso técnico também declinou fortemente, mas ainda foi positivo a uma taxa de 0,9% por ano. Em contraste, o crescimento médio do PIB em 1980-93 foi somente 1,6% e a mudança técnica foi fortemente negativa, – 2,3% por ano. Assim, de um ponto de vista estatístico, os períodos perdidos de crescimento brasileiro não foram duas décadas inteiras, mas os 13 anos entre 1980 e 1993.

No período do real, a contribuição do trabalho bruto, L', é muito pequena – um fato relacionado não ao declínio do crescimento da força de trabalho, mas a uma reduzida absorção de mão de obra. Uma explicação possível para isso é que o ritmo de acumulação de capital não acompanhou o do progresso técnico, gerando, assim, menos oportunidades de emprego para um dado custo do trabalho.

8.10. Conclusões sobre o potencial de crescimento brasileiro

As conclusões sobre o potencial de crescimento do Brasil variam, dependendo do prazo de análise.

Da perspectiva de estado estacionário do modelo de Solow, o crescimento do PIB é restrito pela soma do crescimento da força de trabalho, N' (correntemente de 2,0% ao ano), com a taxa de crescimento da produtividade total dos fatores, A', a qual foi 2,2% em média no período 2000-2002. Isso gera uma taxa potencial de crescimento do PIB de 4,2%. A partir do fato de que a taxa de crescimento do estoque de capital, K', é menor do que a taxa de crescimento do trabalho efetivo, $A'+N'$, segue-se – num contexto do modelo de Solow – que a taxa de crescimento de curto prazo do produto é menor do que seu valor de estado estacionário. Supondo $\alpha = 0,5$ e que u seja constante, bem como $L' = N'$, essa taxa de crescimento de curto prazo do PIB pode ser obtida como uma média simples da taxa de crescimento de 4,3% do trabalho efetivo e da taxa de crescimento de 2,1% do estoque de capital – isto é, 3,2% ao ano. Essa seria a taxa potencial de crescimento de curto prazo do PIB de acordo com o modelo de Solow.

Políticas eficazes para aumentar o potencial de crescimento, de acordo com nossos resultados, seriam aquelas focadas na redução do preço relativo do investimento, p. Tais políticas seriam consistentes com os resultados empíricos em Jones (1994) sobre a relação negativa entre crescimento econômico e preço relativo do investimento, bem como com a advertência de Rodrik,[94] de que

> como os países em desenvolvimento não têm uma vantagem comparativa na produção de bens de capital, restrições comerciais em tais indústrias tendem a ser prejudiciais para o crescimento. A proteção comercial aumenta o preço relativo dos bens de capital e reduz o nível do investimento real que é alcançável para um dado nível de poupança.

Introduzir contestação de mercados é um curso de ação que faz sentido: uma maior abertura para a importação de bens de capital (por exemplo, abolindo os remanescentes da abominável lei da informática de 1984), junto com políticas pró-concorrência, poderia ter um impacto importante. Assim, por exemplo, se fosse possível fazer p retornar para os valores observados em meados dos anos 1980 (p = 0,8), a taxa de crescimento do estoque de capital aumentaria dos 2,2% anteriormente calculados para 3,8%, tudo o mais permanecendo constante.

Fica faltando considerar a taxa de poupança agregada, s, que se tem situado em torno de 19% do PIB nas duas últimas décadas. Uma maior taxa de poupança pode ser alcançada, na medida em que medidas de construção de confiança aumentem a poupança privada e em que os desequilíbrios nas contas do setor público sejam tratados de uma forma duradoura.

Esses exercícios indicam não ser difícil imaginar cursos de ação para fazer o ritmo da acumulação de capital mover-se para 4,2% ao ano, ponto em que ela encontraria a restrição de crescimento equilibrado do modelo de Solow. Para ir além disso, deveriam ser consideradas formas de acelerar a taxa de progresso técnico, A'. Nosso texto tem pouco a

---

[94]Rodrik (1999, p. 27).

oferecer nessa direção. Mas a literatura corrente[95] inclui diversas sugestões, envolvendo maior taxa de investimento em capital humano, reforma fiscal, aumento do comércio exterior etc.

Uma palavra final de cuidado é pertinente. Neste texto, ignoramos os limites impostos por uma função autônoma de investimento, bem como restrições de divisas possivelmente redutoras do potencial de crescimento brasileiro. Quanto à primeira, é nossa convicção que a propensão a investir do setor privado não deve representar um impedimento para a taxa de crescimento do país, desde que sejam superadas as dúvidas remanescentes sobre a capacidade do presidente Lula de sustentar políticas econômicas sensatas.

A restrição de divisas é uma matéria mais delicada: alguns podem arguir que a consolidação fiscal, junto com uma taxa de câmbio flutuante, é suficiente para superar dificuldades nessa área. Somos céticos: até que o país demonstre ser capaz de desenvolver localmente um mercado de capitais de longo prazo, a necessidade de empréstimos externos em dólares não deve desaparecer. Conforme sugerido por Arida, Bacha e Lara Resende (2005), o ataque às incertezas jurisdicionais que impedem o desenvolvimento de um mercado doméstico de capitais de longo prazo parece ser a maneira de resolver esse problema.

Apêndice 1 – Decomposição da acumulação de capital

O ponto de partida é a expressão:

$$K' = I/K - \delta \qquad (1.1)$$

onde K' é a taxa de crescimento do estoque de capital, I é o investimento bruto real, K' é o estoque de capital existente e δ a taxa de depreciação.

A relação entre o investimento bruto real e o estoque de capital (I/K) pode ser escrita como o produto da taxa de investimento real bruto (I/Y) pela relação produto-capital (Y/K):

---

[95] Por exemplo, Pinheiro (2003).

$$I/K = (I/Y)(Y/K) \qquad (1.2)$$

A taxa de investimento real bruto (I/Y), por sua vez, é identicamente igual ao produto da taxa nominal de poupança pelo inverso do preço relativo do investimento:

$$I/Y = (P_i I/P_y Y)(P_y/P_i) = (S/P_y Y)(P_y/P_i) = s(1/p), \qquad (1.3)$$

onde a primeira igualdade é somente um expediente para introduzir a taxa de investimento nominal $(P_i I/P_y Y)$ e assim poder fazer uso da igualdade entre poupança nominal e investimento nominal na segunda igualdade.[96] A terceira igualdade é meramente uma consequência das definições de $s = S/P_y Y$ e de $p = P_i/Py$.

A razão produto-capital (Y/K) pode ser escrita como o produto da taxa de utilização da capacidade, u, pela relação entre o produto e o capital em uso, v:

$$Y/K = u(Y/uK) = uv \qquad (1.4)$$

Substituindo (1.3) e (1.4) em (1.2) e o resultado em (1.1), finalmente obtemos:

$$K' = s(1/p)uv - \delta \qquad (1.5)$$

A equação (1.5) mostra que o impacto da taxa de poupança (s) na taxa de crescimento do estoque de capital (K') é condicionado pelo preço relativo do investimento (p), pelo grau de utilização de capacidade (u) e pela relação entre o produto e o capital em uso (v), ou produtividade do capital. A taxa de depreciação (δ) também precisa ser levada em

---

[96] Só recentemente as variações de estoque começaram a ser calculadas nas Contas Nacionais. Na maior parte das séries, as variações de estoque estão incorporadas ao consumo privado. Por essa razão, para a série como um todo definimos a poupança bruta como sendo igual ao investimento fixo nominal bruto. Como, nas Contas Nacionais, a poupança continua a ser estimada como um resíduo, a igualdade entre poupança e investimento se dá sem qualquer discrepância estatística.

conta – exceto pelo fato de que, como ela varia muito pouco nas séries que usamos, não contribui para explicar as mudanças na acumulação de capital através do tempo.

Apêndice 2 – Modelo de crescimento de Solow

O modelo de Solow parte de uma formulação tradicional da função de produção neoclássica:

$$Y = (uK)^\alpha (AL)^{1-\alpha} \qquad (2.1)$$

onde se supõe que a produtividade total dos fatores (*A*) seja ampliadora de trabalho. Para a aplicação empírica, supusemos também que $\alpha = 0,5$. Esse valor conveniente é consistente com a participação da remuneração do capital nas Contas Nacionais do Brasil e, além disso, reflete a elevada concentração de renda do país relativamente a outros países. Estudos recentes da experiência de crescimento brasileira utilizaram valores de α no intervalo de 0,35 a 0,50.[97] A adoção de valores nesse intervalo não alteraria nossas conclusões. Com $\alpha = 0,5$, a equação (2.1), reescrita para expressar o crescimento do PIB, torna-se:

$$Y' = 0,5(u' + K' + A' + L') \qquad (2.2)$$

Essa equação nos informa que, no modelo de Solow, após corrigir para variações na utilização de capacidade, a acumulação de capital (*K'*) divide com o crescimento do trabalho efetivo (*A' + L'*) a explicação pelo crescimento do PIB.

Note-se que (2.1) pode ser reescrito como:

$$Y = (1/v)^{\alpha/1-\alpha}(AL) \qquad (2.3)$$

onde:

---

[97]Ver Pinheiro et alii (2001); Bugarin et alii (2003) e Gomes et alii (2003).

$$1/v = uK/Y = (uK/AL)^{1-\alpha} \qquad (2.4)$$

A equação (2.3) tem sido muito usada na literatura recente para explicar diferenças de níveis de renda entre países[98]. Essa equação "explica" o nível do produto agregado em termos do trabalho efetivo (AL) ajustado por um fator que varia com o tempo ($1/v$). Esse fator é proporcional à relação entre o capital utilizado e o trabalho efetivo, como se vê em (2.4). De (2.3) deduz-se a seguinte aproximação para uma decomposição do crescimento, supondo, como antes, que $\alpha = 0,5$:

$$Y' = (1/v)' + A' + L' \qquad (2.5)$$

Como se pode inferir de (2.4), *(1/v)'* representa o aprofundamento do capital – isto é, a diferença entre as taxas de crescimento do capital utilizado e do trabalho efetivo. A equação (2.5) mostra que o aprofundamento do capital divide com o crescimento do trabalho efetivo a explicação pelo crescimento do PIB. No estado estacionário, *(1/v)'* é igual a zero e, portanto, o crescimento do PIB depende apenas do crescimento do trabalho efetivo, *A'+L'*.

Referências

ARIDA, P.; BACHA, e RESENDE, A. L. "Credit, interest, and jurisdictional uncertainty: conjectures on the case of Brazil". In: GIAVAZZI, F.; GOLDFAJN, I. e HERRERA, S.(orgs.). *Inflation Targeting, Debt, and the Brazilian Experience.* Cambridge: MIT Press, 2005. Versão em português: Capítulo 9 deste livro.

BACHA, E. e BONELLI, R. "Uma interpretação das causas da desaceleração econômica do Brasil". *Revista de Economia Política,* 25, nº. 3 (99), julho-setembro 2005, pp. 163-189.

BONELLI, R. e FONSECA, R. "Ganhos de produtividade e de eficiência: novos resultados para a economia brasileira". *Pesquisa e Planejamento Econômico* 28, nº. 2, 1998.

---

[98] Vide D. Romer (2001, pp. 138-140).

BUGARIN, M.S., ELLERY JR., R., GOMES, V. e TEIXEIRA, A. "The Brazilian depression in the 1980s and 1990s". In: KEHOE, Timothy e orgs. PRESCOTT, Eduard. *Great Depressions of the Twentieh Century*. Minneapolis: Federal Reserve Bank of Minneapolis, 2007, pp. 287-304.

CARNEIRO, D.D. e WERNECK, R. "Obstacles to investment resumption in Brazil". In: BACHA, E. (org.). *Savings and Investment Requirements for Growth Resumption in Latin America*. Washington: Inter-American Development Bank/Johns Hopkins University Press, 1993, pp. 67-108.

GOMES, V., PESSOA, S. e VELOSO, F. "Evolução da produtividade total dos fatores na economia brasileira: uma análise comparativa". *Pesquisa e Planejamento Econômico*, v. 33, n°. 3, 2003.

GORDON, L. *A segunda chance do Brasil*. São Paulo: Senac, 2002.

HESTON, A., SUMMERS, R. e ATEN, B. "Penn World Tables Versão 6.1". Center for International Comparisons, University of Pennsylvania, 2002.

IBGE. *Estatísticas históricas do Brasil – 1950-1989*. Fundação Instituto Brasileiro de Geografia e Estatística, Rio de Janeiro, 1990.

JONES, C. I. "Economic growth and the relative price of capital". *Journal of Monetary Economics* 34, 1994, pp. 359-382.

MORANDI, L. e REIS, E. "Estoque de capital fixo no Brasil, 1950-2002". In: *Encontro Nacional de Economia*, 32, João Pessoa, Anpec, 2004.

PINHEIRO, A.C.; GILL, I.S.; SERVEN, L. e THOMAS, M.R. *Brazilian economic growth, 1900-2000: lessons and policy implications*. Washington: The World Bank, 2001.

PINHEIRO, A.C. "Uma agenda pós-liberal de desenvolvimento para o Brasil". *Série Seminários*, Ipea: Rio de Janeiro, 2003.

RODRIK, D. *The New Global Economy and Developing Countries: Making Openness Work*. Washington: Overseas Development Council, 1999.

ROMER, D. *Advanced Macroeconomics*. Nova York: McGraw Hill, 2001.

9. Crédito, juros e incerteza jurisdicional: conjeturas sobre o caso do Brasil[99]

Com Persio Arida e André Lara Resende

9.1. Introdução

As taxas de juros têm sido extraordinariamente altas no Brasil desde que o Plano Real estabilizou a inflação em 1994. Até 1999 poder-se-ia argumentar que a política macroeconômica não estava em ordem. Não havia superávit primário no orçamento, a taxa de câmbio era atrelada ao dólar e sobrevalorizada e as taxas de juros se orientavam basicamente no sentido de manter o nível das reservas internacionais. A adoção do regime de taxas de câmbio flutuantes em 1999 marcou o início de uma nova fase. As contas do setor público passaram a apresentar superávit primário de forma sistemática e sustentada e a taxa de câmbio real se

[99]Texto apresentado no seminário Metas de Inflação e Dívida: o Caso do Brasil, conjuntamente patrocinado pelo Instituto de Estudos de Política Econômica Casa das Garças, o Departamento de Economia da Pontifícia Universidade Católica do Rio de Janeiro e o Banco Mundial, Rio de Janeiro, 12-13 de dezembro de 2003. Somos gratos aos comentários de Armínio Fraga, Arthur Candal, Dionisio Dias Carneiro, Eduardo Gianetti da Fonseca, Elena Landau, Fábio de Oliveira Barbosa, Fernando Sotelino, Luiz Orenstein e Márcio Garcia, bem como aos participantes em seminários no Instituto Rio Branco, no Clube MIT do Brasil e na Universidade de São Paulo. Traduzido por Helga Hoffmann do cap. 8, "Credit, Interest, and Jurisdictional Uncertainty: Conjectures on the Case of Brazil". In: F. Giavazzi, I. Goldfajn e S. Herrera (orgs.), 2005, pp. 265-93. Publicado por permissão da MIT Press.

depreciou a ponto de o país começar a ter saldos elevados na conta de comércio e reduzir significativamente o déficit em conta corrente do balanço de pagamentos. As taxas de juros reais têm sido, em média, mais baixas do que antes, mas ainda são excepcionalmente altas quando comparadas às de outras economias de mercado emergentes. Por que a taxa de juros permanece tão alta?

As explicações disponíveis para esse fenômeno podem ser rotuladas como as hipóteses de "mau equilíbrio", de "ajuste fiscal insuficiente" e de "sequência de choques adversos". A seção 9.2 faz uma breve revisão dessas hipóteses. Quaisquer que sejam seus méritos para explicar por que as taxas de juros têm sido tão altas desde a adoção das taxas de câmbio flutuantes, argumentamos que há algo mais fundamental que relaciona a inexistência de um mercado local de crédito de longo prazo com a persistência de elevadas taxas de juros de curto prazo.

A seção 9.3 introduz o conceito de "incerteza jurisdicional" e argumenta que essa é a razão da inexistência de um mercado doméstico de crédito de longo prazo. Diferenciamos o conceito de incerteza jurisdicional de conceitos usuais de risco na seção 9.4. As consequências negativas da incerteza jurisdicional para a poupança e o investimento privados são detalhadas na seção 9.5. Na seção 9.6, mostramos que as consequências adversas da incerteza jurisdicional têm sido erroneamente interpretadas como falhas de mercado que exigem intervenção governamental. Embora essas intervenções tenham variado ao longo do tempo, elas podem ser agrupadas em quatro categorias: restrições à conversibilidade da moeda, alongamento artificial de prazos da dívida pública, fundos de poupança compulsória e poupança forçada via inflação. Desde a estabilização, essa última foi substituída por "impostos sem renda", isto é, sobre transações. A seção 9.7 revê cada uma dessas intervenções e argumenta que elas agravaram os efeitos da incerteza jurisdicional. Na seção 9.8, é apresentado um modelo macroeconômico de economia aberta em forma reduzida, de duas equações, para mostrar o impacto de cada intervenção sobre a taxa de juros de curto prazo e a taxa de câmbio, no contexto de uma política de metas de inflação com credibilidade. A discussão das implicações de política econômica encerra o texto, na seção 9.9.

9.2. Interpretações correntes para as elevadas taxas de juros

Podem ser identificadas três linhas gerais de argumentação no debate sobre os motivos pelos quais as taxas de juros são tão altas no Brasil.

A primeira é que a política monetária depois que a inflação foi estabilizada tem sido excessivamente conservadora. No período da taxa de câmbio atrelada ao dólar e excessivamente apreciada (1994-1998), foram necessárias taxas de juros altas para compensar o risco da desvalorização cambial. Depois da adoção da taxa de câmbio flutuante (1999 até hoje), a política monetária teria ficado presa em um "mau equilíbrio". O argumento é o de que taxas de juros muito altas aumentam o risco da dívida pública. Deveria ser possível obter a mesma taxa de inflação, tudo o mais mantido constante, com uma taxa de juros mais baixa e um risco menor da dívida pública. Esse seria o "bom equilíbrio".

A hipótese do duplo equilíbrio, no caso, pressupõe dominância fiscal em uma economia aberta. A inflação é sensível à taxa de juros, mas a taxa de juros aumenta com o nível de risco da dívida pública. Quando a dívida pública é elevada, a tentativa de controlar a inflação basicamente através da política monetária pode ter um resultado perverso: altas taxas de juro real pioram o desequilíbrio fiscal e aumentam o risco de *default* e o prêmio de risco exigido pelos credores.

O modelo de duplo equilíbrio é internamente consistente. Sua relevância empírica, contudo, ainda não foi estabelecida. Além disso, considerações sobre a necessidade de mudanças graduais na taxa de juros podem torná-lo pouco atraente na prática. Um banco central preocupado com sua credibilidade e a coerência das políticas ao longo do tempo dificilmente ousaria fazer o corte de juros abrupto que seria requerido para alcançar o "bom equilíbrio".

Uma segunda hipótese é que o ajuste fiscal ainda é insuficiente. A despeito de um elevado superávit primário, o peso da dívida pública é muito alto e pressiona a taxa de juros. As elevadas necessidades de financiamento do setor público competem pela poupança escassa e essa situação eleva a taxa de juros que equilibra a oferta e a demanda de poupança. Os gastos do governo deslocam o investimento privado e, assim, constituem um obstáculo ao crescimento maior da economia.

A terceira hipótese é a de que houve nos últimos anos uma série excepcional de choques adversos, externos e internos: o estouro da bolha de tecnologia da Nasdaq; o racionamento da oferta doméstica de energia; o 11 de Setembro; o colapso da Argentina e, finalmente, em 2002, o medo da vitória do PT e o chamado risco Lula. Na esteira desses choques, a política macroeconômica, ainda que adequada, não teria tido tempo suficiente para conseguir a recuperação econômica e taxas de juros mais baixas. Uma política monetária com metas de inflação deveria procurar atenuar a volatilidade das taxas de juros na trajetória para um equilíbrio de longo prazo. Assim, se não ocorrerem de novo choques adversos, seria apenas uma questão de tempo para que a taxa de juros real do Brasil convergisse para os níveis de outras economias estáveis. Ademais, o Banco Central não é independente e, por conseguinte, precisa estabelecer a sua reputação. As taxas de juros são altas *ex post*, mas não necessariamente *ex ante*, porque o público teme a possibilidade de que a interferência política impeça o Banco Central de atingir a meta de inflação.

Essas diferentes interpretações não são mutuamente excludentes. Uma melhoria sustentável do regime fiscal, de preferência na forma de uma contração do gasto público, certamente reduzirá a taxa de juros de equilíbrio. Também está claro que o Brasil ainda não pôde extrair todo o potencial das políticas macroeconômicas adotadas em 1999. Mas essa explicação ignora um ponto importante por trás das taxas de juros brasileiras persistentemente altas. Acreditamos que uma distorção que se relaciona com as políticas econômicas, e que é de muita resiliência, está impedindo a convergência das taxas de juros reais de equilíbrio para níveis compatíveis com aqueles observados internacionalmente.

Antes de apresentarmos os detalhes dessa conjetura, devemos chamar a atenção para um aspecto relativamente esquecido no debate sobre as altas taxas de juros: a ausência de um mercado local de bônus e de crédito de longo prazo. Na literatura especializada, esse fato é usado para explicar por que, diferentemente de outros países, a política monetária é menos eficaz no Brasil (tem menor efeito riqueza) ou por que o financiamento privado para o investimento de longo prazo é tão baixo. Passou despercebida, no entanto, a conexão entre a falta de uma estrutura doméstica de taxas de juros de longo prazo e a elevada taxa de juros real de curto prazo. O motivo parece ser que os fios que estabelecem essa conexão vão mais além dos canais macroeconômicos usuais cobertos na literatura.

9.3. Incerteza jurisdicional

Começamos observando que há alguns instrumentos locais usados para o crédito de longo prazo, vinculados a bancos de desenvolvimento governamentais que têm financiamento compulsório, mas não existe propriamente um mercado de crédito de longo prazo. A experiência mostra que é possível alongar prazos de vencimento mediante incentivos fiscais (como a postergação da incidência do imposto de renda nos planos de aposentadoria privados) ou através de decisões dos administradores de fundos que precisam fazer *hedge* de passivos de longo prazo (por exemplo, o caso dos fundos de pensão dispostos a comprar ativos de longo prazo indexados aos preços). Ainda que existam outras exceções específicas, como o financiamento de bens de consumo durável, o mercado local de bônus de longo prazo é pequeno e, sintomaticamente, restrito a bônus do Tesouro que têm demanda institucional cativa e a um fator de ajustamento da inflação, o IGP-M (Índice Geral de Preços – Mercado), calculado por uma organização não governamental independente. Existe, contudo, um grande mercado de crédito de longo prazo a que devedores brasileiros têm acesso e para o qual a jurisdição é estrangeira. Acesso a esse mercado é restrito ao governo, a grandes empresas (firmas cujo tamanho justifique o custo de verificação da qualidade de crédito) e a grandes bancos. O risco de crédito é, dessa forma, brasileiro, mas essas mesmas firmas que obtêm crédito de longo prazo fora do país em geral não conseguem obter financiamento com prazos equivalentes no mercado doméstico.

A existência de crédito de longo prazo fora do país, mas não dentro do país, não se explica pela localização do centro de tomada de decisão dos credores. Existem credores residentes que têm seus centros de decisão no exterior e credores não residentes com centros de decisão dentro do país. Os mesmos credores atuam em ambos os mercados, mas eles só estão dispostos a emprestar a longo prazo fora do país. A inexistência de um mercado local de crédito de longo prazo tampouco se explica pela moeda de denominação dos contratos. Existem no Brasil restrições legais para a emissão local de dívida privada indexada ao dólar, mas nem mesmo o Tesouro brasileiro se financia localmente com bônus de longo prazo atrelados ao dólar. Não existe mercado de crédito de longo prazo dentro do país, nem em reais nem em moeda estrangeira.

Independentemente da residência do credor ou da moeda de denominação do contrato, o crédito de longo prazo só está disponível se a jurisdição é estrangeira. É a jurisdição – a incerteza com a execução dos contratos firmados sob jurisdição brasileira – que está na raiz da inexistência de um mercado amplo de crédito doméstico de longo prazo.

Deve ser notada também a ausência de crédito de longo prazo no exterior denominado em reais. A execução de contratos no exterior em reais, em caso de litígio, seria necessariamente referida à jurisdição brasileira, por ser o Brasil o emissor da moeda de referência. Ainda que assinados no exterior, contratos de crédito estão assim sujeitos às incertezas da jurisdição brasileira. Os contratos de crédito em reais que existem fora do Brasil são ativos sintéticos denominados em reais, mas cuja liquidação se dá em dólares. Eles refletem instrumentos de crédito doméstico, exclusivamente de curto prazo, que existem no Brasil. Os contratos que servem de base a esses ativos sintéticos explicitam que os riscos de execução e liquidação são exatamente equivalentes aos dos ativos em reais aos quais são referidos. Eles refletem os contratos de crédito brasileiros e na verdade são apenas instrumentos emitidos por instituições financeiras que obtêm rendimentos assumindo a responsabilidade de cumprir as exigências legais para converter dólares em reais. Esses contratos desapareceriam se o real fosse plenamente conversível.

O crédito, assim, se limita ao curto prazo no Brasil ou ao longo prazo em dólares no exterior, pois apenas esse último escapa aos riscos da jurisdição brasileira. A Tabela 1 ilustra a situação. No lado esquerdo da tabela estão contratos de financiamento de curto prazo e, no lado direito, contratos de longo prazo. As linhas descrevem a moeda de denominação do contrato (em reais ou em dólares); as colunas descrevem a jurisdição (Brasil ou exterior). Contratos de curto prazo estão disponíveis em ambas as denominações e ambas as localizações, enquanto contratos de longo prazo estão disponíveis apenas em termos de dólar e sob jurisdição externa.

Tabela 1 – Contratos de crédito no Brasil

	Curto prazo		Longo prazo	
	Brasil	Exterior	Brasil	Exterior
Reais	Sim	Sim	Não	Não
Dólares	Sim*	Sim	Não*	Sim

*Há restrições legais para devedores privados.

A Tabela 1 mostra que o crédito de longo prazo existe somente quando a jurisdição não é a brasileira. O divisor crítico é a jurisdição e não a moeda de denominação. Há restrições legais para a emissão de títulos de dívida doméstica com cláusulas de indexação ao dólar, mas tais restrições não se aplicam a títulos do Tesouro. Há contratos de curto prazo denominados em reais em ambas as jurisdições, mas não são contratos de longo prazo. Como a base legal da moeda doméstica é necessariamente brasileira, contratos em reais no exterior são "contaminados" pela jurisdição brasileira. O financiamento externo de curto prazo em reais reflete o financiamento interno de curto prazo. Assim, o crédito de longo prazo só está disponível no exterior e denominado em moeda estrangeira, que é a única maneira de evitar a referência a eventos definidos na jurisdição brasileira.

A recusa a estender crédito de longo prazo na jurisdição doméstica sinaliza a presença de um importante fator de incerteza. Para usar uma terminologia de Keynes (1963), essa incerteza afeta "a estabilidade e segurança do contrato monetário" pelo qual a poupança é disponibilizada para o governo e outros devedores. Trata-se de uma incerteza de caráter difuso que permeia as decisões do Executivo, do Legislativo e do Judiciário e se manifesta predominantemente como um viés contra o poupador e contra o credor. A tendenciosidade não é contra o ato de poupar, mas sim contra a disponibilização financeira da poupança, a tentativa de uma transferência intertemporal de recursos através de instrumentos financeiros que, em última análise, são instrumentos de crédito.

A tendenciosidade está transparente na conotação social negativa de figuras associadas a quem empresta dinheiro – o "capital financeiro" em oposição ao "capital produtivo", o "banqueiro" em oposição ao "empreendedor". O devedor é visto de forma socialmente positiva, como ente que gera empregos e riqueza ou apela ao banco para lidar com alguma situação difícil na sua vida. Essa tendenciosidade pode ser observada mais ou menos em toda parte, mas é especialmente aguda no Brasil, provavelmente por causa das profundas diferenças sociais e dos elevados níveis de concentração de renda no país. Fatores históricos e culturais talvez também tenham facilitado a disseminação desse viés anticredor.

Pode-se inferir o quanto é profundo esse viés no Brasil a partir das respostas, resumidas na Tabela 2, a uma pesquisa de opinião realizada recentemente com membros da elite do país por dois cientistas políticos brasileiros.[100] Confrontados com o dilema entre a obrigatoriedade de cumprimento de contratos e a prática da justiça social, somente 49% de mais de quinhentas pessoas que responderam ao questionário consideraram que contratos sempre devem prevalecer sobre considerações sociais. Mais surpreendente ainda é que apenas 7% dos membros do Judiciário responderam que estavam dispostos a julgar contratos independentemente de considerações sociais, enquanto nada menos do que 61% declararam que a obtenção de justiça social justifica decisões em favor da quebra de contratos.

O conceito de incerteza jurisdicional corresponde ao consenso cada vez maior entre economistas e cientistas políticos de que as organizações econômicas, jurídicas e políticas de uma sociedade, isto

---

[100]Lamounier e Souza (2002).

é, suas instituições, são um determinante básico de seu desempenho econômico (North, 1981).

Tabela 2 – Obrigatoriedade de cumprimento de contratos segundo a elite brasileira

	Executivo	Legislativo	Judiciário	Total*
Contratos têm de ser cumpridos independentemente de seus efeitos sociais	77	44	7	48
Juízes têm de desempenhar uma função social e a busca de justiça social justifica decisões de quebra de contratos	15	39	61	36
Outras respostas	8	17	32	16
Total	100	100	100	100

Fonte: Lamounier e Souza (2002).
*Inclui homens de negócios, membros de sindicatos, jornalistas, membros de ordens religiosas, membros de ONGs e intelectuais.

No caso brasileiro, a incerteza jurisdicional pode ser decomposta, em seu viés anticredor, como o risco de que atos do Príncipe mudem o valor dos contratos antes do momento de sua execução, bem como o risco de uma interpretação desfavorável do contrato no caso de julgamento pelas cortes. A superação da incerteza jurisdicional envolve um reforço tanto do que Acemoglu e Johnson (2003) chamam de "instituições de direito privado", que protegem os cidadãos contra a expropriação por parte do Príncipe, quanto das "instituições contratuais", que permitem contratos privados entre os cidadãos.

Um mercado de crédito de longo prazo não existe porque não há poupança financeira de longo prazo disponível sob jurisdição brasileira. O "habitat preferido" (Modigliani e Sutch, 1982) dos poupadores é o prazo muito curto. Essa é uma distorção que não vem de uma decisão de alocação intertemporal do consumo, mas sim da relutância dos indivíduos e firmas de disponibilizar suas poupanças para o longo prazo sob a jurisdição doméstica. Bancos e intermediários financeiros compartilham essa mesma relutância e mantêm ativos de médio prazo somente em circunstâncias particulares que discutiremos adiante.

Essa relutância tem raízes em nossa história recente, pontuada pela perda de valor de contratos financeiros de longo prazo em virtude de manipulação da indexação, mudança de padrão monetário, congelamento de ativos financeiros, anulação judicial de cláusulas de ajustamento em moeda estrangeira, atos normativos da Receita Federal afetando os impostos sobre contratos vigentes e assim por diante. A longa tradição de atraso no pagamento de créditos contra o governo, exemplificada pela dificuldade de receber o dinheiro de indenizações ou ordens judiciais de pagamento, reforça a relutância em investir em instrumentos de dívida de longo prazo. A incerteza jurisdicional piorou depois que a Constituição de 1988 introduziu a possibilidade de mudanças na ênfase de interpretação entre princípios constitucionais conflitantes, em particular a subordinação da propriedade privada a sua função social.

O prazo de vencimento mais longo para o qual há um mercado financeiro doméstico varia com as circunstâncias e com a percepção, mais ou menos aguda, de incerteza jurisdicional. No Brasil, esse prazo de vencimento raramente supera um ano e em tempos de tensão a duração dos instrumentos de poupança chegou a contrair-se até níveis próximos de um dia, pela concentração maciça em depósitos *overnight*. Somente através de artifícios, tais como a indexação da dívida pública à taxa de juros diária do *overnight* e a regulamentação de mercados cativos (investimentos compulsórios dos fundos de pensão e reservas compulsórias dos bancos), é que o prazo médio da dívida pública doméstica está hoje em torno de dois anos e meio. Em contraste, sob jurisdição externa, a dívida pública externa tem um prazo de vencimento médio de 12 anos e o bônus *Brazil-40* é um título que tem muita liquidez.

Seja T o prazo para o qual existe um mercado doméstico de títulos de dívida, conforme determinado pela incerteza jurisdicional. Para prazos acima de T, essa incerteza faz com que o mercado desapareça, embora continue existindo uma estrutura a termo para a dívida externa. Isso significa que, para prazos de vencimento longos, superiores a T, a incerteza jurisdicional não pode ser avaliada quantitativamente; isto é, ela não pode ser expressa como um adicional (*spread*) sobre a taxa de juros que prevalece nos mercados externos de longo prazo e o mercado doméstico deixa de existir. Mas até T existe arbitragem quase perfeita entre a taxa de juros de títulos denominados em dólar no mercado doméstico e nos mercados internacionais. Assim, nos títulos de dívida de curto prazo, a incerteza jurisdicional está embutida no *spread* sobre a taxa de juros sem risco dos títulos do Tesouro dos Estados Unidos, que tem de ser pago aos investidores para que detenham títulos de dívida pública do Brasil no mercado financeiro interno.

9.4. Incerteza jurisdicional e outros conceitos de risco

Para esclarecer nosso conceito de incerteza jurisdicional, é útil explicitar suas características, para diferenciá-lo de conceitos próximos que aparecem na literatura. Embora associada à falta de confiança no padrão monetário, a incerteza jurisdicional não está restrita à simples preocupação com a manutenção do poder de compra da moeda no longo prazo. Se assim fosse, existiriam muitos instrumentos de crédito de longo prazo, tanto domésticos quanto no exterior, indexados ao nível de preços domésticos. Mesmo estando ausentes possíveis perdas devido à inflação ou à depreciação cambial, poucos investidores estão dispostos a comprar instrumentos financeiros de longo prazo sob jurisdição doméstica. A incerteza jurisdicional não se relaciona, portanto, apenas com os fatores de risco envolvidos na volatilidade do nível de preços e da taxa de câmbio.

A incerteza jurisdicional tampouco se confunde com o risco de fronteira ou de transferência para o exterior. Os mercados têm como avaliar riscos de fronteira para diferentes prazos de vencimento, como está demonstrado nas diferenças de *spread* entre os certificados de depósito bancário emitidos pelos bancos brasileiros no exterior, com ou sem a cláusula de pagamento em moeda local caso o governo brasileiro negue ao banco acesso às divisas estrangeiras (trata-se da chamada cláusula de *dollar constraint*). O risco de fronteira por si só não inibe o desenvolvimento de um mercado de crédito doméstico de longo prazo.

Igualmente não se deve confundir a incerteza jurisdicional com o risco de crédito. Assim como o risco de fronteira, o risco de crédito pode ser precificado para diferentes prazos de vencimento, como demonstrado pela existência de crédito externo de longo prazo para o Tesouro brasileiro, bem como para grandes firmas e instituições financeiras. O *spread* pago pelos bônus de longo prazo do Tesouro brasileiro sobre títulos de duração similar do Tesouro dos Estados Unidos, que convencionalmente é chamado de risco país, é a estimativa de mercado do risco de crédito de longo prazo do país no exterior.

A incerteza jurisdicional afeta todos os tipos de atividades comerciais de longo prazo no país. Mas não deve ser confundida com o risco de fazer negócios no Brasil, que inclui as dificuldades enfrentadas pelas firmas com os problemas logísticos de transporte e portos, a complexidade da legislação em geral e da legislação trabalhista em particular e as altas taxas de criminalidade. A incerteza jurisdicional resulta de um viés contrário a credores, e não contrário aos negócios. Isso fica evidente na disposição de firmas estrangeiras de fazerem investimentos diretos privados de longo prazo, mas não de estender crédito local de longo prazo, nem mesmo para firmas associadas. Aparece também no fato de que as firmas do chamado setor produtivo muitas vezes são beneficiadas em sua condição de devedoras pela materialização da incerteza jurisdicional em seu viés anticredor.

A incerteza jurisdicional é o que, em nossa perspectiva, dá substância ao chamado pecado original das finanças internacionais, como identificado por Eichengreen e Hausmann (1999), a saber, a incapacidade de emitir dívida externa de longo prazo em moeda nacional. Jeanne (2002) argumenta que o pecado original é o resultado da falta de credibilidade da política monetária doméstica em um contexto de taxas de câmbio fixas. Consideramos essa interpretação por demais limitada ao problema dos riscos devidos à volatilidade das taxas de câmbio e das taxas de juros. Se fosse esse o único problema, existiria um mercado local de longo prazo para contratos financeiros indexados ao dólar. É verdade que há restrições legais a contratos de longo prazo locais em moeda estrangeira, mas mesmo o Tesouro brasileiro, que não está sujeito a essas restrições, enfrenta dificuldade em se financiar no mercado local com bônus de longo prazo indexados ao dólar.

Eichengreen, Hausmann e Paniza (2005) mencionam países como Chile, Israel e Índia, capazes de emitir dentro do país títulos de dívida de longo prazo denominados em moeda nacional, mas não no exterior. Para nós esse não é um pecado original profundamente arraigado. É antes ou um problema de tamanho (pois mercados financeiros internacionais necessitam emissões vultosas que possam dar-lhes liquidez) ou a consequência de esses países terem moedas inconversíveis. Fundos de pensão locais e outros investidores institucionais de longo prazo com obrigações de longo prazo em moeda local não são afetados por essa inconversibilidade, mas os investidores estrangeiros, sim. Assim, o que a experiência daqueles três países parece indicar é que há três requisitos para que um país possa emitir dívida de longo prazo no exterior denominada em moeda doméstica: boa jurisdição local, dívida de grande porte e moeda conversível.

9.5. O impacto sobre a poupança e o investimento privados

A incerteza jurisdicional é, portanto, a razão por trás da inexistência de crédito de longo prazo e de instrumentos financeiros de longo prazo. A maneira difusa e não quantificável pela qual ela afeta o valor real dos contratos financeiros de longo prazo torna impossível o desenvolvimento de um mercado financeiro de longo prazo de tamanho expressivo. Não se pode esperar que poupadores sejam receptivos a deter contratos financeiros de longo prazo quando é impossível precificar a incerteza sobre seu valor.

A incerteza jurisdicional reduz a disponibilidade geral de crédito. Contratos de dívida com garantia não são suficientes para estimular a oferta de crédito porque o sistema judiciário torna difícil para o credor exercer o direito de retomar o colateral dado como garantia. A segurança do cumprimento das cláusulas relativas às garantias é precária porque a lei e a jurisprudência têm viés em favor do devedor. Mesmo se o credor tem conhecimento suficiente do devedor e se sente suficientemente confiante para emprestar-lhe por um período longo, a incerteza jurisdicional faz com que seu crédito não tenha liquidez. Caso o credor original precise de recursos e tenha de vender os instrumentos de crédito, ninguém estará disposto a comprá-los a um preço justo. O crédito não poderá ser precificado de maneira justa por alguém que não tem a respeito do devedor o mesmo conhecimento que tem o credor original. Instrumentos de longo prazo, assim, não têm liquidez. Relações bilaterais podem funcionar, mas a incerteza jurisdicional exclui a possibilidade de transações impessoais multilaterais que envolvam crédito durante período de tempo longo. A consequência é o colapso quase completo de um mercado financeiro de longo prazo. Na terminologia de Kiyotaki e Moore (2001), a incerteza jurisdicional torna mais limitativa tanto a restrição a tomar emprestado quanto a restrição à revenda. Visto de outro ângulo, a estrutura a termo das taxas de juros locais é truncada. Entre outras consequências, isso é um obstáculo a que os mercados revelem as expectativas inflacionárias de longo prazo.

A incerteza jurisdicional não só exclui a existência de um mercado financeiro de longo prazo como distorce o comportamento dos poupadores pelo menos de cinco maneiras:

1) Não havendo conversibilidade da moeda, aumenta a taxa de juros de curto prazo exigida pelos poupadores para aplicar sua riqueza financeira no mercado local de títulos de dívida.
2) Reduz a poupança agregada porque representa um risco relativo à postergação do consumo.

3) Faz com que os poupadores atribuam um valor muito alto à capacidade de reprogramar sua riqueza financeira, que assim é mantida em títulos de curto prazo e na forma mais líquida possível.

4) Induz os poupadores a transferirem sua riqueza financeira de longo prazo para o exterior.

5) Aumenta a preferência dos poupadores por formas de alocação de riqueza que não dependem de intermediação financeira, buscando formas diretas de investimento real.

Consequentemente, a incerteza jurisdicional distorce a formação de capital de três maneiras diferentes:

1) Firmas de pequeno e médio porte, para as quais o custo de verificação do crédito é alto, não têm acesso a financiamento de longo prazo. Consequentemente, seus investimentos se restringem ao que permitem seus lucros.

2) Grandes empresas, com acesso ao mercado de crédito externo, são obrigadas a lidar com as arriscadas consequências de um descasamento de prazos entre ativos e passivos.

3) Firmas com muito dinheiro em caixa, sejam pequenas ou grandes, tendem a investir exageradamente no seu próprio negócio.

9.6. Reações distorcidas de política no Brasil

Na comparação com economias de mercado emergentes, destaca-se no caso brasileiro o forte impacto da incerteza jurisdicional sobre as taxas de juros de curto prazo. O motivo parece ser que, entre as economias de mercado emergentes, o Brasil tem a característica especial de ter desenvolvido para sua dívida pública um amplo mercado interno cativo de curto prazo que permaneceu "desdolarizado". Outros países da América Latina têm um mercado local de ativos financeiros de curto prazo dolarizado. Além do Brasil, os únicos países latino-americanos sem dolarização financeira são o Chile e a Colômbia. O Chile, como indicado por sua classificação de risco como grau de investimento, não sofre de incerteza jurisdicional. A Colômbia só recentemente perdeu o seu status de grau de investimento devido a riscos elevados relacionados ao tráfico de drogas, mas tradicionalmente tem executado políticas financeiras bastante responsáveis. O que torna o Brasil especial é o seu grande mercado de dívida pública em moeda doméstica, apesar de considerável incerteza jurisdicional. Isso explica tanto a falta de um mercado de crédito de longo prazo como a taxa de juros de curto prazo excepcionalmente elevada. A Tabela 8 resume nosso ponto de vista. Taxas de juros de curto prazo e mercados locais de crédito de longo prazo dependem da qualidade da jurisdição e do grau de conversibilidade da moeda. Um terceiro determinante, a estabilidade de longo prazo do padrão monetário local, é ignorado por questão de simplicidade, mas em geral se supõe que ela faz parte de uma boa jurisdição. Se a jurisdição é forte e a moeda é conversível, taxas de juros de curto prazo são baixas e existe um mercado de crédito de longo prazo em moeda local, seguramente dentro do país, mas também no exterior caso o mercado de títulos financeiros do país seja grande. O México, depois do Tratado de Livre Comércio da América do Norte (Nafta), ilustraria essa situação. Se a jurisdição é forte, mas a moeda é inconversível, as taxas de juros de curto prazo são baixas e o mercado de crédito de longo prazo floresce dentro do país, mas não no exterior. A Índia está nessa categoria. Se a jurisdição é fraca, mas a moeda é conversível, o mercado financeiro de curto prazo local é dolarizado com taxas de juros moderadas. Esse é o caso do Peru. Finalmente, quando a jurisdição é fraca e a moeda não é conversível, as taxas de juros de curto prazo domésticas são altas e não existe um mercado de crédito doméstico de longo prazo. Esse é o caso do Brasil.

A persistência de taxas de juros de curto prazo muito elevadas raz com que agentes econômicos afora o Tesouro Nacional recorram apenas ocasionalmente ao crédito bancário, para não arriscar falência. Alternativamente, podem exercer a sua capacidade de fazer *lobby* a fim de transferir para o Tesouro a responsabilidade de pagar suas dívidas. Nos anos 1990, foi precisamente isso que aconteceu. Estados e municípios transferiram seus passivos para a União em condições favoráveis. Devedores no setor rural e bancos foram resgatados pela União através de instrumentos como o Programa de Incentivo à Redução da Presença do Estado na Atividade Bancária (Proes) e o Proer. O Tesouro brasileiro é o único agente que acaba pagando juros sistematicamente altos ao longo do tempo.

Tabela 3 – Jurisdição e conversibilidade da moeda

Conversibilidade	Jurisdição	
	Forte	Fraca
Sim	Taxas de juros de curto prazo baixas	Dolarização com taxas de curto prazo baixas; juros de curto prazo moderados
	Crédito de longo prazo em moeda local internamente e no exterior (se o país tem escala)	Crédito de longo prazo doméstico inexistente
Não	Taxas de juros de curto prazo baixas	Elevadas taxas de juros de curto prazo
	Crédito de longo prazo internamente, mas não exterior	Crédito de longo prazo doméstico inexistente

Decisões de política econômica que desconsideram os que detêm instrumentos financeiros são diretamente responsáveis pela incerteza jurisdicional no Brasil. Essas decisões foram especialmente prejudiciais no início dos anos 1980, levando à inflação de três dígitos. Começaram com a correção monetária (fator de ajustamento da dívida do governo pela inflação) sendo prefixada em níveis artificialmente baixos no fim de 1979. Uma eliminação dos índices de correção monetária aconteceu no início de todas as tentativas de estabilizar a inflação nos anos 1980 e um congelamento de ativos financeiros ocorreu com o Plano Collor de 1990. Essas intervenções foram documentadas por Simonsen (1995) em sua análise da ascensão e queda da indexação da inflação no Brasil.

Independentemente das várias medidas que prejudicaram diretamente quem detinha instrumentos financeiros, a maioria das decisões de política econômica que agravaram a incerteza jurisdicional foi, provavelmente, consequência de tentativas errôneas de corrigir seus efeitos. Os gestores de política econômica notaram os limites impostos ao crescimento econômico pela falta de poupança doméstica de longo prazo. Mas não interpretaram essa falta como um produto da incerteza jurisdicional e sim como uma falha de mercado que exigia uma intervenção da política econômica. O objetivo geral das políticas era, portanto, criar mecanismos de formação de capital sob o comando do governo, tanto na mobilização de poupança doméstica como no financiamento do investimento fixo. Essas políticas se organizaram conforme cinco dimensões:

1) Conversibilidade limitada da moeda. Controles de capital, administrados de forma discricionária, impuseram severas restrições ao investimento no estrangeiro por parte de residentes. O objetivo era criar poupanças "cativas" que podiam, assim, ser dirigidas pelo governo ao financiamento do investimento real doméstico.

2) Mecanismos de poupança de longo prazo compulsória (FGTS, PIS/Pasep) administrados por bancos do governo (Caixa Econômica Federal e BNDES).

3) Alongamento artificial dos prazos de vencimento dos investimentos financeiros, tanto para a dívida pública como para créditos privados. Esse alongamento dos prazos tem sido tradicionalmente feito através de (a) medidas tributárias que punem duramente investimentos financeiros com prazos de vencimento muito curtos (como os impostos sobre operações financeiras); (b) regulamentação que torna compulsória para certos tipos de agentes econômicos (fundos de pensão, companhias de seguro) a aquisição de títulos de longo prazo do governo; e (c) incentivos aos intermediários financeiros para que retenham dívida de longo prazo do governo,

mesmo quando são inexistentes recursos dos investidores finais com prazos compatíveis.

4) Práticas comuns nas empresas públicas para aumentar poupança e investimento. Exemplos disso são (a) pagamentos de benefícios aos empregados através de transferências para os fundos de pensão em vez de aumentos salariais diretos; (b) uso de poder de monopólio sobre tarifas e preços do setor público com o objetivo de extrair os recursos da sociedade para o financiamento do investimento público (tais recursos em regra não eram transferidos para o Tesouro como dividendos, mas sim reinvestidos na expansão das próprias empresas estatais); e (c) uso de empresas públicas como veículos para a absorção de poupança estrangeira de longo prazo na forma de dívida externa.

5) Senhoriagem como mecanismo para gerar e canalizar poupanças privadas para o setor público, mecanismo esse cuja exploração foi reforçada com a criação de bancos comerciais do setor público.

A importância das intervenções via empresas públicas diminuiu ultimamente, devido às privatizações, à criação de agências reguladoras independentes, ao estabelecimento de limites para as transferências das firmas patrocinadoras para os fundos de pensões e aposentadorias de seus empregados e à gradual subcontratação de administradores para esses fundos. O uso da inflação para promover poupança forçada para o governo também foi substituído por outra forma de intervenção desde a estabilização da inflação com o Plano Real. A poupança forçada via inflação foi substituída por tributos distorcidos, que denominaremos "impostos sem renda" na seção 9.7 adiante.

Existem dois traços comuns nesse conjunto de respostas de política econômica. A primeira é a subordinação da eficiência microeconômica a considerações macroeconômicas. Os custos, em termos de bem-estar, das restrições impostas à liberdade de alocar riqueza e poupança foram considerados inferiores aos ganhos a serem obtidos da disponibilidade de crédito doméstico de longo prazo. Considerou-se que a superação do que o governo percebia como uma grave falha de mercado melhorava o bem-estar a despeito da evidente distorção na alocação de recursos.

O segundo traço comum é a forma das respostas de política. Em todos os casos aumentou-se o poder de decisão da burocracia governamental. Vale lembrar três exemplos. Primeiro, a restrição à conversibilidade conferiu poderes à burocracia para decidir quem é autorizado a transferir riqueza para o exterior e em que condições. Segundo, o alongamento artificial dos prazos de vencimento da dívida pública aumentou a dependência dos intermediários financeiros em relação à liquidez controlada pelo Banco Central. Terceiro, o poder de decidir sobre o uso da poupança compulsória foi mantido sempre nas mãos da burocracia. Quem detinha alguma riqueza acumulada de forma compulsória jamais teve permissão para escolher o administrador de sua poupança. Não existe portabilidade da poupança compulsória de longo prazo.

O aumento no poder da burocracia resultou da confluência de paixões, interesses e tradição. Paixões quando os agentes privados foram percebidos como míopes quanto a seus próprios interesses de longo prazo e agentes passivos em sua capacidade de reação à intervenção de um governo onisciente, que se julgava apto para implantar um controle ótimo da atividade econômica. Interesses são expressos pela articulação política de grupos privados que apoiam o controle da burocracia sobre a aplicação da poupança compulsória em diferentes investimentos, dado o seu acesso privilegiado ao Estado ou sua capacidade de moldar as políticas do Estado para o lucro privado. A tradição deriva da experiência cultural histórica de controle do Estado sobre as atividades comerciais, pois o controle do Estado foi particularmente forte no Brasil até bem recentemente. Essas forças parecem estar na raiz da tendenciosidade intervencionista que acentuou o impacto da incerteza jurisdicional sobre a taxa de juros de curto prazo, como mostramos na próxima seção.

9.7. Efeitos das intervenções de política

Esta seção examina as consequências para a alocação de recursos e o crescimento, sucessivamente, da restrição à conversibilidade, do alongamento artificial dos prazos de vencimento da dívida pública, dos fundos de poupança compulsória e dos "impostos sem renda".

9.7.1. Restrições à conversibilidade

No sistema do câmbio atrelado ao dólar que prevaleceu no Brasil desde o período da Segunda Guerra Mundial até o início de 1999, restrições à conversibilidade deram ao governo o poder de estabelecer as prioridades no uso das reservas internacionais escassas. Esse poder de monopólio foi usado para usar as reservas principalmente para a importação de bens de capital e matérias-primas essenciais. Até os anos 1990, as restrições à conversibilidade, em qualquer sentido prático, eram rigorosas; eram admitidas algumas exceções, mas somente em casos especiais e administradas de modo discricionário. O resultado foi a emergência de um enorme mercado de câmbio paralelo, ilegal, mas tolerado, pelo qual passava boa parte das operações em moeda estrangeira. Uma liberalização gradual das restrições à conversibilidade ocorreu apenas depois do Plano Real, com a consequente redução da taxa de câmbio do mercado paralelo.

Essa liberalização das restrições, que ocorreu com o mecanismo das chamadas contas CC-5, foi, no entanto, apenas parcial. Em primeiro lugar, nem todos os agentes econômicos podem transferir recursos para o exterior. Grandes poupadores institucionais (fundos de pensão e reservas técnicas das companhias de seguro) não têm permissão para investir no exterior. Segundo, os custos de transação são altos devido a complexas exigências regulamentares. Terceiro, há limites no valor que pode ser remetido. Somas maiores precisam de autorização prévia do Banco Central. Além do mais, uma simples decisão administrativa pode reverter essa situação de relativa liberalização; o mecanismo das CC-5 manteve intactos os instrumentos legais e administrativos de controle da conversibilidade, pois foi apenas um expediente normativo para criar uma brecha para transferências internacionais de moeda sem alterar as leis restritivas para o câmbio. O poder da burocracia não foi reduzido. Exemplos disso são: (1) o sistema de taxas de câmbio duplas que continua vigorando, a taxa de câmbio "comercial" e a "flutuante", sendo que a arbitragem entre esses dois mercados pode ser suspensa a qualquer momento por uma decisão do Banco Central; (2) o poder normativo do Banco Central de impedir, a qualquer momento, a remessa de divisas para o exterior; e (3) a estigmatização das remessas pelas CC-5 por alegações de que são antipatrióticas e até ilegais.

Com a flutuação do câmbio em 1999, a possibilidade de executar uma política monetária ativa (no sentido da capacidade de desviar as taxas de juros locais das taxas no exterior) tornou-se compatível com o livre movimento de capitais. A própria ideia de uma escassez quantitativa de moeda estrangeira deixou de ser aplicável nessa situação. Não obstante, não houve progresso substantivo no mecanismo da conversibilidade. O Banco Central retém o poder de suspender a conversibilidade a seu bel-prazer.

A argumentação em favor dos controles cambiais mudou com o sistema de taxas flutuantes. Hoje, o temor de adotar a conversibilidade plena é que a migração de capital para uma jurisdição melhor seja de tal magnitude que não exista um equilíbrio estável no mercado de câmbio; uma aguda depreciação do câmbio e uma erosão da base tributária seriam a consequência da liberalização da conta de capital. Essa atitude pode ser vista como mais um exemplo do medo da flutuação cambial. De modo mais fundamental, no entanto, a manutenção dos controles de capital sinaliza para os agentes privados como as autoridades monetárias visualizam o sistema cambial. Num contexto de taxa de câmbio fixa, essa manutenção sinaliza que as autoridades monetárias consideram a taxa de câmbio como sendo supervalorizada. No contexto do câmbio flutuante, a manutenção dos controles de capital sinaliza que as autoridades monetárias não acreditam que exista um prêmio de mercado aceitável para compensar a incerteza jurisdicional. O pressuposto é que a fuga de capitais ocorreria independentemente de quão depreciada estivesse a taxa de câmbio.

9.7.2. *Alongamento artificial de prazos de vencimento da dívida*

Devido à incerteza jurisdicional, não existe um mercado financeiro doméstico de longo prazo. O governo, contudo, deseja aumentar os prazos de vencimento da dívida pública a fim de tornar a política monetária mais efetiva e reduzir o risco de rolagem e, assim, melhorar a avaliação de risco da dívida pública. Medidas de política econômica foram adotadas em duas frentes diversas. Os gestores de política econômica tentaram obrigar os investidores a estender os prazos em suas carteiras através de medidas administrativas e fiscais que punem investimentos financeiros de curto prazo. Os resultados obtidos foram muito limitados. Consequentemente, a atenção se concentrou nos intermediários financeiros. O alongamento da estrutura a termo das dívidas passou a depender da disposição dos intermediários financeiros de fazer o necessário alongamento nos prazos, carregando bônus de longo prazo com financiamento de prazo muito curto. Dessa forma, em janeiro de 2004, nada menos de 46% da dívida interna da União eram mantidos por bancos comerciais: 33% de forma voluntária e 13% compulsória. Desse total, estima-se que 56% eram detidos pelos bancos públicos e 44% pelos bancos privados. A contrapartida desses ativos em financiamento dos bancos era em sua maior parte em CDBs com liquidez diária (depois de um prazo inicial de 30 dias) e direitos de saque automáticos. Mais 44% da dívida pública doméstica estavam em fundos de investimentos financeiros de clientes dos bancos (FIFs), com liquidez diária, ainda que sem direitos de saque automáticos, independentemente dos prazos de vencimento dos instrumentos de dívida subjacentes. Dessa forma, pode-se dizer que 90% da dívida interna da União tinham seus prazos de vencimento artificialmente alongados mediante intermediação do sistema bancário comercial.

O resultado dessa intermediação, se feita a partir de títulos do governo de dívida de renda fixa, é um risco elevado de descasamento das taxas de juros, que durante muitos anos exigiu prêmios elevados para manter a disposição dos bancos de deter a dívida pública, além de alguma forma de garantia implícita de recompra por parte do Banco Central. Até a criação, em 1986, das Letras Financeiras do Tesouro (LFT), cuja rentabilidade segue a taxa básica de juros do Banco Central, esse processo de intermediação da dívida com descasamento de prazos aumentou significativamente o custo da dívida pública. A introdução das LFTs eliminou o risco de descasamento entre a taxa de juros interbancária e a taxa de juros recebida pelo intermediário financeiro ao manter títulos do governo. As LFTs, contudo, têm duração de um dia e, como vimos, virtualmente não têm comprador final fora do setor bancário ou dos fundos administrados pelos bancos.

Embora desde a criação das LFTs uma parte substancial da dívida pública tenha passado a ter indexação financeira diária, o Banco Central continua procurando alongar os prazos de vencimento com instrumentos de renda fixa. Em janeiro de 2004, 51,1% da dívida da União estavam em LFTs e 12,6% em títulos de renda fixa (quanto ao resto, 21% estavam em títulos indexados ao dólar e 15,3% em instrumentos protegidos contra a inflação). Esse alongamento aumenta a eficácia da política monetária, mas tem elevado custo fiscal, pois o governo só consegue colocar instrumentos de renda fixa quando a expectativa dos intermediários financeiros é de queda das taxas de juros e, com isso, de lucros elevados no carregamento. A experiência mostra que sempre que as expectativas são frustradas, o Banco Central é obrigado a comprar de volta os títulos de dívida de renda fixa a taxas subsidiadas para evitar perdas elevadas demais e o risco de uma crise sistêmica. Como não há, por parte do público que não os bancos, aplicações de longo prazo – especialmente não em papéis de renda fixa –, a dívida, como vimos, é mantida quase toda pelos intermediários financeiros. Como esses, em seu conjunto, têm vencimentos descasados entre seus ativos e passivos, o Banco Central tem de oferecer uma garantia implícita de resgate, o que acaba obrigando que ele tenha de recomprar a dívida a preços desfavoráveis em momentos críticos. A incerteza jurisdicional requer, assim, um acordo bilateral implícito entre intermediários financeiros e o Banco Central para criar a impressão de duração de longo prazo para a dívida pública. O conjunto das medidas de alongamento induzido do prazo e as restrições às aplicações de curtíssimo prazo produzem, além disso, uma sinalização negativa que torna o poupador menos disposto a financiar a dívida pública.

9.7.3. Poupança compulsória

O uso que o governo fez da inflação como mecanismo para extrair poupanças forçadas apresentou sinais de exaustão no início dos anos 1960. As reformas estruturais da segunda metade daquela década tinham o objetivo de substituir parte da poupança privada devida à inflação por mecanismos institucionais de poupança compulsória, notadamente o FGTS, o PIS-Pasep e a unificação dos fundos de previdência social.

As reformas introduzidas pelo regime militar nesse período incluíram também a "correção monetária", uma tentativa de neutralizar os efeitos perversos da inflação sobre a poupança através de uma indexação por índice de preços. A indexação dos ativos financeiros foi imaginada para preservar o valor real dos instrumentos de poupança forçada recentemente criados e para estimular a poupança de longo prazo voluntária. A caderneta de poupança corrigida pela inflação e com taxa de juros fixa de 6% foi a primeira tentativa de criar um instrumento de poupança de varejo garantido pelo governo. Os recursos das cadernetas de poupança seriam direcionados basicamente para o financiamento dos investimentos em habitação.

As sobretaxas para a previdência social, o FGTS e o PIS-Pasep foram inicialmente pensadas como poupança, isto é, uma transferência intertemporal compulsória de renda, sem impacto sobre a renda permanente dos assalariados. Ao longo dos anos, no entanto, a correção monetária ficou defasada em relação à inflação e às vezes foi feita a taxas menores do que a inflação esperada. Além da perda de poder de compra para os assalariados, foram estabelecidas muitas barreiras a seu acesso aos fundos de poupança compulsória. Além disso, investimentos em projetos sem rentabilidade, bem como o desvio dos fundos para financiar gastos correntes do governo, obrigaram a sucessivos aumentos nas alíquotas da poupança compulsória, para que o sistema em seu conjunto pudesse continuar financiando novos projetos de investimento.

Devido à má administração e a um afastamento dos objetivos originais dos instrumentos de poupança compulsória, os assalariados passaram a entender que as taxas cobradas na verdade não representavam renda diferida, e, sim, meros impostos sem contrapartida de renda individual futura. Essa percepção transformou essas taxas compulsórias em uma cunha entre o rendimento pago pelo empregador e o rendimento recebido pelo empregado.

A importância quantitativa desses mecanismos de poupança compulsória pode ser observada nas contas nacionais consolidadas do Brasil em 2002 (IBGE, 2004). A poupança nacional bruta nesse ano foi de R$ 249 bilhões. As contribuições para a previdência social somaram R$ 181 bilhões, enquanto as contribuições das famílias a fundos de pensão, FGTS e PIS/Pasep foram de R$ 22 bilhões.

A diferença entre o custo do trabalho para a firma e a renda líquida recebida pelo assalariado deslocou emprego do setor formal da economia para o informal, onde a cunha fiscal não se aplica. Medida apenas pelos descontos relacionados ao salário não diretamente recebidos pelos trabalhadores (ou seja, previdência social, seguro obrigatório contra acidentes de trabalho, salário-educação e contribuições ao chamado sistema-S de treinamento), essa cunha representa 49,7% do salário mensal no setor formal, de acordo com Amadeo e Camargo (1996). Se incluirmos o 13º salário e férias e feriados remunerados, e outros benefícios como os relacionados com a família, licença-maternidade e vale-alimentação e vale-transporte (nenhum dos quais existe no setor informal), a diferença chega a 86,9% do salário básico mensal do setor formal. Como a produtividade do trabalho é mais baixa no setor informal, o resultado geral é uma redução da produtividade média da economia. Dessa forma, o deslocamento da força de trabalho induzido por essa carga tributária levou a uma diminuição do produto natural, com implicações negativas para a taxa de juros de equilíbrio, como discutiremos na seção 9.8.

9.7.4. *"Impostos sem renda"*

A estabilização de preços alcançada em 1994 com o Plano Real revelou a magnitude do déficit do setor público, que havia sido antes mascarado pela transferência forçada de poupança para o governo via inflação. O ajustamento das contas do setor público tornou-se inadiável. Mas a redução do gasto público era mais difícil de levar a cabo devido ao aumento da vinculação de impostos a despesas específicas de acordo com a Constituição de 1988. A redução do gasto real através do atraso administrativo nos pagamentos nominais, um mecanismo de controle orçamentário efetivo quando a inflação é alta, tornou-se muito menos efetivo com a estabilização dos preços. A segunda melhor alternativa era aumentar o imposto de renda ou instituir um imposto nacional sobre o valor agregado. Mas o federalismo fiscal, apoiado pela Constituição de 1988, forçava o governo a transferir para os estados e municípios quase 50% da receita do imposto de renda e do imposto federal sobre o valor agregado (o IPI). O impasse na discussão sobre a redistribuição de um novo imposto sobre o valor agregado que incidisse sobre o consumo, que substituiria os impostos estaduais que recaem sobre o valor agregado na produção (ICMS), tornou inviável qualquer reforma racional do sistema tributário.

Diante da rigidez constitucional do gasto, da restrição ao financiamento externo e das dificuldades políticas para uma racionalização do sistema tributário, a única alternativa que restava era aumentar as chamadas contribuições sociais, a saber, os impostos cumulativos e distorcedores que recaem sobre as receitas de vendas e sobre as transações financeiras.

A carga tributária alcançou níveis muito elevados mesmo conforme os padrões de economias avançadas: chegou a 35,9% do PIB em 2003, vindo de 25,8% em 1993.[101] Esse aumento da carga tributária permitiu gerar elevados superávits primários (4,3% do PIB em 2003) e, com isso, uma relativa estabilização da razão dívida/PIB. O peso da distorção causada pelo aumento da carga tributária, contudo, foi enormemente agravado porque ele consistiu majoritariamente de impostos sobre transações, seja sobre receitas de vendas seja sobre transações financeiras (Cofins, PIS/Pasep, CPMF e ISS). Nada menos de 47% do aumento da carga tributária entre 1993 e 2002 deu-se na forma desse tipo de imposto, que veio a representar 25% da carga tributária total em anos posteriores (impostos sobre a renda constituíam 20%, impostos sobre o valor agregado [IPI e

---

[101] BNDES (2001); Afonso e Araújo (2004)

ICMS], 25%, impostos sobre a folha salarial, 23% e uma multiplicidade de outros tributos e contribuições os restantes 7%).

Esses impostos sobre transações incidem independentemente da geração de renda. O efeito adverso sobre o produto é evidente. Usados em ampla escala, tendem a criar uma dicotomia na estrutura industrial.[102] Por um lado, há pequenas empresas que são viáveis apenas com evasão de impostos. De outro lado, há grandes empresas com o poder de oligopólio de produtos diferenciados, obtendo margens de lucro suficientemente altas para cumprir as exigências tributárias. Firmas de porte médio, no entanto, que não podem burlar o fisco por sua maior visibilidade, têm grande dificuldade de pagar impostos sobre transações.

Essa dicotomia industrial torna mais íngreme a curva de oferta doméstica de bens. Firmas do setor informal não podem aumentar a produção para atender à demanda crescente, devido ao risco de não cumprimento dos requisitos formais: com o aumento da produção, aumentam os riscos de permanecer informal e as firmas têm de pagar os impostos sobre as transações. A rentabilidade desaparece com a passagem para o setor formal, a não ser que a firma tenha capacidade administrativa excepcional. O setor formal, por sua vez, responde ao aumento de demanda elevando margens e preços, pois é composto quase exclusivamente por grandes firmas com poder oligopolístico de formação de preços, capazes, assim, de cumprir as complexas exigências do sistema tributário.

O extenso uso de tributos sobre transações foi favorecido por serem eles politicamente atraentes. Os eleitores dificilmente conseguem perceber quanto de sua renda é absorvida por impostos que incidem sobre vendas e sobre transações financeiras. No processo de equilibrar as finanças do setor público, o populismo tradicional foi substituído no Brasil pelo que se pode chamar de populismo fiscal. O populismo tradicional é definido aqui como a tentativa de influenciar os eleitores recorrendo ao dinheiro fácil ou a gastos mais elevados sem cobertura de impostos. O processo de gastança seguido de contenção que assim se gerou recebeu apropriadamente o nome de ciclo eleitoral de negócios. Em

---

[102]Bodin (2003).

contraste, sob o populismo fiscal, não se toleram os desvios da inflação em relação às metas ou aos déficits fiscais. Os eleitores serão seduzidos pelo gasto público mais elevado e pouco importa se a tributação que o financia é prejudicial ao crescimento ou extremamente distorcedora em seus efeitos sobre a alocação de recursos. A consequência do populismo fiscal é um aumento da tributação total e do gasto público como proporção do PIB. O quadro macroeconômico retratado pelo baixo déficit fiscal e a contenção da inflação tem aparência saudável, mas reduz-se o produto potencial.

9.8. Incerteza jurisdicional e taxa de juros

Nesse ponto de nossa discussão, estamos em condições de relacionar a incerteza jurisdicional com os motivos pelos quais as taxas de juros são excepcionalmente elevadas no Brasil. A incerteza jurisdicional, bem como as distorções criadas pelos gestores de política econômica, já estava presente quando foi introduzido o regime das metas de inflação em 1999. Assim, seria enganoso interpretar o funcionamento das distorções sob o regime de metas de inflação como defeitos ou inadequações desse regime ou do modelo macroeconômico subjacente. Nossa tarefa é inserir as distorções provocadas pela incerteza jurisdicional e pelas intervenções governamentais no modelo das metas de inflação. Depois disso, poderemos examinar de que modo um programa sustentado e abrangente com vistas a atenuar a incerteza jurisdicional permitiria reduzir a taxa de juros. O modelo aqui é uma versão simples do modelo macroeconômico comum prospectivo de curto prazo para uma economia aberta. Seu objetivo é ilustrar como as distorções associadas à incerteza jurisdicional afetam a taxa de juros do Banco Central.

Supomos uma estrutura estrita de metas de inflação. A taxa de juros nominal de curto prazo i_t é fixada pelo Banco Central independentemente de outros objetivos de política econômica, tais como atenuar as flutuações do produto ou mover gradualmente a taxa de juros. Isso não é realista. Desde a criação do regime de metas, o gradualismo tem prevalecido para as alterações na taxa de juros, exceto por descontinuidades provocadas por grandes deslocamentos na expectativa de inflação. Temos evidência, também, de que em algumas circunstâncias o Banco Central prefere não atingir a meta de inflação para não enfrentar uma contração por demais severa do produto (por exemplo, a atitude de acomodação adotada após os choques de 2001). Pressupomos uma meta de inflação estrita apenas por questão de simplicidade.

Tampouco vamos levar em conta questões de credibilidade do Banco Central. Se há plena credibilidade e não ocorrem perturbações, a inflação efetiva e a esperada coincidem com a meta da taxa de inflação que não varia com o tempo π^*. O pressuposto funciona como aproximação grosseira da realidade. Apesar de não ter independência formal, o Banco Central na prática tem tido controle substancial dos instrumentos de política monetária. Os mercados reconhecem que desde a adoção do regime de metas de inflação o Banco Central tem transparência e assume responsabilidade por seus atos. Contudo, a falta de independência formal e de mandatos fixos para os membros da diretoria tem tido um custo extremamente elevado em algumas circunstâncias, como exemplificado na rápida elevação das expectativas inflacionárias após a eleição de Lula no último trimestre de 2002.

As equações (1) e (2) resumem o modelo:

(1) $\quad \pi^* = F[x_t, E_t x_{t+1}, e_t / e_{t-1}, (it - \pi^* - r_t)]$,

(2) $\quad G\,[(1 - p)(1 + i_t)(e_t / E_t\,e_{t+1}) - (1 + r^*)] = N(e_t / (1 + \pi^*))$.

A Equação (1) é a forma reduzida da condição de equilíbrio do mercado de bens domésticos sob uma política de metas de inflação com credibilidade plena. Indicamos por x_t o hiato de produto corrente, por $E_t x_t + 1$ o hiato de produto esperado, por e_t / e_{t-1} a relação entre a taxa de câmbio nominal corrente e a taxa de câmbio do período anterior, por i_t a taxa nominal de juros e por r_t a taxa de juros de equilíbrio. Dada a meta de inflação π^* e a taxa de juros de equilíbrio r_t, o Banco Central fixa a taxa nominal de juros como uma função dos hiatos efetivo e esperado de produto e da depreciação da taxa de câmbio.

Na Equação (1) definimos a taxa de juros de equilíbrio, r_t, como a taxa de juros real necessária para manter a demanda agregada igual à taxa natural do produto; qualquer fator que mude a taxa natural do produto afeta também a taxa de juros de equilíbrio. Em particular, tanto um choque de produtividade positivo como um corte no gasto público reduzem a taxa de juros de equilíbrio. As variáveis em $F(.)$ são mutuamente restritas: se tanto o hiato de produto corrente quanto o esperado é zero e a taxa de câmbio real é constante $(e_t/e_{t-1} = 1 + \pi^*)$, então a taxa de juros real i_t-π^* é igual à taxa de equilíbrio, r_t.

A Equação (2) é o equilíbrio do balanço de pagamentos sob o pressuposto simplificador de que o nível das reservas internacionais é constante. O lado esquerdo captura os fluxos de capital como função do diferencial da taxa de juros. A variável $(1+i_t)(e_t/E_t e_{t+1})$ é a taxa de retorno em dólares de um investimento em reais e r^* é a taxa de juros externa isenta de risco em dólares. A variável p captura o conjunto de riscos envolvidos na arbitragem de curto prazo. Há riscos de crédito (repúdio da dívida doméstica), riscos contratuais (julgamentos das cortes ou atos do Príncipe interferindo no cumprimento de obrigações contratuais) e riscos de fronteira (controles de capital bloqueando remessas). Os riscos estão simplificados aqui como eventos com caráter de tudo ou nada. O lado direito de (2) apresenta as exportações líquidas como função da taxa de câmbio corrente real.

Os fluxos de capital descritos aqui na Equação (2) diferem da formulação em Blanchard (2005) de três maneiras. Em primeiro lugar, não diferenciamos entre passivos do Tesouro e do Banco Central. Segundo, tomamos p como dado exogenamente. Na formulação de Blanchard, p é uma função da taxa de juros porque juros mais altos aumentam o risco de moratória. Terceiro, deixamos considerações sobre aversão ao risco fora da cena principal. Paradas repentinas das entradas de capital são capturadas nesta análise através dos deslocamentos na função $G(.)$.

O modelo determina simultaneamente a taxa de juros doméstica fixada pelo Banco Central e a taxa de câmbio como funções da taxa de juros de equilíbrio, da taxa de juros externa isenta de risco, da probabilidade de moratória, do hiato de produto corrente, bem como das expectativas sobre a taxa de câmbio e o hiato de produtos futuros.

Supondo plena credibilidade do Banco Central, pareceria razoável adotar uma abordagem de expectativas racionais, segundo a qual os valores esperados para o período seguinte para o hiato de produto e a taxa de câmbio coincidiriam com as verdadeiras expectativas condicionais. Contudo, os mercados financeiros locais estão truncados na ponta do longo prazo, tornando artificial a aplicação da aparelhagem conceitual completa das expectativas racionais. Assim, para simplificar a questão, optamos por deixar de lado a modelagem da dinâmica de aprendizado segundo a qual as expectativas evoluem ao longo do tempo e supomos que as expectativas são dadas exogenamente.

A Figura 1 ilustra o modelo, com a taxa de juros doméstica no eixo vertical e a taxa de câmbio no eixo horizontal. Para simplificar, supomos $\pi^* = 0$. O equilíbrio doméstico (1) tem inclinação positiva.

Um aumento na taxa de câmbio real (um valor maior de e_t) exige uma taxa de juros maior para que a inflação permaneça constante. A equação do equilíbrio externo (2) tem inclinação negativa. Um aumento na taxa de câmbio real aumenta tanto as exportações líquidas como a entrada

Gráfico 1 - Modelo simples de equilíbrio da taxa de juros e da taxa de câmbio

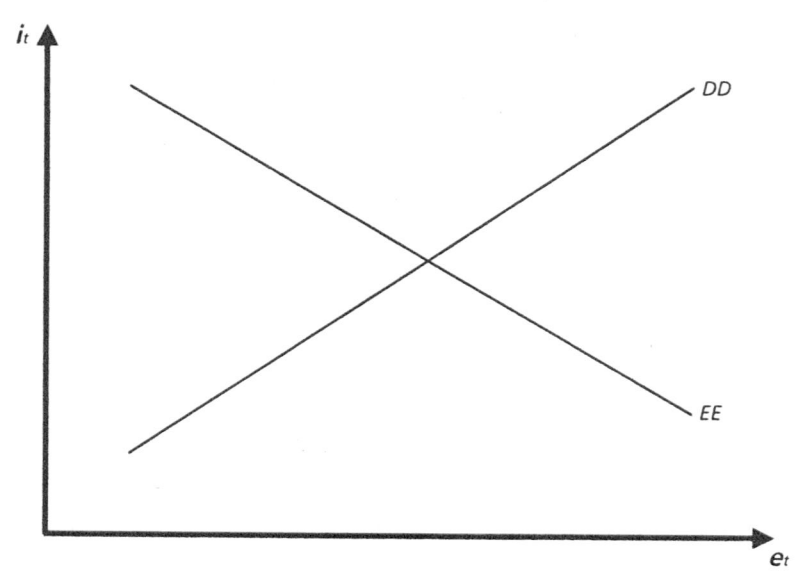

de capitais; o equilíbrio externo exige, então, uma taxa de juros menor para reduzir a entrada de capitais. Notem que se p é sensível à taxa de juros, como em Blanchard (2005), a curva do balanço externo poderia ter inclinação positiva.

Os seguintes resultados são imediatos:

- Um aumento da produtividade aumenta a taxa natural do produto, reduz a taxa de juros de equilíbrio e desloca a curva do equilíbrio doméstico DD para a direita.
- Uma redução no fator de risco p desloca a curva do equilíbrio externo EE para a esquerda.
- Um aumento da taxa de juros externa livre de riscos desloca EE para a direita. O mesmo vale para qualquer choque adverso nos fluxos de capital.
- Uma redução no hiato do produto esperado desloca DD para a direita.
- Uma taxa de câmbio esperada mais depreciada desloca EE para a direita.

Com a ajuda desse modelo simples, é possível discutir os efeitos de um programa abrangente com o objetivo de reduzir a incerteza jurisdicional no contexto de um regime de metas de inflação. Suponhamos que os agentes percebam tal programa como sustentável ao longo do tempo, com a gradual eliminação das políticas distorcedoras consolidando sua percepção sobre a boa qualidade do padrão monetário doméstico. Nesse caso:

- Tornar a moeda conversível reduz p. O motivo é que desapareceria o risco do bloqueio a saídas de capital. Em consequência, a curva EE se desloca para a esquerda. Isso pode explicar por que países com má jurisdição, mas que têm conversibilidade da moeda (inclusive a legalização de depósitos bancários em dólares), apresentam baixas taxas de juros.

- O abandono das tentativas de alongar artificialmente os prazos de vencimento da dívida pública reduz os custos relativos ao resgate dos bancos. Um valor menor de p capturaria esse efeito, deslocando EE para a esquerda.
- A substituição de "impostos sem renda" distorcedores torna a curva DD mais achatada, à medida que são necessários aumentos menores da taxa de juros para compensar os efeitos expansionistas de uma depreciação da taxa de câmbio.
- Uma redução em paralelo de gastos e impostos (revertendo o "populismo fiscal") funciona como um choque de produtividade (produto natural maior), reduzindo o hiato de produto e deslocando DD para a direita.
- A eliminação dos mecanismos de poupança forçada aumenta a produtividade do investimento agregado, aumentando a taxa natural do produto e deslocando DD para a direita.
- O efeito de sinalização dos esforços para acabar com as políticas econômicas distorcedoras reduz a taxa de juros de equilíbrio, deslocando DD para a direita, pois os poupadores vão requerer taxas mais baixas para aplicar sua riqueza em instrumentos de dívida domésticos.

Em resumo, a gradual eliminação das respostas de política econômica que se deram à incerteza jurisdicional reduz a taxa de juros de curto prazo necessária para manter a inflação na meta. Já o efeito líquido sobre a taxa de câmbio não pode ser previsto a priori. A remoção das distorções "financeiras" (restrições à conversibilidade e alongamento artificial dos prazos da dívida) aprecia a taxa de câmbio, enquanto a remoção das restrições "reais" (poupança compulsória e impostos "sem renda") deprecia a taxa de câmbio.

9.9. Observações finais

É preciso acrescentar algumas palavras de cautela a respeito dos nossos resultados. É essencial para eles o pressuposto de que as questões colocadas pela incerteza jurisdicional sejam tratadas de modo coerente e sustentável. É fácil imaginar, no entanto, cenários em que a remoção de políticas pode ser um tiro pela culatra. Por exemplo, a conversibilidade pode ser percebida como uma oportunidade breve e única para contornar a jurisdição local. A taxa de câmbio esperada aumentaria em consequência, deslocando a curva EE para a direita.

A redução dos prazos de vencimento da dívida pública pode ser percebida como um aumento da vulnerabilidade do setor público a mudanças na composição das carteiras de investimento do setor privado. O medo de monetização da dívida aumentaria a taxa de câmbio esperada, deslocando a curva EE para a direita.

O desmantelamento dos mecanismos de poupança forçada pode reduzir o financiamento disponível para investimentos de longo prazo caso os poupadores continuem relutantes em comprar instrumentos de dívida de longo prazo. Nesse caso, o hiato de produto esperado aumentaria, na medida em que encolhesse a taxa natural de produto do período seguinte, deslocando para a esquerda a curva DD.

A substituição dos "impostos sem renda" que são fáceis de arrecadar por impostos de renda que são fáceis de evadir pode levantar dúvidas sobre a receita do governo. Se o gasto do governo é percebido como constante, aumentaria o hiato de produto esperado, deslocando a curva DD para a esquerda.

É importante, então, que a remoção das distorções seja percebida como melhoria da jurisdição doméstica, mas essa melhoria por si só pode não ser suficiente. As distorções criadas pelas reações inadequadas de política à incerteza jurisdicional representam apenas uma parte do problema. A incerteza jurisdicional tem profundas raízes institucionais nos poderes Executivo, Legislativo e Judiciário. Se, por exemplo, os direitos de propriedade forem violados no processo de eliminação dessas distorções, será muito difícil convencer os agentes econômicos de que o problema da incerteza jurisdicional está sendo enfrentado de forma apropriada. Em especial, é muito perigosa uma abordagem de *big bang*. Como a incerteza jurisdicional é produto da história do país, restaurar a confiança na jurisdição será necessariamente um caminho longo.

Maior abertura comercial e maior integração econômica com uma boa jurisdição podem sinalizar uma melhoria da jurisdição doméstica, como se viu com o desenvolvimento dos mercados locais de capital em países que passaram a integrar a União Europeia.

Embora uma discussão de linhas de política econômica para lidar com a incerteza jurisdicional local esteja fora do escopo deste trabalho, um programa anunciado passo a passo, com critérios bem definidos para passar de uma etapa a outra, poderia ser o melhor caminho a seguir. O desmonte da poupança forçada, por exemplo, poderia ser feito na margem e ao longo de certo número de períodos. O caminho para a conversibilidade poderia ser trilhado reforçando primeiro a regulação financeira prudencial, limitando o escopo dos controles de capital na fase de transição, bem como estabelecendo exigências adequadas de reservas internacionais (ver Arida, 2003). Uma estrutura regulatória mais rigorosa reduziria os custos de salvamento dos bancos, causados por sua exposição excessiva ao descasamento entre prazos de vencimento. A redução de impostos distorcedores poderia ser alcançada pela adoção de regras estritas de equilíbrio orçamentário que sejam percebidas como viáveis do ponto de vista legal e político.

Referências

ACEMOGLU, D. e JOHNSON, S. *Unbundling institutions*. Working Paper 9934, agosto, 2003.

AFONSO, J.R. e ARAÚJO, E. "Uma análise da carga tributária global estimada". Nota técnica não publicada. Disponível em www.joserobertoafonso.ecn.br. 2004

AMADEO, E. e CAMARGO, J.M. "Instituições e o mercado de trabalho no Brasil". In: J.M. Camargo (org.). *Flexibilidade do mercado de trabalho no Brasil*. Rio de Janeiro: Fundação Getulio Vargas, 1996, pp. 47-94.

ARIDA, P. "Aspectos macroeconômicos da conversibilidade: o caso brasileiro". Disponível em: http://www.iepecdg.com.br/Arquivos/ Leiturassugeridas/Conversibilidade%20Final%20-%20260604.pdf, 2003.

BLANCHARD, O. "Fiscal Dominance and Inflation Targeting: Lessons from Brazil". In: F. Giavazzi, I. Goldfajn and S. Herrera (eds.). *Inflation Targeting, Debt, and the Brazilian Experience, 1999 to 2003*. Cambridge: MIT Press, 2005, pp. 49-80.

BNDES. Informe-SF, n°. 29, 2001. Disponível em: www.federativo.bndes.gov.br.

BODIN DE MORAES, P. "Favelização da indústria: as consequências destruidoras da tributação ineficiente". O Estado de S. Paulo, 2/5/2003.

EICHENGREEN, B. e HAUSMANN, R. "Exchange rates and financial fragility". Proceedings of the Seminar on New Challenges for Monetary Policy. Kansas City: Federal Reserve Board of Kansas City, 1999, pp. 329-68.

EICHENGREEN, B., HAUSMANN, R. e PANIZA, U. , "The Pain of Original Sin". In: B. Eichengreen e R. Hausmann (orgs.). Other people's money: Debt denomination and financial instability in emerging market economies. Chicago University Press, 2005.

IBGE. Contas Nacionais/Contas Econômicas Integradas – 2002. Disponível em: www. ibge.gov.br. 2004.

JEANNE, O. "Why do emerging economies borrow in foreign currency". Preparado para a Inter-American Development Bank Conference on Currency and Maturity Mismatching: Redeeming Debt from Original Sin. Washington, nov. 21–22, 2002.

Keynes, J.M. "Inflation and Deflation". In: Essays in Persuasion. Nova York: Norton, 1963.

KIYOTAKI, N. e MOORE, J. "Evil is the root of all money". Claredon Lectures I. Discussion Paper 110, Edinburgh School of Economics nov. 26, 1963.

LAMOUNIER, B. e SOUZA, A. de. "As elites brasileiras e o desenvolvimento nacional: fatores de consenso e dissenso". São Paulo: Instituto de Estudos Econômicos, Sociais e Políticos de São Paulo, 2002. Disponível em: www.augurium.com.br/termometro.php.

MODIGLIANI, F. e SUTCH, R. "Debt management and the term structure of interest rates". In: A. Abel (org.). The Collected Papers of Franco Modigliani. v. I. Cambridge: MIT Press, 1982.

SIMONSEN, M.H. 30 anos de indexação. Rio de Janeiro: Fundação Getulio Vargas, 1995.

NORTH, D. Structure and Change in Economic History. Nova York: Norton, 1981.

10. Além da tríade: como reduzir os juros?[103]

> O balanço das questões tratadas indica uma herança de superindexação que parece incontornável, pois não se pode apagar a memória longa dos financiadores do Estado brasileiro. A recomendação que decorre do ceticismo e da necessidade de evitar artificialismos é não fazer nada de novo [mas isso] quer dizer persistir em reformar o Brasil com juros altos. O risco aqui é um eventual desgaste dessa alternativa aumentar a probabilidade de que algum governo tente mudanças drásticas.
>
> Dionísio Dias Carneiro (2006, p. 213)

10.1. Introdução

Dezesseis anos após o lançamento do Plano Real, a estabilização brasileira continua incompleta. A taxa real de juros não só é a maior do planeta, mas situa-se acima de qualquer padrão internacional atual. Nos 42 países considerados pela revista *The Economist*, a média simples das taxas de juros reais é -0,6%, com um desvio-padrão de 2,5%. A taxa de juros real do Brasil é 5,5%, estando assim, com alta

[103]Publicado originalmente em E. Bacha e M. B. de Bolle (orgs.) (2011, pp. 130-139), reproduzido com permissão dos autores e da editora. Sem responsabilizá-los pelos resultados, agradeço as sugestões de Alkimar Moura, André Lara Resende, Aurelio Bicalho, Eduardo Vassimon, Fernando Gonçalves, Francisco Lopes, Ilan Goldfajn, Julio Dreizzen e Pedro Malan.

probabilidade, fora da distribuição que gera as taxas reais de juros nos demais países do mundo.[104]

As taxas reais de juros no Brasil já foram mais altas do que atualmente. Desde 1999, a tríade da política macroeconômica – superávit primário, câmbio flutuante e metas de inflação – tem permitido uma redução dos juros reais. Mas esse movimento tem sido insuficiente para colocá-los dentro dos padrões dos demais países, mesmo que se dê um desconto pela peculiaridade da atual situação internacional. Pois as taxas reais de juros mundo afora estão anormalmente baixas por causa da anêmica retomada do crescimento econômico, especialmente nos países industriais, após a megacrise financeira de 2008-09.

Poderia ainda arguir-se que a dificuldade de reduzir os juros brasileiros se deva à expansão descontrolada dos gastos do governo e do crédito dos bancos públicos, que colocam a economia num ritmo de crescimento insustentável, forçando o Banco Central a apertar a política monetária mesmo a partir de juros tão elevados para os padrões internacionais.

Tais fatores – a inércia do ajustamento e a situação conjuntural – sem dúvida estão presentes. Não obstante, parece-nos que a dificuldade de fazer os juros brasileiros convergirem para os padrões internacionais tem raízes mais profundas, que se situam em nosso passado hiperinflacionário.

Na próxima seção, argui-se, num exercício econométrico, que as taxas de juros brasileiras tendem a se manter mais altas do que os padrões internacionais, mesmo quando se levam em conta a inércia do ajustamento e a atual situação relativa de demanda no Brasil e no mundo. Também se documenta a importância da dívida pública para a manutenção dos juros altos no país.

Na terceira seção, sugere-se que o peso da dívida pública é excessivo, dado nosso passado inflacionário, e discutem-se medidas que permitam reduzir as taxas de juros, ao atacar os receios de calote e de diluição inflacionária da dívida. Cinco medidas são sugeridas: 1) um teto para os gastos correntes do governo visando a reduzir a dívida pública; 2)

---

[104]Valores calculados a partir das taxas de juros de três meses e da inflação projetada para 2010 na *The Economist* (16/10/2010).

o uso de parte das reservas internacionais para garantir a dívida; 3) a inclusão do princípio da estabilidade de preços na Constituição; 4) o estabelecimento de uma meta de inflação de longo prazo; e 5) a liberdade para a aplicação da poupança doméstica no exterior.

A herança inflacionária também se manifesta na persistência de instituições e mecanismos montados para conviver com a alta inflação que hoje reduzem a potência da política monetária. A quarta seção enfoca dois desses mecanismos – os créditos direcionados e os preços administrados. Propõe-se a superação desses problemas através da sujeição dos créditos direcionados às decisões de política monetária do Banco Central e da criação de um indexador unificado, consistente com a meta de inflação de longo prazo, ao qual se vinculariam os reajustes dos preços administrados.

As conclusões estão resumidas na quinta seção, que apresenta um sequenciamento para a introdução das medidas sugeridas.

10.2. Equilíbrio com juros elevados

O Gráfico 1 mostra a evolução das taxas reais de juros no Brasil e no mundo, de 1995 a 2010. O mundo aqui consiste de Área do Euro, Canadá, China, EUA, Índia, Japão, México, Reino Unido e Rússia (aproximadamente 71% do PIB mundial, afora o Brasil). O Gráfico 2 é derivado do anterior e mostra a diferença entre as taxas reais de juros do Brasil e do mundo.

Alguns temas são salientes: (i) os juros reais brasileiros são sempre bem mais altos do que os mundiais; (ii) há uma quebra estrutural em 1999, refletindo a mudança de regime cambial – com câmbio fixo, a diferença de taxas era bem mais alta do que após a introdução do câmbio flutuante; (iii) entre 2000 e 2005 a diferença entre as taxas é (surpreendentemente?) crescente, mas a partir de 2005 e até 2009 há uma tendência de convergência; (iv) a partir de meados de 2009 manifesta-se uma nova tendência de divergência, ainda que a diferença entre as taxas se mantenha menor do que em qualquer outro período, exceto por 2000.

Tratamos de explicar as diferenças entre as taxas reais de juros do Brasil e do mundo num dado trimestre através de uma equação de regressão com três variáveis:[105] a diferença dessas mesmas taxas no trimestre anterior, a diferença entre os hiatos do produto no Brasil e no mundo (contemporânea ou defasada) e a dívida líquida do setor público no Brasil no fim do trimestre anterior; além de uma quebra estrutural (mudança de regime cambial) em 1999.[106]

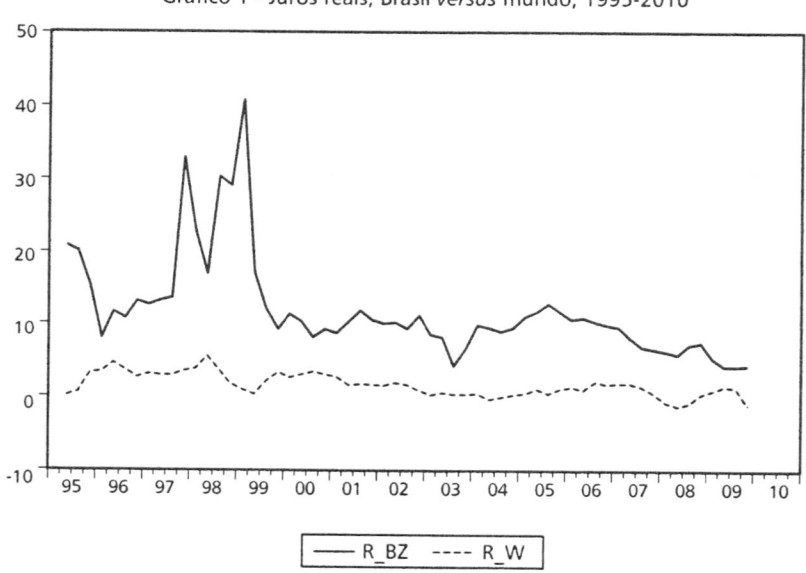

Gráfico 1 - Juros reais, Brasil *versus* mundo, 1995-2010

Pode pensar-se essa equação como uma espécie de regra de Taylor, em que o Banco Central ajusta os juros reais ao longo do tempo, tanto em função do aquecimento da economia quanto do volume da dívida pública (no pressuposto de que quanto maior for essa dívida, maior precisará

---

[105] Agradeço a Aurélio Bicalho a discussão e elaboração dos exercícios econométricos.

[106] As variáveis estão em logs, exceto pela relação dívida/PIB que está em nível; veja-se o apêndice para as relevantes definições. Não se pôde construir uma série consistente da dívida bruta para todo o período, razão por que se utilizou a dívida líquida. Além dessas variáveis, foram também testados, sem resultados satisfatórios, um fator de tendência e uma medida de risco Brasil. Exceto pela dívida, os testes de Dickey-Fuller aumentados e de Phillips-Perron rejeitam a existência de raízes unitárias. Embora esses testes não rejeitem a hipótese de que a dívida tenha raiz unitária, o teste de Kwiatkowski-Phillips-Schmidt-Shin não rejeita que a dívida seja estacionária. Por isso, embora não se possa rejeitar a existência de raiz unitária para ela, essa existência não fica comprovada, razão pela qual, seguindo Bohn (2005), mantivemo-la na regressão.

Gráfico 2 - Diferença entre juros reais, Brasil *versus* mundo

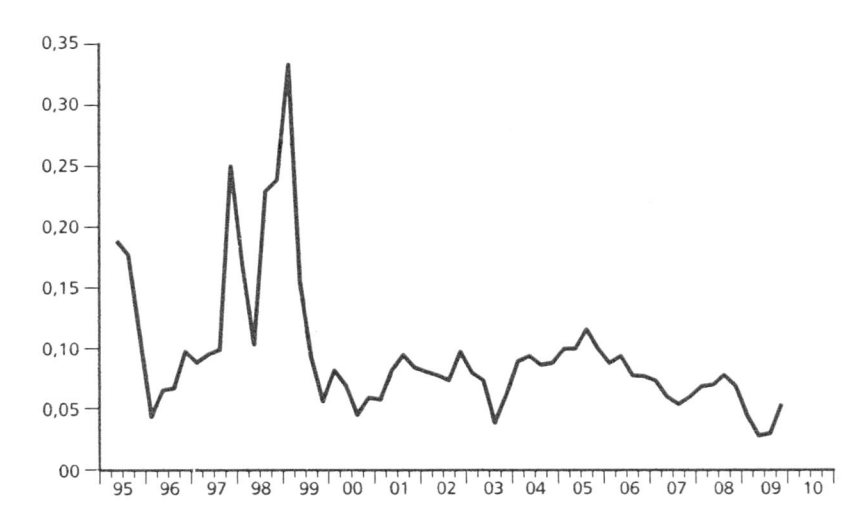

ser a taxa de juros para que ela seja absorvida pelos investidores, sem a necessidade de mais inflação).

Os resultados das regressões estão nos Quadros 1 e 2. No Quadro 1, as equações referem-se ao período do terceiro trimestre de 1995 até o quarto trimestre de 2009. No Quadro 2, elas se referem ao período do primeiro trimestre de 2000 até o quarto trimestre de 2009, ou seja, exclusivamente ao período da flutuação cambial. A primeira equação dos dois quadros não inclui a dívida; a segunda inclui a dívida e todos os demais regressores; a terceira inclui a dívida, mas exclui a constante (porque ela perde significância na presença da dívida). No Quadro 1, usa-se a diferença defasada dos hiatos do produto; no Quadro 2, a diferença contemporânea desses hiatos – uma escolha determinada exclusivamente pela qualidade dos resultados estatísticos nos dois casos.

Nas equações (1) e (4), respectivamente nos quadros 1 e 2, os coeficientes de todas as variáveis independentes, cujos erros padrões se indicam entre parênteses, são significativos: constante, diferença defasada dos juros e diferença dos hiatos do produto. Os resultados perdem significância quando se introduz o valor defasado da dívida líquida do setor público junto com a constante entre os regressores, como nas equações

(2) e (5). Entretanto, ao se suprimir a constante, como nas equações (3) e (6), a significância dos coeficientes novamente se eleva.

Quadro 1 – Regressões para a diferença de juros
Brasil/mundo, 1995-2009

Variáveis independentes	Regressões		
	(1)	(2)	(3)
Constante	0,064 (0,020)***	0,010 (0,038)	
Juros defasados	0,560 (0,147)***	0,531 (0,121)***	0,537 (0,107)***
Diferença hiatos defasados	1,140 (0,501)**	0,905 (0,566)	0,884 (0,520)*
Dívida pública defasada		0,189 (0,108)*	0,214 (0,053)***
Dummy pós-99	−0,031 (0,016)*	−0,066 (0,027)**	−0,070 (0,023)***
Estatísticas			
R^2-ajustado	0,582	0,602	0,608
DW	2,060	1,975	1,980
LM_1	0,15[0,70]	0,00[0,96]	0,00[0,95]
HET	7,98[0,00]	6,38[0,00]	6,22[0,00]
JB	86,30[0,00]	67,09[0,00]	62,62[0,00]

( ) Desvio Padrão – White
*significativo a 10%
**significativo a 5%
* * *significativo a 1%
Amostra 1995-III a 2009-IV

LM: teste de autocorrelação serial Lagrange Multplier para uma defasagem [ ] p-valor
HET: teste de heterocedasticidade Breusch-Pagan-Godfrey [ ] p-valor
JB: teste de normalidade dos resíduos Jarque-Bera [ ] p-valor

Quadro 2 – Regressões para diferença de juros
Brasil/mundo, 2000-2009

Variáveis independentes	Regressões		
	(4)	(5)	(6)
Constante	0,020 (0,008)**	0,001 (0,019)	
Juros defasados	0,740 (0,107)***	0,687 (0,117)***	0,687 (0,116)***
Diferença hiatos	0,580 (0,228)**	0,498 (0,240)**	0,496 (0,228)**
Dívida pública defasada		0,047	0,049
		(0,044)	(0,018)**
Estatísticas			
R^2-ajustado	0,558	0,560	0,572
DW	1,858	1,765	1,763
LM_1	0,04[0,84]	0,35[0,56]	0,36[0,55]
HET	1,69[0,20]	1,15[0,34]	1,15[0,34]
JB	0,04[0,98]	0,30[0,86]	0,32[0,85]

( ) Desvio Padrão
*significativo a 10%
**significativo a 5%
***significativo a 1%
Amostra 2000-I a 2009-IV

LM: teste de autocorrelação serial Lagrange Multplier para uma defasagem [ ] p-valor
HET: teste de heterocedasticidade Breusch-Pagan-Godfrey [ ] p-valor
JB: teste de normalidade dos resíduos Jarque-Bera [ ] p-valor

A partir desses resultados, é possível calcular a diferença de equilíbrio entre as taxas de juros do Brasil e do mundo, definindo-se o equilíbrio não somente pela igualdade dos juros correntes com os respectivos juros defasados, mas também pela zeragem dos hiatos do produto no Brasil e no mundo. Restringindo-nos ao período de câmbio flutuante, essa diferença é igual a 7,7%, segundo a Equação (4). Quando se introduz a dívida e se fazem os cálculos a partir do atual valor dessa variável, que é de 40% do PIB, conclui-se da Equação (6) que a diferença de juros de equilíbrio é igual a 6,3%.[107] Ou seja, nesse sentido de equilíbrio, não se observa uma tendência para a aproximação das taxas de juros brasileiras às taxas de juros internacionais.[108]

Os resultados confirmam a importância da pressão de demanda sobre a capacidade para explicar a diferença das taxas de juros. Por exemplo, segundo a Equação (3), que se refere ao período como um todo, no curto prazo, mantido o hiato do produto no mundo constante, um aumento de 1 ponto percentual na pressão da demanda sobre o PIB potencial no Brasil implica um aumento de 0,9 ponto percentual na diferença de juros. No caso da Equação (6), que se refere exclusivamente ao período pós-2000, o impacto é menor, igual a 0,5 ponto percentual. A diferença dos impactos se mantém quando se considera o longo prazo – respectivamente, 2,6 e 1,6 ponto percentuais – e pode estar refletindo o fato de a política monetária ter se tornado mais potente no período da flutuação cambial. Desse modo, excessos de demanda requerem agora menor variação dos juros para manter a inflação sob controle do que era o caso durante o período de câmbio administrado.

Os coeficientes da dívida também apontam para a maior efetividade da política monetária após a flutuação cambial. Assim, segundo a Equação (3), que é válida para todo o período, um aumento de 1 ponto percentual na relação dívida/PIB eleva a diferença de juros em 0,21 ponto percentual no curto prazo. Já na Equação (6), que se refere ao período da flutuação cambial, esse impacto é bem menor, de 0,05 ponto percentual. Essa queda do impacto do aumento da dívida sobre os juros é compatível com a percepção de que a implantação da tríade da política macroeconômica levou a uma maior disposição dos investidores para absorver a dívida e a uma maior potência da política monetária. Portanto, para manter a inflação sob controle, aumentos da oferta de dívida implicam agora aumentos dos juros bem menores do que era o caso durante o período de câmbio administrado.

---

[107]Na Equação (4), esse valor é igual a 0,02/(1-0,74); na Equação (6), a 0,049x0,4/(1-0,687).

[108]Um fator de tendência (1/tempo) também foi testado, isoladamente e em conjunto com as demais variáveis, sem resultados estatísticos significativos. Utilizando um modelo dinâmico, que permite que a taxa de juros equilíbrio varie ao longo do tempo, Tâmega-Fernandes et alii (2010) captam uma tendência de declínio desde 2005 nessa taxa, que atualmente estaria no intervalo de 5,4% a 6,8%.

Baldacci e Kumar (2010) reportam estudos para os EUA que estimam impactos de 0,03 a 0,05 ponto percentual de aumento de juros por cada 1 ponto percentual de aumento da dívida pública americana como proporção do PIB. Sua própria análise empírica encontra valores similares a esse num painel de 31 países para o período de 1980-2008. Os resultados obtidos para o Brasil para o período de flutuação cambial são, portanto, compatíveis com a evidência internacional, mas também revelam a importância da dívida para os juros, especialmente tendo em conta o processo paulatino de ajustamento de juros nas nossas equações. Assim, no período da tríade, retratado na Equação (6), no longo prazo um aumento de 1 ponto percentual na dívida resulta num aumento de 0,19 ponto percentual na diferença de juros,[109] um valor bem maior do que os valores retratados no painel de Baldacci e Kumar.

Os resultados estatísticos confirmam a percepção de que os juros reais elevados no Brasil são persistentes e têm a ver com prêmios de risco relacionados a temores, que perduram, de diluição inflacionária e calote da dívida pública. Por outro lado, também é arguível que mecanismos de indexação e de segmentação de créditos, montados para proteção contra a alta inflação, continuam a reduzir a potência da política monetária, mesmo sob o regime da tríade macroeconômica. Discutimos na próxima seção os riscos da dívida e na seguinte os mecanismos redutores da potência da política monetária.[110]

10.3. Dívida pública e herança inflacionária

É muito ruim a experiência monetária brasileira até o Plano Real. Rogoff e Reinhart (2004a) mostram que o Brasil perde apenas do Congo entre os países com as moedas que mais se desvalorizaram no mundo entre 1970 e 1991. Mesmo no período pós-Real, entre 1995 e 2009, a inflação dos preços ao consumidor no Brasil foi de 7,5% ao ano; no mundo, 3,6%. Na última década, entre 2000 e 2009, a inflação anual no Brasil foi 6,6% e no resto do mundo, 2,8%. Ademais, o país se inclui entre os

---

[109] Isso resulta da divisão do coeficiente da dívida defasada por 1 menos o coeficiente da diferença defasada de juros na Equação (6).
[110] Parte dos temas das seções que se seguem foi antes considerada em Arida, Bacha e Resende (2005) e Bacha, Gonçalves e Holland (2009).

"caloteiros em série" identificados em Rogoff e Reinhart (2004b). Não se trata apenas de calotes da dívida externa, pois foram várias as supressões da "correção monetária" da dívida interna em planos econômicos desde o início da década de 1980, culminando com o congelamento dos depósitos no Plano Collor de 1990.

Propostas mais ou menos explícitas de calote na dívida deixaram de estar presentes nos programas do PT apenas desde a Carta aos Brasileiros de meados de 2002, embora constassem da Declaração de Olinda do fim de 2001. No atual programa do partido, resta a demanda por um "imposto sobre as grandes fortunas". Talvez mais significativas sejam as contínuas manifestações contra a política de juros do Banco Central por parte de líderes empresariais e políticos, tanto do governo quanto da oposição – sem explicitação de uma alternativa que não envolva calote ou mais inflação. Essas críticas deixam no ar a dúvida sobre por quanto tempo mais a elite brasileira dará sustentação a uma política de contenção da inflação que requer juros reais tão elevados. É uma situação parecida com a que havia no país com respeito aos planos de estabilização desde o Cruzado até o Real. Na aparente falta de alternativas, a cada governo que entrava, ou ministro da Fazenda que era substituído, imediatamente começavam os rumores sobre um próximo congelamento de preços, o que contribuía para acelerar a inflação. Atualmente, os temores latentes sobre a continuidade do tripé macroeconômico contribuem para sustentar os juros elevados.

É muito alto o gasto do governo com o pagamento de juros sobre a dívida pública: 5,4% do PIB em 2009. É isso que causa o incômodo político. Esse valor resulta da multiplicação da taxa média de juros pela razão entre a dívida e o PIB. Fosse essa razão menor, menor também seria o ônus do serviço da dívida sobre o PIB. Superando 40% do PIB, a dívida pública líquida é muito elevada em face de nosso triste histórico de alta inflação e sucessivos calotes. Entre os nossos parceiros de risco soberano na Standard & Poor's (2010), somente a Índia tem dívida pública mais elevada. Mas a Índia não tem um passado de altíssima inflação e sucessivos calotes como o nosso – uma das razões por que a poupança interna desse país é tão mais elevada do que a do Brasil e os juros reais são tão mais baixos.

A dívida líquida não é apenas elevada; entre os ativos do governo central que reduzem seu valor destacam-se ativos locais de liquidez duvidosa. Além disso, a dívida é de curto prazo e muito dependente da taxa Selic. Nessas condições, aumentos dos juros pelo Banco Central arriscam tornar o serviço da dívida politicamente insuportável, aguçando a percepção de uma monetização futura e diminuindo o impacto da política monetária sobre a inflação. Blanchard (2005) e Favero e Giavazzi (2005) investigaram de forma independente qual seria o nível de dívida em que a política monetária se tornaria perversa – o ponto a partir do qual aumentos adicionais dos juros, por seu impacto sobre o risco de monetização futura, aumentariam, em vez de diminuir, a inflação prospectiva. Exercício similar foi feito por Carneiro e Wu (2005). Embora os números divirjam, a conclusão desses autores foi que embora a dívida ainda não houvesse atingido o nível que tornaria perversa a política monetária, ele estava à vista, a persistirem as tendências que então se observavam. Desde então, essa preocupação se tornou menos urgente, pois a dívida caiu como proporção do PIB e a taxa real de juros retrocedeu. Sem embargo, conforme sugerido pelos exercícios econométricos da seção anterior, é demonstrável a importância do tamanho da dívida na explicação das altas taxas reais de juros do país.

É razoável concluir que se torna necessário um movimento convincente de diminuição do valor da dívida ao longo do tempo para reduzir o prêmio de risco embutido nas taxas de juros. Há uma proposta no Congresso para colocar um teto na expansão do gasto corrente do governo federal, de modo a permitir um aumento do superávit primário sem prejuízo do crescimento e, assim, obter uma queda da dívida pública como proporção do PIB. De acordo com nossos resultados econométricos – expressos na Equação (6) do Quadro 2 – uma redução da dívida líquida do setor público dos atuais 40% para 20% do PIB faria a diferença entre os juros reais brasileiros e a média dos juros mundiais cair à metade, em equilíbrio (de 6,3% para 3,15%).

Essa proposta poderia complementar-se com um mecanismo financeiro através do qual parcela das reservas internacionais – reconhecidamente excessivas do ponto de vista da provisão de um seguro contra abalos externos, mas nem por isso menos custosas – passassem a oferecer garantia legal para a dívida interna.[111] Não se trata de resgatar a

---

[111] Caso o Tesouro não saldasse a dívida interna em reais, ela seria paga em dólares por agentes fiduciários do governo brasileiro no exterior.

dívida interna, pois isso requereria a conversão das reservas em reais, valorizando ainda mais a moeda, mas de criar um lastro externo para a dívida interna que permita a redução de seu prêmio de risco. Impostos diferenciados à parte, tal mecanismo permitiria que o Tesouro brasileiro captasse recursos no mercado doméstico, com papéis assim lastreados, pagando taxas de juros nominais em reais mais próximas às taxas em dólares com que hoje capta recursos no exterior.

Tais medidas dariam credibilidade a um compromisso com uma meta de inflação de longo prazo. A proposta é que o Conselho Monetário Nacional defina uma meta de inflação, a ser alcançada até o fim desta década, para deixar claro que a estabilidade de preços não tem um horizonte de apenas dois anos, como no atual regime de metas, mas é um objetivo nacional permanente. Essa meta precisa ser suficientemente baixa para desestimular a indexação, mas suficientemente maior do que zero para dar margem a ajustes de preços relativos sem que se corra o risco de uma deflação. Uma meta de longo prazo de 3% parece cumprir com ambos os requisitos, além de aproximar-se da taxa média de inflação na última década no mundo definido na seção anterior.

Para fortalecer essa sinalização, sugere-se a aprovação de emenda constitucional incluindo a busca da estabilidade de preços nos princípios da ordem econômica e financeira do país (Constituição federal, art. 170). Os atuais objetivos vão da soberania nacional à proteção da pequena empresa, passando pela busca do pleno emprego e a redução das desigualdades, mas surpreendentemente não incluem a busca da estabilidade de preços, talvez porque a Constituição tenha sido aprovada num período de alta inflação, em que tal estabilidade parecia inalcançável. Não se trata de mera declaração de intenções, mas *inter alia* de caracterizar que o objetivo de manutenção do poder de compra de salários e aposentadorias prescrito em outras partes da Constituição (artigos 7º, 37, 39, 40, 42 e 201) será perseguido preferencialmente pela busca da estabilidade de preços, e não por leis ordinárias ou decisões judiciais que os indexem à inflação passada.[112]

---

[112]Veja-se mais adiante uma proposta de indexação, referida à inflação à frente, a ser aplicada aos preços administrados, que também poderia aplicar-se às remunerações protegidas contra a inflação no texto constitucional.

O componente final das medidas propostas nesta seção seria a liberalização das aplicações financeiras no exterior. Atualmente, a modalidade de fundos de investimento no exterior (regulados pelos artigos 97 e 110-B da Instrução 409 da Comissão de Valores Mobiliários [CVM]) está restrita apenas a clientes de grande porte e mesmo assim a liquidação financeira das posições tem de ser feita em reais, dentro do país. O que se propõe é uma liberalização dessas restrições, regulamentando-se a negociação no varejo interno de fundos de investimento no exterior, com a possibilidade de liquidação das operações em dólares no exterior.

Trata-se de deixar aberta a porta de saída para reduzir a parcela do prêmio de risco embutida na taxa de juros por causa das restrições hoje existentes para as aplicações financeiras em moedas outras que não o real. Quando o governo dificulta as aplicações em dólares, o resultado é que os investidores locais demandam um aumento da taxa local de juros para acomodar uma parcela maior de sua riqueza em reais. Concretamente, entre os emergentes com um passado de alta inflação e sucessivos calotes na dívida, o Brasil é o único país que desenvolveu um amplo mercado financeiro doméstico baseado exclusivamente na moeda nacional. Todos os outros na mesma categoria (Argentina, Bolívia, Equador, Peru, Uruguai, para citar apenas os exemplos próximos) tiveram de admitir o dólar como uma moeda paralela. Esse feito brasileiro deve ser preservado, pois a dolarização do sistema financeiro doméstico é sem dúvida danosa. O problema são os custos. No passado inflacionário, inventaram-se as contas remuneradas para preservar a poupança na moeda nacional; atualmente, os juros elevados cumprem o papel de manter os brasileiros atrelados ao real.[113]

Acopladas à tríade da política macroeconômica, as medidas aqui delineadas permitirão lidar com as causas dos juros elevados, mas os investidores precisam estar convencidos de que isso é para valer – e uma boa maneira de obter esse convencimento é facilitando as aplicações financeiras no exterior. Dessa forma, os brasileiros poderão livremente aplicar suas poupanças onde quiserem mundo afora, deixando de haver

---

[113]Mesmo enfrentando vieses de endogeneidade que vão contra a hipótese, a análise de painel em Bacha, Gonçalves e Holland (2009) mostra haver uma relação inversa entre dolarização financeira e a taxa de juros local.

a justificativa do aprisionamento para que requeiram uma remuneração de suas aplicações em reais maior do que as taxas de juros vigentes internacionalmente. Trata-se de medida congruente com a progressiva introdução da conversibilidade plena do real, que vem sendo perseguida pelo Banco Central desde a criação da moeda em 1994.

10.4. Política monetária e herança da superindexação

Ao longo do período inflacionário, diversos mecanismos de proteção foram sendo montados para preservar preços e créditos da corrosão inflacionária. Hoje, esses mecanismos reduzem a potência da política monetária e sua superação facilitaria a redução dos juros no país. Consideramos aqui dois desses mecanismos que nos parecem particularmente perversos.

Trata-se em primeiro lugar de ampliar o alcance da política monetária sobre a oferta de crédito, de forma que ela passe a influenciar não só o custo do crédito livre (via taxa Selic), mas também o volume do crédito direcionado (desembolsos do BNDES e de outros bancos de fomento, mais o crédito habitacional e o crédito agrícola). Os créditos direcionados, que representam hoje cerca de 1/3 do total dos créditos do sistema financeiro, são via de regra subsidiados e, portanto, racionados através de mecanismos administrativos. Dessa forma, boa parte da expansão do crédito independe das decisões do Banco Central. Isso requer uma taxa Selic mais alta para conter a inflação do que seria o caso se os créditos direcionados também se contraíssem quando o Banco Central apertasse a política monetária.[114] A proposta, então, é que o volume dos créditos direcionados passe a ser determinado periodicamente pelo Conselho Monetário Nacional (CMN), de forma compatível com a postura da política monetária, conforme definida pelos movimentos da taxa Selic. Quando, por exemplo, o Banco Central reduzisse a taxa Selic, isso seria

---

[114]Persio Arida tem proposto a substituição da TJLP (Taxa de Juros de Longo Prazo) pelas NTN-B (Notas do Tesouro Nacional série B) como referência para os créditos do BNDES; e o Ministério da Fazenda já anunciou o propósito, mas depois desistiu, de ligar a remuneração da poupança à taxa Selic. Tais medidas permitiriam aumentar o alcance da taxa Selic sem a necessidade de controles quantitativos dos créditos direcionados. Enquanto não são adotadas, melhor instituir tais controles que, salvo melhor juízo, independem de medidas legislativas.

acompanhado por decisão do Conselho Monetário Nacional (CMN) aumentando a oferta do crédito direcionado suprido majoritariamente pelo BNDES, a Caixa Econômica Federal e o Banco do Brasil.

O aumento da potência da política monetária seria também obtido pela ampliação do conjunto de preços que variam em função da demanda de bens e serviços, conforme afetada pela taxa Selic. Atualmente, somente os chamados preços livres assim o fazem de forma plena, pois os chamados preços administrados, sujeitos a regras contratuais, tendem a ser reajustados de acordo com índices que medem a inflação passada, independentemente das condições de demanda. A consequência é que um aperto monetário tem de ser mais forte e mais duradouro do que seria o caso se houvesse maior flexibilidade dos preços administrados, que respondem por cerca de 30% da amostra de produtos que entra no IPCA (Índice Nacional de Preços ao Consumidor Amplo), índice de referência do sistema de metas de inflação. Há boas razões, entretanto, para que determinados preços, que envolvem contratos de longo prazo, como os aluguéis residenciais, por exemplo, embutam regras predeterminadas de reajuste.

Trata-se, então, de imaginar regras de reajuste dos preços administrados que não reduzam o impacto da política monetária sobre a inflação. Embora cada caso tenha suas especificidades, em termos gerais pode-se pensar num mecanismo de estágios sucessivos para submeter tais preços à influência da política monetária. Inicialmente, haveria uma unificação dos regimes de indexação, de modo que, a partir do vencimento dos atuais contratos, tais preços passassem a ser reajustados exclusivamente pelo IPCA. Em seguida, haveria uma mudança do mecanismo da indexação, que progressivamente deixaria de ter como referência a inflação passada, passando a ter como referência a meta de longo prazo (3% ao ano). Assim, em vez de ser feita integralmente pelo IPCA passado, a indexação dos preços administrados passaria a ser feita de acordo com uma média ponderada entre o IPCA passado e a meta de longo prazo. O peso da meta de longo prazo seria progressivamente aumentado, até atingir a unidade. Ou seja, os reajustes dos preços administrados continuariam predeterminados, mas o indexador desses reajustes seria consistente com os objetivos de longo prazo da política monetária.

10.5. Conclusões

Os testes estatísticos aqui apresentados sugerem que a diferença entre os juros reais brasileiros e aqueles praticados internacionalmente são persistentes, mesmo após a introdução da tríade da política macroeconômica em 1999. Os testes também permitem arguir que essa persistência tem raízes em nosso passado hiperinflacionário, que reduzem a tolerância a dívidas públicas elevadas e travam a potência da política monetária.

Propôs-se, então, uma série de mudanças institucionais, desenhadas para lidar com as heranças da hiperinflação e da superindexação, permitindo, assim, fazer a taxa real de juros convergir para os padrões internacionais. A prudência recomenda a implantação dessas medidas em estágios, começando por aquelas que atacam os fundamentos da "dominância fiscal" e do baixo alcance da política monetária sobre os créditos bancários, seguida daquelas que lidam com os mecanismos de indexação, para finalmente alcançar aquelas que arrefecem o aprisionamento da poupança.

Tais estágios seriam os seguintes: (I) aprovação do redutor de gastos do governo e da vinculação dos créditos direcionados à postura da política monetária; (II) dação de parcela das reservas internacionais em garantia da dívida pública; (III) inclusão do princípio da busca da estabilidade de preços na Constituição e estabelecimento da meta de inflação de longo prazo; (IV) novo regime de indexação para os preços administrados; e (V) liberalização das aplicações financeiras no exterior.

Apêndice: Descrição das variáveis

Diferença de juros Brasil/mundo:

$\log((1+r\_bz/100)/(1+r\_w/100))$

r_bz: taxa de juro real ex post – $((1+i/100)(1+IPCA12m/100)))$, onde i é a última taxa Selic decidida no trimestre.

r_w: taxa de juro real *ex post* construída a partir das taxas básicas de juros dos países e da inflação ao consumidor acumulada em 12m; mesma fórmula anterior.

Diferença dos hiatos: (h_bz - h_w)

h_bz = log(y_bz/y_bz_hp)

y_bz: índice do PIB real Brasil com ajuste sazonal.
y_bz_hp: Filtro Hodrick-Prescott do índice do PIB real Brasil com ajuste sazonal.

h_w = log(y_w/y_w_hp)

y_w: índice do PIB real amostra mundo com ajuste sazonal.
y_w_hp: Filtro Hodrick-Prescott do índice do PIB real amostra mundo com ajuste sazonal

Dívida pública:
d: dívida total líquida do setor público em proporção do PIB no último mês do trimestre.

Dummy pós-99: 0 de 1995:1 a 1999:2 e 1 de 1999:3 a 2009:4

Amostra mundo: Reino Unido, EUA, China, México, Rússia, Índia, Área do Euro, Canadá e Japão (aproximadamente 71% do PIB mundial afora Brasil).

A série do índice PIB amostra mundo começa em 1997:1. O período entre 1995:1 e 1996:4 foi estimado a partir de um modelo econométrico em função do PIB Estados Unidos e do PIB Área do Euro.

Os índices do PIB, as taxas de juros nominais e as taxas de inflação foram agregados a partir dos pesos em PPP de cada país.

Referências

ARIDA, Persio; BACHA, Edmar; LARA RESENDE, André. "Credit, interest, and jurisdictional uncertainty: conjectures on the case of Brazil". In: GIAVAZZI, F. et. alii. orgs. *Inflation Targeting, Debt, and the Brazilian Experience, 1999 to 2003*. Cambridge: MIT Press, 2005. pp. 265-93. Versão em português: Capítulo 9 neste livro.

BACHA, Edmar; GONÇALVES, Fernando e HOLLAND, Marcio. "A panel-data analysis of interest rates and dollarization in Brazil". *Revista Brasileira de Economia*, 63(4), out-dez. 2009, pp. 341-60.

BACHA, E.; BOLLE, M. B. de (orgs.). *Novos dilemas da política econômica: ensaios em homenagem a Dionísio Dias Carneiro*. Rio de Janeiro: LTC-Livros Técnicos e Científicos Editora, pp. 130-139.

BALDACCI, Emanuele e KUMAR, Manmohan. "Fiscal déficits, public debt, and sovereign bond yields". IMF Working Paper, WE/10/184, 2010, 26 pp.

BLANCHARD, Olivier. "Fiscal dominance and inflation targeting: lessons from Brazil". In: GIAVAZZI, F. et alii. orgs. *Inflation Targeting, Debt, and the Brazilian Experience, 1999 to 2003*. Cambridge: MIT Press, 2005. pp. 49-80.

BOHN, H. "The sustainability of fiscal policy in the United States". CESifo WP 1446, 2005, 44 pp. Disponível em: http://www.econ.ucsb.edu/~bohn/papers/ DebtUS.pdf.

CARNEIRO, Dionísio Dias. "Letras Financeiras do Tesouro e normalidade financeira: haverá um 'peso problem'?". In: BACHA, Edmar e OLIVEIRA FILHO, Luiz Chrysostomo de, orgs. *Mercado de capitais e dívida pública: tributação, indexação, alongamento*. Rio de Janeiro: Contracapa, 2006, pp. 197-217.

_____. WU, Thomas. "Dominância fiscal e desgaste do instrumento único de política monetária no Brasil". Texto para Discussão nº 7, IEPE/CdG, maio/2005, 33 p. Disponível em: http://iepecdg.com.br/uploads/ texto/TPD7IEPE.pdf.

FAVERO, Carlo e GIAVAZZI, Francesco. "Inflation targeting and debt: lessons from Brazil". In: GIAVAZZI, Francesco et alii orgs. *Inflation Targeting, Debt, and the Brazilian Experience, 1999 to 2003*. Cambridge: MIT Press, 2005. pp. 85-108.

GIAVAZZI, Francesco; GOLDFAJN, Ilan e HERRERA, Santiago. *Inflation Targeting, Debt, and the Brazilian Experience, 1999 to 2003*. Cambridge: MIT Press, 2005.

REINHART, Carmen e ROGOFF, Kenneth. "The modern history of exchange rate arrangements: a reinterpretation". *Quarterly Journal of Economics*, 119(1), fev. 2004a, pp. 1-48.

_____. "Serial default and the 'paradox' of rich to poor capital flows". *American Economic Review*, 94(2), maio 2004b, pp. 52-8.

STANDARD and POOR'S. "Federative Republic of Brazil". Global Direct. Portal RatingsDirect. Nova York, 4/8/2010.

TÂMEGA-FERNANDES; F., VEVLOET, Werther e VANAZZI, Augusto. "O BC e a taxa real neutra no Brasil". Modal Asset Artigos. Rio de Janeiro, 28/9/2010, 9 p. Disponível em: www.modalasset.com.br/php/novo/phph/asset_flash.php?id=1019

11. Repensando a agenda social[115]

Com Simon Schwartzman

11.1. Introdução

Desde os anos 1930, o Brasil vive um processo quase ininterrupto de desenvolvimento econômico, modernização social e participação política. Apesar de suas limitações, esse processo gerou uma visão de que somos realmente o país do futuro e, mais ainda, de que esse futuro está ao alcance das mãos. Nessa visão rósea, os períodos autoritários e as dificuldades econômicas – como os anos de ditadura de Getúlio Vargas e do governo militar, assim como a hiperinflação dos anos 1980 e os programas de ajuste dos anos 1990 – teriam sido apenas episódios passageiros, acidentes de percurso que não afetaram a marcha do progresso e da modernização. O crescimento da economia e a transferência maciça da população rural para as cidades, além da evolução favorável dos dados socioeconômicos mais básicos ao longo de várias décadas, pareceram confirmar esse otimismo. A expansão do setor público também fez

[115]Este capítulo é uma adaptação da Introdução ao livro organizado pelos autores, Bacha e Schwartzman (2011). Publicado em língua portuguesa por LTC-Livros Técnicos e Científicos Editora Copyright © (2011), reproduzido com permissão dos autores e da editora. Sem responsabilizá-los pelos resultados, agradecemos os comentários de Albert Fishlow, André Medici, André Portela de Souza, Antonio Campino, Fabio Giambiagi, Fernando Veloso, Paulo Tafner, Ricardo Redisch, Rogerio Werneck e Sergio Guimarães Ferreira.

parte dessa tendência, não só por seu papel crescente como provedor e gestor das políticas sociais como também pelas oportunidades de renda e ocupação que tem proporcionado, através da criação de empregos diretos estáveis e bem remunerados, das transferências do governo federal a estados e municípios e dos negócios privados que se beneficiam dos gastos e empréstimos do setor público.

Não faltou quem advertisse, em diversos momentos, sobre a iniquidade desse processo – que ainda faz do Brasil um dos países mais desiguais do mundo – revelando como esse desenvolvimento beneficiou muito mais a uns do que a outros. A desigualdade social, que tornou incompleta a transição do Brasil de uma sociedade predominantemente agrícola para uma sociedade industrial e urbana, é o tema recorrente da coletânea de artigos organizados por Bacha e Klein (1986). As classes de renda mais alta adotaram rapidamente os padrões de consumo e as instituições de proteção social dos países mais desenvolvidos, mas deles a maioria dos brasileiros ficou excluída.

Na visão otimista, entretanto, as evidentes desigualdades de condições de vida e benefícios sociais não deveriam ser corrigidas com o redirecionamento dos gastos públicos ou com transferências de renda dos mais ricos para os mais pobres, mas sim pela expansão dos gastos e a extensão dos direitos e benefícios já conquistados por uns poucos, considerados como direitos adquiridos, para os demais. Dessa forma, além de preservar as vantagens já conquistadas por alguns, todos os demais seriam beneficiados, evitando conflitos distributivos e mantendo a tradição brasileira de baixos enfrentamentos sociais. A Constituição de 1988, que consagrou os direitos sociais universais à saúde, educação de qualidade e previdência social e a responsabilidade do Estado de provê-los, bem expressa essa visão. Mais recentemente, a expansão da economia, facilitada pelo ordenamento macroeconômico logrado nos anos 1990 e a expansão do comércio internacional na última década, fizeram com que essa visão rósea fosse reforçada.

No entanto, existem sinais cada vez mais fortes de que o Brasil está encontrando dificuldades crescentes em suas políticas sociais mais importantes. Há uma nova classe média surgindo, trazendo consigo demandas crescentes por serviços e benefícios sociais e pressionando cada vez mais o setor público, mas esse parece ter chegado ao limite de sua capacidade de arrecadar mais impostos e aumentar sua rede de proteção. As áreas da saúde, previdência, políticas de renda, educação e segurança pública correm o risco de estagnação ou retrocesso, mesmo se a economia continuar crescendo, e alguns desses setores poderão enfrentar grandes dificuldades se esse crescimento não ocorrer. Isso se deve não somente ao aumento das demandas, mas ao fato de as políticas sociais se tornarem cada vez mais caras à medida que os níveis mais básicos de atendimento são atingidos. No passado, quando a estagnação ou a recessão econômica afetavam a arrecadação de impostos, a expansão dos gastos públicos era financiada pela inflação, por aperfeiçoamentos da arrecadação tributária ou pela dívida pública. Hoje, com os impostos superando a 35% do PIB e aceita a necessidade de se manterem as contas públicas e a inflação sob controle, essas saídas estão mais difíceis. O crescimento do PIB tem suprido as necessidades até agora, mas ele mesmo se encontra ameaçado por gastos sociais crescentes, inclusive pelo envelhecimento da população, os quais subtraem recursos dos necessários investimentos públicos em infraestrutura.[116]

Além de mais caras, as políticas sociais agora necessárias são muito mais complexas do que no passado, requerendo conhecimentos aprofundados e capacidade de gestão de que o setor público muitas vezes não dispõe. Administrar institutos de previdência para uns poucos privilegiados num país jovem era uma coisa; gerir previdência básica e complementar de forma equitativa para uma população que rapidamente envelhece é algo totalmente diferente. Reduzir a mortalidade infantil e controlar as doenças infecciosas é relativamente simples, mas proporcionar atendimento médico de qualidade à população adulta é muito mais difícil; criar escolas de educação fundamental e contratar professores é relativamente fácil, mas garantir um ensino médio e for-

---

[116]Samuel Pessoa, em Bacha e Schwartzman (2011), argui que o crescimento dos gastos sociais desde a Constituição de 1988 reflete uma espécie de contrato social, no qual a variável crescimento econômico se tornou residual.

mação profissional de qualidade é mais complicado. Os problemas de criminalidade e segurança urbana, que no passado eram de pequena monta, hoje adquirem grandes dimensões, afetando direta e indiretamente a vida e a sobrevivência de milhões de pessoas. Até os anos 1970, a melhoria das condições de vida da população em situações de extrema pobreza no campo se dava de forma espontânea pelas migrações para as cidades e, depois, por programas públicos de distribuição de renda como a aposentadoria rural, Loas (Lei Orgânica da Assistência Social) e o Bolsa Família. Incorporar de forma efetiva estas pessoas ao mercado de trabalho é tarefa muito mais complexa.

Além dos custos mais altos e da maior complexidade, as políticas que agora se fazem necessárias podem requerer que se contrariem interesses estabelecidos e tenham por isso custos políticos que os governantes prefiram evitar. Está, pois, na hora de desenvolver uma nova agenda social para o Brasil, que seja equânime, ao privilegiar o acesso dos mais pobres à seguridade social; realista, ao reconhecer a restrição orçamentária; e eficaz, ao lidar com a complexidade das tarefas à frente com uma gestão responsável e consequente dos recursos públicos.

Com esse propósito, consideramos cinco áreas de inequívoca prioridade – saúde, previdência social, transferências de renda, educação e segurança pública. Além das questões próprias de cada uma dessas áreas, é preciso levar em conta dimensões que, de uma forma ou de outra, estão presentes em todos os casos. Primeiro, os direitos legalmente associados a cada uma dessas políticas. No Brasil, como em outros países, todos têm direito à saúde, educação, previdência social, segurança pessoal e renda mínima para a sobrevivência com dignidade. No entanto, existem grandes diferenças na forma e precisão em que esses direitos estão definidos em lei e quanto à responsabilidade do setor público em garanti-los. Isso afeta de forma muito direta a maneira pela qual são estabelecidos os sistemas e mecanismos de garantia desses direitos, em particular a participação relativa do setor público, do setor privado e das organizações da sociedade civil no provimento dos serviços. A partilha de responsabilidades no provimento das políticas sociais é o segundo aspecto que queremos ressaltar.

Quando se fala em setor público, normalmente se pensa no governo federal. Nas áreas de previdência social e políticas de renda, de fato o governo federal é o principal agente, atuando diretamente na distribuição dos benefícios. Nas áreas de educação básica, segurança pública e saúde, no entanto, a principal responsabilidade tem sido dos governos estaduais e municipais, cuja capacidade técnica e financeira varia enormemente entre regiões e estados. Cabe ao governo federal, em princípio, funções de regulação, monitoramento e avaliação dos resultados, assim como de complementação financeira para estados e cidades com menores recursos. Essa divisão de tarefas, no entanto, nem sempre é tão clara e existem fortes argumentos para fortalecer a autonomia e capacidade de regulação, gestão e avaliação das agências locais.

Em nenhuma dessas áreas, o setor público, em seus diversos níveis, é o único provedor, mas o grau e as formas de participação do setor privado variam muito de uma área para outra. Em saúde, como em educação, a participação do setor privado se dava, originalmente, através de instituições de caridade e sem fins lucrativos como as Santas Casas de Misericórdia e as escolas e universidades católicas ou comunitárias. Hoje, ao lado de instituições não lucrativas da sociedade civil que vêm se expandindo rapidamente, existem empresas nacionais e estrangeiras que veem essas áreas como importantes oportunidades de negócio. A previdência social tem uma longa tradição de associações mútuas de pecúlio, hoje substituídas em grande parte pela previdência complementar proporcionada pelo setor financeiro ou pelos fundos de pensão. Diferentemente dos Estados Unidos, por exemplo, o Brasil não desenvolveu um setor de serviços privados de segurança de grande porte, mas ele não deixa de existir e são notórias as formas pouco ortodoxas, para não dizer ilegais, de contratação pelo setor privado de policiais em folga para fazer a segurança de seus próprios interesses. Finalmente, embora as políticas diretas de transferência de renda sejam da alçada do setor público, o setor privado é também chamado a participar através das obrigações criadas pelo salário mínimo e os encargos trabalhistas. O setor privado traz para essas políticas investimentos, recursos, capacidade gerencial e flexibilidade que o setor público muitas vezes não tem; por outro lado, ele pode afetar de forma negativa a equidade que as políticas sociais não podem perder de vista.

O terceiro aspecto é o dos resultados das políticas. Em cada uma das áreas há uma combinação de sucessos e fracassos. A cobertura da saúde pública aumentou muito nos últimos anos, mas o acesso ao atendimento médico é precário e com muita iniquidade. A educação fundamental se universalizou, mas a qualidade do aprendizado é muito ruim. As políticas de previdência e de distribuição de renda beneficiaram muita gente, mas as grandes desigualdades persistem. Apesar de algumas experiências inovadoras e bem-sucedidas, os problemas de segurança, sobretudo nas áreas urbanas do país, não parecem melhorar.

Em muitos casos, os resultados insatisfatórios das políticas não se explicam pela falta de recursos, mas por seu mau uso. Em outros casos, a falta de recursos realmente coloca limites em relação ao que é possível fazer. Esses são os outros dois aspectos que, com mais ou menos intensidade, afetam todas as áreas de política social: ineficiência e escassez de recursos. Arranjos institucionais adequados, com a incorporação de conhecimentos sobre as boas práticas nacionais e internacionais em áreas como educação, saúde pública e segurança social, podem levar a resultados muito melhores do que os que têm sido conseguidos até agora. Nas áreas de previdência e saúde, os constrangimentos financeiros são mais evidentes, embora eles existam também, e de forma crescente, nos demais setores. Basta considerar, por exemplo, os custos de colocar todas as crianças da rede pública em escolas de tempo integral ou de gerar capacitação para o trabalho a partir das políticas de renda.

Em todas as áreas de política social existirá sempre uma grande distância entre os direitos consagrados na legislação e presentes nas aspirações da população e o que pode ser feito com os recursos humanos, institucionais e financeiros disponíveis. É no espaço entre o que existe hoje e o que acreditamos ser possível desenvolver no futuro próximo que se colocam nossas proposições.

As seções que se seguem tratam, sucessivamente, das agendas pendentes na saúde, na previdência, nas transferências de renda, na educação e na segurança. A última seção sumaria as conclusões.

11.1.1. *Agenda para a saúde*[117]

A área da saúde talvez seja a que melhor dramatize a contradição entre os ideais igualitários consagrados na Constituição e a profunda desigualdade do país. A Constituição brasileira de 1988 prescreve que a "saúde é direito de todos e dever do Estado" e privilegia a adoção de um sistema público único de saúde com "acesso universal e igualitário", financiado por "toda a sociedade" com recursos dos orçamentos públicos. Aos princípios de acesso universal e gratuidade, o Sistema Único de Saúde (SUS) adotado no Brasil incorpora o princípio da integralidade, ou seja, de que todos têm direito ao melhor atendimento médico disponível. Isso torna o sistema brasileiro, no papel, um dos mais completos e abrangentes do mundo, semelhante ao do Canadá e de alguns países europeus onde prevalecem o gasto público e o acesso universal. Na prática, entretanto, trata-se de uma realidade mais próxima à dos Estados Unidos, onde dominam os gastos privados e os planos de saúde.

Estima-se que em 2006 o gasto total com saúde no Brasil representava 8,8% do PIB, dos quais 57% eram gastos privados e apenas 43%, públicos. A saúde pública brasileira tem melhorado em muitos aspectos, sobretudo na área preventiva, através, por exemplo, das campanhas de vacinação e do Programa de Saúde da Família, assim como de iniciativas especiais, como o Programa Nacional de Aids. No entanto, as diferenças de atendimento médico entre grupos sociais continuam elevadas. Em termos de cobertura populacional, a Pnad (Pesquisa Nacional por Amostra de Domicílios) de 2008 revela que 24% da população (geralmente de renda mais alta) estavam cobertos por planos privados de saúde, enquanto os demais dependiam exclusivamente do acesso aos serviços do SUS.

Apesar de os mais ricos usarem muito menos o SUS do que os mais pobres, eles têm mais acesso a atendimento público de alto custo e complexidade, muitas vezes só disponíveis nos estados mais desenvolvidos e muitas vezes também mediante recurso a mandados judiciais. As famílias

---

[117]A análise e as recomendações que se seguem resumem as contribuições do texto sobre políticas de saúde de André Medici, com as observações complementares de Mônica Viegas de Andrade e Kenya Noronha, e de Antonio Carlos Coelho Campino, em Bacha e Schwartzman (2011).

situadas nos três décimos de renda mais pobres recebem proporcionalmente menos recursos do SUS do que as famílias nos décimos de renda superiores; as famílias nos décimos de renda mais elevada financiam suas necessidades de saúde com os planos de saúde pagos pelas empresas, em proporção mais elevada do que as famílias mais pobres, que têm de dedicar maiores parcelas de seus orçamentos para a saúde, sobretudo na compra de medicamentos, do que as famílias mais ricas. Os mais pobres, embora apresentando maiores índices de enfermidades crônicas não transmissíveis, como doenças coronarianas e certos tipos de câncer, têm menos acesso a consultas médicas e estão mais sujeitos a situações médicas catastróficas em termos de sua renda familiar.

Não é de estranhar, assim, que nas pesquisas anuais do Datafolha desde 2007 a saúde tenha se tornado de longe a principal preocupação dos brasileiros entre todas as políticas públicas. Refletindo essa preocupação, os principais jornais e revistas do país têm dedicado espaços crescentes para a discussão da política de saúde. Essa discussão, no entanto, acaba sendo paralisada pela constatação do enorme fosso existente entre as demandas crescentes por serviços de saúde e os limitados recursos com que contam os governos para dar conta dessas demandas. A recusa do Congresso Nacional de prorrogar a CPMF (Contribuição Provisória sobre Movimentação Financeira) em 2007 e de criar um novo imposto para a saúde em 2011 ilustra de forma dramática esse conflito: embora a insatisfação com o atendimento público à saúde seja grande, há pouca disposição no país para maior carga tributária, ainda que direcionada para a saúde.

Comparações internacionais mostram que tanto o gasto total como o gasto público em saúde correspondem ao nível de renda do Brasil, assim como os resultados das políticas de saúde em termos de expectativa de vida saudável. Não quer dizer que a situação possa ser considerada satisfatória. Por um lado, há deficiência de cobertura do SUS (quase 1/3 da população brasileira não tem qualquer consulta médica anual), falta qualidade ao atendimento e é baixa a resolutividade (além de filas longas, os problemas de saúde que as pessoas apresentam não são satisfatoriamente solucionados). São muitos os problemas de organização e de baixa eficiência, incluindo falta de autonomia das instituições de saúde e de transparência na transferência de recursos do governo federal para os estados e municípios, além de corrupção e interferência crescente do Judiciário.

Dessa forma, podem identificar-se seis áreas de atuação para lidar com a agenda pendente em saúde:[118]

1) Resolução de questões jurídicas relacionadas ao acesso igualitário e ao atendimento integral. Cabe normatizar o conceito constitucional de "acesso igualitário" dando-lhe a conotação de "acesso equitativo" – de forma a que se possa dar prioridade de atendimento no SUS aos mais pobres. Cabe também regulamentar adequadamente o conceito constitucional de integralidade, de modo a deter a maré montante de recursos judiciais através dos quais as pessoas por eles favorecidos estão conseguindo deslocar parcela importante dos recursos públicos para o atendimento de seus casos pessoais.

2) Aperfeiçoamento da governabilidade do SUS, através da implantação de redes regionais integradas de saúde e da criação de instituições que tenham autonomia administrativa e das quais se possa cobrar eficiência no atendimento à saúde (como as organizações da sociedade civil de interesse público, as organizações sociais e as parcerias público-privadas).

3) Melhor articulação entre o SUS e os planos privados de saúde, de forma a evitar duplicações e direcionar os recursos públicos para a população sem acesso aos planos privados.

4) Melhoria do acesso e da qualidade dos serviços do SUS, ampliando sua cobertura, certificando as instituições de atendimento e avançando na qualificação dos recursos humanos.

5) Monitoramento e avaliação dos resultados em saúde, por parte de instituições avaliadoras externas independentes, cujos conceitos tenham implicações para a política de distribuição de recursos públicos.

---

[118]Para maiores detalhes, ver o artigo de André Medici em Bacha e Schwartzman (2011).

6) Ampliação do financiamento setorial, uma vez resolvido os inúmeros problemas de gerenciamento do setor, para que os recursos utilizados gerem melhores resultados para a população.

É possível melhorar o funcionamento do sistema da saúde sem tocar em seus pressupostos básicos de atendimento universal, integral e gratuito. Trata-se, essencialmente, de ampliar e aperfeiçoar o Programa de Saúde da Família, que tem um impacto claro sobre as condições gerais da população do país, e também de ampliar e melhorar o funcionamento das Unidades Básicas de Saúde, destinadas a acolher os que precisem ir além do atendimento inicial, a partir do exemplo do Estado de São Paulo, que opera essas unidades através de organizações sociais.[119]

Parece, contudo, haver uma contradição financeira insanável entre os princípios da universalidade e da integralidade que, para ser resolvido, exige que ou o atendimento deixe de ser universal, concentrando-se nas pessoas com limitações de recursos, ou deixe de ser integral, concentrando-se em uma "cesta básica" de procedimentos considerados prioritários e de eficácia comprovada. De uma forma ou outra, o sistema público precisaria ser complementado pelo sistema privado, com uma clara separação entre pessoas e procedimentos que podem ser atendidos por cada um. O que existe hoje, no entanto, é uma duplicidade em que ambos os sistemas oferecem os mesmos serviços, o que aumenta a iniquidade, já que pessoas com mais recursos podem pagar por atenção médica de rotina e usar o sistema público para procedimentos de alta complexidade, enquanto que os mais pobres enfrentam as filas de espera e as dificuldades de atendimento do setor público. A separação correta entre o setor público e privado exigiria mexer nas deduções do imposto de renda de gastos de saúde de quem utiliza o sistema público, assim como cobrar dos planos de saúde privados o atendimento eventual que seus clientes recebem do setor público. A contrapartida seriam normas claras e adequação de valores nos pagamentos feitos pelo SUS aos hospitais e

---

[119]Para maiores detalhes sobre os temas deste parágrafo, ver o texto de Antonio Carlos Coelho Campino em Bacha e Schwartzman (2011).

outras entidades com ele conveniadas, que são hoje fonte de constantes contenciosos e corrupção.[120]

Parece claro, entretanto, que à medida que melhore a qualidade do atendimento do SUS, maior será a demanda por seus serviços e menor a atração dos planos de saúde para a população brasileira de renda média. Por isso será importante a implantação do cartão SUS, de forma a que se possa organizar a prioridade de atendimento para os mais pobres. Há também que se qualificar a norma infraconstitucional de que todo e qualquer atendimento do SUS deva ser gratuito, independentemente do nível de renda da pessoa beneficiada.

Em suma, embora exista muito espaço para aperfeiçoar o sistema de saúde brasileiro dentro do marco constitucional atual, esse marco precisa ser alterado. Tomando em consideração o fato incontornável de que recursos sempre serão escassos, é preciso identificar com clareza as prioridades de atendimento do setor público, além de legitimar e fazer uso adequado do setor privado.

11.1.2. Agenda para a previdência[121]

O sistema previdenciário público no Brasil foi concebido em uma época em que a população era jovem, a expectativa de vida baixa e o setor formal da economia muito reduzido. Ele é bastante generoso nos benefícios que concede a muitos de seus beneficiários, mas apresenta problemas sérios de iniquidade e um grande potencial de insolvência em médio prazo.

Os gastos previdenciários brasileiros têm crescido consistentemente acima do PIB desde o fim da década de 1980. Correspondem, atualmente, a 11,2% do PIB. Trata-se de um valor extraordinariamente elevado para um país de renda média e com uma população ainda relativamente jovem. Num estudo comparativo recente, Roberto Rocha e Marcelo

---

[120]Para maiores detalhes sobre os temas deste parágrafo, ver o texto de Mônica Viegas de Andrade e Kenya Noronha em Bacha e Schwartzman (2011).
[121]A análise e as recomendações que se seguem resumem as contribuições do texto sobre previdência social de Paulo Tafner e Fabio Giambiagi, com as observações complementares de Marcelo Abi-Rama Caetano, em Bacha e Schwartzman (2011).

Caetano (2008) usam uma amostra de 77 países para mostrar que há uma relação positiva entre as despesas previdenciárias e a proporção de idosos na população. Nessa comparação, o Brasil destaca-se como um país "fora da curva". Pois o gasto previdenciário do país, com uma população relativamente jovem, equivale ao de um país idoso. Nações com estrutura demográfica similar à brasileira gastam com previdência em torno de 4% do PIB, enquanto que países com despesa previdenciária da magnitude do Brasil têm uma proporção de idosos na população quase três vezes superior à brasileira.

Dos 11,2% do PIB que o setor público gasta com previdência, 7,2% referem-se ao regime geral de previdência social (também conhecido como INSS), que paga mensalmente 24,3 milhões de benefícios a aposentados e pensionistas do setor privado; 2% referem-se aos regimes de previdência dos funcionários públicos federais, que pagam, mensalmente, 1,1 milhão de benefícios; e 2% a cerca de 2 milhões de benefícios previdenciários pagos por estados e municípios a seus ex-funcionários e pensionistas.[122] Praticamente 90% dos aposentados e pensionistas brasileiros são pagos pelo INSS, mas seus benefícios correspondem a menos de 2/3 das despesas públicas com aposentadorias e pensões, gerando um déficit de 1,4% do PIB. Os aposentados e pensionistas do funcionalismo público dos três níveis de governo, que representam pouco mais do que 10% do número de beneficiários, são os destinatários de 1/3 dos gastos públicos com a previdência no país, gerando um déficit de 1,7% do PIB. Além disso, existem os altos subsídios dos sistemas fechados de aposentadoria complementar das empresas públicas, que não figuram na conta do déficit público previdenciário como deveriam. Os altos valores das aposentadorias do setor público não seriam um problema se elas resultassem de poupanças acumuladas ao longo da vida pelos funcionários, mas se tornam inaceitáveis na medida em que seu déficit é coberto por impostos pagos pela população como um todo.

---

[122] A estimativa do número de benefícios pagos pela previdência pública dos estados e municípios é de Nicholson (2007), Tabela A, p. 168.

A idealização de um único sistema previdenciário para todos os trabalhadores, independentemente de trabalharem no setor público ou privado, é, por esse motivo, um dos mais importantes pontos da agenda de reforma da previdência. Outro ponto central dessa agenda é enfrentar preventivamente o chamado risco demográfico que ameaça as contas previdenciárias, assim como as contas da saúde. A população brasileira está envelhecendo rapidamente. Atualmente, as pessoas com 60 anos ou mais são 10% da população; em 2030, serão 20%; em 2050, 30%. Com apenas 10% da população na "terceira idade", o país já gasta mais do que 11% do PIB em aposentadorias e pensões. Mantidas as regras atuais com a progressão etária que se avizinha, o financiamento da previdência irá requerer uma parcela cada vez maior do PIB no futuro.

Há cinco aspectos da previdência brasileira que destoam marcadamente, em sua generosidade, das regras internacionais:

1) Diferenciação (reduzida com as reformas aprovadas em 2003) entre os benefícios das aposentadorias no setor público e as do setor privado; a essas disparidades se somam outras favorecendo categorias específicas, como as mulheres, o professorado, os militares e os membros do Legislativo e do Judiciário.

2) Ausência de um requisito de idade mínima para a aposentadoria por tempo de contribuição para o INSS. Disso resultam idades médias muito baixas, na comparação internacional, para a obtenção desses benefícios: 54 anos para homens e 52 anos para mulheres. O valor modal para a idade de aposentadoria internacionalmente é 65 anos, tanto para homens como para mulheres.

3) Disparidade entre as regras de aposentadoria por gênero, muito mais favoráveis para mulheres do que para homens no Brasil. Isso também não se verifica na maior parte dos países, especialmente os mais desenvolvidos, onde há igualdade de regras.

4) O Brasil é o único país que não impõe qualquer condição para o recebimento do benefício de pensão por morte: não há redução no valor do benefício, não se limita a idade e não se vincula o valor da pensão à existência de prole. Por isso mesmo, os gastos

com pensões no Brasil ascendem a quase 3,5% do PIB (que é o maior valor entre todos os países para os quais há dados), quando a norma internacional apontaria para um valor inferior a 1%.

5) Determinação constitucional de que o menor valor de benefício previdenciário e assistencial seja um salário mínimo, o que implica ganhos reais sempre que o salário mínimo é reajustado acima da inflação, o que vem ocorrendo sistematicamente desde 1995. Em vários países, como Chile, México, EUA, Canadá, França e Itália, o reajuste dos benefícios previdenciários é feito de acordo com um índice de preços, e não com os salários. Manter constante a razão entre a aposentadoria individual e o salário mínimo, na medida em que a população envelhece, implica aumentar continuamente a parcela do PIB dedicada às aposentadorias, se o salário mínimo cresce de acordo com o PIB, como determina a atual legislação brasileira.

Dessas observações derivam-se as reformas propostas, a partir do princípio de que todos devem estar sujeitos às mesmas regras, independentemente de gênero, setor ou atividade.[123] Propõe-se um aumento para 67 anos da aposentadoria por idade. Para quem se aposenta por tempo de contribuição, propõe-se uma idade mínima de 65 anos, com 40 anos de contribuição. As pensões seriam reduzidas para 50% do benefício original, acrescido de 25% por filho menor, até o limite de dois filhos. Adicionalmente, seriam limitados os direitos de um mesmo indivíduo acumular benefícios de pensão e aposentadoria. Aposentadorias, pensões e benefícios assistenciais passariam a ser reajustados por índices de preços. Essas regras valeriam para os novos entrantes no mercado de trabalho. Para os que já estiverem no mercado de trabalho, haveria regras de transição, tanto para as aposentadorias por idade como para as por tempo de contribuição. São reformas que, além de tornar o sistema previdenciário brasileiro mais equitativo, lhe dariam viabilidade

---

[123]Para maiores detalhes, ver o artigo de Paulo Tafner e Fabio Giambiagi em Bacha e Schwartzman (2011).

fiscal no contexto do rápido envelhecimento da população brasileira que se avizinha.

Existe espaço para tornar o sistema previdenciário mais eficiente, reduzindo seus custos operacionais, mas medidas administrativas não teriam como solucionar as iniquidades e os custos crescentes do sistema, que se devem às regras existentes de aposentadorias e pensões. A previdência do setor público (os chamados "regimes próprios"), embora não esteja crescendo como a do setor privado, constitui uma das causas mais importantes da iniquidade atual e seus problemas são agravados pela multiplicidade de sistemas previdenciários próprios dos diversos poderes e níveis da federação, assim como dos subsídios aos fundos de pensão das empresas estatais, gerando déficits que são transferidos para o público na forma de impostos e redução de investimentos. Para resolver isso, propõe-se a integração administrativa dos múltiplos sistemas públicos, criando economias de escala, e um teto previdenciário comum tanto para o setor público quanto para o privado, envolvendo a criação de um sistema complementar de previdência a ser financiado pelos próprios segurados, que atendesse a ambos os setores, com regras de transição adequadas.[124]

11.1.3. Agenda para as transferências de renda[125]

Ao lado do sistema previdenciário propriamente dito, que supõe que as pessoas contribuam ao longo da vida útil para sua aposentadoria, mas que é financiado crescentemente com recursos gerais, o Brasil possui hoje dois grandes sistemas de aposentadoria por idade ou invalidez, também administrados pelo INSS. Trata-se do programa de Benefício de Prestação Continuada (BPC/Loas) e da aposentadoria rural, os quais, tal como o Bolsa Família, são programas puros de transferência de renda, já que não supõem contrapartida financeira.

---

[124]Para maiores detalhes sobre os temas deste parágrafo, ver o texto de Marcelo Abi-Rama Caetano em Bacha e Schwartzman (2011).

[125]A análise e as recomendações desta seção seguem o texto de André Portela de Souza em Bacha e Schwartzman (2011).

A ideia de atacar os problemas da pobreza diretamente, sem esperar sua redução pela expansão progressiva dos benefícios das políticas sociais universais, ganhou notoriedade com as políticas de focalização preconizadas como parte dos programas de ajuste macroeconômico da década de 1990. Consolidou-se no Brasil com o programa Bolsa Família, embora o programa de aposentadoria rural date de 1971. Na década de 1990, essas propostas de focalização dos gastos públicos na população mais pobre eram criticadas como conservadoras. Nos últimos anos, entretanto, um programa como o Bolsa Família, iniciado por diferentes prefeituras e pelo governo federal nos anos 1990, foi posteriormente ampliado e foi considerado por muitos como o mais importante programa social do governo Lula. Assim, políticas de focalização passaram a ser vistas como inovadoras e mesmo revolucionárias, tanto por parte do Banco Mundial, um dos principais promotores das políticas de "transferência condicional de renda",[126] como pelo governo Lula e todos os candidatos que concorreram às eleições presidenciais brasileiras de 2010.

A principal virtude dessas políticas focalizadas de distribuição de renda, evidenciada com clareza no Brasil, é que os gastos beneficiam efetivamente os mais pobres, ainda que de forma imperfeita, em contraste com a regressividade das políticas universais de previdência, saúde e educação, tendo, assim, um impacto direto nos índices de desigualdade social. Outras vantagens seriam que elas atuariam diretamente sobre a demanda por serviços, sobretudo de educação, através das condicionalidades, evitando as complicações de lidar com o problema somente do lado da oferta; sua simplicidade, graças aos modernos recursos de informática e o uso da rede bancária para a transferência de recursos diretamente aos necessitados, sem a intervenção da política local; e a possibilidade de monitorar seus resultados pelo uso das informações cadastrais geradas em sua implantação. Do ponto de vista político, finalmente, elas não requerem que a regressividade dos gastos públicos das demais políticas seja corrigida, gerando pouca resistência e claros dividendos político-eleitorais.

---

[126]Bourguignon, Ferreira e Leite (2003).

As avaliações desses programas de distribuição de renda em diferentes países começam a mostrar, ao lado de suas virtudes, suas limitações.[127] No Brasil, o programa Bolsa Família beneficia cerca de 13 milhões de famílias e é relativamente barato, custando 0,5% do PIB, bem menos do que os programas de Benefício de Prestação Continuada e Renda Mínima Vitalícia, que beneficiam 3,5 milhões de pessoas a um custo de 0,6% do PIB, assim como o de aposentadoria rural, com 8,1 milhões de beneficiários a um custo de 1,7% do PIB. A focalização do programa é razoável, sobretudo na área rural e nos estados mais pobres – 70% dos beneficiados são pobres, ainda que 43,7% dos que seriam elegíveis para o programa dele não se beneficiem, o que levou o governo Dilma Rousseff a anunciar, em julho de 2011, um novo programa de erradicação da pobreza extrema. O conceito de pobreza utilizado pelo programa é estritamente monetário, beneficiando as populações rurais em detrimento, por exemplo, das que vivem na periferia das grandes cidades, cuja renda monetária nominal pode ser mais alta, mas que também enfrentam custo de vida mais elevado. Estimativas feitas por Paes de Barros e outros (2010) mostram que a redução da pobreza no Brasil nos últimos anos se deveu em partes iguais ao aumento da renda do trabalho e ao aumento das transferências sociais. O Bolsa Família contribuiu com 15% do total da queda da percentagem de extremamente pobres na população e com 35% da redução do hiato da extrema pobreza[128] – uma contribuição importante, embora não preponderante.

Se o impacto imediato sobre a redução da pobreza extrema é claramente observável, os impactos de mais longo prazo sobre educação e saúde, que contribuiriam para tirar as pessoas da situação de pobreza, não só "dando o peixe, mas ensinando a pescar", são muito menos claros. Em educação, o programa se mostrou redundante em levar as crianças à escola, dada a quase universalização das matrículas até os 13-14 anos atingida ainda na década de 1990 no país. Isso levou o governo,

---

[127]Draibe (2009); Rawlings e Rubio (2005); Reimers, Silva e Trevino (2006).
[128]Por hiato da extrema pobreza se entende a diferença em termos percentuais da renda média dos extremamente pobres em relação ao valor da linha de extrema pobreza.

mais recentemente, a ampliar a bolsa para famílias com jovens até 17 anos. Estima-se que o efeito de oito anos de concessão do Bolsa Família seria o de aumentar a escolaridade da população em apenas 0,2 ano. Outras estimativas mostram que as bolsas podem estar influenciando positivamente a frequência à escola, reduzindo o abandono escolar e a repetência, mas em valores bem modestos. Não há evidência tampouco de que o programa tenha impactos significativos na melhoria da saúde, na redução do trabalho infantil e na fecundidade. Entretanto, estaria tendo um efeito de reduzir oferta de trabalho de mulheres, o que pode ser um resultado positivo, se significar que elas podem se dedicar mais a seus filhos.

Existem duas questões gerenciais importantes, em relação ao Bolsa Família, que ainda precisariam de estudos mais aprofundados. O primeiro refere-se à seleção das pessoas a serem beneficiadas, que é feita através de listas preparadas pelas autoridades municipais. O grande número de pessoas que se qualificariam para o programa, mas dele não se beneficiam, e o alto número de beneficiados com renda acima do limite mostram que existem problemas nesses cadastros. Para acompanhar esse trabalho e estimular as boas práticas, o Ministério do Desenvolvimento Social (MDS) criou o Índice de Gestão Descentralizada (IGD) que distribui incentivos financeiros aos municípios conforme a qualidade do trabalho cadastral que realizam. O outro problema, com o qual o IGD também procura lidar, é o do acompanhamento das condicionalidades, ou seja, verificar se de fato as famílias que estão recebendo a bolsa estão fazendo uso como deveriam dos serviços de saúde e de educação. Em ambos os casos, a análise da evidência disponível não é positiva. Como concluem os autores que analisaram a questão, "o IGD apresenta problemas de registro, o que pode levar a incentivos perversos para os municípios registrarem apenas os casos bem-sucedidos. Isso torna os aspectos estruturais do Programa Bolsa Família pouco confiáveis e reduz a possibilidade de medir de forma adequada a capacidade dos municípios de garantir o cumprimento das exigências condicionais previstas, especialmente aquelas relacionadas à saúde" (Estrella e Ribeiro, 2008).

Concluímos sugerindo seis medidas para melhoria dos programas de transferência de renda:[129]

1) Criação de um indicador sintético de pobreza que possa tomar em conta suas diversas manifestações.
2) Estabelecimento de metas claras de redução da pobreza em seus diferentes aspectos.
3) Utilização do Cadastro Único como base de gestão e acompanhamento dos programas sociais.
4) Criação de uma agência independente de gestão do Cadastro Único e de avaliação dos programas (hoje realizados internamente pelo MDS).
5) Instituição de uma poupança para os estudantes que completem o ensino médio (como já é feito pela Secretaria de Educação de Minas Gerais).
6) Utilização, como no Chile, de "agentes de desenvolvimento familiar" que deem apoio às famílias para que façam melhor uso dos recursos de saúde, educação e previdência social disponíveis, recuperando o papel e a ideia antiga dos profissionais de serviço social.

11.1.4. *Agenda para a educação*[130]

O Brasil não é o único país a se defrontar com os problemas de qualidade da educação básica, mas a situação brasileira é particularmente grave, medida seja por comparações internacionais como a da OCDE (Organização para Cooperação e Desenvolvimento Econômico) e o Pisa (Programa Internacional de Avaliação de Estudantes) seja pelos sistemas de avaliação do governo federal (Saeb/Ideb [Sistema Nacional de Avaliação da Educação Básica/Índice de Desenvolvimento da Educação Básica]) e dos governos estaduais.

---

[129] Para maiores detalhes, ver o texto de André Portela de Souza em Bacha e Schwartzman (2011).
[130] A análise e as recomendações que se seguem resumem as contribuições do texto sobre políticas de educação de Fernando Veloso, com as análises complementares de Simon Schwartzman, Naercio Aquino Menezes Filho e Reynaldo Fernandes, em Bacha e Schwartzman (2011).

Um par de números resume o problema: ao término do ensino médio, somente 11% dos alunos das escolas públicas do país possuem conhecimentos considerados mínimos em matemática e somente 29% os têm em língua portuguesa, conforme os critérios estabelecidos pelo movimento Todos Pela Educação.[131] E esse é um grupo selecionado, já que não inclui aqueles que não completaram o nível médio – 55% da população jovem do país. Nos últimos anos, houve alguma melhoria nos indicadores de desempenho da educação, cuja interpretação, no entanto, não é clara.

O Ideb, elaborado pelo Ministério da Educação e que combina informações sobre fluxo escolar e desempenho dos estudantes em provas de matemática e português, mostra alguma melhoria entre 2005 e 2009, depois de um período de piora no início da década, sobretudo no 5° ano do ensino fundamental. Os resultados mais recentes do Pisa também mostram melhorias no desempenho de jovens brasileiros de 15 anos no fim do ensino médio.[132] Essas melhorias não são suficientes, no entanto, para tirar o país da grave situação em que se encontra e é improvável que continuem crescendo vegetativamente sem políticas específicas para superar os problemas conceituais e institucionais da educação pública do país.

O tema da educação mobiliza cada vez mais a sociedade e por isso é necessário usar a evidência das pesquisas para identificar o que funciona e o que não funciona. Os Estados Unidos, que têm também sérios problemas com suas escolas, embora mais localizados, têm desenvolvido muitas tentativas de lidar com essas questões, buscando tornar as escolas mais responsáveis pelos seus resultados, fazendo com que as famílias possam escolher as escolas de sua preferência, que precisam competir por alunos, e, para que isso seja possível, descentralizando sua gestão. Além dessas questões que afetam o funcionamento dos sistemas escolares, existem pesquisas sobre o papel da educação pré-escolar, os métodos

---

[131]Disponível em: <http://www.todospelaeducacao.org.br/>
[132]Uma revisão recente dos dados do Pisa, feita por Ruben Klein (2011), no entanto, mostra que as melhorias observadas entre 2006 e 2009 nos resultados do Brasil e de outros países podem ser explicadas por problemas amostrais, dado que a média de idade e a escolaridade dos estudantes da amostra de 2009 eram maiores do que as de 2006.

de alfabetização, a organização dos currículos, o recrutamento e a formação dos professores, cujos resultados, se não podem ser simplesmente transplantados para o Brasil, não podem ser ignorados.

Nos últimos anos, tem havido experiências importantes de reformas educativas em vários estados brasileiros e o governo federal também tem atuado de forma mais focalizada, como evidenciado em um relatório extremamente detalhado e exaustivo publicado recentemente pelo Banco Mundial.[133] De diferentes maneiras, o setor privado tem participado da educação, seja através de instituições filantrópicas, que desenvolvem parcerias com escolas públicas, seja vendendo serviços e produtos especializados, como sistemas de ensino, livros didáticos e formação pedagógica, seja criando e administrando suas próprias escolas. Aos poucos, alguns resultados vão aparecendo, mas de forma ainda bastante lenta.

As recomendações que se seguem para a educação básica se baseiam tanto na experiência internacional quanto nas diferentes iniciativas inovadoras que têm ocorrido no Brasil:[134]

- Continuar experimentando e inovando, com o acompanhamento de avaliações rigorosas, para que os resultados obtidos não se percam nem se dispersem.
- Abrir espaço para novas formas de gestão, dando mais autonomia às escolas, definindo metas e estabelecendo contratos de desempenho, e incorporando escolas privadas ao sistema público através de contratos de gestão, de forma semelhante aos das *charter schools*.
- Melhorar a qualidade dos professores, proporcionando melhor formação, avaliando seu desempenho e criando mecanismos para que os melhores sejam estimulados a ficar nas escolas e os menos capacitados ou motivados sejam substituídos.
- Desenvolver políticas específicas para alunos e escolas em condições socioeconômicas desfavoráveis.

---

[133]The World Bank (2010).
[134]Para maiores detalhes, ver o artigo de Fernando Veloso sobre educação básica em Bacha e Schwartzman (2011).

- Criar incentivos claros para recompensar as escolas e os professores que mostrem bons resultados em seu trabalho.

O Brasil gasta hoje cerca de 5% do PIB com educação, dos quais 4,2% são para a educação infantil e básica e 0,7% para a educação superior. No entanto, o gasto por estudante de nível superior em 2009 foi cerca de 5,2 vezes maior do que por estudante na educação básica e 6,6 vezes maior do que por estudante de ensino médio. Esses gastos poderiam ser mais bem distribuídos, com os estudantes de nível superior das instituições públicas compartindo seus próprios custos conforme sua renda atual ou esperada, assim liberando mais recursos para a educação pública básica, média e infantil. Além de distribuir melhor o que já se gasta, a melhoria da educação brasileira deve passar, sem dúvida, por um aumento substancial de investimentos públicos e privados, sobretudo para permitir a implantação do ensino de tempo integral em todo o país. Como na saúde, os custos potenciais da educação de qualidade podem se tornar ilimitados e é importante evitar que investimentos adicionais terminem por reproduzir e mesmo perpetuar a situação atual. A evidência internacional mostra que aumentar os gastos em educação não produz necessariamente melhores resultados e sabemos que no Brasil não existe relação entre gastos em educação por município e desempenho dos alunos. Esse fato serve de advertência contra a prática tradicional brasileira de atender às demandas por recursos sem saber como serão utilizados, mas não pode servir de pretexto para não ampliar os investimentos no setor.

Embora seja possível melhorar muito o desempenho da educação brasileira com o atual nível de gastos, no médio prazo será necessário generalizar a educação de tempo integral, o que vai requerer investimentos expressivos em prédios escolares e contratação de professores. Será necessário, também, tornar a carreira de magistério mais atrativa para pessoas que hoje preferem outras profissões de nível superior. Isso vai requerer níveis salariais maiores do que os praticados atualmente, ainda que os salários e as condições de trabalho de muitos professores de redes públicas estaduais já sejam competitivos em relação à maioria das pessoas com níveis similares de formação. Um uso correto dos recursos públicos exigiria que o governo priorizasse os investimentos na educação inicial e básica e exigisse mais coparticipação nos custos por parte dos estudantes de nível superior e de pós-graduação nas instituições estatais, seja diretamente seja através de empréstimos educativos, a serem reembolsados em função de rendimentos futuros.

Uma questão central da educação brasileira é a camisa de força do ensino médio, em que existe pouco ou nenhum espaço para escolhas por parte dos alunos. Ao contrário da maioria dos países, o Brasil não oferece opções no nível médio (que, sintomaticamente, ainda é considerado como parte da educação básica, e não secundária) e praticamente não desenvolveu o ensino técnico. Esse é dificultado, entre outras coisas, pela exigência de que todos os alunos passem pelo mesmo currículo do ensino tradicional, carregado por 14 ou mais matérias obrigatórias que são dadas de forma inevitavelmente superficial. O mesmo problema existe no ensino superior, em que o ensino denominado "tecnológico", de curta duração, praticamente não se desenvolveu.

Essa questão pode ser analisada como parte de um problema mais amplo do viés acadêmico (*academic drift*) que permeia a educação brasileira desde o nível médio até a pós-graduação. Esse viés consiste na tendência das instituições de ensino de aumentar seu status imitando os modelos organizacionais e conteúdos das de mais prestígio, reduzindo, assim, a diversidade dos sistemas educacionais, que, em nome da igualdade, se tornam cada vez mais estratificados e hierarquizados. No Brasil, essa tendência está incorporada à legislação, que sobrecarrega o currículo do ensino médio, impede que o ensino técnico se desenvolva de forma diferenciada e trata de impor a todo o sistema de educação superior um modelo único de universidade de pesquisa que não tem como se generalizar. A necessidade de diversificação se torna ainda mais evidente pelos achados mais recentes da neurobiologia, sistematizados em Cunha, Heckman e Schennach (2010). Eles mostram a dificuldade de corrigir na adolescência e na idade adulta as deficiências de formação intelectual e a prioridade que deve ser dada, nesses casos, às habilidades não cognitivas. As análises de Heckman e colaboradores sobre a importância da educação infantil têm sido muito mencionadas no Brasil, mas suas implicações para a política educativa de nível médio e superior não têm sido devidamente consideradas.

No ensino superior, a tradição brasileira tem sido a de manter um pequeno número de universidades estatais de alto custo, seletivas, gratuitas e de mais difícil acesso, e abrir espaço para um grande mercado de instituições privadas que vivem de mensalidades e atendem como podem à demanda que o setor estatal não cobre. A legislação atual já reconhece a existência de faculdades e centros universitários dedicados exclusivamente ao ensino, mas as avaliações realizadas pelo Ministério da Educação ainda supõem que todos os currículos das diversas áreas devam ser os mesmos. A ideia de que instituições privadas possam desempenhar uma função pública e serem financiadas por isso ainda não é formalmente admitida, embora o governo Lula tenha optado, através do Programa Universidade para Todos (Prouni), por trabalhar com o setor privado, trocando a isenção de matrículas de estudantes mais pobres por isenção fiscal. Em termos internacionais comparados, o ensino superior brasileiro ainda é pequeno, mas seu crescimento está limitado pelo número de pessoas que se graduam a cada ano do ensino médio, o qual é semelhante ao de vagas oferecidas pelo ensino superior.

Para a pós-graduação estrito senso (mestrados e doutorados), existe um sistema de avaliação administrado pela Capes (Coordenação de Aperfeiçoamento de Pessoal de Nível Superior) que considera os cursos de nível mais alto, 7, como de excelência internacional, e descredencia ou não reconhece os de nível 1 ou 2. O Brasil possui hoje o sistema de pós-graduação mais desenvolvido da América Latina, com 11 mil doutores e 39 mil mestres formados em 2009, para um total de 161 mil matriculados segundo os dados do Ministério da Educação. As avaliações da Capes fazem uso de critérios acadêmicos, como a produção de artigos em revistas especializadas internacionais, cujo número vem aumentando consideravelmente. Por outro lado, os indicadores de impacto desses artigos, assim como de produção tecnológica, como patentes, permanecem baixos. A Pnad estima a existência de 330 mil estudantes de pós-graduação no país, o que sugere a existência de um grande número de cursos de especialização e de tipo MBA não regulamentados.

Tanto na educação básica quanto na superior, portanto, é necessário abrir espaço para mais alternativas institucionais e de formação, acompanhadas de sistemas de avaliação claros e com legitimidade. Os resultados dessas avaliações devem servir de referência não somente para a distribuição de recursos pelos governos, mas também para o aprimoramento das escolas e dos professores e, sobretudo, para ampliar o leque de ensino de qualidade à disposição dos jovens e de suas famílias.

11.1.5. *Agenda para a segurança pública*[135]

Ao contrário da lenda do pacifismo e da cordialidade dos brasileiros, o país sempre conviveu com problemas de criminalidade, violência e insegurança no campo e nas cidades. Nos últimos anos, a criminalidade vem atingindo níveis extremamente elevados, sobretudo nas periferias das grandes aglomerações urbanas. Os determinantes sociais da criminalidade podem ser muito distintos, indo desde a carência de recursos mínimos para a sobrevivência até a falta de oportunidades de mobilidade social legítima, passando por questões de cultura e conflitos intergeracionais. Da mesma maneira, as políticas públicas que ela requer são muito distintas, indo desde o atendimento às necessidades básicas de sobrevivência da população até as políticas de contenção e repressão do crime organizado, passando por ações voltadas para a reintegração de grupos socialmente marginalizados.

A criminalidade urbana, com altas taxas de homicídio, uso de arma de fogo e, como no Rio de Janeiro, controle territorial de partes da cidade, requer ação repressiva imediata, como condição prévia para ações de mais longo prazo de integração e reintegração social e econômica das populações mais afetadas. No Brasil, o debate sobre a questão da criminalidade, no fim do regime militar, se centrava na questão da proteção aos direitos humanos. Depois, aos poucos evoluiu para uma visão muito mais complexa de uma agenda de segurança pública pautada pela

---

[135]A análise e as recomendações que se seguem resumem as contribuições do texto sobre políticas de segurança pública de Sergio Guimarães Ferreira e das análises complementares de Claudio Beato, Leandro Piquet Carneiro e Denis Mizne em Bacha e Schwartzman (2011).

democracia, pelo respeito à lei e, não menos importante, pela eficiência de suas medidas na prevenção do crime.

A evidência mostra que os crimes tendem a ocorrer em pontos geográficos bastante concentrados e ser cometidos por um número relativamente pequeno de pessoas, o que facilita ações focalizadas de grande impacto, desde que os pontos sejam devidamente identificados pelo uso de informações estatísticas georreferenciadas. A evidência também mostra que a violência se reduz quando existe um sistema efetivo de repressão, condenação e encarceramento. Com o nível atual de recursos, é possível obter resultados muito melhores do que tem sido possível até agora, pelo uso intensivo de inteligência, pela identificação dos focos de criminalidade, cuja natureza pode variar muito de uma a outra localidade, e por políticas combinadas de repressão, apoio e socialização.

Para ser efetivo, o controle da criminalidade requer a integração e cooperação das diversas agências municipais, estaduais e federais envolvidas com questões de segurança e justiça, assim como entre essas agências e a sociedade civil. A cooperação entre agências tem ocorrido em praticamente todas as experiências bem-sucedidas de controle da criminalidade. A participação da sociedade civil pode ocorrer de diversas maneiras, desde o envolvimento de empresários no patrocínio de atividades complementares, como pesquisa e reorganização administrativa dos sistemas de segurança, até a ação comunitária de defesa e apoio à população afetada. A polícia, especialmente, precisa ser vista como estando ao lado da população, e não em oposição a ela, evitando a situação desastrosa, mas muito comum, em que a polícia é vista como hostil à população afetada, e muitas vezes de fato o é. Quando isso ocorre, são as organizações criminosas que se apresentam como protetoras e até provedoras de oportunidades de trabalho e renda. Essa questão passa pelo problema da corrupção policial, que pode ser mais grave do que outras situações de corrupção no setor público, dada a posse de armas e as oportunidades de ganhos ilícitos que surgem nas situações de combate ao crime organizado. Um dos fenômenos mais graves, nesse contexto, são os grupos e as organizações paramilitares, formados por ex-policiais e militares ou mesmo da ativa, que disputam espaço com as quadrilhas pelo controle dos territórios, a venda de proteção e a prática de diversos tipos de extorsão junto à população, ganhando muitas vezes acesso a posições de poder na administração pública em diversos níveis. Seria propícia uma mudança da legislação penal que regulamente o crime de milícia e o torne hediondo.

Há outras reformas legais importantes que precisam ser enfrentadas. Elas incluem medidas que facilitem a ação conjunta das polícias civil e militar, bem como a definição de turnos de trabalho consistentes com a operação policial. A agilização das decisões judiciais também é premente para o combate eficaz ao crime. A certeza da punição parece ser mais importante para reduzir a criminalidade do que o encarceramento prolongado, que se deveria concentrar em criminosos de alta periculosidade. As leis de encarceramento precisariam, assim, ser alteradas, restringindo ou eliminando a progressão da pena para crimes hediondos (hoje garantida por decisão do STF), reduzindo ou eliminando o encarceramento para crimes menores e eventualmente tornando mais flexíveis as cláusulas de não imputabilidade para crimes violentos de adolescentes.

Há necessidade de reformas profundas da política nacional de segurança, com ênfase nos problemas de tráfico de armas e drogas, do crime organizado, do papel do Judiciário, da relação entre Polícia Civil e Polícia Militar, assim como das políticas nacionais de segurança e do Programa Nacional de Segurança Pública com Cidadania (Pronasci), que não vem cumprindo seu papel. A atuação da União na área de segurança requer mudanças legais e institucionais profundas, a começar pela implantação de um sistema adequado de indicadores compartidos sobre crimes e vitimização, hoje inexistente, e passando por sua integração com as ações dos estados, municípios e suas diversas agências.

O papel das Forças Armadas na segurança interna do país é outro tema que voltou à agenda depois da ocupação da Vila Cruzeiro e da Favela do Alemão pela polícia do Rio de Janeiro, com o apoio da Marinha e do Exército. As Forças Armadas estão concebidas, em princípio, para a defesa do país contra inimigos externos. Mas, no caso do Rio de Janeiro, o uso de equipamentos de guerra da Marinha foi decisivo para viabilizar a ocupação dos morros e a experiência adquirida pelo

Exército brasileiro no Haiti vem sendo importante para a pacificação do Morro do Alemão. Em termos mais amplos, cabe reconhecer que o crime organizado hoje tem uma dimensão internacional, conforme ilustram as experiências dramáticas vividas atualmente pelo México na difícil confrontação com o narcotráfico. Internacionalmente, por outro lado, é baixa a probabilidade de que o Brasil tenha de enfrentar, nos próximos anos, uma situação de guerra convencional. Além disso, está muito reduzido o antigo receio de que as Forças Armadas possam se transformar em um fator de instabilidade política interna no país. Em resumo, existem muitas razões para pensar em como melhor usar os recursos humanos, técnicos e financeiros das Forças Armadas em benefício da segurança interna do país em uma estratégia de longo prazo cujo conteúdo precisa ser aprofundado.

Há finalmente um tema controverso, na questão da violência urbana, que nos parece particularmente importante. Relaciona-se à proposta do tratamento das drogas hoje proibidas como um problema primordialmente de saúde pública, conforme a posição adotada no relatório da Comissão Latino-Americana sobre Drogas e Democracia (CLADD), da qual fizeram parte os ex-presidentes César Gaviria, da Colômbia, Ernesto Zedillo, do México, e Fernando Henrique Cardoso, do Brasil.[136] Sem dúvida, a drogadição e a criminalidade estão inter-relacionadas. Isso ocorre, também, com o alcoolismo, embora a venda de bebidas alcoólicas não seja proibida. De maneira geral, entretanto, pode arguir-se que as consequências negativas associadas com as drogas ilegais derivam mais de sua proibição do que do consumo de um bem proibido.[137] Além disso, a divisão legal que hoje existe entre drogas legais, como o cigarro e o álcool, e ilegais, como a maconha e a cocaína, é arbitrária, fruto de acidentes históricos, que pouco ou nada têm a ver com sua periculosidade ou os danos que provoquem. A descriminalização do uso das drogas atualmente proibidas poderia reduzir significativamente a lucratividade do tráfico de drogas, desde que acompanhada da des-

---

[136]Cf. CLADD (2009).
[137]Cf. Miron e Zwiebel (1995), a respeito da relação entre proibição de drogas e criminalidade.

criminalização de condutos de produção e venda, que passariam a ser devidamente regulados. Abriria também espaço público para conter o uso das drogas hoje proibidas e combater suas consequências danosas, tal como hoje ocorre com o cigarro e poderia também ocorrer com o álcool. É um tema polêmico, mas que precisa ser considerado, dadas a realidade brasileira e as revisões recentes da legislação sobre drogas em diversos países, além do evidente fracasso da estratégia americana da "guerra às drogas".

11.2. Conclusões

Ainda persiste no Brasil a ideia de que os principais problemas sociais do país são a pobreza extrema e o baixo acesso aos serviços públicos essenciais. No entanto, quando se adota a linha de extrema pobreza sugerida pela ONU, há relativamente poucos pobres no Brasil: apenas 3,8% da população têm renda per capita inferior a US$ 1,25 por dia. A agenda social brasileira não mais se resume à eliminação da extrema pobreza, que continua existindo, mas vem sendo reduzida graças à expansão do mercado de trabalho e aos programas focalizados de transferência de renda. Também não se trata predominantemente de falta de acesso a serviços básicos como educação e saúde, cuja cobertura aumentou muito nas duas últimas décadas. O que se requer, cada vez mais, é atenção para a iniquidade, a má qualidade e o mau uso de recursos públicos nesse acesso.

Devido à alta concentração de renda no país, os 80% mais pobres da população detêm apenas 43% da renda e sua renda familiar per capita mal chega aos R$ 1.300 por mês.[138] A assim chamada "nova classe média" consiste de pessoas com frequência dependentes do INSS, do SUS e do ensino público básico e que mora nos locais onde é maior a criminalidade no país. As políticas sociais hoje requeridas para atender a essa população são muito mais complexas e caras do que no passado,

---

[138] Valores calculados a partir das classes de renda familiar da POF 2008-2009, atualizados pelo IPCA para preços de dezembro de 2011.

requerendo conhecimentos aprofundados e capacidade de gestão de que o setor público muitas vezes não dispõe. Em particular, o rápido envelhecimento da população brasileira, que se avizinha, vai requerer recursos redobrados nas áreas de saúde e previdência.

A nova agenda social tem de incorporar a segurança pública. Se na Primeira República se dizia que a questão social era um problema de polícia, hoje está claro que a questão da polícia é um problema social. O Brasil é o sexto país mais violento do mundo, medido pela taxa de homicídios por mil habitantes. Essa violência está concentrada nas áreas urbanas precárias onde os mais pobres residem. A redução da violência é uma precondição para a execução das demais políticas sociais.

O total dos gastos governamentais com saúde, educação, segurança pública, previdência e transferências de renda está em torno de 24% do PIB, um nível bem superior àquele dos demais países de renda média como o Brasil. A carga tributária já atinge 36% do PIB no Brasil, igual à média dos países da OCDE, com renda per capita três vezes superior à do país. Não parece mais haver espaço político para aumento de impostos, mas há muito a fazer para que os recursos disponíveis sejam utilizados de forma mais eficiente.

Concluímos, pois, estar na hora de desenvolver uma nova agenda social para o Brasil, que seja equânime, ao privilegiar o acesso dos mais pobres à seguridade social; realista, ao reconhecer a restrição orçamentária; e eficaz, ao lidar com a complexidade das tarefas à frente com uma gestão responsável e consequente dos recursos públicos. Mais especificamente, as novas políticas sociais brasileiras precisam ir além da miséria, para cuidar das necessidades básicas da grande massa da população brasileira – os 80% das famílias brasileiras com renda per capita inferior a R$ 1.300 por mês.

Para focar as políticas sociais nesses 80%, é preciso lidar com alguns problemas políticos e legais complicados. Boa parte dos chamados gastos sociais beneficia não os 80% mais pobres, mas os 20% mais ricos. É assim com a previdência do servidor público, a gratuidade das universidades públicas, os gastos do SUS com remédios caros e procedimentos de média e alta complexidade, frequentemente obtidos através de ações judiciais. É assim também com os "bicos" que os policiais fazem para dar segurança aos mais ricos, nas suas 48 horas de descanso remunerado. Para ter dinheiro para praticar política social de qualidade para os 80% mais pobres, é preciso limitar os privilégios dos 20% mais ricos, o que significa confrontar as corporações que representam seus interesses.

Os problemas legais para focalizar os gastos sociais nos 80% mais pobres derivam de uma peculiar, mas disseminada, interpretação dos princípios constitucionais da universalidade e da igualdade. Na interpretação corrente, as desigualdades dos benefícios sociais não devem ser corrigidas com o redirecionamento dos gastos públicos, mas sim pela expansão dos gastos e a extensão para os demais dos benefícios já conquistados por uma minoria de 20% que são considerados direitos adquiridos. É claro, entretanto, que não há dinheiro suficiente para essa expansão. O país tem uma carga tributária elevadíssima para seu nível de renda e mesmo assim os orçamentos públicos continuam deficitários. A única maneira de implantar os princípios da universalidade e da igualdade na prestação dos serviços públicos é partindo de baixo para cima, e não de cima para baixo. A equidade se impõe como o princípio norteador básico das políticas sociais numa sociedade tão desigual como a brasileira.

Ao longo do capítulo, ilustramos o que isso significa em cada uma das áreas de política social. Em todas elas existirá sempre uma grande distância entre os direitos consagrados na legislação e presentes nas aspirações da população e o que pode ser feito com os recursos humanos, institucionais e financeiros disponíveis. Existe, entretanto, um espaço importante, em cada uma das áreas, para obter melhores resultados com os recursos existentes e mobilizar outros recursos – públicos e privados, organizacionais e institucionais – para avançar. É no espaço entre o que existe hoje e o que gostaríamos para o futuro que se colocam as proposições deste capítulo.

Referências

ANDRADE, Mônica V. e NORONHA, Kenya. "Uma nota sobre o princípio da integralidade do SUS". In: BACHA, Edmar e SCHWARTZMAN, Simon. *Brasil: a nova agenda social*. Rio de Janeiro: LTC Editora, 2011, pp. 94-103.

BACHA, Edmar e KLEIN, Herbert S. *A transição incompleta: Brasil desde 1945*. 2 v. Rio de Janeiro: Paz e Terra, 1986.

_____. SCHWARTZMAN, Simon. *Brasil: a nova agenda social*. Rio de Janeiro: LTC Editora, 2011.

BARROS, R. Paes de, CARVALHO, M., FRANCO, S., MENDONÇA, R. e ROSALÉM, A. "Sobre a evolução recente da pobreza e da desigualdade no Brasil". Mimeo, 2010.

CARNEIRO, Leandro P. "Medidas fracas em tempo de crise: as políticas de segurança pública no Brasil". In: BACHA, Edmar e SCHWARTZMAN, Simon. *Brasil: a nova agenda social*. Rio de Janeiro: LTC Editora, 2011, pp. 326-334.

BEATO, Claudio. "Regionalização e diversidade da criminalidade". In: BACHA, Edmar e SCHWARTZMAN, Simon. *Brasil: a nova agenda social*. Rio de Janeiro: LTC Editora, 2011, pp. 319-325.

BOURGUIGNON, François; FERREIRA, Francisco H. G. e LEITE, Phillippe G. "Conditional cash transfers, schooling, and child labor: Micro-simulating Brazil's bolsa escola program". *World Bank Economic Review*, 17, 2003, pp. 229-54.

CAETANO, Marcelo. "Reformas infraconstitucionais nas previdências privada e pública: possibilidades e limites". In: BACHA, Edmar e SCHWARTZMAN, Simon. *Brasil: a nova agenda social*. Rio de Janeiro: LTC Editora, 2011, pp. 187-203.

CAMPINO, Antonio C.C. "Gastos catastróficos, iniquidade e proposta de reformulação do sistema de saúde". In: BACHA, Edmar e SCHWARTZMAN, Simon. *Brasil: a nova agenda social*. Rio de Janeiro: LTC Editora, 2011, pp. 104-108.

CLADD (Comissão Latino-Americana sobre Drogas e Democracia). *Drogas e democracia: rumo a uma mudança de paradigma*. São Paulo, Iniciativa Latino-Americana sobre Drogas e Democracia, 2009. Disponível em:www.drogasedemocracia.org.

CUNHA, F.; HECKMAN, J. e SCHENNACH, S. "Estimating the Technology of Cognitive and Non-Cognitive Skill Formation". NBER Working Paper 1564. 2010.

DRAIBE, Sonia. "Programas de transferência condicionada de renda". In: F.H. Cardoso e A. Foxley (orgs.). *América Latina. Desafios da democracia e do desenvolvimento – Políticas sociais para além da crise*. v. 2. Rio de Janeiro/São Paulo: Elsevier/Instituto Fernando Henrique Cardoso, 2009, pp. 103-143.

ESTRELLA, Juliana e RIBEIRO, Leandro M. "Qualidade da gestão das condicionalidades do programa bolsa família: uma discussão sobre o índice de gestão descentralizada". *Revista de Administração Pública*, 42, 2008, pp. 625-641.

FERNANDES, Reynaldo. "As avaliações e os desafios do ensino médio". In: BACHA, Edmar e SCHWARTZMAN, Simon. *Brasil: a nova agenda social*. Rio de Janeiro: LTC Editora, 2011, pp. 276-284.

FERREIRA, Sergio G. "Segurança pública nas grandes cidades". In: BACHA, Edmar e SCHWARTZMAN, Simon. *Brasil: a nova agenda social*. Rio de Janeiro: LTC Editora, 2011, pp. 287-318.

IBGE. Departamento de População e Indicadores Sociais. Estatísticas da Saúde: Assistência Médico-Sanitária no Rio de Janeiro. 2006.

JELSMA, Martin. *Inovações legislativas em políticas sobre drogas*. São Paulo: Iniciativa Latino-Americana sobre Drogas e Democracia, 2009. Disponível em www.drogasedemocracia.org.

KLEIN, Ruben. "Uma reanálise dos resultados do Pisa: problemas de comparabilidade". Submetido para publicação na *Revista Ensaio: Avaliação e Políticas Públicas em Educação* (2011).

MEDICI, André. "Propostas para melhorar a cobertura, a eficiência e a qualidade do setor saúde". In: BACHA, Edmar e SCHWARTZMAN, Simon. *Brasil: a nova agenda social*. Rio de Janeiro: LTC Editora, 2011, pp. 23-93.

MENEZES FILHO, Naercio. "Pré-escola, horas-aula, ensino médio e avaliação". In: BACHA, Edmar e SCHWARTZMAN, Simon. *Brasil: a nova agenda social*. Rio de Janeiro: LTC Editora, 2011, pp. 270-275.

MIRON, Jeffrey A. e ZWIEBEL, Jeffrey. "The economic case against drug prohibition". *Journal of Economic Perspectives* 9(4), 1995, pp. 175-192.

MIZNE, Denis. "Fases e tendências no debate sobre políticas públicas de segurança no Brasil". In: BACHA, Edmar e SCHWARTZMAN, Simon. *Brasil: a nova agenda social*. Rio de Janeiro: LTC Editora, 2011, pp. 335-344.

NICHOLSON, Brian. *A previdência injusta*. São Paulo: Geração Editorial, 2007.

PESSOA, Samuel. "O contrato social da redemocratização". In: BACHA, Edmar e SCHWARTZMAN, Simon. *Brasil: a nova agenda social*. Rio de Janeiro: LTC Editora, 2011, pp. 204-212.

RAWLINGS, Laura B. e RUBIO, Gloria M. "Evaluating the impact of conditional cash transfer programs". *The World Bank Research Observer* 20(1), 2005.

REIMERS, Fernando; SILVA, Carol DeShano da e TREVINO, Ernesto. "Where is the education". In: *Conditional cash transfers in education?* Unesco, Institute for Statistics, Montreal, 2006.

ROCHA, Roberto e CAETANO, Marcelo. "O sistema previdenciário brasileiro: uma avaliação de desempenho comparada". In: Marcelo Caetano (org.). *Previdência social no Brasil: debates e desafios*. Brasília/Rio de Janeiro: Ipea, 2008, pp. 30-78.

SOUZA, André Portela de. "Políticas de distribuição de renda no Brasil e o bolsa família". In: BACHA, Edmar e SCHWARTZMAN, Simon. *Brasil: a nova agenda social*. Rio de Janeiro: LTC Editora, 2011, pp. 166-186.

SCHWARTZMAN, Simon. "O viés acadêmico na educação brasileira". In: BACHA, Edmar e SCHWARTZMAN, Simon. *Brasil: a nova agenda social*. Rio de Janeiro: LTC Editora, 2011, pp. 254-269.

TAFNER, Paulo e GIAMBIAGI, Fabio. "Previdência social: uma agenda de reformas". In: BACHA, Edmar e SCHWARTZMAN, Simon. *Brasil: a nova agenda social*. Rio de Janeiro: LTC Editora, 2011, pp. 109-165.

THOUMI, Francisco E. "La normatividad internacional sobre drogas como camisa de fuerza". *Nueva Sociedad* 222, jul/ago. 2009, pp. 42-59.

VELOSO, Fernando. "A evolução recente e propostas para a melhoria da educação no Brasil". In: BACHA, Edmar e SCHWARTZMAN, Simon. *Brasil: a nova agenda social*. Rio de Janeiro: LTC Editora, 2011, pp. 215-253.

WORLD BANK, Human Development Sector Management Unit, Latin America and the Caribbean Regional Office. *Achieving World Class Education in Brazil: the Next Agenda*. Washington: The World Bank, 2010.

IV. Ciclo do Café e novas *commodities*

12. Política brasileira do café: uma avaliação centenária[139]

12.1. Introdução

No fim do século XIX, o Brasil era o café e o café era o Brasil – e foi então que se concebeu a política de valorização do produto. Cem anos depois, a Federação Brasileira dos Exportadores de Café declararia que o Brasil não mais dependia do café e que o mundo não mais dependia do café brasileiro – e foi então que se suspendeu o Acordo Internacional do Café e se fechou o Instituto Brasileiro do Café.

No entremeio, decorreram cem anos da história econômica do país, marcados pela ascensão, pelo auge e pela queda da política de valorização do café, o mais importante marco de política econômica continuada da história moderna do Brasil.

O que se segue é uma descrição analítica das políticas brasileiras de intervenção no mercado do café. A história se inicia no século XIX, caracterizado por uma forte expansão da demanda mundial, acompanhada de desajustes na oferta dos países produtores. Esse desequilíbrio entre oferta e procura gerou uma tendência de aumento constante dos preços do café em dólares por meio século, entre 1945 e 1995 (Seção 2).

[139]Adaptado de Bacha (1992). Publicado com autorização da E D & F Man Holdings Ltd. Sem implicá-los nos resultados, agradeço os comentários à versão anterior de Marcelo de Paiva Abreu, Orlando Corrêa Neto e Manoel Corrêa do Lago, bem como a excelente assistência de pesquisa de Mauro Cunha.

O aumento dos preços na segunda metade do século XIX somente foi revertido quando o Brasil livrou-se da escravidão e abriu o planalto paulista para o cultivo do café. Nele, a energia dos empresários locais mesclou-se com o poder da ferrovia e o músculo do imigrante europeu para produzir todo o café que o mundo pudesse comprar.

No início do século XX, o Brasil se viu numa posição de amplo domínio do mercado mundial de café e enfrentando uma situação de superprodução. Após uma explicação dos mecanismos do ciclo do café, descreve-se a primeira intervenção do Brasil no mercado do café, marcada pelo célebre Convênio de Taubaté de 1906 (Seção 3). Dois outros episódios intervencionistas se seguiram antes de a política de valorização tornar-se "permanente" com a criação, em 1924, do Instituto Paulista de Defesa (Seção 4). O debate sobre os custos sociais da valorização paulista é considerado no fim dessa seção.

A década de 1930 trouxe a derrota da defesa paulista do café e foi também marcada pela destruição de quase 80 milhões de sacas na administração Vargas. A controvérsia provocada pela tese de Celso Furtado de que a moderna indústria brasileira teria nascido das cinzas da incineração do café é então avaliada (Seção 5).

Depois da superprodução da Grande Depressão e da Segunda Guerra Mundial, seguiu-se uma fase de baixa produção e inigualável aumento de preços (Seção 6). No impulso das políticas renovadas de valorização do Brasil, essa fase de alta foi prolongada até meados da década de 1950 (Seção 7). Nessa seção se discutem as consequências negativas para o Brasil e o mercado do café da retomada da política de valorização em 1952-54.

Foi nesse ponto que os campos do Paraná começaram a fazer sentir sua presença no mercado mundial, tanto em termos de seu imenso potencial de produção como de sua impressionante volatilidade. Durante os trinta anos seguintes, o mercado do café foi continuamente desbalanceado pela constante alternância de algumas safras enormes com outras safras muito pequenas do Paraná e de regiões limítrofes de São Paulo.

O Brasil havia então perdido sua posição preeminente no mercado mundial do café e o Santos-4 tinha de competir, em termos de qualidade, com os suaves colombianos e centro-americanos e, em termos de custo, com os robustas africanos. A política de defesa do café se tornou internacional por necessidade, uma vez que a opção brasileira por uma estratégia de industrialização voltada para o mercado interno, que dificultava o crescimento de outras exportações, fez com que o país continuasse a depender das divisas das exportações do café e, assim, não tivesse como usar o potencial de produção do Paraná para tentar recuperar a parcela do mercado que tinha perdido desde a Grande Depressão (Seção 8).

A década de 1960 foi o ápice da influência da diplomacia do café, com a criação em 1962 da Organização Internacional do Café (OIC) e o desenho de um elaborado sistema de quotas para partilhar o mercado mundial entre os países produtores. O governo brasileiro tomou a liderança desse processo e paralelamente promoveu a erradicação de uma parte substancial do parque cafeeiro do país para poder viabilizar o acordo internacional.

Uma vez alcançado o equilíbrio do mercado no fim da década de 1960, o Brasil deixou de lado o guarda-chuva dos preços altos e desenhou uma política agressiva de preços, a qual tornou o preço de seu café dependente dos preços dos cafés de seus sócios no acordo internacional. Seguiu-se um período de ativismo dos produtores, acompanhando o auge econômico mundial associado à Guerra do Vietnã, o qual, num dado momento, alguns sonhadores imaginaram poder fazer convergir para a criação de uma "Opep do café" (Seção 9).

Em 1975, a mais destrutiva geada da história do café arrasou os cafezais do Paraná e mudou de forma definitiva a natureza do mercado internacional do produto. Pois a Colômbia agora iria assumir o papel de herdeiro aparente, enquanto que o Brasil, nesse ponto novamente envolvido numa estratégia de substituição pesada de importações, executava uma tardia repetição das políticas de valorização do passado.

Finalmente despertos de seu torpor, os executores da política brasileira desenharam em 1980 uma "estratégia de reconquista", com o propósito de recuperar a parcela do mercado perdida desde o início da década de 1970. Isso marcou o começo do fim do Acordo Internacional do Café (AIC), porque a "reconquista" essencialmente significava que o Brasil não mais estava disposto a fazer o papel de ofertante residual no mercado internacional do café.

A natureza interveio novamente, com uma severa seca nos cafezais brasileiros em 1985. Isso, por um lado, adiou o fim do drama, mas, por outro, acentuou o desequilíbrio no mercado, porque deu um novo impulso para a expansão do cultivo do café no Brasil e em outros países. Depois que o país recuperou-se de seu dramático reencontro com a democracia em 1985, o processo de desregulamentação do setor café ganhou velocidade, convergindo, em 1989, para a suspensão das cláusulas econômicas do AIC e, em 1990, para o fechamento do Instituto Brasileiro do Café (Seção 10).

Uma avaliação das políticas brasileiras de defesa do café fecha o capítulo (Seção 11).

12.2. O século XIX[140]

A demanda mundial do café cresceu a um ritmo elevado no século XIX. A partir do comportamento a longo prazo da produção, Ocampo (1984) estima que a demanda mundial deva ter crescido a uma taxa de 2,7% por ano no período de 1830 a 1900, uma taxa muito mais alta do que o crescimento do PIB nos países desenvolvidos, o qual se estima haver sido de 2,1% por ano no mesmo período (Bairoch, 1981).

O mercado mais dinâmico foi o dos EUA. No começo do século, segundo Ocampo (1984), as importações desse país respondiam por não mais do que 10% do mercado mundial, mas alcançaram 40% do total a partir da década de 1880 (veja Gráfico 1).

Na Europa, os mercados mais importantes foram a Alemanha e a França. A Escandinávia e os Países Baixos sempre tiveram taxas elevadas de consumo *per capita,* mas, devido ao tamanho reduzido de suas populações, não pesavam muito nos mercados mundiais. A Inglaterra

---

[140]Esta seção baseia-se em Ocampo (1984, pp. 301-15).

foi um importante importador no começo do século, mas a competição crescente do chá deslocou progressivamente as importações de café desse mercado.

O dinamismo da demanda no século XIX requereria uma resposta igualmente ágil das áreas de produção, mas essas eram todas regiões tropicais subdesenvolvidas. Assim, a expansão da demanda gerou um desequilíbrio estrutural nos mercados mundiais, que se manifestou numa tendência crescente dos preços do café, além de mudanças regionais na composição da oferta, acompanhadas pela ascensão e queda de distintas formas de organização da produção.

O primeiro grande desajuste no mercado do café foi provocado pela revolução haitiana de 1791, que marcou o fim da escravidão naquele país. Naquela época, de acordo com Ocampo (1984), a produção anual mundial de café era algo em torno de 1,2 milhão de sacas de 60 kg. O Haiti produzia 650 mil sacas, mais da metade do total. A redução da produção causou um aumento significativo dos preços no fim do século XVIII, os quais se mantiveram elevados até o começo da década de 1820.

As primeiras regiões a responder ao desequilíbrio gerado pela revolução haitiana foram as colônias europeias das Antilhas e das Guianas, onde a produção ainda não se havia desenvolvido em larga escala. As plantações de café de Cuba e Porto Rico também experimentaram um desenvolvimento significativo nas três primeiras décadas do século XIX.

A partir de 1820, o fenômeno mais importante foi a extensão do cultivo do café para outras regiões, notadamente o Brasil e as Índias Holandesas e, nessas, especialmente Java. As exportações brasileiras já eram significativas no fim da década de 1810, mas sua expansão em larga escala somente se manifestou nas três décadas seguintes.

A expansão da produção de café no Brasil e em Java e, em menor medida, no Ceilão e outros países causou um significativo declínio dos preços a partir de meados da década de 1820. Esse declínio foi um fator-chave

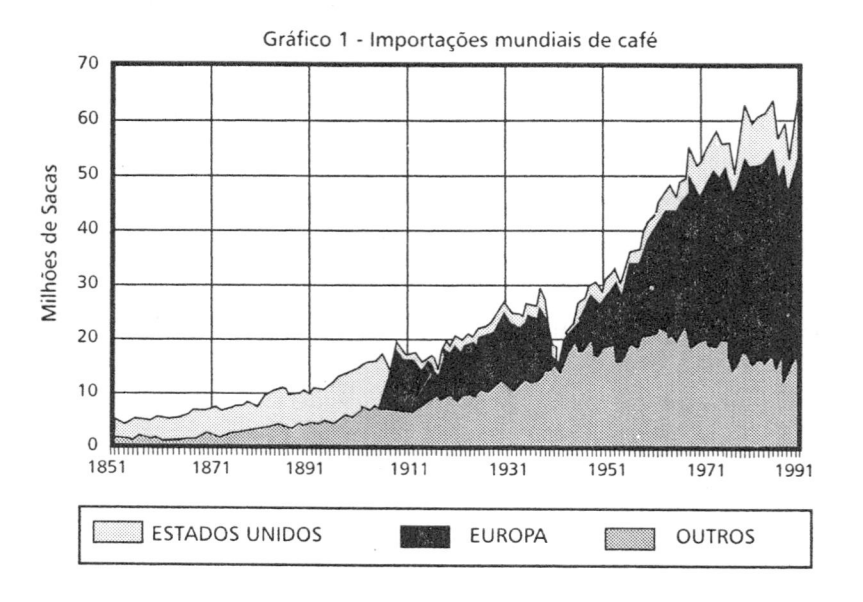

Gráfico 1 - Importações mundiais de café

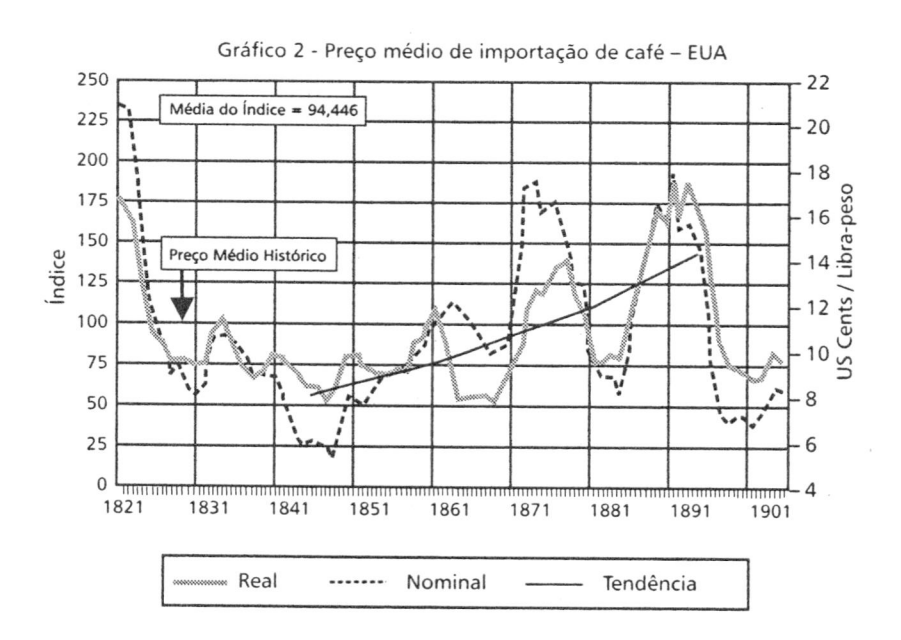

Gráfico 2 - Preço médio de importação de café – EUA

para a crise experimentada a partir da década de 1830 pela produção nas Guianas e nas Antilhas, excetuando o Haiti, que conseguiu reconstruir sua indústria do café numa base campesina.

No começo da década de 1830, de acordo com Ocampo (1984), a produção mundial de café era algo em torno de 2,5 milhões de sacas por ano e o Brasil já era o principal produtor, com cerca de 650 mil sacas, seguido por Cuba, Java e Haiti, cada qual com níveis de produção variando entre 350 mil e 450 mil sacas. Na metade do século, as novas regiões produtoras já tinham definitivamente deslocado as Antilhas do mercado mundial de café.

O declínio dos preços do café, que começou no fim da década de 1820, amainou-se no fim da década de 1840. Daí em diante ocorreu um longo e forte movimento ascendente, alcançando seu pico no início da década de 1890. O Gráfico 2 mostra a evolução dos preços médios de importação de café nos EUA de 1821 até 1906, em centavos de dólar por libra-peso, e também como um índice real, isto é, deflacionado pelo índice de preços industriais por atacado nos EUA.[141] O gráfico também mostra a linha de tendência dos preços reais do café de 1845 até 1895.

A segunda metade do século XIX esteve marcada por movimentos cíclicos significativos, numa alternância de mercados de vendedores e compradores, como se pode ver no Gráfico 2. Não obstante, a tendência dos preços do café é claramente ascendente entre o fim da década de 1840 e os primeiros anos da década de 1890.[142]

---

[141]A série de preços de importação de café dos EUA é de Delfim Netto (1979, pp. 245-6), que a tomou principalmente de Hopp (1954). Esse autor, entretanto, havia omitido a informação para 1880/81 e 1881/82, arguindo elipticamente que tais preços foram afetados pela inflação brasileira do período. Delfim Netto não explica como construiu os dados que faltavam, mas os números que escolheu para 1880 e 1881 não coincidem com outras informações de preços para o período (veja-se, por exemplo, Ocampo, 1984). Decidimos, por isso, usar estimativas estatísticas para esses dois anos, baseados na relação observada, de 1890 a 1917, entre os preços de importação dos EUA e os preços do Rio-7 (na época, o mais importante tipo brasileiro de café). Veja o Anexo Estatístico de Bacha (1992) para maiores detalhes.

[142]A linha de regressão, ajustada por mínimos quadrados ordinários para o período 1845-1895, é: preço = −29,54 + 0,0182 (tempo), com R2 =.51 e um desvio padrão do coeficiente do tempo igual a 0,0025. Para uma interpretação alternativa para os altos preços do café na década de 1880, veja-se Lewis (1978).

A tendência ascendente dos preços do café na segunda metade do século XIX refletia os problemas encontrados pela oferta do café para responder ao ritmo crescente da demanda mundial. As dificuldades mais severas foram experimentadas pelos dois principais produtores, Brasil e Índias Holandesas. Nas últimas, a produção de café era baseada principalmente num sistema de plantio compulsório pelas comunidades locais, com um monopólio de venda por parte do Estado. Esse sistema compulsório encontrou seus limites de expansão em meados da década de 1850.

O Brasil apresentou um desenvolvimento extraordinário da produção a partir do fim da década de 1810. Mas essa expansão acelerada praticamente terminou no fim da década de 1840. Nas três décadas seguintes, a expansão foi muito lenta. Os principais problemas desse período da história brasileira do café foram a falta de transporte e de mão de obra. Durante a primeira metade do século, o café do Brasil desenvolveu-se no Rio de Janeiro, na base do trabalho escravo. Mesmo em 1880, um escravista membro do Congresso brasileiro podia asseverar que "o Brasil é o café e o café é o negro".[143]

O fim do comércio internacional de escravos na década de 1850 representou para os cafeicultores brasileiros um sério impedimento para expandir a produção, agravado pela exaustão de boas terras perto do porto do Rio de Janeiro. Uma nova e substancial expansão da cafeicultura a partir do fim da década de 1870 (veja Gráfico 3) somente se tornou possível quando a ferrovia abriu o planalto paulista para o cultivo do café, com base na maciça importação de imigrantes europeus para as plantações que começaram, então, a desenvolver-se rapidamente naquela província.

A maciça imigração europeia tornou-se possível pela oferta de salários relativamente elevados como consequência dos altos preços de café prevalecentes na época. Contudo, mais ou menos ao mesmo tempo em que o Brasil estava resolvendo através da imigração seu problema de mão de obra, pragas do café atingiram primeiro as plantações do

---

[143]A frase é de Silveira Martins num discurso no Senado contra a campanha pela abolição da escravidão. Cf. Taunay (1945, p. 231).

Gráfico 3 - Produção brasileira de café

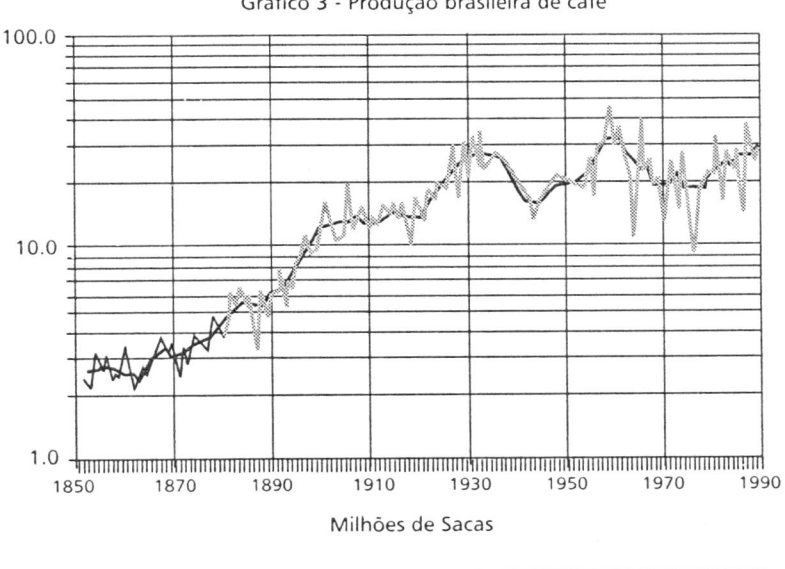

Milhões de Sacas

Original — Média Móvel 5 anos

Gráfico 4 - Participação do Brasil no mercado mundial do café

PRODUÇÃO — EXPORTAÇÃO

Ceilão e então as de Sumatra e Java. O Ceilão eventualmente abandonou o cultivo do café e dedicou-se à produção de chá. Nas Índias Holandesas, o movimento descendente da produção deteve-se somente no começo do século XX.

Enquanto isso, a alta dos preços induziu a extensão do cultivo a outras regiões produtoras nas Américas, não somente onde o café já se havia estabelecido antes de 1850 (Venezuela, Haiti e Costa Rica), mas também em novas regiões produtoras (Guatemala, El Salvador, México e Colômbia).

O desequilíbrio do mercado cafeeiro na segunda metade do século XIX foi, entretanto, somente resolvido na última década do século, quando a enorme expansão do cultivo no planalto paulista aumentou de forma dramática a oferta mundial e forçou os preços violentamente para baixo entre 1896 e 1902 (ver Gráfico 2).

No começo do século XX, o Brasil passara a contribuir com 75% da produção mundial; o resto vinha basicamente do México, da América Central, Venezuela e Colômbia. Somente o Haiti, entre as regiões produtoras do começo do século XIX, mantinha uma modesta participação no mercado. A produção da Ásia, que tinha ocupado uma posição importante durante todo o século XIX, representava no início do século XX somente 3% da oferta mundial.

12.2.1. Papel do Encilhamento

A discussão anterior, seguindo de perto a Ocampo,[144] diverge em dois pontos importantes da conhecida interpretação de Delfim Netto[145] sobre a evolução do mercado do café na segunda metade do século XIX.[146]

Embora reconhecendo o dinamismo da demanda mundial no período, Delfim Netto focaliza sua análise nos ciclos de dez a vinte anos dos preços do café e desconsidera a tendência secular de aumento desses preços, em termos reais, de meados da década de 1840 até meados da

---

[144]Ocampo (1984, pp. 301-15).
[145]Delfim Netto (1979, pp. 1-31)
[146]O texto original de Delfim Netto data de 1959. As referências que se seguem são à edição, mais facilmente localizável, da Fundação Getulio Vargas, de 1979.

década de 1890. Essa tendência é, a nosso ver, o tema central daquele período, como uma consequência natural da interação entre o dinamismo da demanda e os desajustes da oferta.

Uma razão para essa diferença de perspectiva é o uso por Delfim Netto de uma série de preços de café em dólares correntes, o que o impede de capturar as consequências do declínio do nível de preços nos EUA depois da Guerra Civil americana. Esse declínio é ilustrado no Gráfico 5, que mostra a evolução no século XIX dos preços industriais por atacado nos EUA, bem como dos preços médios em dólares dos produtos importados pelo Brasil desde 1850. Como consequência da queda dos índices de preços nos EUA a partir da década de 1870, constata-se, no Gráfico 2, que o pico dos preços reais do café no início da década de 1890 é muito mais alto do que aquele de meados da década de 1870. Esse fenômeno não é capturado pela série de preços correntes para o café usada por Delfim Netto, a qual também é apresentada no Gráfico 2.

Uma razão suplementar para a diferença de perspectiva é o uso por Delfim Netto de uma série de preços do café que termina em 1906 – portanto incluindo o forte movimento descendente a partir de 1896 – mas que começa somente em 1857, portanto excluindo a tendência de alta que se inicia no fim da década de 1840.

Quando se leva em conta a queda dos índices de preços industriais nos EUA depois da Guerra Civil americana, a tendência ascendente dos preços do café em termos reais torna-se manifesta – veja-se o Gráfico 2 – e afirma-se como o impulso fundamental para a expansão do cultivo do café no Brasil e em outros países americanos na segunda metade do século XIX.

Um segundo ponto, a esse relacionado, tem a ver com a asserção de Delfim Netto de que o principal fator explicativo da expansão do café no Brasil no fim do século XIX não foi a longa tendência ascendente dos preços internacionais do café, mas sim a substancial desvaloriza-ção cambial que o país experimentou no início da década de 1890,[147]

---

[147]Nas palavras de Delfim Netto (1979, p. 28): "Devido à violenta inflação verificada nos pri-

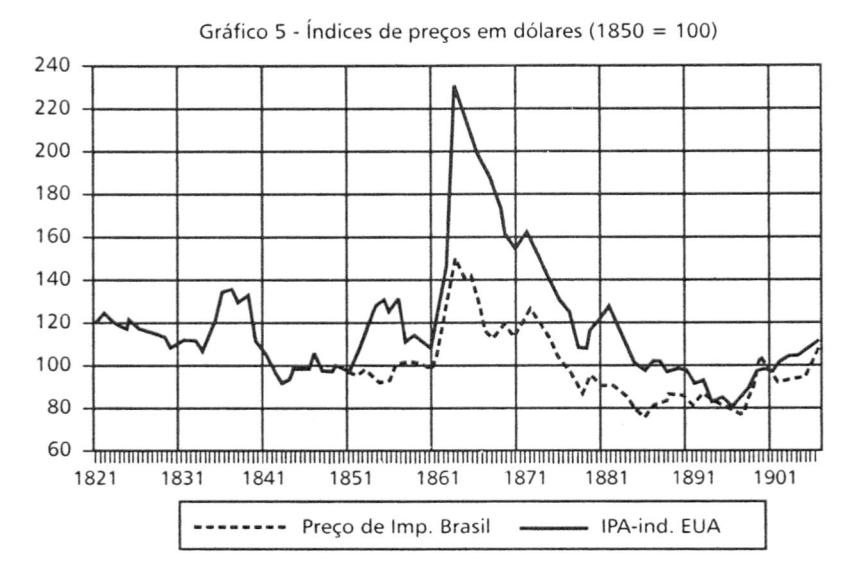

Gráfico 5 - Índices de preços em dólares (1850 = 100)

causada principalmente pelos excessos de expansão monetária que acompanharam a queda da monarquia em novembro de 1889.[148] Essa interpretação, que encontra sua origem em Taunay,[149] tem sido aceita por praticamente todos os historiadores econômicos do período, por exemplo, Furtado (1959), Fausto (1975), Villela e Suzigan (1973), Franco (1983) e Fritsch (1988).

De fato, caso se aceite a validade dos dados disponíveis sobre salários nominais, como aqueles coletados para a cidade do Rio de Janeiro por Lobo (1978), ou então para o interior de São Paulo por Lago,[150] então se segue a conclusão de que a desvalorização do começo da década de 1890 não se refletiu imediatamente sobre os custos salariais, aumentando,

---

meiros anos da República, os preços do café em mil-réis subiram muito mais depressa do que em moeda estrangeira e desceram muito menos rapidamente, o que provocou um violento aumento de produção justamente quando os preços já se encontravam em níveis muito baixos."

[148]Há ainda alguma controvérsia sobre se a desvalorização cambial do início da década de 1890 foi simplesmente um fenômeno monetário ou se foi também influenciada por choques adversos no balanço de pagamentos do país. Delfim Netto alinha-se com a visão dominante em seu tempo de que ela foi um fenômeno puramente monetário. Para uma defesa da interpretação dos choques adversos, veja-se Franco (1983).

[149]Taunay (1945, pp. 249-68).

[150]Lago (1978, pp. 214-16).

assim, a rentabilidade da produção (de café como de outras atividades voltadas para o comércio exterior) e tendendo, assim, a provocar uma expansão da capacidade produtiva.

É interessante notar que na Colômbia um ponto de vista similar foi adotado por muitos historiadores,[151] que sustentaram que a expansão do café naquele país no fim do século XIX também foi provocada pelo afrouxamento monetário durante a Regeneração (1880-1899), o qual causou uma desvalorização substancial do peso, não acompanhada por um correspondente aumento dos salários nominais e, assim, aumentando substancialmente a rentabilidade da produção do café naquele período.

Ocampo[152] desenvolve uma análise empírica cuidadosa para concluir que a evidência concernente ao comportamento dos salários nominais é no mínimo duvidosa. Ele insiste em que as razões para a atração relativa do cultivo do café no fim da década de 1880 e início da de 1890 foram: primeiro, a elevação dos preços em dólares reais do café em Nova York; segundo, o fato de os preços do café no interior da Colômbia nesse período terem aumentado ainda mais do que os preços do café posto em Nova York, devido a reduções nos fretes marítimos e melhorias no sistema de transporte doméstico, as quais muito reduziram a diferença entre os preços recebidos pelo produtor colombiano e aqueles pagos pelo importador americano. O mesmo raciocínio aplica-se obviamente a São Paulo, onde a construção de ferrovias reduziu substancialmente os custos de transporte a partir da década de 1870.[153]

Uma avaliação detalhada dessa controvérsia para o caso do Brasil teria de ser objeto de um estudo especial, mas, mesmo aceitando a evidência sobre o comportamento dos salários nominais, em princípio é difícil explicá-lo meramente por rigidez salarial derivada do sistema de colonato, conforme sustenta Delfim Netto,[154] pois os trabalhadores eram,

---

[151] Cf. referências em Ocampo (1984, pp. 326-34).
[152] Ocampo (1984, pp. 326-34).
[153] Cf. Matos (1974), Silva (1976) e Cano (1977).
[154] Delfim Netto (1979, p. 35)

em sua maioria, imigrantes e as importações representavam uma parcela importante de sua cesta de consumo. Uma explicação mais razoável para o declínio do salário real no período parece ser o extraordinário fluxo de imigração europeia subsidiada a partir de meados da década de 1880, conforme documentada por Holloway (1984), a qual resolveu o problema da escassez de braços no setor rural paulista, conforme demonstra Lago.[155]

O *timing* do surto de imigração indicado no Gráfico 6, com dados retirados de Holloway,[156] sugere fortemente que a superexpansão da produção paulista de café no início da década de 1890 teria sido liderada não pela drástica desvalorização de 1891 causada pelo Encilhamento, mas sim pelo significativo aumento dos preços reais do café em moeda estrangeira que se manifesta desde o princípio da década de 1880. De fato, a imigração aumenta devagar no início dessa década e então explode no período de 1887 a 1891. O processo continua com vigor até o fim da década de 1890, mas claramente a decisão de trazer um número tão grande de imigrantes deve ter sido tomada na década de 1880, e não na de 1890.

Se isso é correto, fatores reais (isto é, a elevação nos preços reais internacionais do café causados pelo aumento da demanda mundial e a redução nos salários reais causada pela expansão da imigração europeia) foram a fonte do aumento da lucratividade na produção cafeeira no início da década de 1890. A tese segundo a qual foi a expansão monetária do Encilhamento que elevou a lucratividade do cultivo do café, através de uma desvalorização temporária da taxa de câmbio real, é teoricamente plausível, mesmo na ausência dos salários rígidos mencionados por Delfim Netto,[157] mas a explicação alternativa aqui proposta parece ter fundamentos econômicos mais sólidos.

---

[155]Lago (1978, pp. 214-16).
[156]Holloway (1984, pp. 265).
[157]Calvo e Rodriguez (1977) apresentam um modelo macroeconômico, relevante para as condições brasileiras da época, em que uma expansão monetária gera uma desvalorização temporária da taxa de câmbio real, mesmo na presença de preços e salários flexíveis e de previsão perfeita por parte dos agentes econômicos.

Para reafirmar esse ponto de vista, no Gráfico 7 faz-se uma comparação entre a evolução do índice de preços do café em dólares reais (isto é, deflacionados pelo índice de preços industriais por atacado dos EUA) e a evolução da razão entre os preços domésticos do café e os salários nominais no Rio de Janeiro (com ambos índices assumindo o valor 100 no nível das respectivas médias históricas). Constata-se que o salto no índice de preços do café em dólares reais a partir de 1882 até meados da década de 1990 é da mesma duração e de igual magnitude que o salto da relação entre os preços do café e os salários no Brasil naquele período. Isso sugere ser a mudança dos preços relativos externos, que pouco ou nada tem a ver com o Encilhamento, que estava causando a variação dos preços relativos internos. E reforça a tese de que foram as forças da oferta e procura no mercado mundial do café, e não o Encilhamento, as responsáveis pelo enorme aumento da lucratividade do café no período em consideração.

Esse ponto é importante também para ilustrar que os mecanismos de autorregulação do mercado do café no século XIX eram de fato muito limitados. Deixado à sua própria sorte, o mercado do café não somente tendeu a produzir profundas flutuações cíclicas de preços, conforme enfatizou Delfim Netto, mas também gerou, conforme sugere o Gráfico 2, uma tendência de alta dos preços que durou 50 anos, entre 1845 e 1895, revertendo-se os preços abaixo da média histórica, de forma abrupta, apenas no fim do século XIX.

12.3. Ciclo do Café

Nesta seção consideramos mais cuidadosamente o funcionamento do ciclo do café em São Paulo na virada do século, pois isso é essencial para compreender as políticas de valorização que serão discutidas a seguir.

O primeiro ponto a observar é que o café é uma cultura permanente, na qual, no início do século, cerca de 75% dos custos totais eram fixos e apenas 25% eram variáveis, isto é, dependiam do tamanho da colhei-

Gráfico 6 - Imigração para São Paulo

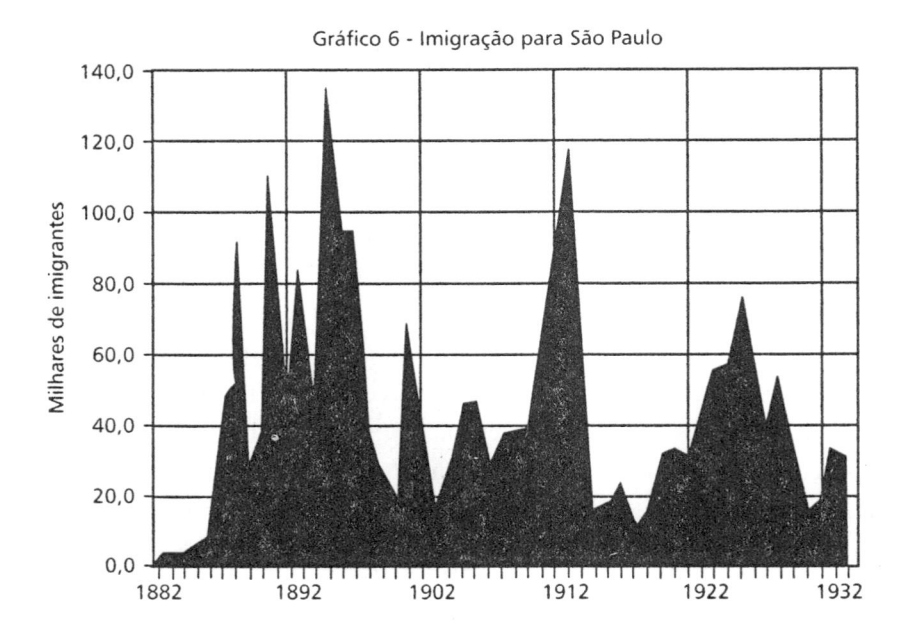

Gráfico 7 - Índices de preços do café

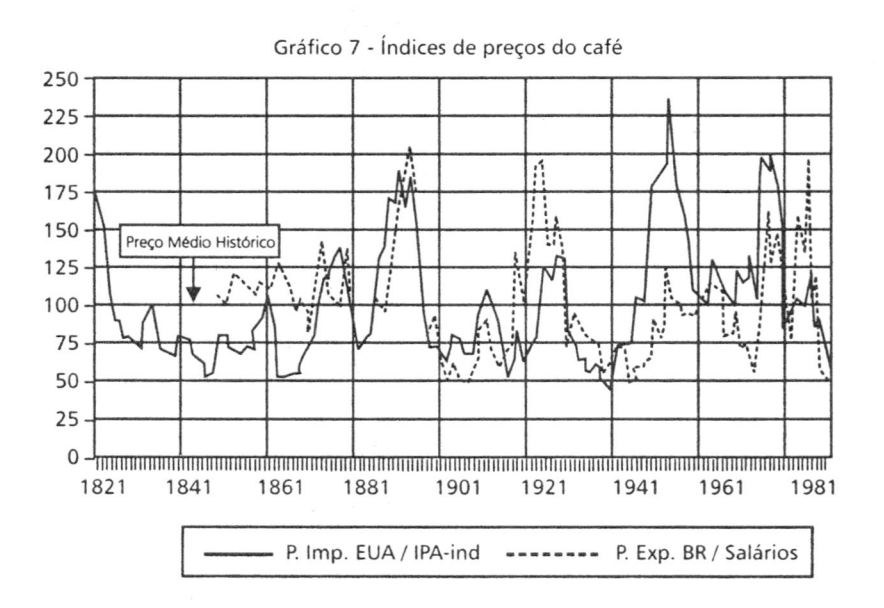

ta.[158] A importância dos custos fixos na produção de café, junto com o fato de que o cafeeiro começava a produzir somente quatro anos após plantado e não atingia sua produção máxima senão nove anos depois, significava que, em seguida a uma expansão da demanda, os preços continuavam em níveis relativamente elevados por um bom número de anos, antes que a oferta pudesse reagir plenamente.[159] Quando ela reagia, entretanto, a tendência era de superprodução, porque, na ausência de sinais negativos de preços enquanto as plantações se desenvolviam, as deficiências de coordenação do mercado tinham um campo livre para agir. Os produtores passavam a depender, nas suas decisões de plantar, de suas expectativas de bonança continuada, de seu instinto de rebanho, da confiança na intervenção do governo e de outros procedimentos menos do que perfeitos.

A menos que a demanda provasse ser muito dinâmica ou que fatores climáticos adversos interviessem, um período de escassez de oferta tendia, assim, a ser sucedido por um período de superprodução, o qual também seria longo, por razões de novo relacionadas com a importância relativa dos custos de investimento na produção de café. Os preços agora teriam de permanecer em níveis não lucrativos por um longo prazo, antes que os produtores abandonassem a opção de esperar por tempos melhores e tomassem a decisão de erradicar seus cafeeiros, conforme necessário para reduzir a produção de forma permanente.

Foi essa característica do processo de oferta do café em São Paulo que esteve na base dos ciclos de 10 a 20 anos dos preços do café claramente observáveis no século XIX e tão bem descritos por Delfim Netto (1979).

---

[158]Esta análise segue Rowe (1936, p. 37). Uma resenha recente (Landell Mills, 1990) sugere para o Brasil uma razão de 35 para 65 entre custos variáveis e fixos. Mas alguns operadores do mercado do café consideram que essa razão subestima a importância dos custos variáveis nas novas regiões de terras mais pobres, de Minas Gerais e do Cerrado, de onde hoje em dia provém uma importante parcela do café brasileiro.

[159]Com as novas variedades mais recentemente desenvolvidas, o cafeeiro começa a produzir de 2 a 3 anos após plantado e atinge um pico de produção já aos 5 anos, tendo, ademais, uma vida produtiva que não excede 15 a 20 anos, em comparação com os 40 anos de antanho. O fato de que terras mais pobres são agora usadas, com espaçamento mais denso do que antes, também significa que os níveis de produção são atualmente muito mais dependentes do uso de fertilizantes e outros cuidados anuais do que no passado.

Contudo, não foram somente essas variações em médio prazo dos preços do café que explicam a decisão do governo brasileiro de começar a intervir no mercado cafeeiro em 1906.

É que a produção brasileira de café esteve sempre caracterizada por amplas variações de ano para ano, conforme se ilustra no Gráfico 3. A descrição que se segue do ciclo de curta duração da produção do café, bastante característica das condições paulistas no início do século, é retirada de Rowe.[160] Suponha que o tempo seja muito bom e que, em consequência, se obtenha uma colheita excepcional. A gestação dessa colheita exaure a vitalidade dos cafeeiros e mesmo que o bom tempo continue, a próxima colheita será quase certamente muito abaixo do normal. A gestação dessa pequena colheita faz descansar o cafeeiro, mas normalmente ele não estará em condições de gestar uma nova colheita excepcional por alguns anos. Depois disso, uma colheita excepcional pode vir a qualquer tempo, dependendo apenas do tempo. Assim, particularmente em São Paulo no período em estudo, havia um ciclo normal bastante regular de colheitas excepcionais seguidas por duas ou três pequenas colheitas, a menos que ou até que o tempo produzisse as condições para uma nova colheita excepcional.[161] Em termos gerais, a colheita excepcional era duas vezes superior ao tamanho da colheita pequena.

Esse ciclo de colheitas era um grande problema do ponto de vista do comportamento dos preços. A demanda final por café não varia muito, ainda que o preço varie significativamente. Consequentemente, mesmo que o preço de uma colheita excepcional fosse muito reduzido, não muito mais do que o consumo normal seria vendido. O excedente sobre o consumo normal tinha de ser comprado pelos comerciantes e estocado até que ele fosse requerido para compensar a deficiência de uma colheita pequena e essa estocagem era perfeitamente possível porque o café não

---

[160]Rowe (1936, pp. 30-33).
[161]Quando o café brasileiro depois da Segunda Guerra moveu-se para o Paraná, em muito aumentaram tanto a agudeza das variações bianuais da produção como sua propensão a ser atingida por geadas destrutivas. Para uma avaliação quantitativa do ciclo bianual, veja-se Bacha (1968, pp. 87-105).

deteriora por um bom número de anos. Em anos de colheitas excepcionais, não tendo crédito para estocar, os produtores tinham de vender praticamente toda sua colheita para fazer caixa para cobrir os elevados custos totais da colheita de uma safra excepcional. O comerciante, então, guardava o excedente até o ano seguinte. Assim, num ano de colheita pequena, a quantidade de café em oferta no mercado poderia ser não muito menor do que o consumo normal e, como resultado, o preço nos anos de colheitas pequenas não aumentava muito mais do que o normal.

O produtor sentia que o comerciante ganhava dos dois lados. Ele via o café que tinha vendido para o comerciante num ano ser por ele revendido, talvez 12 ou 18 meses depois, a um preço que era muito mais alto. E o produtor imaginava que se uma colheita excepcional significava preços baixos, então uma colheita pequena deveria significar preços altos, mas isso não acontecia. Ele então se convenceu de que somente se um esquema pudesse ser implantado para reter o excedente fora do mercado no ano excepcional é que o preço naquele ano não seria tão desastradamente baixo e que ele, então, poderia posteriormente apropriar-se dos lucros excepcionais que os comerciantes pareciam estar obtendo.

À irregularidade da produção de um ano para o outro adicionava-se a irregularidade, dentro de cada ano cafeeiro, das remessas de café das fazendas para os portos, a qual se precipitava no segundo semestre, causando grandes problemas financeiros para os produtores, em virtude da inexistência de um sistema bancário capaz de prover crédito de curto prazo com suficiente elasticidade.

O fato de que as firmas exportadoras eram não somente grandes (veja-se o Gráfico 8 com os dados sobre a concentração por firmas da exportação de café do país), mas também estrangeiras – principalmente inglesas, americanas e alemãs – compunha o descontentamento dos produtores. O presidente Epitácio Pessoa (1919-1922) colocou assim o problema, em sua mensagem de outubro de 1921 ao Congresso, propondo a criação de uma agência governamental para a defesa permanente do café:

Esta situação se agrava com a falta de organização do mercado produtor, constituído, como é, por uma massa difusa de vendedores, sem coesão, sem unidade de ação, sem resistência financeira, em frente de 10 ou 12 casas compradoras, apercebidas de todos os recursos para a luta e ligadas pelo interesse comum de comprar a baixo preço.[162]

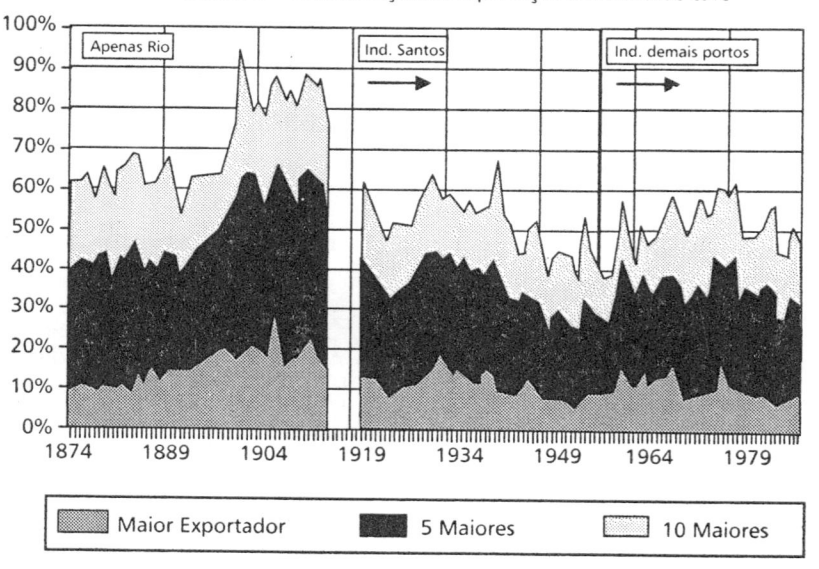

Gráfico 8 - Concentração da exportação brasileira de café

As queixas dos produtores encontravam acolhimento no governo federal também por causa do significado macroeconômico do produto. O café constituía não menos do que 70% do valor total das exportações brasileiras e se o valor das exportações de café caía, a balança comercial brasileira se deteriorava e o mercado cambial virava-se contra o país, tornando mais difícil para o governo federal lançar empréstimos no exterior, dos quais ele era tão dependente. Ademais, do ponto de vista regional, o café era o centro da vida econômica de São Paulo, que já era o estado mais importante do país.

---

[162]Reproduzido de Delfim Netto (1979, p. 85).

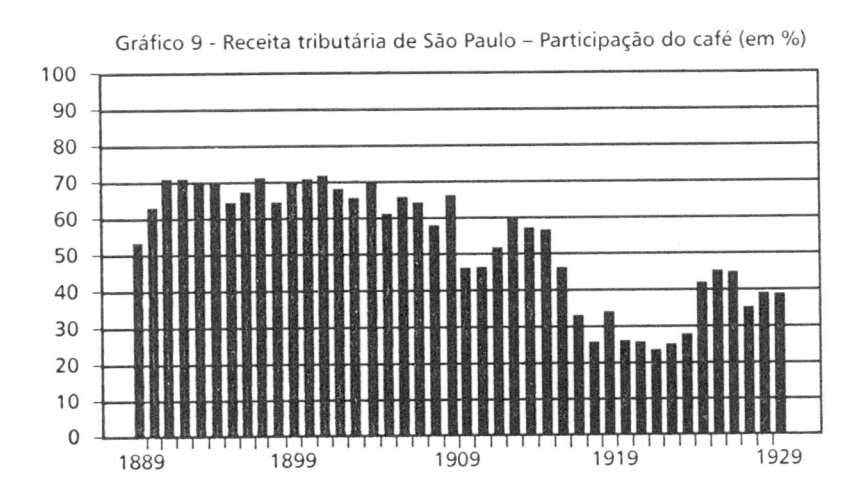

Gráfico 9 - Receita tributária de São Paulo – Participação do café (em %)

Conforme se documenta no Gráfico 9, com dados de Nozoe,[163] os impostos sobre a exportação de café nos primeiros anos da República Velha (1989-1930) representavam praticamente 70% da receita total do Estado de São Paulo. Nas palavras de Rowe:[164]

> Se os cafeicultores prosperavam e tinham muito dinheiro para pagar bons salários, todo mundo prosperava e o comércio reluzia. Se a indústria do café estava deprimida, toda a vida econômica do país se deprimia.

Essa descrição sugere uma enorme complementaridade entre o café e o ritmo da atividade econômica no país na primeira parte do século. Pareceria, assim, estar em contradição com uma tradição da historiografia econômica brasileira, baseada em Furtado (1959), que tendia a enfatizar os elos negativos entre o café e a indústria, sustentando que a indústria somente teria prosperado, durante a Primeira Guerra e a Grande Depressão, quando o comércio do café se encolheu e uma barreira protecionista contra as manufaturas estrangeiras foi constituída.

---

[163]Nozoe (1984, p. 19).
[164]Rowe (1936, pp. 32-3).

A partir, entretanto, do trabalho pioneiro de Dean (1971), houve uma melhor compreensão dos elos positivos entre as exportações de café e a industrialização de São Paulo. Parece agora existir amplo acordo entre os historiadores econômicos de que a distinção relevante entre os períodos anterior e posterior a 1930 não é a oposição entre crescimento liderado pela agricultura e crescimento liderado pela indústria, como antes se supunha, mas sim entre uma industrialização liderada pelas exportações e uma industrialização liderada pela substituição de importações.[165] No primeiro caso, pré-1930, a indústria doméstica prosperava, em competição com as importações, aproveitando-se dos custos de transporte mais baixos, na medida em que escalas mínimas de produção eram viabilizadas pela expansão dos mercados locais através da renda gerada pelas exportações crescentes de café. No outro caso, pós-1930, as barreiras à importação, constituídas por uma taxa de câmbio depreciada, tarifas às importações e outros controles, reservavam o mercado doméstico para o crescimento da indústria local, mesmo tendo ela perdido o impulso dado pelas exportações de café.

12.4. Primeiras valorizações

A partir de 1906, o Brasil interveio, primeiro esporadicamente, depois permanentemente, na operação do mercado internacional do café. Essas intervenções duraram até o começo da Grande Depressão de 1930, a qual, em conjunto com a superprodução de café e a mudança política doméstica, alterou substancialmente a natureza da política brasileira do café. O período de 1906 a 1930 está bem estudado na literatura. As próximas subseções, assim, além de se valer da tese clássica de Delfim Netto (1979), na maior parte do tempo meramente sumariam os argumentos desenvolvidos por Winston Fritsch (1988) em sua tese de doutorado sobre a política econômica na República Velha (1889-1930).

---

[165] Veja-se, por exemplo, Villela e Suzigan (1973), Silva (1976), Cano (1977) e Versiani e Barros (1977). Essas observações estão, entretanto, sujeitas à crítica de Delfim Netto (1979) sobre os custos sociais da valorização paulista do café, a qual é considerada na subseção 12.4.6, sob o título "Valorização e Bem-Estar Social".

12.4.1. Convênio de Taubaté

No princípio do século XIX, os brasileiros se viram com um potencial de produção que era o dobro daquele de 10 anos antes. Os preços do café, entretanto, eram apenas metade do que haviam sido. A pressão sobre o governo para intervir começou na segunda metade da década de 1890, mas Joaquim Murtinho, o darwinista ministro da Fazenda do período 1899-1902, acreditava firmemente nas propriedades purificadoras das forças de mercado e asseverou que:

> Convicto de que a intervenção oficial só poderia aumentar os nossos males, o governo deixou que a produção do café se reduzisse por seleção natural, determinando-se, assim, a liquidação e a eliminação dos que não tinham condições de vida, ficando ela nas mãos dos mais fortes e dos mais bem organizados para a luta.[166]

De acordo com Delfim Netto (1979), a crise de superprodução que começara em 1896 estava em meados da década de 1900 em processo de ser solucionada naturalmente, através de preços mais baixos, amplos estoques em mãos dos exportadores e produção progressivamente declinante, quando o mercado foi surpreendido pela excepcional florada da colheita de 1906, que antecipava uma produção de magnitude sem precedentes. Essa colheita iria aumentar a oferta disponível para 30 milhões de sacas em 1907, face a uma demanda externa estimada em apenas 16 milhões de sacas.

Para evitar uma nova queda de preços, o governador de São Paulo organizou em fevereiro de 1906 o célebre Convênio de Taubaté, com os dois outros estados produtores mais importantes, Rio de Janeiro e Minas Gerais, estabelecendo os termos de um plano de defesa dos preços a ser apresentado ao Congresso Nacional.[167] Pedia ao governo federal

---

[166]Essa citação, do Relatório de 1899 do ministro da Fazenda ao presidente da República, é transcrita de Delfim Netto (1979, p. 32).

[167]Para detalhes e avaliações do Convênio de Taubaté, veja-se Delfim Netto (1979, pp. 47-66), Pelaez (1971, pp. 52-60), Fausto (1975, pp. 213-25), Holloway (1975, pp. 13-31) e Fritsch (1988).

garantia para um grande empréstimo estrangeiro a ser levantado pelo governo paulista, a fim de comprar o café excedente a preços mínimos fixados em moeda estrangeira; um imposto seria cobrado sobre cada saca exportada para prover a receita vinculada ao serviço do empréstimo.[168] Ademais, para manter os preços do café em moeda doméstica nos preços mínimos fixados, o valor externo da moeda brasileira seria estabilizado.

O Congresso eventualmente aprovou uma forma modificada do plano, mas não em termos tão favoráveis para os cafeicultores como os estados produtores de café originalmente pretenderam. Não somente a estabilização cambial não foi assegurada nos níveis propostos como também o governo federal não se comprometeu a assegurar o financiamento do esquema.

O Estado de São Paulo ficou firme em sua posição e finalmente conseguiu a ajuda de um grupo de importadores de café para sustentar seu esquema de valorização. Eles concordaram em subscrever um grande empréstimo, mas somente após setembro de 1906, quando estimativas confiáveis previam uma pequena colheita para 1907. Por volta de junho de 1907, os gestores da valorização puderam, assim, anunciar que, havendo comprado um excedente de oito milhões de sacas e efetivamente evitado uma ampla queda dos preços, eles estavam finalizando sua intervenção no mercado.

Essa ousada ação dos interesses dos cafeicultores não havia ainda sido um sucesso total. São Paulo teria agora de carregar esses estoques durante algum tempo, antes que pudesse começar a vendê-los sem provocar um efeito danoso sobre os preços, e teria, assim, de encontrar uma maneira de financiar os custos enormes de estocagem e de juros associados ao plano.

Mas tendo provado sua tese, de que os preços do café podiam ser defendidos através da intervenção no mercado, o governo de São Paulo conseguiu, em outubro de 1907, obter do governo federal as garantias

---

[168]Em São Paulo, novas plantações de café foram fortemente taxadas a partir de 1903, numa lei estadual que foi posteriormente prorrogada, pelo menos nominalmente, até 1912. Cf. Nozoe (1964, p. 20).

para um empréstimo externo de 3 milhões de libras esterlinas para financiar sua parcela de 20% no esquema de sustentação previamente acordado com o grupo de importadores de café. Finalmente, em outubro de 1908, o Congresso Nacional aprovou a solicitação de São Paulo para uma garantia federal para um empréstimo de consolidação de longo prazo para o valor integral da operação (15 milhões de libras esterlinas), conforme anteriormente negociado com um consórcio de grandes bancos estrangeiros.

O consórcio dos bancos estava naturalmente muito interessado em proteger o valor de seu colateral. Em consequência, através de uma condição imposta pelos banqueiros, os brasileiros perderam controle sobre o manejo das vendas do café estocado e um comitê internacional baseado em Londres foi formado para planejar a liquidação ordenada dos estoques. Ademais, limites anuais foram impostos sobre as exportações brasileiras de café, em volumes que eram menores do que a produção paulista. Finalmente, as restrições às novas plantações de café em São Paulo foram, ao menos nominalmente, renovadas por mais cinco anos.

Felizmente para todas as partes envolvidas, a economia mundial entrou num período de bonança que durou de 1909 a 1912 e as colheitas brasileiras subsequentes não foram geralmente muito grandes. Assim, o comitê londrino pôde ganhar controle sobre o mercado e impulsionar os preços para cima até o fim de 1912, quando, sob pressão do promotor público dos EUA, foi forçado a anunciar a venda de todo seu estoque nova-iorquino.

12.4.2. *Segunda valorização*

Em seguida à venda do estoque de valorização de Nova York, a longa alta dos preços do café esgotou-se e a desorganização do mercado causada pela Primeira Guerra acentuou o declínio dos preços. A situação se tornou mais complicada pela antecipação de uma grande safra em 1917, que forçou o governo federal, sob a pressão de São Paulo, a aceitar o financiamento inflacionário de novas compras de café e de operações de redesconto.

Essa segunda operação de valorização do governo de São Paulo resultou ser extremamente bem-sucedida, não somente pelo súbito fim da guerra, mas principalmente por geadas de gravidade sem precedente em junho de 1918, que afetaram diversos distritos produtores do Estado de São Paulo. Numa questão de horas centenas de milhões de cafeeiros foram inteiramente destruídos ou severamente castigados, quando a colheita da safra de 1918 tinha apenas começado. A perspectiva de um excedente de café foi subitamente revertida e, quando as expectativas de um fim próximo da guerra cresceram e foram confirmadas, a corrida dos importadores para repor seus estoques levou os preços à vista do Santos-4 de 11 centavos de dólar por libra-peso para mais do que 22 centavos em dezembro de 1918.

O sucesso da valorização de 1917 fez aumentar as pressões dos interesses cafeeiros para obter ajuda financeira do governo federal para organizar a sustentação de preços numa base mais permanente. Os deputados de São Paulo no Congresso Nacional denunciaram as fortes perdas que as flutuações de curto prazo da demanda recorrentemente infligiam aos agricultores e os amplos lucros especulativos que os importadores tinham, dada a estabilidade muito maior dos preços do café torrado nos centros consumidores; criticaram o comportamento das principais casas exportadoras controladas por estrangeiros e demandaram a criação de um esquema permanente para regular a oferta externa do produto.[169]

12.4.3. Terceira valorização

Quando os preços desabaram em 1920 em consequência da recessão mundial, o governo de São Paulo imediatamente veio em socorro da indústria, pois, depois do inegável sucesso da valorização de 1917, não mais havia uma só voz no estado para negar a sabedoria dos esquemas de sustentação de preços, particularmente quando a crise era percebida como sendo o resultado de condições de demanda temporariamente anormais.

---

[169]Para maiores detalhes, veja-se Reis (1979, pp. 164-216) e Fritsch (1988, pp. 58-9).

Quando, no começo de 1921, os preços do café atingiram novos recordes de baixa, o governo federal veio ajudar a resgatar as operações de valorização do Estado de São Paulo. Fritsch[170] argui que não pode haver dúvidas de que a decisão do governo federal, de sustentar os preços do café em março de 1921, foi tomada com base na política cambial. Nas palavras do então presidente Epitácio Pessoa (1919-22), ele próprio um convertido recente às virtudes da política de defesa do café:

> O café representa a principal parcela no valor global de nossa exportação e é, portanto, o produto que mais ouro fornece à solução dos nossos compromissos no estrangeiro. A defesa do valor do café constitui, portanto, um problema nacional, cuja solução se impõe à boa política econômica e financeira do Brasil.[171]

É interessante notar que, para o presidente da República, o café era importante porque provia "ouro para o cumprimento de nossas obrigações externas", o que estabelece o ponto que, para o governo federal, a consideração relevante era manter seu acesso aos mercados financeiros internacionais – o que era de fato a variável crítica para garantir sua capacidade de gasto.

Além disso, a decisão de valorização de março de 1921 não continha qualquer compromisso explícito de proteger permanentemente os preços do café, como queria São Paulo. O que ela implicava era a aceitação de uma substancial expansão do crédito doméstico, a qual, somente um ano depois, quando as estimativas de uma pequena safra para 1922 tornaram-se disponíveis, pôde ser compensada por créditos estrangeiros de curto prazo obtidos em Londres. Esses foram eventualmente convertidos num empréstimo de longo prazo, no valor de 9 milhões de libras esterlinas, garantidos pelos 4,5 milhões de sacas então em mãos do governo brasileiro.

Como ocorreu em 1908, o empréstimo foi feito sob a condição de se entregar o controle das vendas dos estoques da valorização a um comitê

---

[170]Fritsch (1988, p. 62).
[171]*Apud* Fritsch (1988, p. 63), de uma mensagem especial do presidente da República para o Congresso Nacional em outubro de 1921.

de cinco membros baseado em Londres, no qual o governo brasileiro teria apenas um representante. Ademais, o governo concordou em "empregar seus bons ofícios para evitar a criação de um novo plano de valorização do café" durante o período do empréstimo. A decisão do governo federal de colocar o futuro da indústria do café em mãos estrangeiras e dar-lhes o monopólio das vendas dos amplos estoques de valorização provocou a ira dos comerciantes e exportadores no Brasil.

Felizmente, os estoques de café dessa nova operação de valorização puderam ser vendidos num período relativamente curto, o que liberou o governo brasileiro, em 1923, para definir sua nova política de estabilização dos preços do café.

12.4.4. *Valorização permanente: esquema de retenção*

Um novo esquema de venda do café foi desenhado para minimizar os custos do governo com a política de defesa. Introduziu-se uma inovação básica com relação ao método usual de controle de preços através da intervenção direta no mercado: o controle de preços agora seria efetuado pela regulação da quantidade de café fluindo das áreas de produção para os principais portos de embarque, em Santos e no Rio. A retenção da colheita no interior e o controle das entradas nos portos deveriam ser garantidos pela construção de armazéns públicos especiais nas principais junções ferroviárias, para os quais todo o café produzido devia ser enviado pelos produtores para ser liberado em quantidades definidas pelo governo federal, de acordo com um esquema em que o primeiro a entrar seria o primeiro a sair.

O novo esquema diferia radicalmente das valorizações prévias, porque o governo agora não assumia qualquer responsabilidade pela compra do café entregue pelos produtores aos armazéns reguladores oficiais. O preço recebido pelos produtores pela venda efetiva de seus cafés era o preço vigente no terminal de Santos no dia da venda. Contudo, o preço recebido pelo café depositado nos armazéns da defesa, isto é, o valor que os comissários imputavam ao café dos fazendeiros, com o propósito de lhes fazer adiantamentos em dinheiro, era determinado pela avaliação do sistema financeiro sobre quais preços iriam vigorar na ocasião em que o café fosse liberado para venda. O costume era que, se não se esperasse queda dos preços, os comissários adiantariam aos fazendeiros 60% dos preços vigentes em Santos. Mas agora era o produtor, como o detentor em última instância dos estoques, que correria os riscos das operações e obteria os benefícios delas resultantes. Dado o otimismo prevalecente sobre a eficácia do controle artificial de preços em seguida ao sucesso das valorizações anteriores, essa era uma perspectiva que agradava aos interesses privados do comércio do café.

A questão crucial era como financiar as necessidades de caixa dos produtores durante o período de retenção dos estoques. Uma solução seria usar os poderes de emissão do Banco do Brasil para sustentar o sistema bancário privado, através de operações de redesconto de seus títulos cafeeiros, e isso poderia ser feito através de uma decisão discricionária do Executivo. O problema com a expansão do crédito doméstico era sua consequência deletéria para a estabilidade do mercado cambial, preocupação maior do governo federal. Por isso, o governo brasileiro eventualmente aproximou-se da Casa Rothschild para tentar obter um empréstimo de 25 milhões de libras esterlinas, para "liquidar a dívida flutuante e colocar as finanças brasileiras em ordem". Essa foi a origem da Missão de Montagu, enviada pelos bancos ao Brasil em 1923, para estabelecer as condicionalidades de política econômica para essa substancial operação de empréstimo.

Montagu era muito crítico dos esquemas de valorização, apontando, entre outros, seus efeitos negativos de encorajamento da concorrência estrangeira e de excesso de plantio no Brasil. Esses temores foram desprezados pelas autoridades brasileiras, refletindo uma opinião amplamente compartilhada naquele tempo, de que havia estreitos limites físicos para a expansão da produção de café, particularmente no estrangeiro. Nas palavras de Roberto Simonsen,[172] proeminente industrial e comerciante de café brasileiro, para uma plateia britânica, no fim da década de 1920:

---

[172]Roberto Simonsen (1973, p. 244).

O tempo tem provado que as plantações na Ásia e África não podem ser grandemente desenvolvidas, devido a doenças e outras condições desfavoráveis, e que as plantações na Colômbia e América Central são limitadas pela pequena quantidade de terras apropriadas para a cultura do café e por outras circunstâncias econômicas. Em nenhum país estrangeiro se pode cultivar o café com caráter tão industrial como no Brasil.

Apesar de Montagu finalmente ter-se satisfeito com as promessas feitas pelas autoridades brasileiras, sobre o papel limitado que o governo federal estava planejando ter no controle dos preços do café, o proposto empréstimo para o café nunca se materializou. Entretanto, o governo federal decidiu transferir toda a responsabilidade pelo financiamento e controle da valorização do café para o Estado de São Paulo, através do Instituto Paulista para a Defesa Permanente do Café, criado em 1924.

12.4.5. Valorização permanente: instituto paulista

No começo de suas operações, não dispondo de financiamento adequado, o Instituto Paulista, numa atitude que gerou queixas profundas do comércio do café, teve de depender fortemente da regulação diária estrita das entradas nos portos, mantendo os estoques disponíveis no mercado em níveis muito baixos. As dificuldades domésticas de crédito estavam, não obstante, forçando os produtores a vender seu café no mercado aberto e a situação somente se pôde manejar porque não afetou uma parte substancial dos produtores, em vista da colheita relativamente pequena de 1924-25.

A obtenção de um empréstimo de 10 milhões de libras esterlinas em Londres no começo de 1926 foi um ponto de virada na história do Instituto. Ela não só permitiu resolver o problema crucial de como financiar suas operações, mas foi também extremamente importante para fortalecer a posição do governo do Estado de São Paulo no manejo do Instituto. Isso porque os banqueiros londrinos deram o empréstimo sob a condição de ele ser garantido pelo governo de São Paulo, assim o fortalecendo sobremaneira na disputa entre os membros do governo e os representantes dos produtores e dos comissários no conselho do

Instituto. Poucos dias antes de o empréstimo ser assinado, o Instituto foi redenominado Instituto Paulista do Café e sua diretoria ficou totalmente sujeita ao secretário da Fazenda do Estado de São Paulo, que seria agora seu presidente.

Conjuntamente com o governo do estado, o Instituto adquiriu controle de um banco, redenominado Banco do Estado de São Paulo, destinado a manejar suas operações financeiras, emprestando os recursos do empréstimo estrangeiro com garantia dos documentos de depósito emitidos pelos armazéns oficiais (que foram também comprados pelo Instituto) contra a entrega, pelos produtores, de seu café.

O grande poderio financeiro de que o Instituto estava agora dotado permitiu-lhe em 1926 abandonar sua prática anterior de regulação arbitrária diária da quantidade de café que podia fluir dos reguladores para Santos e adotar um sistema menos perturbador de embarques diários regulares, baseados na quantidade exportada no mês precedente, de modo a manter o estoque visível em Santos mais ou menos em linha com os requisitos da demanda.

Quase ao mesmo tempo em que o Instituto capacitava-se para estabelecer-se financeiramente, o mercado foi perturbado pela previsão de uma safra de tamanho excepcional para 1927, a qual, quando de fato se materializou, estabeleceu um recorde histórico, 30% acima do recorde anterior, de 1906.

Em resposta, o Instituto tratou de proteger-se de duas formas. Primeiro, negociando um novo empréstimo de 10 milhões de libras esterlinas com seus banqueiros londrinos, de modo a não só poder financiar a retenção de uma colheita muito maior, mas também permitir uma extensão dos adiantamentos de caixa aos fazendeiros por um período muito mais longo, durante o qual seus cafés deveriam ser retidos no interior. Segundo, convencendo os outros estados produtores a adotar a nova política do Instituto de liberação parcimoniosa da colheita para os portos.

O sucesso dessas políticas assegurou que, no fim de 1927, as organizações com as quais a defesa do café seria executada no futuro previsível estivessem firmemente estabelecidas e que suas perspectivas parecessem muito promissoras.

O Instituto, desse modo, manejou o financiamento da excepcional colheita de 1927 em termos muito favoráveis para os cafeicultores, o mesmo acontecendo com a pequena colheita de 1928. A política do Instituto de manter os preços elevados foi fortemente criticada por Pelaez[173] como sendo totalmente irresponsável, mas Fritsch[174] considera importante lembrar que o Instituto do Café era agora uma instituição dirigida pelos políticos paulistas e argui que não deve ter sido fácil tomar a decisão de estabilizar os preços, a partir do segundo trimestre de 1928, num nível que era ainda 21% menor do que a defesa federal o havia deixado, numa época em que as perspectivas de uma menor colheita advertiam que os custos unitários iam aumentar.

É neste ponto útil introduzir uma observação de Delfim Netto[175] de que a diferença fundamental entre os esforços prévios de valorização e a defesa permanente paulista foi o fato de aqueles serem executados por agentes de mercado interessados em maximizar o valor de seus estoques, enquanto que na defesa paulista "o problema econômico estaria sujeito aos interesses políticos do governo e isso representou uma das mais poderosas forças que levaram o sistema a sua própria ruína".

A julgar pelas descrições históricas e pelo comportamento, seja dos preços reais do café no Gráfico 7 seja dos preços do café em relação às demais *commodities* (exceto petróleo) no Gráfico 10, pode arguir-se que as primeiras valorizações foram meramente operações de estabilização de preços através do manejo de regras ótimas de formação de estoques, pois elas foram feitas com preços em termos reais em níveis inferiores à média histórica de longo prazo.

O mesmo, contudo, não se pode dizer da defesa paulista a partir de 1924, pois ela sustentou os preços acima da média histórica e, assim, pode ser acusada de haver incluído um elemento de exploração monopolista, a qual, na ausência de controle da oferta, tenderia a causar uma superprodução.

---

[173]Pelaez (1973, p. 209).
[174]Fritsch (1988, p. 135).
[175]Delfim Netto (1979, p. 66).

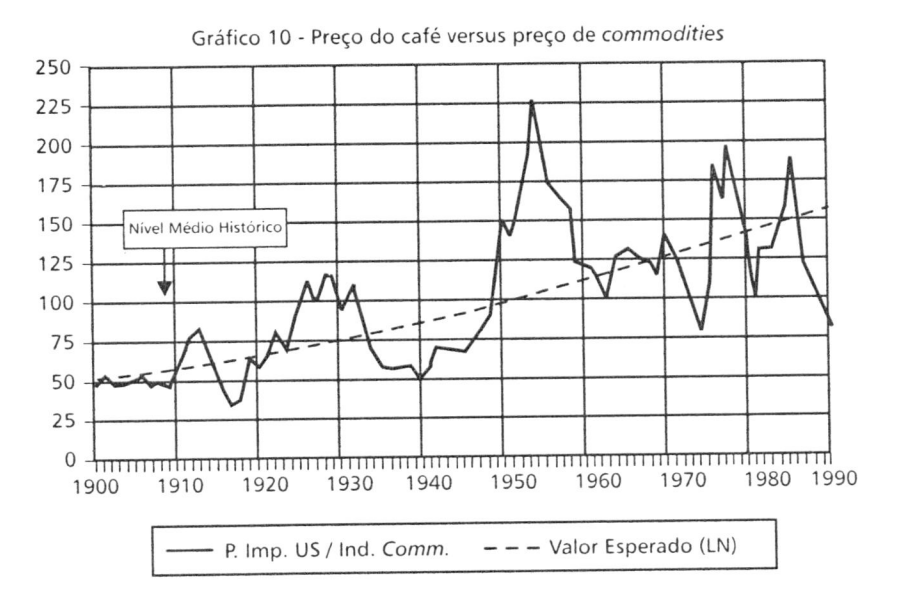

Gráfico 10 - Preço do café versus preço de *commodities*

12.4.6. *Valorização e bem-estar social*

Em sua tese, Delfim Netto[176] argui que a valorização paulista permanente atrasou o desenvolvimento industrial do país, porque fatores de produção que de outro modo teriam sido liberados do setor café foram lá retidos como consequência dos lucros excedentes provindos das políticas de valorização. Ele assevera, ademais, que as "perdas de eficiência" provocadas por tal má alocação de recursos têm de ser medidas contra os "ganhos de relações de troca" das políticas de valorização e que os resultados líquidos, de um ponto de vista social, não teriam sido necessariamente positivos.

A crítica de Delfim Netto se coloca em forte contraste com a avaliação de Fritsch (1988:163), para quem a valorização paulista permanente foi "uma política de estabilização claramente necessária e no tempo correto... [e que] exerceu uma benéfica influência estabilizadora, evitando maiores desequilíbrios externos que teriam uma consequência danosa

---

[176]Delfim Netto (1979, pp. 185-90)

sobre o desempenho econômico nacional". Fritsch[177] até mesmo consegue produzir uma citação do próprio Keynes, em seu *Treatise on Money*, assegurando que "a valorização do café do governo brasileiro (...) trazida à luz pelas dificuldades do pós-guerra e a recessão de 1920-21 foi plenamente justificada".

O problema da superprodução mencionado por Delfim Netto emerge porque os benefícios da valorização (entendida como o exercício do poder de monopólio do país no mercado mundial de café) foram repassados para os produtores domésticos que atuavam em regime de concorrência, induzindo-os, assim, a expandir o cultivo do café muito além do ponto em que seu produto era valioso de um ponto de vista social. Isso leva Delfim Netto[178] à conclusão de que "o custo social da defesa do café foi muito superior ao que geralmente se estima, pois manteve no mercado os produtores menos eficientes e gerou inicialmente condições muito desfavoráveis ao desenvolvimento industrial".[179]

De que forma os argumentos de Fritsch e Keynes em favor da defesa paulista se relacionam com essa crítica aparentemente devastadora de Delfim Netto?

A primeira observação é que tanto Fritsch como Keynes estão falando sobre os benefícios da *estabilização* dos preços, não sobre os da *valorização* propriamente dita.[180] Num caso, o propósito é manter os preços no nível de suas médias de longo prazo, o que, em teoria,[181]

---

[177]Fritsch (1988, pp. 254)

[178]Delfim Netto (1979, p. 242).

[179]Delfim Netto (1979, p. 242) prossegue dizendo que "posteriormente, a disparidade criada entre as taxas cambiais de exportação e de importação impediu uma distribuição eficiente dos fatores de produção, o que tende a compensar os ganhos obtidos nas relações de troca". Esse raciocínio não é válido se aplicado somente às exportações de café, porque uma apropriada exploração dos lucros de monopólio requer que se separem os preços cobrados dos importadores daqueles pagos aos produtores domésticos. Isso é exatamente o que uma taxa de câmbio diferencial para as exportações de café faz. O problema da má alocação somente emerge se a taxa de câmbio do café é estendida a outras exportações, cuja demanda externa é elástica em relação ao preço (o que de fato ocorreu no período de 1946 a 1952).

[180]Para Fritsch (1980, p. 163), a posição quase monopolista do Brasil no mercado mundial de café meramente "simplificava a implantação da política [de estabilização de preços]".

[181]Devido à aversão dos produtores ao risco, a teoria na verdade é que os preços devam ser estabilizados num valor algo inferior à média pré-estabilizada, a fim de não provocar uma superprodução. Veja-se Newbery e Stiglitz (1981), Ghosh, Gilbert e Hughes-Hallett (1987).

não deveria provocar seja excesso ou escassez de produção. No outro caso, o que se propõe é fixar preços acima de sua média concorrencial de longo prazo.

Se a evidência sobre os preços reais do café no Gráfico 7 é aceita, a defesa paulista pode de fato ser classificada como uma política bem-sucedida de estabilização – porque os preços reais em dólares do café nos meados da década de 1920 foram bastante estáveis – mas também foi uma política de valorização – porque os preços foram estabilizados em níveis acima de sua média de longo prazo. Esse é um ponto a favor de Delfim Netto.

O segundo ponto é que Delfim Netto é cuidadoso o suficiente para apontar que sua análise somente tem validade em condições de pleno emprego, mas ele então deixa de indicar que as importações eram essenciais para a vida econômica do país e, mais ainda, para seu crescimento econômico. Como as importações eram fortemente dependentes do poder de compra das exportações de café, segue-se que não se pode definir o valor social em ocupações industriais dos fatores de produção empregados na produção de café sem antes conhecer o poder de compra das exportações de café. Presumivelmente, aquele valor social é positivamente relacionado a esse poder de compra, porque quanto mais volumosas forem as importações complementares aos insumos domésticos, mais produtivos serão esses na produção de bens industriais, até o limite do pleno emprego. Nesse sentido, a defesa do café é, até certo ponto, a defesa da indústria, porque garante para essa as importações essenciais a seu desenvolvimento. Esse é um ponto contra a crítica de Delfim Netto.

Deixamos em suspenso uma avaliação mais completa sobre a controvérsia em relação aos custos sociais da defesa paulista. Essa avaliação requer a formulação de um modelo completo para a economia brasileira no período e sua estimação empírica, o que está além dos limites deste capítulo.

12.4.7. Derrota da defesa paulista

A fim de entender a derrota da defesa paulista do café no fim de 1929, Fritsch[182] aponta para as características especiais do mecanismo de financiamento do café depois que o sistema completo de retenção no interior foi montado. A regra segundo a qual a primeira saca a chegar seria a primeira a sair, adotada no manejo dos estoques nos armazéns, significou que os fazendeiros iriam agora receber a receita total das vendas de sua colheita distribuída por um período muito mais longo do que antes. Eles agora precisariam de um volume maior de financiamento e a restrição fundamental à capacidade do setor privado de financiar o comércio do café era a disposição do sistema bancário de continuar fazendo adiantamentos contra os certificados de depósito do café, sem saber direito quanto tempo levaria para eles serem liquidados. Por isso, tornou-se necessário construir um aparato de suporte financeiro do Instituto, com o Banco do Estado de São Paulo atuando como emprestador de última instância aos bancos comerciais que operavam no mercado para empréstimos garantidos pelos certificados de depósito do café.

Fritsch indica que o tamanho do hiato de financiamento que o Instituto deveria em última instância cobrir dependia de três fatores fora de seu controle. O primeiro era, naturalmente, o tamanho da safra. O segundo era o estado da demanda mundial, o qual, dada a política de regulação automática da entrada nos portos, afetava as necessidades de financiamento da mesma forma que as variações na safra. O terceiro era o estado das condições domésticas de crédito, que afetava os requisitos de financiamento do Instituto, através de seu efeito sobre a capacidade do sistema bancário privado de preencher sua parte no processo.

Sob o regime do padrão ouro, ao qual o Brasil havia aderido em 1926, o crédito doméstico dependia, em última análise, do nível das reservas em ouro do sistema bancário e, assim, podia ser severamente afetado por condições internacionais mutantes, que determinavam o

---

[182]Fritsch (1988, p. 137).

nível dos preços do café e a propensão dos centros financeiros mundiais a emprestar ao país.

O período de setembro de 1928 a outubro de 1929 testemunharia uma deterioração progressiva da capacidade das autoridades paulistas de manter suas políticas. O primeiro choque veio da natureza. A florada de setembro de 1928 foi excepcional e a opinião geral era que, a menos que houvesse geadas ou secas, a colheita de 1929 seria muito grande, comparável com o recorde de 1927.

As causas para o significativo aumento dos níveis de produtividade, que explicam o aumento de produção em 1927 e 1929, foram condições climáticas extremamente favoráveis, combinadas com a mudança da distribuição etária do estoque de pés de café no Brasil, em consequência das novas plantações que haviam sido feitas até meados da década de 1920.

Fritsch[183] discorda da afirmação de Villela e Suzigan,[184] baseada em Pelaez (1971), de que a ruptura do mercado do café ocorrida em outubro de 1929 foi somente devida à superprodução induzida pelas operações da política de defesa dos preços do café. Ele afirma que essa posição é "profundamente simplista", porque desconsidera mudanças cruciais nas condições de crédito que ocorreram nesse ano, tanto no Brasil quanto nos mercados internacionais de capitais, bem como decisões críticas das autoridades federais, que afetaram drasticamente a factibilidade financeira do esquema de suporte dos preços.

De fato, a sustentação da política de defesa do café era totalmente dependente de o Instituto obter financiamento adicional para carregar os estoques acrescidos. Contudo, em meados de 1929, a tensão estava crescendo em Londres com a fraqueza da libra esterlina, a qual afetava seriamente a disposição dos bancos ingleses de continuar emprestando ao Instituto. Tentar conseguir acomodação em Nova York era inútil, porque o presidente Hoover, apesar de sua recente visita ao país, continuava mantendo sua posição contrária ao financiamento dos esquemas brasileiros de valorização do café.

---

[183] Fritsch (1988, p. 144).
[184] Villela e Suzigan (1973, p. 147).

Domesticamente, o Banco do Brasil também provou ser de pouca ajuda, porque o presidente Washington Luís entendeu que expandir o crédito para o Instituto do Café iria prejudicar seu objetivo fundamental de manter intocado o padrão ouro, que ele havia reintroduzido em 1926.

Uma controvérsia emergiu porque se o crédito doméstico não fosse expandido, mais café teria de ser liberado para os mercados externos, a menores preços, e isso em si mesmo deveria exercer uma pressão baixista no mercado cambial. Esse ponto foi fortemente expresso por Rolim Teles, presidente do Instituto Paulista, que afirmou:

> Fazendo a baixa do preço, não vendemos mais café; se o vendêssemos, obtendo assim a mesma quantidade de ouro e ganhando pela quantidade vendida o que perdemos em valor, seria razoável a baixa, mas, ao contrário, desinteressando-nos do valor do café, perdemos o nosso ouro; baixando o preço do café, baixamos o valor representativo de nossa riqueza.[185]

O argumento contra a manutenção da política de defesa dos preços do café foi aparentemente formulado pelo próprio presidente Washington Luiz, não na forma eventualmente correta de que a expansão do crédito doméstico necessária para essa sustentação teria consequências negativas para o mercado cambial, mas sim em termos de um efeito supostamente positivo de preços mais baixos para as receitas cambiais. Delfim Netto,[186] arguindo que o próprio presidente da República já havia seguidas vezes demonstrado firmemente crer na inelasticidade de curto prazo da demanda por café brasileiro, diz que somente pode compreender essa reversão de posição como "um ato de puro desespero".

Sem embargo, podemos talvez entender a postura do presidente em termos de uma aplicação direta do enfoque monetário do balanço de pagamentos, que diz haver uma relação negativa de 1 para 1 entre uma expansão do crédito doméstico e as perdas de reservas cambiais. Isso é

---

[185]Reproduzido de Delfim Netto (1979, p. 93).
[186]Delfim Netto (1979, p. 99)

estritamente aplicável somente no caso de países pequenos sem poder monopólico nos mercados internacionais, mas um resultado similar pode ser obtido em modelos teóricos relevantes para o caso brasileiro.[187]

Fritsch[188] reitera o adendo político de Delfim Netto[189] a essa discussão, observando que, nessa junção crítica, a sorte do programa de defesa do café foi afetada pela quebra da aliança entre São Paulo e Minas Gerais, a qual havia garantido o equilíbrio político para a alternância de chefes de governo entre esses dois estados nos dois períodos presidenciais anteriores.

Uma ajuda financeira ampla do governo federal para o café estava fora de questão por causa de seus efeitos sobre o mercado cambial, mas, conforme indica Fritsch, qualquer forma de apoio que habilitasse o Instituto a sustentar preços seria agora politicamente perigosa, face à ruptura da aliança política regional.

Assim que vazou a notícia da posição federal de não sustentação do Instituto Paulista, a expectativa de uma queda de preços levou a uma corrida dos detentores de títulos de café ao banco do Instituto. Em setembro de 1929, as operações de redesconto do banco foram suspensas. Em 11 de outubro, Teles renunciou à Secretaria da Fazenda de São Paulo e, consequentemente, à presidência do Instituto Paulista, o que significou que chegara ao fim a resistência paulista às diretivas do governo federal.

Os preços imediatamente desabaram na Bolsa de Café de Santos, caindo no limite estatutário por diversos dias até que, em 29 de outubro, as bolsas de café de Santos e do Rio foram fechadas, enquanto representantes do comércio do café voltaram a colocar o problema para as autoridades federais. No fim do ano, quando a queda foi finalmente detida, os preços estavam um terço abaixo de seus níveis anteriores.

---

[187]Por exemplo, Cardoso (1987, pp. 17-28) usa um modelo macroeconômico keynesiano, com preços rígidos e uma demanda externa inelástica ao preço, em que os fluxos de capital são exógenos. Ela mostra que compras de café financiadas com expansão de crédito doméstico são expansionistas e causam uma depreciação cambial, o que está de acordo com a posição do presidente Washington Luiz.

[188]Fritsch (1988, pp. 149-53).

[189]Delfim Netto (1979, p. 99).

O colapso dos preços do café em outubro de 1929, causado pela deserção do governo federal, haveria de afetar seriamente a indústria do café e a posição do balanço de pagamentos do país. Por volta do fim do ano, a contração da renda iria acelerar-se na maior parte dos países consumidores e afetar a demanda de café por muitos meses à frente. Essas circunstâncias adversas fizeram do café uma das piores vítimas da queda generalizada de preços de alimentos e matérias-primas nos estágios iniciais da Grande Depressão, conforme se visualiza no Gráfico 10. Vindo adicionar-se às condições domésticas extremamente deprimidas já prevalecentes, os problemas cumulativos do café e do câmbio iriam deslanchar uma crise de magnitudes sem precedentes em 1930.

O efeito imediato do colapso dos preços do café foi fazer com que se detivesse todo o sistema doméstico de financiamento do produto. Finalmente, ficou decidido que o Banco do Brasil iria começar a redescontar os certificados de depósito do café nos armazéns a um preço um terço inferior ao mínimo previamente garantido pelo Instituto Paulista. Quando o comércio reabriu em novembro, o Instituto conseguiu manter os preços estáveis num nível menos desvalorizado do que esse, tendo a intervenção do Banco do Brasil sido, segundo Fritsch,[190] instrumental "em ajudar a evitar uma crise de proporções inimagináveis".

Ao mesmo tempo, São Paulo, com o apoio do governo federal, iniciou negociações em Londres para um empréstimo de longo prazo destinado principalmente a consolidar as obrigações de curto prazo do Instituto. No fim de abril de 1930, os arranjos foram concluídos e 17 milhões de libras, de um total oferecido de 20 milhões de libras em bônus paulistas de longo prazo, foram subscritos nos mercados internacionais. Anunciou-se que o empréstimo – caracteristicamente intitulado Empréstimo para a Realização do Café – destinava-se a permitir a venda "gradual e de uma maneira ordenada dos estoques existentes e a colocar as futuras safras no mercado expeditamente (...) de forma a evitar a futura acumulação de estoques" e que a ele acompanhava uma série de regulações para a venda futura do café brasileiro. O empréstimo, assim, efetivamente re-

---

[190]Fritsch (1988, p. 155).

tirava das mãos do Instituto a defesa dos preços do café; com isso, sua capacidade de influir sobre o mercado entrou rapidamente em declínio.

12.5. Destruição do café na década de 1930

O golpe final contra o Instituto Paulista foi dado após a Revolução de 1930, através de sucessivas decisões do governo federal para assumir o controle da política do café.

Em janeiro de 1931, o Instituto Paulista foi reorganizado pelo interventor federal no estado. Logo depois, o Conselho Nacional do Café foi criado, para assumir a responsabilidade pela política de defesa. Em fevereiro de 1933, esse conselho, no qual os estados produtores ainda tinham voz, foi substituído pelo Departamento Nacional do Café (DNC), uma autarquia federal subordinada ao Ministério da Fazenda, com "poderes praticamente ilimitados para intervir no mercado do café" (Costa, 1962:569).

O problema mais premente era uma nova supersafra de 18 milhões de sacas em 1931-32, equivalente ao total das exportações mundiais em 1931. Era agora evidente que existia um significativo excesso de capacidade no setor (essa sendo a terceira safra de tal magnitude desde 1927-28) e que o programa de defesa não podia prosseguir como antes, por absoluta falta de recursos para mantê-lo.

Com muito expediente e determinação, o governo federal tomou duas decisões imediatamente. Primeiro, adquirir, através da expansão do crédito doméstico, os estoques de café remanescentes que ainda não haviam sido comprados pelo Instituto Paulista com os recursos do empréstimo externo de 1930. Um imposto proibitivo sobre novas plantações foi estabelecido e um novo imposto sobre as exportações foi criado para ajudar a financiar o programa de defesa. Segundo, destruir o café acumulado, como a única maneira de evitar uma deterioração contínua dos preços no exterior. Em 1931 e 1932, 12 milhões de sacas foram destruídas.

A despeito dessas decisões, os preços do café caíram novamente em 1933 quando a florada da safra de 1933-34 prenunciou uma colheita maior do que nunca. O Departamento do Café, então, suspendeu as regulações prévias (que se conformavam ao acordo da dívida de 1930, obrigando o Brasil a despachar do interior para os portos um volume mensal de café igual a 1/24 avos da soma da colheita precedente com a colheita corrente). De acordo com as novas regras, somente 30% da safra seriam despachados para os portos, mais 30% seriam retidos no interior e nada menos do que 40% seriam destinados à destruição. Em 1933, 14 milhões de sacas de café foram incineradas. Em meados de 1930, 50 milhões de sacas já haviam sido destruídas.

A busca do equilíbrio estatístico pelo DNC, baseada na retenção e destruição do café, continuou sendo praticada até o fim de 1937, quando, após uma tentativa frustrada de trazer a Colômbia para ajudar o programa de defesa de preços,[191] o Brasil decidiu reduzir os preços e aumentar as exportações para recuperar a parcela do mercado perdida pelo país, de 60% no fim da década de 1920 para menos do que 50% em 1937. Essa experiência, que conseguiu aumentar significativamente as exportações brasileiras em 1938,[192] foi infelizmente superada pelas consequências do começo da guerra na Europa em 1939, que mudou completamente as perspectivas do mercado no período subsequente.

12.5.1. Controvérsia de Furtado

Em seu clássico *Formação econômica do Brasil,* Celso Furtado sustenta que a principal razão por que o Brasil conseguiu recuperar-se da Grande Depressão, não somente mais cedo, mas também mais rapidamente

---

[191]Para uma descrição do lado colombiano da história, veja-se Ocampo (1987, pp. 226-8).

[192]Abreu (1990b, p. 91) observa que entre 1937 e 1939 os preços do café caíram em 25%, enquanto que a quantidade exportada aumentou em 40%, e por isso "as premissas clássicas a respeito das características do mercado cafeeiro provaram ser precárias, pois a elasticidade-preço da demanda por café resultou ser relativamente alta no curto prazo". Contudo, Delfim Netto (1979, p. 107) assinala que parte das importações adicionais destinava-se a aumentar os estoques dos operadores, que teriam usado a "oportunidade para efetuar suas compras em vista da permanente ameaça de o Brasil retornar à antiga política". A verdade dessa proposição, de acordo com Delfim Netto, é que os resultados das exportações em 1939 foram pobres, a despeito dos preços baixos e dos riscos de guerra na Europa, mas um contra-argumento é que não se poderiam esperar exportações elevadas com uma guerra já praticamente em curso. Esse é um ponto que mereceria pesquisas adicionais. Também se necessita de pesquisas mais detalhadas sobre a política de venda do café na década de 1930 que possam esclarecer por que as autoridades brasileiras esperaram até 1937 para declarar uma "guerra de preços".

do que os Estados Unidos, foi a política de proteção do setor café, que teria sido "um verdadeiro programa de fomento da renda nacional. Praticou-se no Brasil, inconscientemente, uma política anticíclica de maior amplitude que a que se tenha sequer preconizado em qualquer dos países industrializados".[193]

Pelaez (1971) opõe-se a essa tese com o argumento de que o governo de Vargas de fato teria prejudicado a retomada do nível da atividade econômica porque suas políticas fiscais e cafeeiras teriam sido "ortodoxas", isto é, objetivavam alcançar um orçamento equilibrado. Em particular, no que diz respeito ao café, ele sugere que as despesas com a aquisição da produção excedente foram financiadas com impostos à exportação, e não pela via da expansão do crédito doméstico.

Contudo, Fishlow (1972), usando os próprios dados de Pelaez, mostra que 1/3 das despesas com a compra do café entre meados de 1931 e início de 1933 e uma proporção ainda maior em 1933 e 1934 foram financiados com expansão do crédito doméstico. Entre 1935 e 1937, a oferta de exportação foi controlada através de um sistema de quotas e menos recursos financeiros foram empregados.

Mas o ponto mais importante de Fishlow (1972) é que, em vista da inelasticidade da demanda externa do café, os impostos de exportação são tipicamente pagos pelos consumidores através de preços mais altos Desse modo, quando o governo taxa as exportações de café, está de fato aumentando os preços de exportação sem reduzir muito a quantidade vendida no exterior, assim aumentando a renda nacional em comparação com uma situação em que os impostos não são aumentados e todo o café disponível é ou vendido a custos marginais ou deixado apodrecer nos cafezais. Cardoso[194] considera esses temas de uma perspectiva analítica e mostra que as compras de café são expansionistas, quer sejam financiadas por empréstimos externos, expansão do crédito doméstico ou impostos à exportação. A diferença de fato consiste no impacto do método de financiamento sobre o balanço de pagamentos, pois uma expansão do

[193]Furtado (1959, p. 224).
[194]Cardoso (1985, pp. 17-28).

crédito doméstico tende a depreciar a moeda do país, enquanto que impostos à exportação ou empréstimos externos tendem a apreciá-la. Uma taxa de câmbio depreciada deve induzir mais exportações não tradicionais (que não são incluídas no modelo de Cardoso), bem como a substituição adicional de importações, e nesse sentido compras de café financiadas com expansão do crédito doméstico são mais expansionistas do que nos dois outros casos.

Uma vez aceito esse ponto, ainda é válida a observação de que a intensidade do declínio dos preços do café foi tão forte desde 1929 que, como resultado, a renda real total do setor café não foi mais alta na década de 1930 do que em 1928. Consequentemente, a renda real do café sozinha não pode explicar um nível mais alto de renda nacional real naquela década.[195,196] Ao contrário, como o Gráfico 11 mostra claramente, durante a década de 1930 a parcela do café no PIB brasileiro caiu de mais de 10% para menos de 5%.

Em outras palavras, a manutenção da renda real do setor café foi apenas parte da história da década de 1930; igualmente importante para entender a recuperação econômica do país no período foi a profunda desvalorização da taxa de câmbio então observada, a qual aumentou substancialmente a rentabilidade, tanto das exportações não cafeeiras como da substituição de importações. Apenas parte dessa desvalorização pode ser imputada ao método parcialmente inflacionário de financiar as compras de café

---

[195]Pelaez (1971, pp. 144-7) assevera que a renda do café foi muito menor na década de 1930 do que em 1928, mas isso é apenas porque seus dados para a renda bruta do café [em Pelaez (1971, p. 146, Tabela 12)] estão em cruzeiros correntes e, desse modo, não levam em conta a significativa deflação de preços que ocorreu a partir de 1928 e, assim, superestimam consideravelmente o declínio da renda real do café na década de 1930. Quando se deflaciona a série de Pelaez pelo índice geral de preços (em IBGE, 1986, p. 159, Tabela 5.2), a renda bruta real média do café no crítico período de 1929-34 resulta ser 1,06% mais alta do que em 1928.

[196]Manutenção da constância da renda real do setor café é consistente com a manutenção do nível de emprego naquele setor, sendo esse um fato enfatizado por Delfim Netto (1979, pp. 104-5) em defesa da política de destruição do café na década de 1930. Muito surpreendentemente, depois de gastar páginas e mais páginas vociferando contra Furtado, Pelaez (1971, p. 139) elogia a posição de Delfim Netto, dizendo que seu ponto de vista não é keynesiano, mesmo quando Delfim Netto faz questão de citar-se a si mesmo, num artigo anterior, com esta joia de keynesianismo fabiano: "Produzir café para queimá-lo é de fato absurdo; mas não há dúvida de que queimar uma saca de café é, do ponto de vista social, menos importante do que despedir um chefe de família e forçá-lo a roubar ou a prostituir sua esposa para alimentar seus filhos."

Gráfico 11 - Participação do café no PIB brasileiro

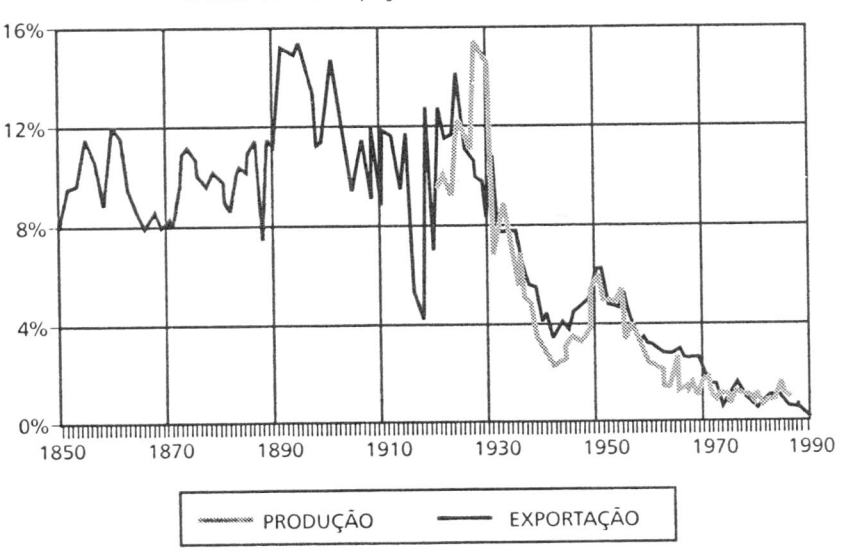

adotado na administração de Vargas. Abreu (1990b) expõe outros fatores explicativos do desempenho da economia brasileira no período.

12.6. Segunda Guerra e imediato pós-guerra

O virtual desaparecimento da demanda europeia por café, causado pelo início da Segunda Guerra, fez com que os preços atingissem níveis recordes de baixa em 1940. À parte motivações políticas evidentes, a magnitude da crise predispôs os Estados Unidos a assinarem o Acordo Interamericano do Café em novembro de 1940. Esse estabeleceu um sistema de cotas de exportação, garantido pela participação do principal país importador. Os preços imediatamente reagiram até ser congelados pela Administração de Preços dos EUA, de meados de 1941 até meados de 1946, em níveis cerca de duas vezes mais altos do que aqueles prevalecentes em 1940.

As exportações brasileiras no período foram particularmente afetadas não somente pelo virtual fechamento do mercado europeu, mas também pelos ataques de submarinos alemães na costa atlântica dos

EUA e no Caribe. Esses ataques beneficiaram indiretamente as exportações de café da Colômbia e dos países centro-americanos. Um acordo em separado do Brasil com os EUA em outubro de 1942 garantiu, entretanto, a aquisição pelo governo americano da cota brasileira no Acordo Interamericano.

Condições climáticas desfavoráveis e simples abandono das plantações de café levaram finalmente a que o potencial de produção do Brasil se alinhasse com a deprimida demanda internacional do período da guerra. Como se pode ver no Gráfico 12, de seu pico em 1932 até seu vale em 1944, o número de cafeeiros no Brasil caiu em 1/3 no período. Em julho de 1943, uma proibição de novas plantações de café foi revogada. Em agosto de 1944, a destruição dos estoques de café foi suspensa. O total da destruição, de 1931 até 1944, atingiu nada menos do que 78 milhões de sacas, uma quantidade três vezes superior ao consumo mundial anual. Quando o mundo emergiu da guerra, a parcela brasileira no mercado exportador de café tinha se reduzido para 50%, vindo de mais de 60% na década de 1920 (veja-se o Gráfico 4).

Com o fim da guerra e a liberalização dos preços nos EUA, os preços do café começaram a subir. Na medida em que a Europa recomeçava a comprar café, uma série de condições climáticas adversas reduziu ainda mais a oferta mundial e contribuiu para uma rápida exaustão dos estoques em mãos do Departamento Nacional do Café e, portanto, para uma significativa redução dos estoques mundiais totais (veja Gráfico 13).

O período aparentemente sem fim de superprodução estava agora sendo sucedido por um período de escassez que se estenderia pelos 10 anos seguintes, pois as forças da oferta e da procura começaram a cortar em direções opostas. De um lado, a recuperação econômica da Europa e a retomada do crescimento nos EUA procederam a taxas mais rápidas do que esperado. A guerra também ajudou a introduzir o café solúvel nos EUA, o que abriu todo um novo mercado para o café robusta produzido na África.

Por outro lado, depois de 15 anos de preços muito baixos, o café se havia mudado de São Paulo, dando lugar para novas e mais lucrativas culturas. O Paraná mais ao sul parecia oferecer campo aparentemente

Gráfico 12 - Cafeeiros adultos no Brasil

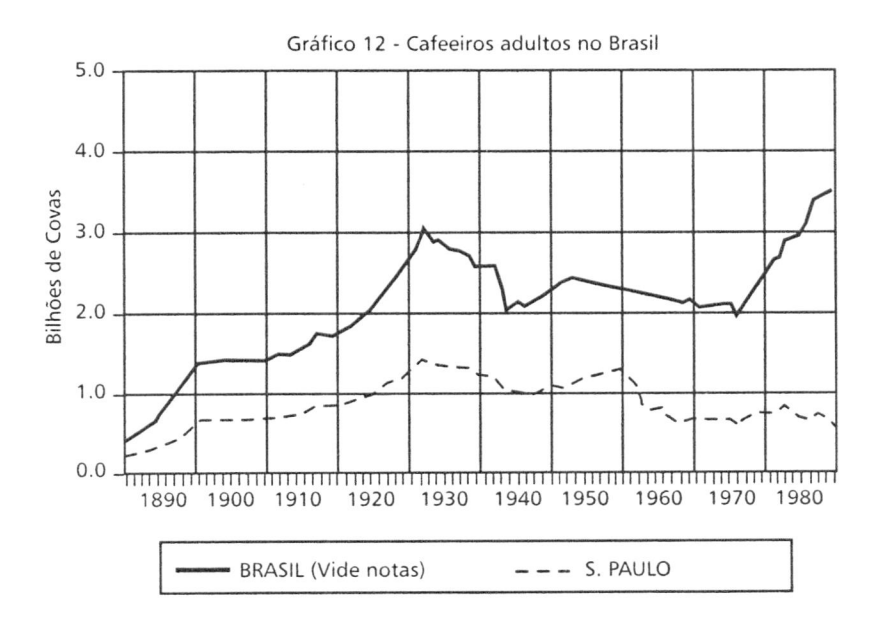

BRASIL (Vide notas) — — — S. PAULO

Gráfico 13 - Relação estoque / exportação

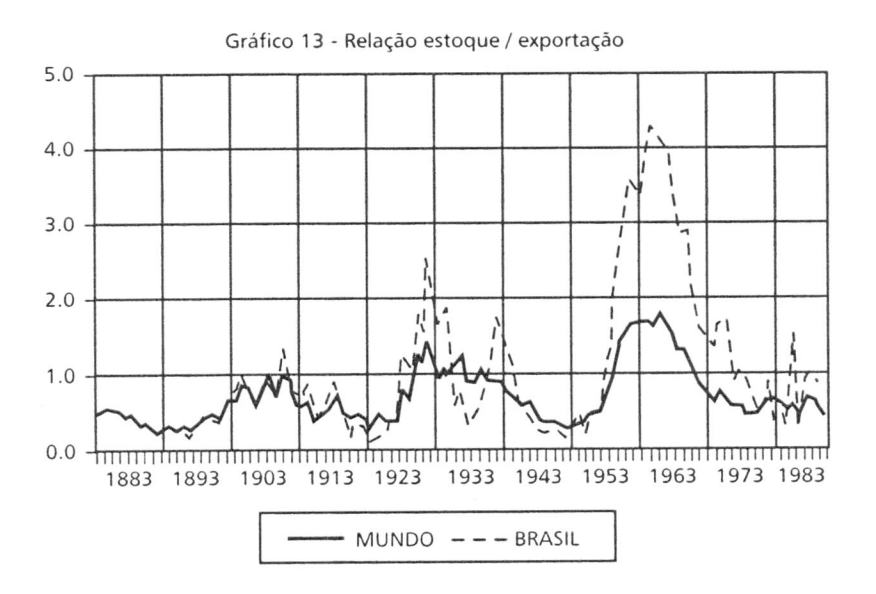

MUNDO — — — BRASIL

ilimitado para o cultivo do café, para aqueles ousados o bastante para enfrentar seu tempo frio e suas destrutivas geadas, mas isso no imediato pós-guerra era apenas uma perspectiva (veja-se o Gráfico 14).

Na Colômbia, durante os primeiros anos do pós-guerra foi ficando claro que o rápido crescimento da produção de café, característico das primeiras décadas do século, tinha chegado ao fim.[197] O primeiro fator foi a violência política, que afetou com particular força importantes regiões produtoras do país. O segundo foi a exaustão da tecnologia tradicional de produção do café, incapaz de encontrar terra adicional para sua extensão. Finalmente, o envelhecimento do estoque de árvores afetou a produtividade negativamente. A Colômbia somente conseguiria superar seu atraso tecnológico na década de 1970, através da ação da Federação Nacional dos Cafeicultores, que após algum tempo conseguiu produzir uma "revolução verde" nos cafezais colombianos, através de uma série de melhorias tecnológicas. Na Venezuela, o café como tudo o mais foi substituído pela produção de petróleo.

Nessas circunstâncias, o campo estava aberto para a emergência da África nos mercados mundiais, conforme se ilustra no Gráfico 15.[198] Mas isso, no começo, não era nem de longe suficiente para compensar a falta de resposta da oferta de café no continente americano. A consequência foi uma alta contínua dos preços, que se tornou explosiva no fim de 1949, quando se soube que os aparentemente inexauríveis estoques do Departamento Nacional do Café haviam acabado. O antigamente todo-poderoso DNC estava ele próprio em processo de extinção. O Congresso americano iniciou, então, uma investigação sobre a alta de preços do café, para determinar se o Brasil e a Colômbia estavam manipulando o mercado.[199] Mas dessa vez o fenômeno era puramente determinado pelo mercado. As autoridades brasileiras foram de fato tomadas de

---

[197]A descrição que se segue é tomada de Ocampo (1987, pp. 286-88).
[198]Conforme indica Delfim Netto (1962), o crescimento da produção de café na África foi mais uma consequência das dificuldades de pagamentos externos dos poderes coloniais europeus desde a década de 1930 do que propriamente uma resposta às políticas de valorização do Brasil.
[199]Para detalhes, veja-se Costa (1962, pp. 581-84).

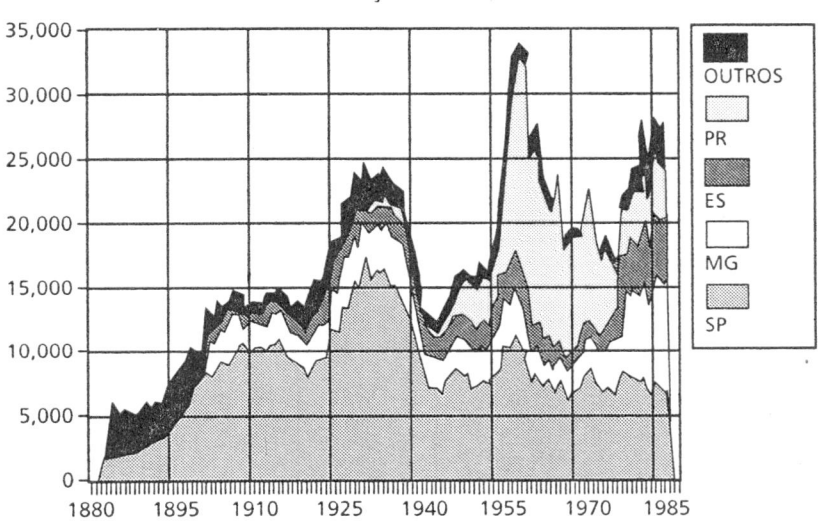

Gráfico 14 - Produção brasileira de café

surpresa pelas consequências sucessivas da ação da broca, de secas e geadas, que reduziram os níveis de produção no imediato pós-guerra e contribuíram para acelerar a exaustão dos estoques do DNC.

Em retrospectiva, a decisão de destruir 78 milhões de sacas parece ter sido pouco racional, face ao aumento de demanda que ocorreu no imediato pós-guerra. Tivesse o governo brasileiro mantido um amplo estoque em mãos, teria podido vendê-lo com lucro no período de escassez que se estendeu de 1944 até 1954. Além disso, essas vendas teriam abafado a elevação exagerada dos preços, assim evitando o extraordinário aumento das plantações de café, que eventualmente ocorreu no Brasil e outros países, gerando um novo período de superprodução a partir de meados da década de 1950.

Contudo, os eventos no mercado cafeeiro no imediato pós-guerra eram, como se disse acima, totalmente inesperados na época em que a decisão de destruir os estoques do DNC foi tomada. Para uma avaliação mais balanceada dessa decisão, deveriam tomar-se em conta: (i) a influência depressiva dos estoques do DNC sobre os preços correntes de mercado; (ii) os altos custos de manutenção desses estoques; e (iii) a demanda mundial futura esperada, que era continuamente baixa tanto quanto se podia determinar durante a Segunda Guerra (recorde-se que se temia que a economia mundial fosse novamente voltar a um estado de depressão uma vez terminada a guerra). Quando todas essas considerações são incorporadas, não fica nada claro que, face às informações então existentes, a decisão de destruir os estoques teria sido incorreta. Um julgamento mais definitivo terá de esperar por pesquisas futuras.

12.7. Retomada da política de defesa

A tendência ascendente dos preços foi interrompida em 1951 com o início da Guerra da Coreia e a imposição de controles de preços no mercado americano. A suspensão desses controles em 1953 coincidiu com o anúncio de que uma geada havia reduzido substancialmente a safra brasileira de 1953-54. Isso provocou uma forte demanda para a constituição de estoques, a qual fez elevar os preços do café em meados de 1954 a níveis nunca antes vistos. Em dólares reais, os picos atingidos

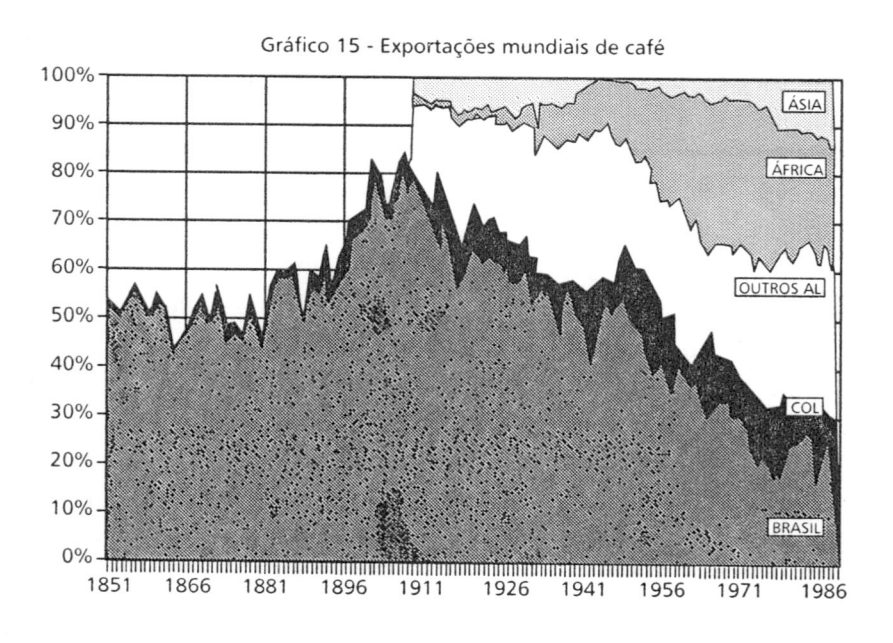

Gráfico 15 - Exportações mundiais de café

em 1954 pelos preços médios de importação dos EUA foram os maiores da história, como se vê nos gráficos 7 e 10.

O Brasil certamente não foi um mero observador desse significativo aumento de preços. Ao contrário, a partir de 1952, o governo federal voltou a intervir no mercado para estabilizar os preços, que estavam, então, supostamente sendo alvo de um ataque especulativo baixista. Num memorando de junho de 1952 para o presidente da República, o ministro da Fazenda, Horácio Lafer, sustentou que o preço mínimo de garantia proposto não era uma medida valorizadora, pois "é praticamente o que vigorou nos últimos 12 meses (...) [e tem] em vista a necessidade de não desencorajar a produção do país e de manter preços razoáveis na exportação, capazes de assegurar divisas indispensáveis à vida econômica nacional".[200]

No fim de 1952, o Instituto Brasileiro do Café foi criado como uma autarquia federal e com um mandato para "executar a política econômica do café brasileiro no país e no exterior".[201] O novo programa brasileiro de apoio aos preços do café não incorreu em grandes dificuldades em 1952 e 1953, mas os eventos de 1954 iriam causar uma perturbação considerável à política brasileira. Já se fez menção a que os preços do café haviam explodido com o fim dos controles de preços impostos nos EUA durante a Guerra da Coreia e as notícias de uma pequena safra brasileira para 1953-54. O Santos-4 estava cotado a 56 centavos de dólar por libra-peso em junho de 1953 e alcançou um pico de 90 centavos em abril de 1954. Quando os preços ameaçaram cair em junho, em função de novas notícias de que a safra brasileira afinal não havia sido afetada tão seriamente pelas geadas, Osvaldo Aranha, então ministro da Fazenda, ousadamente anunciou que o governo estava aumentando o preço mínimo de garantia do Santos-4 de 53 para 87 centavos por libra.

A resposta do mercado foi estonteante. Uma súbita e profunda queda das exportações, na medida em que os importadores começaram a usar

---

[200] *Apud Revista do Comércio do Café* (jun.-ago. 1952).
[201] Para maiores detalhes, veja-se Bacha (1968, pp. 9-10) e Reis (1972).

os estoques previamente acumulados; uma campanha de boicote ao consumo nos EUA; a instalação de um novo subcomitê de investigação no Senado americano; uma investigação independente da Federal Trade Commission; a renúncia do presidente do IBC; profundos protestos dos representantes dos cafeicultores brasileiros. Aranha cedeu após dois meses e os preços do café começaram a cair violentamente, por força da radical reversão das expectativas do mercado.

Conforme se documenta em Bacha[202], a exploração por Osvaldo Aranha das profundezas da inelasticidade-preço da demanda de café custou caro ao Brasil, uma vez que os americanos mudaram seu consumo, de café torrado para solúvel, e começaram a preparar uma bebida mais diluída em água do que antes, assim causando uma perda estimada para o Brasil de 1,5 milhão de sacas de café por ano (equivalente a cerca de 15% das importações americanas de café brasileiro).

12.7.1. Lógica da defesa do café

Neste ponto é útil fazer uma pausa para considerar a lógica da intervenção secular do governo brasileiro no mercado do café. Vimos anteriormente uma citação de Epitácio Pessoa, presidente do país em 1919-22, justificando a política de valorização com o argumento de que o café era "o produto que mais ouro fornece à solução dos nossos compromissos no estrangeiro". De fato, em 1921-22 o café respondia por 72% das exportações brasileiras.

O que naquela ocasião, como posteriormente, parece ter estado em causa era a defesa do valor externo da moeda, considerada vital para a estabilidade do nível geral dos preços. Em outras palavras, o café era importante porque gerava a receita em divisas que poderia permitir a sustentação do valor externo da moeda nacional, conforme necessário para manter a estabilidade macroeconômica, como então entendida. Isso é claramente afirmado no Relatório Anual de 1930 do presidente da República:

---

[202]Bacha (1968, pp. 12, 134-6).

Entre nós, como o café é quase tudo, pode-se afirmar que se a estabilização é indispensável ao café, o café é, por sua vez, indispensável para a estabilização.[203]

Do mesmo modo, a decisão de comprar e queimar na década de 1930 não foi conscientemente uma política de defesa dos níveis de emprego, mas primariamente uma política de defesa do valor externo da moeda, a qual tomava em conta o fato de que o abandono, por Washington Luiz, da defesa do café havia sido desastroso para o balanço de pagamentos do país. A decisão do presidente Dutra (1946-51) de manter estável o valor externo da moeda no período após a Segunda Guerra ilustra, por outro lado, a importância atribuída à estabilidade do nível geral de preços por sucessivos governos brasileiros (estranho como isso possa parecer, dada nossa história de alta inflação!).

Os formuladores da política econômica antes de meados da década de 1950 não pareciam dar valor às exportações de café porque essas gerassem as divisas necessárias para comprar bens de capital e outras importações essenciais para a industrialização. Isso se tornou uma preocupação explícita somente no período de Juscelino Kubitschek (1956-61), mas não estava na mente dos formuladores de política que supostamente desenharam a defesa do café, a partir do início do século, como uma política de "maximização" da receita cambial.

Fritsch (1988) documenta *ad nauseam* que a preocupação real dos formuladores da política econômica federal durante a República Velha era com o valor externo da moeda. Eles apoiaram a defesa paulista somente na medida em que perceberam que a intervenção direta no mercado do café era um complemento essencial para seu objetivo principal de equilibrar as contas externas. Isso está tão claro na decisão de Epitácio Pessoa de apoiar os paulistas em 1921 como na decisão de Washington Luiz de deixá-los de lado em 1929.

Um raciocínio similar parece ser válido para a década de 1950. A principal razão para Horácio Lafer oferecer apoio aos preços do café era

---

[203]Transcrito de Delfim Netto (1979, p. 91).

a quase absoluta dependência do país do produto para manter o valor externo da moeda. Nessa ocasião, entretanto, uma mudança dramática de percepção estava ocorrendo. As autoridades federais finalmente constataram que as exportações não cafeeiras estavam sendo estranguladas sob a pressão de uma moeda muito sobrevalorizada. A desvalorização cambial para as exportações não tradicionais passava a ser crescentemente vista como uma alternativa mais atrativa do que a valorização do café para assegurar um fluxo sustentado de divisas.

O café era, no entanto, um problema, porque as autoridades federais sabiam muito bem que estava no poder do Brasil influir na determinação do preço em dólares do produto. Elas também sabiam que, dado um preço mínimo de garantia aos produtores, quanto mais desvalorizada fosse a moeda nacional, menor seria o preço em dólares do café e a correspondente receita de exportações.

As autoridades também sabiam que a desvalorização da moeda era inflacionária, mas estavam por outro lado conscientes de que a inflação brasileira havia prosseguido sem abatimento desde o fim da Segunda Guerra, a despeito de uma taxa de câmbio congelada, e isso, eles consideravam, era causado pela monetização do déficit do setor público.[204] E elas finalmente entenderam que, adotando um regime de câmbios múltiplos, poderiam resolver todos os problemas anteriores de uma só tacada, isto é, aumentar as exportações não tradicionais, defender os preços em dólares do café e minimizar as pressões de aumentos de custo, ao mesmo tempo que conseguiam reduzir o déficit público ao cobrar dos importadores, em média, uma taxa de câmbio mais alta do que aquela concedida aos exportadores.

Foram considerações desse tipo que levaram o ministro da Fazenda, Osvaldo Aranha, com o assessoramento do presidente do Banco do Brasil, Marcos de Souza Dantas, a instituir, em outubro de 1953, o célebre sistema de taxas múltiplas de câmbio, envolvendo um regime de leilões cambiais para as importações e taxas fixas diferenciadas para as

---

[204]Para evidência sobre a força do pensamento ortodoxo durante as administrações de Dutra (1946-50) e Vargas (1951-54), veja-se Besserman-Vianna (1987, pp. 103-6).

exportações. Isso permitiu resolver de uma forma brilhante o problema colocado pela necessidade simultânea de gerar divisas e impostos, na presença de um dominante produto de exportação primária, cuja demanda externa era inelástica em relação ao preço.[205]

Com a adoção das taxas diferenciais de câmbio, o café (além de outros poucos produtos primários tradicionais) seria agora explicitamente taxado como forma de aumentar a receita do governo – nisso constituiuse o "confisco cambial" que os representantes dos interesses cafeeiros combateram desde o início.[206] O Gráfico 16 ilustra o efeito dessa taxação, ao comparar a razão entre os preços domésticos aos produtores com o valor unitário das exportações de café cru, convertido em cruzeiros às taxas médias de câmbio para exportações e importações.[207]

Anteriormente ao período do confisco cambial, os cafeicultores recebiam cerca de 90% dos preços de exportação; a partir de então e até meados da década de 1960, passaram a receber um valor mais próximo de 50%.

A mudança do regime cambial em 1953 reforça a tese de que a principal razão para a política de defesa do café, da década de 1920 até a de 1950, foi a busca da estabilidade macroeconômica doméstica. Até o início da década de 1950, isso traduziu-se no objetivo de "maximizar" a receita cambial do café como forma de manter inalterada a taxa de câmbio. Depois de 1953, a preocupação da política alterou-se, porque as exportações de café serviam agora também para gerar receita fiscal, ajudando a reduzir o déficit do governo federal.

---

[205]O sistema de taxas múltiplas de câmbio foi introduzido como um ato autônomo do Executivo (Instrução nº 70 da Sumoc [Superintendência da Moeda e do Crédito]), assim evitando a necessidade de passar a legislação no Congresso, que certamente resistiria à ideia de taxar as exportações de café e de aumentar as tarifas sobre as importações, que eram as alternativas racionais ao sistema de câmbios múltiplos. Para maiores detalhes, veja-se Besserman-Vianna (1987, pp. 103-6).
[206]De fato, o confisco cambial era uma reclamação do setor café desde antes de 1953, porque estava embutido na diferença entre as taxas livre e oficial de câmbio no período de 1946 a 1952.
[207]Para o período 1948-64, as taxas médias de câmbio são as taxas implícitas calculadas como as razões entre a soma do valor em cruzeiros das exportações e importações e os seus valores em dólares. Essa série é do IBGE (1986, pp. 524-25, Tabela 11.2). A taxa de câmbio foi unificada em 1962, mas, em vista da turbulência econômica do período 1963-64, preferimos usar a taxa oficial somente a partir de 1965.

Essas considerações são relevantes para considerar um ponto levantado em Bacha[208] no sentido de não se constatar, no período 1952-66, exceto em 1954, que as autoridades brasileiras tenham fixado os preços do café em dólares de forma a "maximizar" a receita cambial. Mais precisamente, naquele período, observa-se que os preços em dólares foram fixados no meio do caminho entre esses preços maximizadores da receita de divisas e os preços (mais baixos) que maximizariam a receita líquida do governo federal provinda do setor café. A receita líquida é definida como a diferença entre os impostos brutos de exportação, frutos do confisco cambial, e os gastos do governo com a aquisição do excedente da safra exportável sobre as exportações efetivas.[209]

Uma evidência de que a receita líquida do governo era uma variável crítica de decisão é que Osvaldo Aranha parece ter sido forçado a desistir de sua política de defesa do café, pelo menos parcialmente, porque ela estava causando uma tal contração nas exportações que a diferença entre a receita dos impostos e os gastos com as compras e o financia-

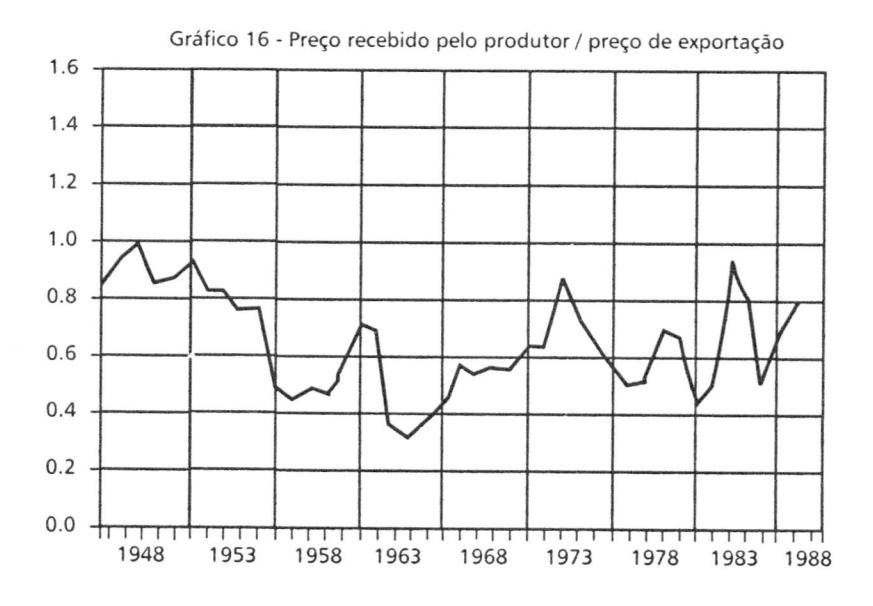

Gráfico 16 - Preço recebido pelo produtor / preço de exportação

---

[208]Bacha (1968, 1976b).
[209]Para maiores detalhes, veja-se Bacha (1968, pp. 30-4).

mento do café se havia tornado negativa.[210] Esse ponto foi fortemente afirmado por Eugênio Gudin, ministro da Fazenda no início de 1955, que castigou:

> (...) a política desastrada de preços de café no exterior que fez com que as nossas vendas nos Estados Unidos baixassem de 9,4 milhões de sacas em 1952 para 5,6 milhões em 1954 (...) Não fossem os recursos dos ágios (...) com os quais foi possível atender, em boa parte, ao financiamento e à compra de café, não sei a que nível teriam atingido as emissões de papel-moeda, nem se, a esta hora, poderia estar em plena vigência o regime democrático.[211]

Outro ponto contencioso das políticas do ministro Aranha foi o "confisco cambial" tornado explícito pela introdução do regime de taxas múltiplas em outubro de 1953. Esse estava sendo ferozmente combatido pelos cafeicultores, que subitamente se encontraram com um poderoso aliado no Ministério da Fazenda, quando Gudin renunciou em abril de 1955 ao perder controle sobre a presidência do Banco do Brasil.

12.7.2. Interregno de Whitaker[212]

Eugênio Gudin foi sucedido no Ministério da Fazenda por José Maria Whitaker, um banqueiro paulista conservador e crítico intransigente do sistema de taxas múltiplas de câmbio. Seu propósito principal no ministério era eliminar o confisco cambial, considerado por ele como um imposto anticonstitucional, injusto e expropriatório.

Whitaker estava também insatisfeito com a política de intervenção do café dos anos anteriores, através da qual, ele acreditava, o governo brasileiro, ao sustentar preços em níveis artificialmente elevados, sofreu

---

[210]Veja os comentários críticos em *Conjuntura Econômica* (mar. 1955, p. 4.) Evidência numérica do efeito negativo sobre as contas do governo das medidas de valorização de 1954 é apresentada em Bacha (1968, p. 38, Tabela A1-2).

[211]Reproduzido de "Dois anos de trabalho no setor econômico e financeiro", relatório das atividades do Serviço de Estatística Econômica e Financeira, referente ao exercício de 1957, apresentado ao ministro da Fazenda, José Maria Alkmin, pelo diretor Augusto de Bulhões.

[212]As observações que se seguem sobre a administração de Whitaker são tomadas de Pinho (1990).

praticamente sozinho o ônus de retirar o produto do mercado, para o benefício de seus concorrentes. Tão logo entrou no governo, Whitaker determinou a suspensão temporária das compras de café, com vistas a pressionar os concorrentes do Brasil a reconhecerem explicitamente os esforços já feitos pelo país na retenção de estoques.

Whitaker queria recuperar a parcela do Brasil nos mercados mundiais, a qual se havia reduzido de 50% para 40%, entre o fim da década de 1940 e meados da década de 1950, como consequência, da forma que ele a via, da "política de guarda-chuva" que havia sido anteriormente implantada.[213]

Ele acreditava que a queda dos preços beneficiaria o país, em consequência da eliminação dos produtores menos eficientes, e entrou em rota de colisão com o presidente do IBC, Alkindar Junqueira, que divergiu do ponto de vista do ministro e assinou, em maio de 1955, um "plano de emergência" com concorrentes do país, no qual os participantes concordavam em retirar do mercado seus respectivos excedentes, na proporção de suas exportações nos três últimos anos. Isso, de acordo com Whitaker, ignorava os esforços já feitos pelo Brasil e, consequentemente, ele providenciou a demissão do presidente do IBC e rejeitou o plano de emergência.

Whitaker queria a substituição do sistema de taxas múltiplas por uma taxa unificada de câmbio livremente determinada pelo mercado, com a eliminação imediata do confisco cambial sobre o café e outros produtos primários. Em setembro de 1955, ele foi convencido por Roberto Campos, então presidente do recentemente criado Banco Nacional do Desenvolvimento Econômico, a aceitar a eliminação gradual dos impostos e subsídios embutidos no sistema de taxas múltiplas, incluindo o confisco cambial sobre o café, embora adotando imediatamente o princípio da determinação pelo mercado da taxa básica de câmbio.

O presidente Café Filho (1954-55), contudo, não ousou promover mudança tão radical no regime cambial no fim de seu período e, em

---

[213]A política de guarda-chuva refere-se à imagem do Brasil abrindo o guarda-chuva dos preços altos, sob o qual seus concorrentes encontravam refúgio da turbulência dos mercados. A expressão foi aparentemente usada pela primeira vez pelo presidente Hoover em sua visita de 1928 ao Brasil. Ver Esteves (1962, p. 160).

vez de aprová-la como ato do Executivo, decidiu remeter o projeto ao Congresso, o que na prática significava enterrar a reforma cambial proposta. Declarando que havia aceitado o ministério para abolir o confisco cambial e que, não havendo sido capaz de fazê-lo, considerava sua missão terminada, Whitaker deixou o cargo em outubro de 1955.

A história nunca pode ser reescrita, mas é imaginável quão diferente teria sido a economia brasileira no período após a guerra da Coreia caso as propostas de Whitaker tivessem sido aprovadas. Pois a rejeição da reforma cambial proposta significava a derrota de uma visão do crescimento liderado pelas exportações[214] e, em alguma medida, a opção, que depois se tornaria explícita durante o mandato de Juscelino Kubitschek (1956-61), de aprofundar o processo de substituir as importações sem se promoverem as exportações não tradicionais.

12.8. Internacionalização da defesa do café

A rejeição do plano de Whitaker significava que o ônus de gerar a maior parte das necessidades cambiais do país continuaria a cair sobre o café, uma vez que a possibilidade do crescimento das exportações não tradicionais foi negada pela manutenção de uma taxa de câmbio sobrevalorizada, conjuntamente sustentada pela valorização do café e a proteção da indústria nacional contra as importações. Esse viés antiexportador, uma forte característica das políticas comerciais brasileiras após a Segunda Guerra, iria manter-se sem modificações até a segunda metade da década de 1960.[215]

Essa decisão também praticamente selou a reação do governo brasileiro ao espetacular crescimento da produção doméstica e estrangeira de café, em resposta aos altos preços prevalecentes no período posterior à

---

[214]De acordo com Pinho (1990, p. 160), a defesa por Campos de uma taxa cambial flutuante, em vez de uma simples desvalorização da taxa fixa, baseava-se numa crença de que era impossível prejulgar qual seria a taxa de câmbio de equilíbrio e que, além disso, taxas fixas num contexto inflacionário rapidamente negariam o principal objetivo da reforma, que era o de promover todos os tipos de exportação.

[215]Sobre o viés antiexportador das políticas comerciais brasileiras, veja a evidência apresentada em Bergsman (1971).

Segunda Guerra. Esse novo período de superprodução colocou para as autoridades brasileiras o difícil problema de como financiar o excedente interno do café, ao mesmo tempo em que sustentava os preços externos para "maximizar" a receita cambial. A alternativa de usar o excedente para recuperar, através de uma "guerra de preços", a parcela do mercado perdida desde a década de 1930 – a qual o respeitado analista Drasgolav Avramovic (1958) ainda considerava como sendo uma possibilidade em 1957 – tinha de fato sido descartada pelo Brasil em 1955.

12.8.1. Superajustamento à superprodução

Uma pequena colheita colombiana e geadas no sul do Brasil em 1956 adiaram a necessidade de ajustes imediatos, mas já eram claros os sinais de que safras enormes logo estariam vindo dos campos fronteiriços do Paraná e que uma crise de superprodução de proporções similares à dos 1930 estava em processo.

Em 1957-58, quando a primeira de uma série de safras sempre crescentes atingiu o mercado, o governo brasileiro voltou a comprar café para defender os preços. Mas a grande safra de 1958-59 e o recorde histórico da colheita de 1959-60 revelaram o problema em toda a sua magnitude. O governo revelou-se crescentemente indisposto a cobrir os amplos déficits que a aquisição desse excedente implicaria, dado o preço aos produtores resultante de um processo de barganha com os delegados dos cafeicultores no IBC.

Um sistema de cotas proporcionais foi introduzido para a safra de 1959-60 e o ministro da Fazenda, Lucas Lopes (1958-59), afirmou no fim de 1958 que "a cota de mercado deve ser exportada, e não incorporada aos estoques do governo; assim, o nível de preços garantidos não deve ser tal que se torne mais atrativo vender ao governo do que exportar o produto".[216]

Na medida em que os preços do café continuavam a cair, sob a pressão de safras brasileiras sempre maiores, dos crescentes estoques em mãos

---

[216]Reproduzido de Bacha (1968, p. 14).

do governo brasileiro e da maior participação de outros produtores no mercado, a diplomacia brasileira começou a pressionar pela organização de um acordo internacional do café.[217]

Em outubro de 1957, um acordo de retenção das exportações foi assinado no México, por sete países latino-americanos, estabelecendo a base para futuros acordos. Em setembro de 1959, uma primeira Convenção Internacional do Café foi assinada em Washington por 15 países latino-americanos produtores de café, mais Portugal e França, representando suas colônias africanas. Essa convenção estabeleceu cotas de exportação, baseadas numa redução de 10% sobre o maior volume de exportação observado no período 1948-58. Finalmente, com o apoio dos EUA depois da revolução cubana, um amplo acordo de cotas de exportação foi firmado em setembro de 1962, incluindo quase todos os países produtores e consumidores de café do mundo. A Organização Internacional do Café (OIC) foi então criada, entrando o Acordo Internacional do Café (AIC) em operação em dezembro de 1963.[218]

A contrapartida local desse esforço internacional para sustentar os preços em dólares foi um extraordinário programa de erradicação de cafeeiros, iniciado em 1962, e fortalecido pela manutenção de baixos preços domésticos aos produtores, conforme se ilustra no Gráfico 16. Esse programa sofreu uma interrupção em 1964-65, como resultado das profundas mudanças políticas ocorridas no país,[219] bem como de geadas e secas ao sul em 1963. Contudo, com uma nova supersafra em 1965-66, o programa de erradicação foi novamente reativado, com um generoso aumento do bônus de erradicação sendo oferecido pelo governo aos produtores. Em maio de 1967, o governo informou que o

---

[217] Para uma descrição das negociações que levaram ao Acordo Internacional do Café de 1962, veja-se Costa (1962) e Lafer (1973).

[218] Há uma ampla literatura sobre o AIC, da qual são bons exemplos Geer (1971), Fisher (1972), Lafer (1973, 1979), Brown (1980), Beltrão (1984), Gordon-Ashworth (1984), Mwanda, Nicholls e Sargent (1985), Gilbert (1987), Akiyama e Varangis (1990) e EIU (1991).

[219] Em 1º de abril de 1964, o presidente João Goulart, que tinha assumido o posto em setembro de 1961 em substituição a Jânio Quadros, que renunciara seis meses após sua posse, foi deposto por um golpe militar liderado pelo marechal Castelo Branco.

programa havia alcançado seus objetivos, com a redução praticamente à metade no número de cafeeiros no país, de 4,3 bilhões de árvores em 1962 para 2,3 bilhões em 1967. Dessa redução, 1,4 bilhão de árvores foram erradicados pelo programa, as restantes sendo eliminadas espontaneamente pelos cafeicultores, em resposta aos preços internos continuamente baixos.

Embora quase nunca apreciado enquanto tal, o programa de erradicação de 1962-67 foi uma resposta ainda mais drástica à superprodução do que a queima espetacular de 78 milhões de sacas de café no período 1931-44. Pois mesmo admitindo uma baixa produtividade de cinco sacas de 60 kg por mil árvores arrancadas,[220] a eliminação de 2 bilhões de pés de café equivaleu a destruir 10 milhões de sacas por ano; num período de treze anos, isto significaria destruir 130 milhões de sacas, quase duas vezes mais do que em 1931-44. Uma outra maneira de fazer essa comparação é notando que a erradicação de cafeeiros da década de 1960 reduziu o estoque de árvores em quase a metade, enquanto que a redução observada no período de 1931-44 foi de cerca de um terço dos cafeeiros existentes no começo da década de 1930.

Em retrospecto, é fácil acusar de exagerado o tamanho da erradicação de 1962-67, uma vez que, no início da década seguinte, o governo brasileiro se veria face à necessidade de começar a financiar um novo programa de replantio, pois os níveis de produção estacionaram em 20 milhões de sacas por ano, claramente insuficientes para atender uma demanda de exportação estimada em 17-19 milhões de sacas, mais uma demanda doméstica de 6-8 milhões de sacas. Nesse ínterim, os estoques do IBC haviam caído espetacularmente, de 66 milhões para 19 milhões de sacas, entre 1966 e 1971. Em adição ao impacto da erradicação sobre a produção de café, essa queda foi consequência de duas geadas, em 1967 e 1969 (particularmente essa segunda, que foi muito forte), e de um aumento dramático do consumo doméstico, de 5 milhões para quase 9 milhões de sacas por ano, entre o início e o fim da década de 1960,

---

[220]A média brasileira no período 1957/62 foi de quase oito sacas por mil árvores.

induzido por fortes subsídios que reduziram praticamente à metade o preço real doméstico do produto.[221]

Mas é fácil ser profeta de fatos passados, pois observadores contemporâneos, sob o impacto da superprodução maciça de princípio da década de 1960, não quiseram acreditar que uma redução suficiente do potencial produtivo já havia de fato sido alcançada em 1967. Assim, um jovem pesquisador, após dois anos de trabalho de campo e em posse de um modelo econométrico de 35 equações, que acabara de construir para a economia mundial do café, com confiança afirmava em sua tese de doutorado:[222]

> Com base na experiência passada, é razoável ignorar a possibilidade da ocorrência de duas ou três colheitas desastrosas no Paraná que não sejam seguidas por uma sequência de safras excelentes. Assim, as previsões apresentadas [na tese] sugerem que ação adicional é requerida das autoridades brasileiras, tanto para reduzir a produção ainda mais através de uma redução do preço interno como para incinerar boa parte de seus estoques.

Uma lição das experiências de superprodução das décadas de 1930 e de 1960 poderia ser que nem burocratas nem jovens economistas deveriam manejar políticas de estabilização de longo prazo, pois pareceria ser de sua natureza sobrerreagir a eventos de curto prazo. Uma pesquisa recente de Maurício Cardenas (1991) sobre políticas de estabilização dos preços domésticos do café em diferentes países produtores sugere não ser essa uma conjetura totalmente infundada. Cardenas chega à conclusão de que agências de estabilização controladas pelos produtores (como na Colômbia) tendem a produzir melhores resultados do que agências controladas pelos governos (como na Costa do Marfim), pela aparente

---

[221]Sobre a evolução do consumo doméstico, veja-se Marques (1987). Incineração não registrada de uma parte supostamente não vendável dos estoques do IBC também explica a queda dos estoques. Em Bacha (1968, pp. 42-3), "incineração mais erros" responde por uma redução de quase 15 milhões de sacas na evolução registrada dos estoques do IBC no período 1959-66.
[222]Cf. Bacha (1968, p. 203).

razão que os produtores estão ali para ficar, enquanto que os políticos vão e vêm ao sabor das pressões do momento.

A força desse raciocínio é confirmada pelo fato de a Federação Nacional de Cafeicultores (FNC), amplamente controlada pelos produtores colombianos, criada em 1927, ter tido desde então apenas três presidentes, os dois primeiros permanecendo no cargo por quase trinta anos. Em contraste, o IBC, controlado pelo governo brasileiro, em seus 27 anos de atribulada existência, do fim de 1952 ao início de 1990, teve uma média de um presidente por ano.[223]

Deve, no entanto, ser ressaltado que os resultados de Cardenas (1991) estão condicionados à hipótese de que, em seu modelo, as agências domésticas de estabilização tomam os preços mundiais como dados. Assim, a externalidade gerada pelo poder de monopólio numa situação de escassez de divisas – que é o ponto analítico fundamental em favor da política brasileira de valorização – não é levada em conta em sua avaliação. Além disso, desde que a Colômbia começou realmente a pesar no mercado internacional, a FNC se foi tornando crescentemente menos uma associação de produtores e mais uma instituição controlada pelo governo.

Indo além da economia política, agora é também claro, ao contrário do que presumi em minha tese de 1968, que a intensidade – uma a cada dois anos – e a destrutividade das geadas paranaenses dificilmente poderiam ter sido antecipadas com base na experiência histórica prévia.[224]

12.8.2. Desafio de Delfim Netto

Enquanto o programa de erradicação progredia, as autoridades brasileiras usaram da oportunidade de um ano de colheita ruim em 1963-64 para pressionar os preços internacionais para cima, a despeito dos amplos estoques em mãos do IBC. Em defesa dessa política, que causou uma queda das exportações brasileiras a níveis inferiores aos das cotas internacionais acordadas, o ministro da Indústria e Comércio, Daniel

---

[223]Veja-se a lista de presidentes do IBC no anexo de Bacha (1992).

[224]Exceto por uma superestimação em 13% do estoque de pés de café em 1967, minhas projeções para a produção brasileira a partir de 1968 falharam fundamentalmente por causa de uma grosseira superestimação do potencial de produção do Paraná. Para estatísticas das geadas brasileiras no período 1882-1991, ver EIU (1991, p. 65).

Faraco (ministério esse a que o IBC, anteriormente dependente do Ministério da Fazenda, passara, a partir de 1961, a ser formalmente subordinado), sustentou que:

> O que existe como dado real é a probabilidade da não utilização das cotas de exportação atribuídas ao Brasil, não porque as nossas exportações sejam baixas, mas apenas porque a cota global se revela incompatível com uma política de preços adequados para os cafés brasileiros. Forçar as vendas, com a preocupação do cumprimento de cota artificialmente ampliada, significaria empurrar os preços para baixo e provavelmente, ainda assim, não preenchê-la.[225]

No mesmo tom, Leônidas Bório, presidente do IBC (1964-67), defendeu com firmeza a política de preços do governo:

> Qualquer pressão brasileira no sentido de manter sua participação percentual nas importações destes últimos anos teria forçado a queda de preços dos cafés brasileiros e acarretado forte redução na receita cambial (...) A perda acentuada de mercado pelo Brasil é intolerável quando considerada a prazo longo, mas suportável se constitui o ônus de rápidas modificações e reversão da situação passada e se não representa substancial perda cambial (...) A orientação da política brasileira deve ser a do reforço do Acordo Internacional, de forma a defender preço para cafés brasileiros e para os demais, evitando seja influenciada nossa orientação por temores exagerados de perda de mercado para os cafés africanos.[226]

A crítica mais contundente da política brasileira de preços veio de Delfim Netto, que logo se tornaria um poderoso ministro da Fazenda (1967-74), mas que nessa época escrevia como professor de economia da Universidade de São Paulo. Numa monografia conjunta com Andrade Pinto[227] (1965), ele afirma que:

---

[225] Reproduzido de um discurso do ministro Daniel Faraco para o Congresso brasileiro em 3 de setembro de 1964.

[226] Reproduzido de exposição sobre política cafeeira realizada pelo Dr. Leônidas Bório, presidente do IBC, na Escola Superior de Guerra (RJ), em 15 de julho de 1965.

[227] Andrade Pinto se tornaria diretor de comercialização do IBC em 1968 e, depois de uma breve passagem pela assessoria do Ministério da Fazenda em 1970-71, se tornaria presidente do instituto em 1971-74.

(...) por inabilidade, por falta de imaginação, pela incapacidade de responder com energia à política de "conquista mansa" dos africanos e centro-americanos, o país [foi] conduzido, depois de um lustro de política de Acordo, à mais desagradável situação de que se tem notícia no mercado cafeeiro.

O fato é que a parcela do Brasil no mercado caiu continuamente no período após a Guerra da Coreia, conforme se observa no Gráfico 4 e se ilustra nos seguintes dados:[228]

ANOS-CAFEEIROS

1950-53	1953-56	1956-59	1959-62	1962-64	1964-66

PARTICIPAÇÃO MÉDIA DO BRASIL NAS EXPORTAÇÕES MUNDIAIS DE CAFÉ (%)

49,5	41,7	38,2	39,2	36,6	32,8

Durante o período dos primeiros acordos internacionais, o Brasil foi incapaz de evitar que se fixassem cotas de exportação excessivamente generosas e que permissões adicionais de exportação fossem concedidas, ano após ano, aos pequenos produtores. Em consequência, as autoridades brasileiras decidiram sustentar os preços no mercado internacional pelo não preenchimento das cotas do país nos acordos, conforme se ilustra nos números a seguir:[229]

ANO (JUNHO/JULHO):

1959-60	1960-61	1961-62	1962-63	1963-64	1964-65	1965-66

COTA DO BRASIL (EM MILHÕES DE SACAS DE 60 KG):

17,4	17,4	17,4	17,4	18,7	16,8	17,0

EXPORTAÇÕES DO BRASIL PARA MEMBROS DO AIC (IDEM):

16,5	15,3	15,5	17,8	16,3	12,5	17,0

---

[228]Dados retirados de Bacha (1967a).
[229]Retirados de Bacha (1967a).

O ponto de Delfim Netto e Andrade Pinto era assim que, durante os cinco anos de operação dos acordos internacionais (1959-64), o Brasil tinha exportado 10 milhões de sacas a menos do que a soma de suas cotas lhe teria permitido.

Em 1965-66, entretanto, sob a pressão de uma supersafra e com vistas a aumentar o poder de barganha do país às vésperas da assinatura de um novo acordo internacional, o Brasil decidiu forçar o mercado e reduziu os preços para preencher a cota no acordo. Isso marcou uma mudança de postura que – com um lapso temporário depois de uma forte geada em 1969 – iria durar até a mais destrutiva geada da história da cafeicultura brasileira, em julho de 1975.

12.8.3. *Política agressiva de preços*

A partir de 1967, mas com maior ênfase desde meados de 1968, o Brasil inaugurou uma nova e mais agressiva política de venda externa do café. Essencialmente, essa política consistia em fixar os preços externos do café brasileiro em função dos preços dos principais cafés concorrentes no mercado internacional, através de contratos discriminatórios de venda, renovados anualmente, com as grandes firmas torradoras internacionais. Esses contratos tinham o duplo objetivo de sustentar as exportações e forçar os outros grandes países produtores a concordarem com o Brasil numa política comum de defesa dos preços externos.

A conceituação dessa política foi feita na monografia previamente mencionada de Delfim Netto e Andrade Pinto (1965), na qual eles arguiram que a adoção de uma política de diferenciais rígidos, que igualasse o preço do café brasileiro a uma média ponderada dos preços de seus concorrentes, garantiria ao país uma parcela constante do mercado.

A regra proposta de preços era:

preço do café brasileiro = 0,75 (preço dos suaves) + 0,25 (preço dos robustas).

Em Bacha,[230] sustentei que essa regra por si só não asseguraria uma parcela constante do mercado, mas que sua adoção era recomendável

---

[230]Bacha (1967b, 1968).

como uma forma de tornar a demanda mundial pelos cafés de outras procedências inelástica em relação às variações de seus próprios preços. Isso deveria forçar os concorrentes do Brasil, em defesa de seu próprio interesse econômico, a concordar com o país na adoção de uma política comum de preços.

Não obstante, mais do que simples construções intelectuais são necessárias para entender a nova política cafeeira brasileira. Em primeiro lugar, desde 1961, mas especialmente após 1967, mudanças radicais ocorreram na política do comércio exterior brasileiro, que removeram o grosso do viés antiexportador do período 1946-60.[231] Como uma consequência dessa mudança de política, as exportações não cafeeiras começaram a crescer muito rapidamente e a parcela do café no total das exportações brasileiras começou a cair muito depressa, de mais do que 50% no início da década de 1960 para 35% no fim daquela década e para 20% em meados da década de 1970 (veja-se o Gráfico 17). Ao mesmo tempo, conforme se mencionou anteriormente, o período de superprodução do fim da década de 1950 tinha, no início da década de 1970, dado vez a um novo período de escassez de produção.

Essas duas tendências levaram a uma redução na relevância macroeconômica do setor café, no que se refere a sua capacidade de afetar sejam as contas externas sejam as do governo – num caso através das receitas em dólares das exportações; noutro, através dos custos de financiar e adquirir os excedentes de café. Isso essencialmente implicou que uma política orientada para o setor, como aquela proposta por Delfim Netto e Andrade Pinto (em oposição a uma política com orientação macroeconômica, como no passado), estava pela primeira vez na história se tornando possível no fim da década de 1960.

Outro ingrediente para a interpretação das mudanças da política cafeeira no período foi o fato de que, em 1967, uma visão de "revolução

---

[231]Para uma descrição e avaliação, veja-se Lago (1990).

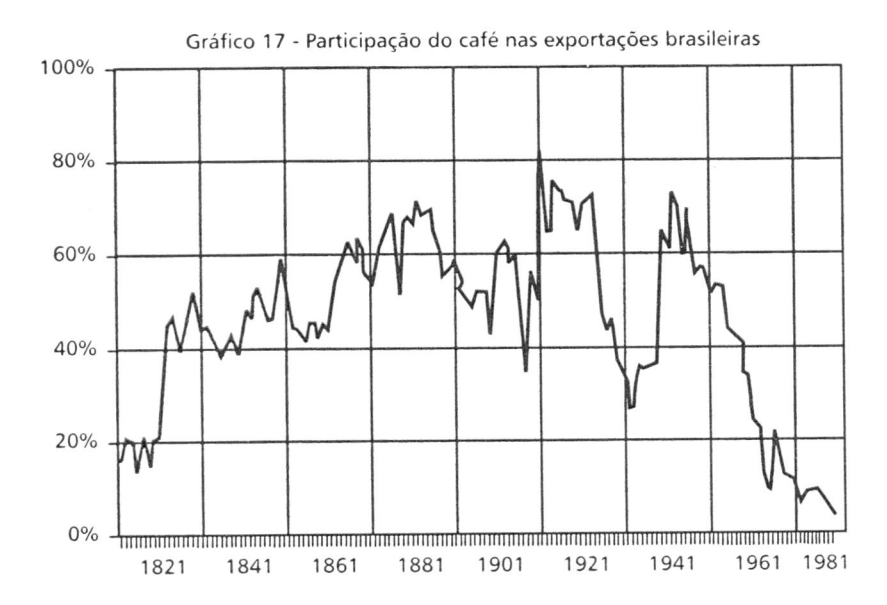

Gráfico 17 - Participação do café nas exportações brasileiras

permanente" se tornou vitoriosa entre os militares brasileiros[232] e isso coincidiu com a ascensão de Delfim Netto ao Ministério da Fazenda – o que implicou que, no governo militar como um todo, uma visão mais intervencionista da política econômica passasse a prevalecer sobre as intenções liberais originais do período de Castelo Branco/Roberto Campos/Octavio Bulhões no governo (4/1964-3/1967).

O instrumento fundamental para a nova política cafeeira foram contratos discriminatórios de venda que começaram a ser negociados por atacado, a partir de meados de 1968, com as grandes firmas torradoras internacionais e de acordo com os quais essas firmas comprometiam-se a comprar certo volume de café brasileiro por ano (seja do comércio exportador brasileiro, dos estoques locais do IBC ou de seus estoques

---

[232] Quando o marechal Castelo Branco, de linha liberal, deixou o governo em março de 1967, foi substituído pelo general linha-dura Costa e Silva, que ficou doente e morreu em agosto de 1969. Uma junta militar assumiu temporariamente o poder até que outro linha-dura, o general Emílio Garrastazu Médici, foi escolhido por seus pares para governar o país do fim de 1969 até o início de 1974.

no estrangeiro) a preços que eram uma média ponderada dos preços dos outros suaves e dos robustas.[233]

O caráter confidencial e discriminatório desses contratos de venda tornou-se logo um ponto de acalorada disputa no Brasil, mas sua lógica comercial, de um ponto de vista oligopolista, pareceria ser impecável, pois o país estava apenas exercendo sua capacidade de discriminar entre compradores, de acordo com seu respectivo poder de barganha. De fato, a torrefação de café é uma atividade altamente concentrada, com as quatro principais firmas internacionais respondendo por 45% do mercado mundial nos países consumidores (Europa Ocidental, EUA e Japão).[234] Além disso, o grau de concentração do mercado de torrefação mundial tem aumentado continuamente desde a década de 1960,[235] um fato que talvez decorra da oligopolização da oferta de café gerada pelo AIC, em associação com as políticas externas de venda baseadas em contratos, adotadas tanto pelo Brasil como pela Colômbia.

O problema é, contudo, que o IBC não era uma organização comercial privada em busca de lucros máximos, mas sim uma agência governamental com responsabilidades públicas, atuando sob a proteção de uma ditadura militar e com mecanismos limitados de prestação de contas. Assim, poderia arguir-se que a transformação do eventual "negócio especial" da década de 1950 nos dominantes e confidenciais contratos de suprimento do fim da década de 1960 iria facilitar a proliferação de práticas comerciais impróprias.

Evidência legal de conduta imprópria não está disponível, embora isso fosse um tema relevante de política pública: quando os contratos

---

[233]No mercado internacional há duas variedades fundamentais de café: arábicas (produzidos principalmente na América Latina) e robustas (produzidos principalmente na África). Entre as arábicas, três variedades se destacam: suaves colombianos, outros suaves e arábicas não lavadas, a primeira variedade sendo característica da Colômbia, a segunda de outros produtores latinos, especialmente centro-americanos, e a terceira, do Brasil. Supostamente, outros suaves e robustas têm seus preços fixados de forma concorrencial no mercado, essa sendo a razão pela qual eles começaram a ser usados como referência para o preço do café brasileiro nos contratos de venda. Uma política similar de venda externa já vinha sendo adotada pela Colômbia. Veja-se Restrepo (1990, pp. 33-92). Para maiores detalhes sobre a estrutura do mercado de café, veja-se Rowe (1963) e EIU (1991).

[234]De acordo com dados fornecidos ao autor por E.D.F. Man (Coffee) Ltd.

[235]Cf. dados em Restrepo (1990, p. 46, Tabela 3).

de suprimento novamente se tornaram um instrumento dominante da política de venda externa do café no período politicamente mais aberto de 1980-84 (e com Delfim Netto novamente no comando da política econômica do país), o então presidente do IBC, Octávio Rainho (1979-84), fez questão de desenhar contratos-padrão de suprimento, não discriminatórios e abertos à adesão de qualquer firma torradora internacional que pudesse assegurar suas compras anuais do país.[236]

Com a política de diferenciais constantes de preços, o Brasil e a Colômbia, que eram os dois principais atores no lado da oferta do mercado mundial do café, estariam aparentemente abdicando de sua capacidade de adotar uma política independente de preços, pois a liderança do processo certamente não viria de nenhum lugar do campo dos outros suaves ou robustas. Mas isso é somente parcialmente verdadeiro, pois o outro lado da história (à parte do fato de que, com a redução dos estoques mundiais, a tendência geral dos preços mundiais do café era de alta) foi que, particularmente depois que Andrade Pinto se tornou presidente do IBC (12/1971-3/1974), o país começou a usar abertamente seu poder de mercado para alinhar outros grandes produtores numa frente comum de comercialização, para tentar aumentar suas receitas totais das vendas de café.

Essa nova postura foi precedida por uma convulsão na política brasileira do café em 1970, como consequência da grande geada de 1969, a qual aumentou a tentação de retornar-se à prática de uma política independente de preços. Isso aparentemente foi a causa da remoção de Andrade Pinto da diretoria de comercialização do IBC, um posto que ele vinha ocupando desde 1968.

A recaída temporária no viés de uma política unilateral de valorização teve como consequência um significativo descumprimento da cota brasileira de 1969-70 sob o acordo internacional, o que levou o país a convocar um encontro de produtores no Rio de Janeiro em março de 1971, para tentar resolver o problema através de uma redução voluntária da cota

---

[236] Um protótipo dos contratos de 1980-84, conforme oferecidos em 1983, é apresentado em Marques (1984, pp. 123-29).

global de exportação anteriormente fixada. Como não se pôde conseguir um acordo, num comunicado conjunto dos ministros da Fazenda e da Indústria declarou-se que, "doravante, o Brasil decide não mais assumir a responsabilidade pela sustentação unilateral de preços", não somente reduzindo em 20% seu preço mínimo de registro de exportações como também começando a usar os outros suaves como ponto de referência para a fixação de seus preços de registro para todos os compradores.

Em conjunto com outros fatores internacionais, particularmente a desvalorização do dólar de julho de 1971, essa postura brasileira mais agressiva teve êxito, primeiro em alinhar a Colômbia, e então a Costa do Marfim e Portugal (Angola), para uma ação conjunta no mercado internacional. Os quatro países, que respondiam por 75% das exportações mundiais, convocaram um encontro de países produtores em Genebra em abril de 1972, quando foi constituído o Grupo de Genebra, formalmente para coordenar as ações dos produtores no encontro da OIC de setembro de 1972, quando se tomaria uma decisão sobre a renegociação do AIC que se expirava em 1973.

De fato, os 15 (mais tarde 21) países constituintes do Grupo de Genebra criaram um Comitê Coordenador de Preços e conjuntamente abdicaram de aumentos adicionais de cotas (às quais teriam direito nos termos do acordo em vigência). O Brasil foi, ademais, encarregado de preparar os estatutos de uma corporação intergovernamental que, atuando como uma entidade comercial, compraria o café que fosse oferecido nos mercados mundiais a preços menores do que aqueles acordados pelos produtores. Mais tarde nesse ano noticiou-se que o Brasil e a Colômbia estariam comprando café de origem salvadorenha para elevar os preços dos cafés do tipo outros suaves no mercado.

A demanda básica dos países produtores, no encontro de setembro de 1972 da OIC, foi a de uma elevação do intervalo de preços que regulava os ajustes de cotas, de forma a compensá-los pela desvalorização do dólar. Essa demanda foi vetada pelos EUA e, em consequência, não se pôde obter uma resolução para um novo acordo internacional. Após dez anos de tentativas de regular o mercado, o sistema de cotas do AIC deixou de existir em dezembro de 1972.

12.9. Valorização dos produtores

O fracasso em alcançar um consenso sobre um novo Acordo Internacional do Café significou que Delfim Netto e Andrade Pinto tinham agora campo livre para tentar implantar sua própria estratégia para a regulação do mercado internacional do café pelos principais países produtores. A OIC nunca foi de fato por eles considerada como um instrumento adequado para administrar o mercado mundial de café.[237]

No país, a OIC era tradicionalmente considerada como sendo obra dos diplomatas do Itamarati, que a valorizavam como o único fórum internacional onde o Brasil podia contrapor-se aos EUA como seu igual. O fracasso da diplomacia do café abria, assim, o caminho para uma tentativa de retorno da política de valorização, dessa vez num nível mundial. Pouca documentação primária é disponível sobre a estratégia de Delfim Netto/Andrade Pinto, alguns aspectos da qual são descritos em Hickmann (1980) e Marques (1987), baseados em fontes secundárias. No que se refere a fontes primárias, uma referência significativa é uma carta de Andrade Pinto para a *Revista do Comércio do Café* (agosto de 1980, p. 21), na qual ele diz que em março de 1974 obteve-se um acordo com a Colômbia, Costa do Marfim e Angola para dar vida à firma Café Mondial, mas que então:

> (...) atacado de leucemia política não pude fazer prosperar, como era desejo meu e do então ministro da Fazenda – Delfim Netto – a mais avançada concepção de defesa de preços de um produto brasileiro (...) Permita-me lembrar-lhe a propriedade do nome Café Mondial, pois ele representa o que é de suma importância na política externa de sustentação dos preços do café: intensa consulta aos países africanos e produtores de suaves para que tenha êxito a política de vendas baseada em contratos.

[237]Numa entrevista no número de outubro de 1986 da *Revista do Comércio do Café*, comentando sobre a renovação do AIC, Andrade Pinto diz estar a favor do acordo porque aumenta os preços, mas que não considerava um acordo que juntava países consumidores ricos com países produtores pobres como uma solução de longo prazo para garantir níveis sustentados de preços para os produtores que assegurasse seu poder de compra em termos reais.

Em maior detalhe, a estratégia parece ter envolvido centralmente a criação de uma companhia de comércio exterior em Londres, intitulada Café Mondial Ltd., com recursos financeiros de até US$ 400 milhões, conjuntamente por Brasil, Colômbia, Costa do Marfim e Portugal (Angola). Dois esforços paralelos seriam a criação de outra companhia, com o nome de Otros Suaves S.A. (ou, então, Cafes Suaves Centrales S.A.), sob coordenação mexicana, e o estabelecimento de um Comitê de Vigilância do Café Robusta, pela Organização Interafricana de Café.

No decorrer de 1973, o Grupo de Genebra começou, ademais, a operar como um comitê coordenador-geral para 21 (de um total de 41) países produtores membros do AIC, estabelecendo um acordo voluntário de retenção de café para restringir as exportações de forma a sustentar os preços mundiais.

Provavelmente estimulados pelo mercado de vendedores e o clima inflacionário do período da Guerra do Vietnã – que permitiram tanto o "milagre econômico" brasileiro de 1967-73 como a quadruplicação dos preços do petróleo em outubro de 1973 – os executores da política econômica brasileira parecem haver subestimado as dificuldades de estabelecer um programa mundial de valorização do café, sob tal esquema de duas pontas: por um lado, um amplo programa de retenção de exportações para um número significativo de países produtores; por outro, a ação de uma grande firma intergovernamental de comércio nos mercados de futuros (com o entendimento tácito de que os quatro principais produtores iriam de fato respeitar o acordo de retenção, de forma que a companhia pudesse atuar somente para "valorizar" as variedades de café das outras procedências).

Essa estratégia foi, não obstante, levada a suas últimas consequências com o anúncio pelo IBC, em dezembro de 1973, de que estava cancelando todos os contratos de vendas existentes, os quais haviam sido o centro da política de venda externa do país desde 1968, e isso com o argumento de que "instrumentos de venda propostos durante o período de superprodução, eles tinham servido a seu propósito e, na presente situação de suprimentos apertados, não havia razão de continuar com eles".[238] Ao mesmo tempo, os preços mínimos de registro de exportação foram anunciados para os seis meses seguintes, de acordo com uma escala de preços rapidamente crescente, com a intenção aparente de oferecer liderança de preços para a nova, supostamente conjunta, política de valorização dos principais países produtores. O pressuposto fundamental da nova política brasileira de venda era que o mercado do café se encontrava agora numa situação de escassez de oferta.

Uma breve digressão parece ser apropriada neste ponto. No anedotário do futebol brasileiro, conta-se que Garrincha, depois de ouvir atentamente um plano detalhado de ataque, preparado pelo técnico Vicente Feola, para enfrentar o time da União Soviética na Copa do Mundo de 1958, simplesmente lhe perguntou: "Os russos já concordaram com isso tudo?"[239]

Rússia, no caso, era a Federação Nacional dos Cafeicultores (FNC) da Colômbia. Porque, para eles, não havia qualquer escassez de oferta. De fato, a partir da década de 1960, a FNC havia promovido uma verdadeira revolução verde no cultivo de café no país, a qual começou a dar seus primeiros frutos no fim da década e adquiriu maior dinamismo na primeira metade da década de 1970.[240] Muito compreensivelmente, os colombianos recusaram-se a seguir a política rígida de preços do Brasil, argumentando que não somente tinham amplos estoques como sua safra de 1973-74 tinha sido umas das maiores da história. A Colômbia manteve, assim, sua política de contratos de venda, com seus preços mantidos em proporção aos outros suaves, para assegurar a sustentação dos níveis prévios de exportação.[241]

Além disso, 1974 marcou o fim do mais longo período de expansão das economias industriais desenvolvidas no pós-guerra, implicando – em consequência de uma menor demanda esperada dos consumidores

---

[238]Cf. *Conjuntura Econômica* (dez. 1973, p. 29).
[239]O resto da história é que Garrincha, em companhia de Pelé, então com 17 anos, decidiu ignorar as instruções técnicas, disso resultando que o Brasil terminou o jogo com uma vitória de 2 a 0 sobre a URSS, passo crucial para vencer sua primeira copa mundial.
[240]Para maiores detalhes, veja-se Ocampo et alii. (1970, pp. 286-88).
[241]Veja-se *Conjuntura Econômica* (maio, 1974).

e maiores taxas de juros – uma redução significativa dos estoques desejados de café nos países consumidores, a qual diminuiu fortemente as importações de café.

Nessas circunstâncias, por volta de outubro de 1974, em face de uma quase completa paralisação das exportações, o Brasil jogou a toalha e retornou à política de firmar contratos de venda com os torradores estrangeiros, fixando os preços em função do comportamento dos outros suaves e robustas, como antes, e com compromissos de venda de 10 milhões de sacas pelo período de um ano.[242]

12.9.1. Administrando a grande geada

A natureza interveio nesse momento crucial da história do café brasileiro com a mais devastadora geada jamais experimentada pela cafeicultura paranaense, em 18 de julho de 1975. Ela destruiu toda a colheita do estado de 1976-77, além de reduzir significativamente a colheita esperada para 1977-78. Agora não mais havia dúvida de que por alguns anos à frente o mercado mundial de café iria viver num estado de escassez de oferta.[243]

La Santa Helada, como os colombianos a denominam, teve consequências múltiplas. Para a Colômbia, permitiu que o processo de renovação do cultivo do café alcançasse níveis previamente inimagináveis. Sob o lema "la bonanza para los cafeteros", o governo colombiano triplicou o preço pago aos produtores, o que, em associação com subsídios creditícios e outras facilidades, gerou um incentivo espetacular para a renovação do estoque preexistente e o plantio de novos cafeeiros. No começo da década de 1980, quando terminou a fase acelerada de renovação, a produção de café da Colômbia havia aumentado em quase 70% em relação à primeira metade da década de 1970.[244]

---

[242]Veja-se Conjuntura Econômica (set. 1974). A essa altura, Andrade Pinto já havia deixado o IBC, tendo sido substituído por Camilo Calazans, em março de 1974, quando o general Geisel (1974-79) substituiu o general Médici (1969-74) na Presidência da República.
[243]Não bastasse a geada, à altura de março de 1976 o mercado de café tinha sido adicionalmente atingido por terremotos na Guatemala, inundações na Colômbia e guerra civil em Angola.
[244]Cf. Ocampo et alii. (1987, pp. 286-88).

No Brasil, um programa de replantio já se havia iniciado em 1969. Ele se tornou mais popular entre os cafeicultores em 1972, quando um novo programa trienal de replantio foi estabelecido pelo IBC para o período 1972-74. Depois da geada de 1975, um programa especial de assistência foi criado, o qual acelerou o processo de mudança das plantações brasileiras de café para o norte, fugindo das regiões paranaenses (e paulistas) mais sujeitas a geadas. Por volta de 1979, o Brasil tinha um estoque de cafeeiros que era 25% maior do que antes da geada, com Minas Gerais rapidamente se tornando o principal estado produtor do país.[245]

Exceto por Angola, onde a guerra civil em seguida da independência de Portugal iria eventualmente acabar com as plantações de café, em outras partes do mundo (incluindo a Ásia, que voltou a ser um ator significativo no mercado cafeeiro depois de quase cem anos de ausência) a geada negra de 1975 também deu um impulso significativo para a resposta da oferta, antecipando um novo período de superprodução para a década de 1980.

Enquanto isso, contudo, o café havia se tornado uma mercadoria escassa, numa fase em que o Brasil, com uma economia altamente dependente das importações de petróleo, estava sofrendo as consequências da quadruplicação dos preços do produto em outubro de 1973. O governo Geisel (1974-79), em vez de desvalorizar o cruzeiro para promover as exportações, decidiu apoiar-se numa estratégia de substituição pesada de importações,[246] a qual implicou uma tardia magnificação do papel do café na geração de divisas para a economia brasileira.

Num clima mundial de ativismo dos produtores primários, característico do período, essa opção de política econômica doméstica tornou inevitável a resposta de curto prazo adotada pela política cafeeira à devastadora geada de 1975: valorização a qualquer custo.

Isso implicou, entre outras medidas: (1) não renovação dos contratos de um ano com os torradores estrangeiros, quando eles expiraram em setembro de 1975; (2) compras de café robusta diretamente dos países

---

[245]Sobre a evolução da cultura de café em Minas Gerais, veja-se Lima (1981) e Bacha, C. (1988).
[246]Para uma descrição e avaliação, veja-se Carneiro (1990).

produtores na África, com seu envio para o Brasil, para manter os preços em alta; (3) instrução à Interbrás (uma companhia estatal de comércio) para intervir nos mercados futuros a partir de meados de 1977, para garantir operações de valorização conduzidas por exportadores privados brasileiros, que estavam aparentemente enfrentando dificuldades de liquidação; (4) vendas subsidiadas dos estoques do IBC para o consumo doméstico, mais tarde complementadas, em 1977, por um esquema de retenção das exportações, de acordo com o qual exportadores privados tinham de vender uma saca de café para os torradores domésticos (a preços fixados abaixo do mercado) para cada duas sacas exportadas; (5) quase contínua manutenção dos preços mínimos de registro de exportação em níveis mais altos do que os preços mundiais, mesmo sob a ameaça de paralisação das exportações; e (6) conflitos frequentes com as autoridades colombianas, que se preocupavam com as consequências de longo prazo da resistência observada dos consumidores aos preços extremamente elevados do café em 1976-77.[247]

Os resultados para o embarque de café foram desastrosos, com as exportações brasileiras reduzindo-se a 10 milhões de sacas em 1977, o menor nível do período após a Segunda Guerra. Isso induziu as autoridades brasileiras no início de 1978 a apelar novamente para os contratos de venda com os torradores estrangeiros para garantir as exportações, enquanto formavam, em agosto de 1978, o Grupo de Bogotá com outros países latino-americanos, para intervir nos mercados futuros e tentar sustentar os preços dos outros suaves. Isso, contudo, não impediu os preços do café de caírem dramaticamente de seus picos do começo de 1977.

12.10. Trânsito para a desregulamentação

O ano de 1979 testemunhou importantes mudanças políticas para o país como um todo e particularmente para o setor café. O general Geisel foi

---

[247]Conforme Bacha (1968) documentou econometricamente em relação ao salto dos preços em 1954, é provável que a substancial elevação de preços em 1976 tenha também resultado numa redução duradoura do consumo *per capita* de café nos países importadores. Isso porque, sendo o café formador de hábito, quando os consumidores são induzidos a começar a bebê-lo numa forma mais diluída, é difícil fazê-los retornar ao padrão anterior de consumo.

substituído pelo general Figueiredo (1979-85) na Presidência do país em março. Pouco depois, em agosto, Mário Henrique Simonsen renunciou como ministro da Fazenda e Delfim Netto retornou para o centro do processo de decisão de política econômica.[248]

O embaixador Octávio Rainho tomou posse como presidente do IBC em março de 1979, anunciando o fim dos "artificialismos", com isso querendo dizer que o IBC não iria basear sua política de venda nos contratos especiais com os importadores e também que daria aos preços mínimos de registro das exportações "seu valor e significado reais, sem recorrer a manipulações artificiais que deram ao preço oficial um valor puramente nominal".[249]

Rainho, contudo, iria logo descobrir que não podia vender café nas condições existentes, a menos que estivesse preparado para (1) adotar uma política não discriminatória de preços flexíveis de registro de exportação; ou (2) retornar à política "artificial" de contratos de venda do passado, com os preços tornados flexíveis pela concessão de rebates aos importadores em relação ao preço mínimo de registro prefixado.

A diferença entre uma política não discriminatória de preços flexíveis de registro e uma política de contratos-padrões, com a concessão de rebates aos importadores, consiste em que essa última mantém a margem de manobra das autoridades brasileiras, em primeiro lugar, para manipular a fórmula de cômputo do preço médio dos concorrentes para a concessão dos rebates e, em segundo lugar, para dar uma garantia aos importadores, por um período, contra possíveis reduções de preços após o registro ou o embarque do café. A contrapartida dessas concessões era a certeza que os importadores davam ao IBC de embarcar um dado

---

[248]Sobre a condução da política econômica durante a administração do general Figueiredo, veja-se Carneiro e Modiano (1980).

[249]Veja-se *Revista do Comércio do Café* (maio, 1979, p. 32). Os contratos especiais de suprimento envolviam a concessão aos importadores de um rebate igual à diferença entre o preço "formal" de registro mínimo das exportações e uma média ponderada dos preços de referência da OIC para robustas e outros suaves. Como a maior parte das exportações era feita sob esses contratos, os preços mínimos de registro (bem como, por sinal, os preços cotados em Nova York para o Santos-4 e outros tipos brasileiros de exportação) deixavam de refletir os verdadeiros preços de exportação praticados pelo Brasil.

volume de café durante o período de validade do contrato. Além disso, os certificados de rebate, embora negociáveis, somente podiam ser convertidos em compras adicionais de café brasileiro.

Num artigo no *Jornal do Brasil* (28/6/81), Rainho mantém que a opção pelo retorno dos contratos de suprimento foi feita "após ser descartado, por decisão de alto nível do governo federal, o recurso a um regime de registro flexível".[250] Por ocasião dessa decisão, Delfim Netto já estava novamente firmemente no comando da política econômica do país e é provável que tenha influenciado para que o curso escolhido da política fosse a concorrência manejada, em vez do livre mercado.

12.10.1. *Estratégia de reconquista*

Num artigo em fevereiro de 1984 para a *Revista do Comércio do Café,* Rainho (que foi o mais duradouro presidente da história do IBC, tendo permanecido nesse posto de março de 1979 até outubro de 1984) afirma que seu objetivo externo básico era "reconquistar" as perdas brasileiras de mercado que haviam ocorrido como consequência da geada de 1975 e das políticas de valorização subsequentes.

O instrumento fundamental para tal propósito foi o Contrato Padrão de Suprimento com os torradores estrangeiros, cuja característica distintiva era o fato de que suas cláusulas eram as mesmas para um mesmo mercado (americano, europeu ou japonês), sem qualquer discriminação entre torradores desse mercado. Os contratos, como antes, determinavam que os preços efetivos do café brasileiro seriam uma média ponderada dos preços dos outros suaves e robustas.

Mas o fato é que os contratos foram introduzidos às pressas e com fortes concessões às grandes firmas torradoras, para garantir que os embarques de 1979 não fossem menores do que os 11 milhões de sacas da Colômbia,[251] porque isso iria afetar negativamente a posição negociadora brasileira na OIC, que estava por renovar seu regime de cotas depois de um longo período de ausência.

---

[250]Veja-se Rainho (1981, p. 52).
[251]Os embarques brasileiros terminaram sendo de 12 milhões de sacas, com nada menos do que 3 milhões sendo embarcados em dezembro.

Inicialmente, essa estratégia pareceu também envolver o patrocínio, através do Grupo de Bogotá, da Pancafe (ou Productores de Cafe S.A.), uma companhia intergovernamental com um capital de US$ 500 milhões, destinada a intervir nos mercados futuros em suporte dos preços internacionais do café. A Pancafe, contudo, nunca pôde desenvolver uma política independente de venda, aparentemente porque suas ações estavam limitadas por entendimentos entre os países consumidores e produtores para assegurar a participação desses últimos na renovação do AIC.[252] A Pancafe foi liquidada em troca da reativação do sistema de cotas do AIC em outubro de 1980.

A estratégia brasileira na primeira metade da década de 1980, assim, envolvia, por um lado, a busca de uma recuperação dos níveis "históricos" de exportação através dos Contratos Padrões de Suprimento e, por outro, a busca da estabilização dos preços mundiais através da renovação do Acordo Internacional do Café.

Os problemas que essas opções políticas enfrentaram tanto doméstica quanto internacionalmente serão discutidos a seguir. Antes, contudo, deve notar-se que elas representavam o triunfo de uma orientação puramente setorial para a política brasileira do café. Tal orientação estava em perfeita consonância com o fato de, por volta de 1980, as exportações de café terem declinado para cerca de 10% das exportações brasileiras totais e a produção de café ter-se reduzido para também 10% do produto agrícola brasileiro, ou menos de 1% do PIB do país (vejam-se gráficos 11 e 17).

Em nível internacional, resultou ser impossível ao mesmo tempo manterem-se preços altos e aumentarem-se as exportações. O Brasil conseguiu aumentar sua parcela nas exportações mundiais de 19% em 1979 para 27% em 1981-84, mas isso ainda era bastante menos do que a parcela de 33% que o país teve no começo da década de 1970. Os preços em dólares, contudo (quando medidos pelos preços médios de

---

[252] É difícil obter informações precisas sobre a Pancafe. A explicação no texto para o fato de sua política de venda ter sido tão precária é retirada de uma entrevista de Rainho à *Revista do Comércio do Café* (set. 1981, p. 4).

importação dos EUA), caíram mais do que 40% no período 1981-84, em comparação com os níveis prevalecentes em 1979. Essa queda ocorreu integralmente ao longo de 1980, antes da reativação do sistema de cotas do AIC. A partir do fim de 1980, os preços mantiveram-se substancialmente estáveis até 1985.

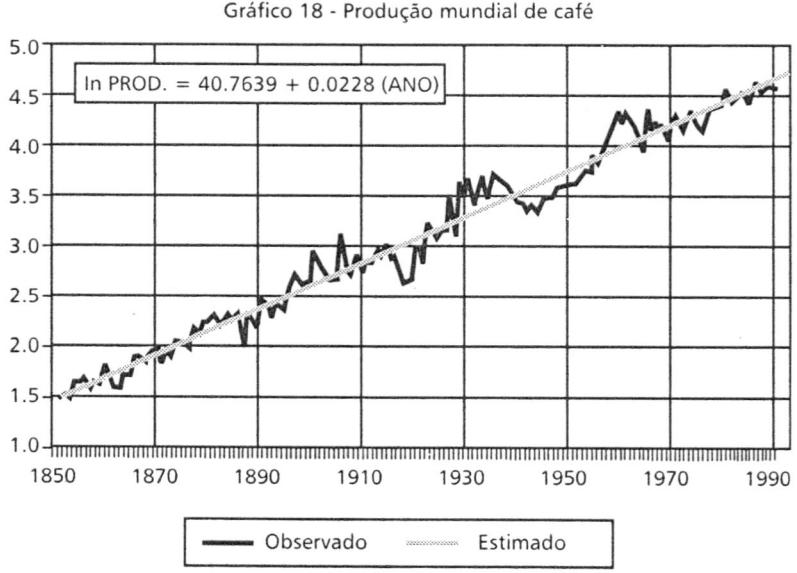

Gráfico 18 - Produção mundial de café

A superprodução mundial foi a razão para essa incompatibilidade. Agindo em conjunto com a Colômbia (e parcialmente usando o espaço deixado em aberto pela crise política em Angola), o Brasil conseguiu manter sua cota "histórica" de 30% no novo Acordo Internacional do Café negociado em setembro de 1982. Mas isso foi apenas o resultado de uma boa diplomacia econômica, porque a realidade do mercado era outra coisa. Os inúmeros pequenos e médios países produtores de café (na Ásia como na América Central), que receberam cotas irrealisticamente baixas na mesa de negociação do AIC, simplesmente começaram a usar o artifício de enviar café para os países não membros a preços abaixo do mercado, como uma maneira de vender sua produção exportável. Assim, as exportações de café para não membros chegaram no período 1981-

85 a 16,5% do total das exportações dos países produtores. Isso levou a Hungria e Israel a abandonarem o AIC, além de provocar contínuas reclamações de outros países consumidores, crescentemente irritados com a existência dessa estrutura dual de mercados.

Internamente, uma grande dificuldade foi o sistema de cotas individuais de exportação que foi criado em maio de 1981, na expectativa de uma grande safra em 1981-82, como um meio de evitar que os exportadores corressem para embarcar suas disponibilidades antes que se exaurisse a cota brasileira no acordo. As cotas individuais foram inicialmente baseadas no desempenho exportador recente e isso deu vaza a reclamações tanto dos exportadores menores quanto das cooperativas de produtores, que reclamaram que eles não estavam tendo sua justa fatia do mercado. As cooperativas dos produtores eventualmente conseguiram algumas concessões do IBC em 1982, somente para provocar reclamações das casas exportadoras que arguiram que o novo sistema para a distribuição de cotas (levando em conta não somente exportações prévias, mas também a disponibilidade de estoques) era-lhes injusto, porque sua atividade não envolvia o carregamento de estoques, e muito favorável para as cooperativas, cujas funções incluíam a manutenção de estoques para seus membros.

Os importadores também estavam incomodados com o sistema de cotas, que eles afirmavam estar restringindo seu acesso ao mercado brasileiro. Finalmente, as casas exportadoras começaram a protestar contra os contratos de suprimento do IBC com os torradores estrangeiros, sob a alegação de que se tratava de concorrência desleal. Em 1983, Rainho recusou uma proposta de representantes do setor café para substituir as cotas individuais por leilões, principalmente sob a alegação de que esses não eram compatíveis com os compromissos firmados sob o regime dos contratos padrões anuais.

Outra dificuldade era a inconsistência entre um preço externo declinante e a resistência dos produtores domésticos em aceitar reduções similares nos preços mínimos de garantia. O foco da discussão era o antigo confisco cambial, agora denominado de cota de contribuição sobre as exportações de café, que os produtores arguiam estar sendo paga por eles próprios (em vez de pelos consumidores estrangeiros, como no passado), uma vez que os preços externos brasileiros, sob o regime dos contratos padrões, haviam se tornado dependentes do comportamento dos preços de outros suaves e robustas e, portanto, não mais dependiam dos preços domésticos pagos aos produtores.

A acomodação desse conflito resultou numa redução substancial na arrecadação da cota de contribuição, levando à ocorrência, em 1981, de uma cota líquida de contribuição negativa,[253] isto é, as exportações de café foram subsidiadas naquele ano. A explicação para isso é que a cota de contribuição era recolhida como uma proporção fixa do preço mínimo de registro, em dólares americanos; mas então os importadores recebiam rebates que se baseavam, por um lado, na diferença entre o preço de registro e os preços observados de outros suaves e robustas; e, por outro, nas quedas de preços observadas posteriormente ao registro. Em 1981, os rebates foram, em média, maiores do que o valor em dólares da quota de contribuição. Em anos posteriores, teve-se o cuidado de fixar o valor máximo dos rebates no nível da quota de contribuição.[254]

A "estratégia da reconquista" estava, assim, envolta numa panela de pressão de demandas incompatíveis, tanto doméstica quanto internacionalmente, que não explodiu antes do fim da década somente por causa da interferência da natureza, primeiro em 1981, com geadas severas em diversas regiões brasileiras, e depois em 1986, com uma grande seca nas novas áreas produtoras do país.

Roberto Campos, com sua aptidão para frases bem-feitas, qualificou a geada de 1981 de "construtiva", porque reduziu a safra de 1982-83 para o manejável volume de 16,2 milhões de sacas, depois da supersafra de 35,4 milhões de sacas de 1981-82. Havia, no entanto, se tornado claro a essa altura que um sistema de produção que dependia das geadas para manter-se de pé não podia sobreviver por muito mais tempo, não fosse

---

[253]Vejam-se os dados na *Revista do Comércio do Café* (set.-out. 1990, p. 23).
[254]Uma maxidesvalorização de 30% em fevereiro de 1983 facilitou uma atenuação temporária desse conflito em 1983/84, pois permitiu uma redução do preço de registro (assim reduzindo o valor do rebate), sem mudar seja o preço mínimo de garantia aos produtores seja a cota de contribuição.

por outras razões porque a geada de 1981 fora a última a influenciar fortemente a produção brasileira, já que essa, nos anos seguintes, retirou-se definitivamente das regiões e altitudes fortemente sujeitas a geadas.

12.10.2. *Nova República*

Com o dramático fim do regime militar em março de 1984,[255] as pressões reprimidas no mercado do café entraram em ebulição, porque a elas foi adicionado um novo tema candente: a proposta de extinção do IBC, abertamente defendida pelo novo ministro da Indústria e Comércio, Roberto Gusmão. Essa foi aparentemente uma das causas para a renúncia em agosto de 1985 do novo presidente do IBC, Karlos Rischbieter, que tinha tomado posse no cargo apenas cinco meses antes.[256]

Através dos anos, o IBC havia de fato se tornado uma burocracia inchada, com cerca de 5 mil empregados,[257] frequentemente protegidos políticos, muitos dos quais com pouco mais a fazer do que vigiar armazéns, o mais das vezes vazios. O IBC certamente precisava de uma substancial reforma administrativa. Mas uma vez admitida essa opção, a observação se tornou inevitável de para que mesmo seria necessária sua existência, uma vez que as exportações brasileiras de suco de laranja, soja e minério de ferro já tinham valores similares às exportações de café e nenhuma delas se subordinava a qualquer instituto governamental. Duas respostas possíveis eram que um regulador era necessário para administrar o recolhimento da cota de contribuição e para organizar a produção e exportação do café para fazê-las conformar com as regras do Acordo Internacional do Café. Não é difícil adivinhar qual seria a resposta do setor privado a esse raciocínio: elimine-se a cota de contri-

---

[255] O presidente eleito Tancredo Neves morreu antes de tomar posse, o que significou que o vice-presidente eleito José Sarney, que previamente presidia o partido de apoio aos militares (antes de renunciar a esse posto para ajudar a formar a Aliança Democrática que elegeu Tancredo Neves), tornou-se o primeiro civil a governar o país em 21 anos.

[256] Rischbieter havia anteriormente servido como ministro da Fazenda (3/1979-1/1980) e disse haver aceitado a presidência do IBC como "um ato de patriotismo".

[257] Números exatos são difíceis de encontrar. Estimativas variam de 6.400 empregados, mencionadas pelo ministro Roberto Gusmão na *Revista do Comércio do Café*, de julho de 1985, a 4.300 empregados, mencionados pelo diretor administrativo do IBC na *Revista do Comércio do Café* (mar. 1987).

buição e abandone-se o Acordo Internacional. O IBC foi extinto, mas isso apenas depois que o presidente Collor tomou posse, em março de 1990, quando o Brasil já havia deixado o Acordo e praticamente eliminado a cota de contribuição.

No meio-tempo, contudo, de volta a 1985, o novo governo, sob a pressão de uma taxa de inflação superior a 10% ao mês,[258] considerou que não tinha como financiar a venda de uma supersafra de 30 milhões de sacas que estava por chegar ao mercado. A solução encontrada não poderia ter desagradado mais ao setor café: baixos preços mínimos de garantia para os produtores e um programa de retenção para os exportadores tal que para cada saca exportada eles teriam de reter duas sacas adicionais por noventa dias. O governo atenuou essas decisões, mas elas certamente ajudaram a aumentar a irritação do setor privado com a intervenção oficial no mercado.

No meio da confusão política e administrativa que caracterizou a primeira parte do governo Sarney, a política do café padeceu de uma absoluta incapacidade do governo de definir objetivos de médio prazo ou ao menos poder reagir racionalmente a eventos inesperados de curto prazo.

Assim, o novo presidente do IBC a partir de agosto de 1985, embaixador Carlos Alberto Leite Barbosa, um noviço no setor café, experimentaria uma curta e atormentada administração. Entre outros problemas, seu diretor de comercialização foi criticado por ter assinado apressadamente com os torradores estrangeiros, em dezembro de 1985, acordos de exportação aparentemente danosos para o país, com o propósito de garantir um desempenho adequado das exportações naquele ano. Com esse artifício, o país conseguiu exportar 18,5 milhões da sacas em 1985, mas, segundo avaliações posteriores, à custa de uma forte perda de receita cambial, em vista dos mecanismos de rebate de preços inscritos naqueles acordos.

Em fevereiro de 1986, os preços mínimos de garantia aos produtores foram aumentados em nove vezes em relação aos níveis fixados em agosto

---

[258]Para uma análise das políticas macroeconômicas no período 1985-90, veja-se Modiano (1990).

de 1985, para compensar os cafeicultores tanto pelos baixos preços antes prevalecentes como por suas perdas com a seca. Se a inflação houvesse continuado com as taxas previamente observadas, tal magnanimidade poderia ser eventualmente absorvida pela economia, mas então, logo depois, o governo decretou o Plano Cruzado, de acordo com o qual todos os preços e salários da economia foram congelados por um período inicialmente indefinido, mas que iria durar até o fim do ano.

Naquele mesmo mês, fevereiro de 1986, o IBC já tinha um novo presidente, Paulo Graciano, que se propôs a restringir as exportações e renegociar os contratos existentes, para dar início a uma nova política de valorização externa. Isso foi parcialmente em resposta ao fato de os preços domésticos estarem muito altos e pressionando a inflação, numa fase em que o governo Sarney estava comprometido com a meta de "inflação zero". Um programa de retenção foi criado, de acordo com o qual os exportadores tinham de entregar uma saca de café para o consumo doméstico para cada três sacas exportadas; além disso, os contratos preexistentes de exportação foram cancelados e os registros de exportação, fechados.

A contração dos volumes exportados foi insuficiente para aumentar os preços internacionais, porque outros produtores, particularmente de café robusta, preencheram o vácuo deixado pelo Brasil. Em meados do ano, sob a pressão de um superávit comercial rapidamente declinante, o ministro da Fazenda, Dílson Funaro, aprovou uma proposta veiculada pelo ministro da Indústria e Comércio, José Hugo Castelo Branco, para o uso da política externa do café como um instrumento tanto para aumentar a receita das exportações como para reduzir os preços de venda domésticos. O IBC foi autorizado a executar a Operação Patrícia, proposta por Paulo Graciano, a qual consistia em contratar 18 casas exportadoras locais para prefinanciar e comprar uma grande quantidade de café robusta no terminal londrino,[259] trazendo-a para o país como uma forma de simultaneamente aumentar os preços internacionais e reduzir os

---

[259] A meta parece ter sido comprar 1,5 milhão de sacas, dos quais algo como 635 mil foram de fato adquiridos.

preços domésticos (ao mesmo tempo, a Colômbia estaria supostamente fazendo compras de outros suaves no terminal de Nova York).

No fim das contas, uma quantidade insuficiente de café foi comprada, os preços internacionais caíram ainda mais e o governo deixou de pagar aos exportadores o café que haviam adquirido sob contrato. O problema não encontrou uma solução administrativa e as casas exportadoras decidiram processar o governo para obter seu dinheiro de volta.[260]

12.10.3. Choque de liberdade

Em janeiro de 1987, o IBC já tinha um novo presidente, embaixador Jório Dauster (1/1987-3/1990), que, com base numa longa experiência com a política do café, finalmente conseguiu dar um mínimo de organização ao setor.

Os contratos de exportação foram banidos e um sistema de preços mínimos flexíveis de registro de exportações foi adotado, com os preços sendo determinados, para todos os exportadores, de acordo com os níveis prevalecentes dos preços de outros suaves e robustas. Um fundo de Reserva de Defesa do Café (Funcafé) começou a operar, com os recursos de uma cota de contribuição de 36% sobre as exportações de café, de uso restrito para a defesa dos preços externos, expansão do consumo e melhoria do cultivo interno. Em outubro de 1987, as cotas do Acordo Internacional do Café foram estabelecidas por dois anos, em vez de somente por um, assim assegurando ao Brasil 28,4% da cota global[261] (o que não poderia ser justificado, dado o declínio temporário da produção, caso a cota global tivesse sido estabelecida apenas por um ano). Finalmente as cotas individuais de exportação foram restabelecidas, permitindo que uma pequena parcela de 10% do total fosse leiloada. Uma vez criado esse sistema, os leilões foram sendo progressivamente ampliados, até atingir 100% da cota de exportação do Brasil em outubro

---

[260]Para maiores detalhes sobre a Operação Patrícia, veja-se Castelo Branco (1988) e Febec (1989).
[261]Vejam-se os dados em EIU (1991, pp. 37-8).

de 1988, ponto em que a cota de contribuição foi reduzida para 12% do valor da exportação.[262,263]

Nem tudo, entretanto, eram flores. Para lidar com o problema de financiar uma supersafra em 1987-88, Dauster introduziu um controverso sistema de retenção, de acordo com o qual os exportadores teriam de reter uma saca por 60 dias para cada saca exportada e, além disso, antecipar, por ocasião do registro da exportação, o recolhimento de 50% da cota de contribuição. A implantação do sistema de quotas individuais de exportação também causou contínuos conflitos com os exportadores.

A superprodução havia também se agravado, como consequência do estímulo adicional à oferta gerado pelos altos preços internos prevalecentes desde 1986. Em 1988, já se estimava que o estoque de cafeeiros do país havia atingido a marca de 4,2 bilhões de pés, dos quais 1 bilhão haviam sido plantados nos três ou quatro anos anteriores, a maior parte no sul de Minas Gerais, mas também na área do cerrado, estendendo-se do sudoeste de Minas até Mato Grosso do Sul. A terra nessas regiões é da pior qualidade, mas a tecnologia da produção era mais avançada, o que contribui para explicar a extraordinária velocidade da resposta da oferta de café brasileiro nesse período.

Em junho de 1989, a recentemente criada Federação Brasileira dos Exportadores de Café (Febec) apresentou sua proposta para a venda do café,[264] com base nos lemas: "O Brasil não depende mais do café e o mundo não depende mais do café brasileiro." Pedia uma desregulamentação completa do setor, com a intervenção do governo se restringindo ao apoio aos produtores rurais por ocasião de calamidades climáticas

---

[262]O direito de exportar que era periodicamente leiloado deu origem a uma receita adicional para o governo, que parece ter atingido um valor surpreendentemente alto de 30% do total do valor exportado.

[263]Dauster também herdou do governo Sarney um Conselho Nacional da Política Cafeeira pobremente concebido, criado em outubro de 1986, e composto por 20 pessoas do setor privado cafeeiro, 10 das quais representando os produtores. Esse conselho estava supostamente a cargo da formulação da política do café a ser executada por um IBC reformado, mas muito previsivelmente tornou-se apenas um corpo cerimonial, que no início de fevereiro de 1989 já tinha deixado de existir.

[264]Veja-se "Proposta da Febec para a comercialização do café", *Revista do Comércio do Café* (jun. 1989, pp. 9-21).

ou frustrações de safra. O manifesto da Febec terminava solicitando o término do Acordo Internacional do Café.

Logo após essa proposta, em Londres, dois campos irreconciliáveis se formaram na negociação de um novo acordo internacional. De um lado, os EUA alinharam-se com os produtores de outros suaves (América Central), com uma demanda básica: uma cota universal imediata com uma parcela garantida para os produtores de suaves (supostamente de 48% da cota global). A cota universal significaria que não mais haveria qualquer distinção entre exportações para membros e não membros. A parcela mínima garantida para os suaves corresponderia, por outro lado, à mudança na preferência dos consumidores para essa variedade de café que se havia observado nos últimos 15 anos.[265]

No outro lado da mesa, África, Brasil, Colômbia e Comunidade Econômica Europeia (CEE) queriam um período de espera para a introdução da cota universal e um adiamento da discussão sobre a seletividade de cotas de exportação segundo qualidades do café. Um período de espera pareceria de fato ser bastante razoável, porque os não membros por definição não dispunham de qualquer mecanismo de controle de importações.[266] Assim, uma cota de exportação mais ampla (levando em conta o mercado dos não membros) implicaria essencialmente um aumento da parcela de exportações para os membros, dando um viés para baixo aos preços mundiais do café. Quanto à parcela de mercado garantida para os suaves, ela pareceria conter a aceitação pelo Brasil de um papel residual no mercado mundial de café, na hipótese plausível de os produtores de robusta africanos poderem contar com o patrocínio político da CEE para a venda nesses países de seus cafés.

Em outras palavras, a proposta dos EUA para a renovação do AIC parecia implicar tratá-lo explicitamente como um instrumento de ajuda

---

[265]Essa mudança de preferências já havia sido detectada em Bacha (1968). A novidade do período mais recente é a mudança contra a variedade robusta, documentada em Akyiama e Varangis (1990b), num período em que, deve notar-se, o Brasil havia se tornado um dos mais importantes produtores de robusta do mundo.

[266]As exportações de cafés para os membros do acordo têm de ser acompanhadas por um selo de certificação de origem fornecido pela OIC.

externa, à custa do Brasil, com os EUA protegendo a América Central (e a Colômbia, como uma recompensa pela supressão do narcotráfico) e a CEE protegendo seus tradicionais Estados clientes na África. Nessas circunstâncias, era de esperar que Dauster, particularmente com a enfurecida plateia que teria que enfrentar de volta ao país, tivesse considerado que o Brasil não tinha qualquer interesse em participar desse jogo político, sugerindo, ao contrário, que havia um mercado do outro lado, no qual o país estava disposto a tentar sua sorte, com base em seus 4,2 bilhões de cafeeiros.

Em julho de 1989, Dauster retornou de Londres com a mensagem que o AIC havia acabado e que o setor café iria agora experimentar um "choque de liberdade", com a supressão do sistema de leilões, a redução para 6% da cota de contribuição e a manutenção dos preços mínimos de registro de exportação puramente por razões de controle cambial.

Em março de 1990, o presidente Collor, respondendo às demais queixas do comércio cafeeiro, completou a desregulamentação do setor, extinguindo o IBC e fixando em zero o valor da cota de contribuição, enquanto permitia que as exportações fossem livremente registradas.

Após quase um século de estrita regulamentação governamental, o setor café estava finalmente livre para competir. Ao dar por encerrada a secular política brasileira de valorização do café, o presidente Collor, sem dúvida, poderia parafrasear a advertência de Joaquim Murtinho de exatamente um século atrás e afirmar que, "convicto de que a intervenção oficial só [tem aumentado] os nossos males, o governo [deixa] que a produção do café se reduza por seleção natural, determinando-se assim a liquidação e a eliminação dos que não [têm] condições de vida, ficando ela nas mãos dos mais fortes e mais bem organizados para a luta".

12.11. Lições do passado

O principal objetivo deste capítulo foi prover uma breve história da intervenção brasileira no mercado do café, desde seu início em 1906 até seu término em 1989.

Nossa história começou em meados do século XIX, conforme necessário para se entender a intervenção inicial do Brasil no mercado mundial do café. Essa exploração enfatizou um ponto pela primeira vez salientado por Ocampo (1980): a economia cafeeira de livre mercado da segunda metade do século XIX não somente experimentou flutuações cíclicas muito acentuadas (cuidadosamente estudadas por Delfim Netto, 1979), mas também gerou uma tendência de aumento secular nos preços reais do café, como consequência de um desequilíbrio fundamental entre o dinamismo da demanda e as limitações de resposta da oferta mundial.

Essa tendência de aumento dos preços reais do café fica aparente quando se leva em conta o declínio dos preços industriais por atacado nos EUA depois da Guerra Civil. Em particular, constata-se que o impulso dos preços externos do café em termos reais, a partir de 1885, levou-os a atingir em 1894 um pico nunca antes alcançado na série histórica. Esse movimento dos preços externos foi acompanhado por idêntica evolução dos preços internos do café, quando deflacionados pelos salários pagos no Rio de Janeiro. A explosão dos preços internos coincide com o período do Encilhamento, o que levou praticamente todos os historiadores do período, a partir de Taunay (1945), a sustentar que o Encilhamento foi o responsável pelo enorme aumento da produção de café do país naquele período. Nossa revisão da série de preços reais externos do café sugere-nos uma história alternativa: não foram fenômenos monetários, mas sim fenômenos reais (aumento da demanda externa e atraso da oferta mundial), os responsáveis pelo extraordinário aumento da rentabilidade e subsequente aumento da produção de café brasileiro – uma vez resolvidos os problemas que travavam a oferta de café no país.

O aumento dos preços na segunda metade do século XIX somente foi interrompido e revertido quando o Brasil finalmente conseguiu livrar-se da escravidão e abriu para o cultivo do café a fertilidade do planalto paulista. Ali, a energia dos empresários locais pôde mesclar-se com o poder da ferrovia e o músculo do imigrante europeu para inundar o mundo de café.

Joaquim Murtinho queria deixar funcionar as forças do mercado para ajustar a oferta excedente à procura faltante, mas a atração do exercício do poder de monopólio foi mais forte. Com 75% do mercado cafeeiro mundial em mãos, o Brasil iniciou, então, a famosa política de intervenção, que introduziu a palavra *valorization* na língua inglesa, mobilizou a imaginação do país e desde seu início em 1906 tem provocado apaixonados debates políticos e acadêmicos.

Após o amplo cenário, desenvolvido no texto, sobre os diversos estágios da história da valorização brasileira do café, parece apropriado tentar uma avaliação geral. Um primeiro ponto é antigo: deixado por si mesmo, o mercado de café tende a gerar ciclos pronunciados de excesso e escassez de produção, de preços altos e baixos. Ao longo do tempo, tais ciclos podem ser que convirjam, mas essa não foi a experiência do século XIX e, de um ponto de vista analítico, dadas as características da oferta de café, não é nada claro que de fato devam convergir.[267]

Contudo, o ciclo do café não desapareceu desde que o Brasil começou a intervir no mercado em 1906. Ao contrário, a evidência é que esses ciclos se tornaram mais pronunciados, pois a intervenção nos preços prolongou os ciclos de alta e, consequentemente, tendeu a requerer cortes mais profundos de produção subsequentemente (induzidos por menores preços aos produtores, erradicação patrocinada pelo governo ou mero tempo ruim). Assim, a intervenção paulista na década de 1920 prolongou o período de alta posterior à Primeira Guerra e causou uma crise de superprodução na década de 1930 muito mais pronunciada do que seria o caso de outro modo. Assim também, a política de defesa da década de 1950 induziu a um aumento extraordinário da produção, que posteriormente requereu um enorme programa de redução da capacidade produtiva. Mais recentemente, as tentativas brasileiras de estender as altas de preços induzidas pela geada de 1975 e a seca de 1985 causaram significativos aumentos de produção, que estão ainda hoje tendo como consequência uma redução de preços muito mais pronunciada do que anteriormente antecipada.

A produção brasileira de café sofreu significativamente com esse padrão cíclico de intervenção. Pois enquanto o Brasil mantinha aberto o

---

[267]Sobre isto, veja-se Hickmann (1980).

guarda-chuva dos preços altos, outros produtores entravam no mercado. Quando a superprodução, no entanto, emergia, em vez de deixar os preços reduzidos expelir os invasores, o governo brasileiro optava por fazer uma forte diferenciação entre os preços mundiais e aqueles pagos aos produtores domésticos, de tal modo que os primeiros eram impedidos de cair tão fortemente quanto necessário para reduzir a produção estrangeira, enquanto que os últimos eram comprimidos para reduzir a produção doméstica. Assim, na década de 1930, pesados impostos recaíram sobre as exportações de café, os quais com o tempo conseguiram induzir os produtores domésticos a erradicar ou abandonar 1/3 do estoque preexistente de cafeeiros. De modo similar, na década de 1960, sob o poder de tributos à exportação e bônus à erradicação, o governo brasileiro conseguiu induzir os cafeicultores a erradicarem praticamente metade de seus cafeeiros.

Como consequência das políticas de valorização, o Brasil conseguiu, não obstante, fazer o café escapar da maldição de Prebisch (1950), de uma tendência secularmente declinante dos preços relativos dos produtos primários. Um estudo recente do Banco Mundial revela que para todos os grupos de produtos primários no comércio mundial, *exceto bebidas tropicais,* observa-se uma tendência declinante de preços relativos ao longo do século XX.[268] Para as bebidas tropicais, a tendência é ascendente, e isso certamente não é por causa do chá ou do cacau. O Gráfico 7 ilustra não somente que os preços reais do café foram mais altos no século XX do que no século XIX, mas também que, a despeito de fortes movimentos cíclicos, a tendência secular dos preços foi claramente ascendente. Particularmente notável é o fato de que os preços reais do café no período posterior à Segunda Guerra, quando a intervenção governamental foi mais pronunciada, situaram-se em níveis muito mais altos do que no passado. O custo para o Brasil desse feito é indicado no Gráfico 4: uma tendência secular de declínio de sua participação nas exportações mundiais de café, desde o início do século XX até nossos dias

---

[268]Cf. Grilli e Yang (1988) e Gonçalves e Barros (1982) confirmam que a tese de Prebisch não é válida para o Brasil.

É essa última evidência que fez Delfim Netto castigar as políticas brasileiras de valorização, pois elas estariam expulsando o país do mercado cafeeiro. Ele então sugeriu que "a política cafeeira que mais convém ao Brasil não é aquela que procura obter o máximo de dólares por saca a curto prazo, mas aquela que assegura a receita máxima de divisas a longo prazo".[269]

Mas será que é isso mesmo? Depois de quase 25 anos, ainda mantenho o ceticismo expresso em Bacha:[270]

> Poderia à primeira vista julgar-se que uma política ótima de preços seria aquela que maximizasse a sequência infinita descontada das receitas em dólares das exportações de café (...) Não há qualquer garantia, entretanto, de que os resultados dessa maximização fossem compatíveis com o mais amplo e relevante objetivo de maximizar a sequência infinita descontada do consumo [nacional] global per capita. Pois o setor café é somente uma parte da economia brasileira. E pode muito bem ser que um programa ótimo requeira a maximização de uma sequência finita dos dólares do café – assim construindo o estoque de capital do setor industrial da economia – e então uma mudança dos recursos domésticos do café para a indústria, daí para sempre.

Concluí, então:[271]

> Talvez se manifeste uma preocupação excessiva com a parcela do Brasil no mercado. A manutenção de uma parcela constante requer preços menores. Esses preços menores significam uma redução do influxo de divisas para o país e, assim, uma menor formação de capital no setor industrial. Quando essa escolha entre a parcela no mercado do café e a formação de capital na indústria é reconhecida, não fica de modo nenhum claro que (exceto por 1954) o país teria feito melhor adotando uma política de preços menos rígida durante o período do pós-guerra da Coreia.

---

[269]Delfim Netto (1979, p. 243).
[270]Bacha (1968, pp. 28-9).
[271]Bacha (1968, p. 29).

Em apoio geral dessa posição, deve notar-se que enquanto a parcela do café se estava reduzindo, a economia brasileira se estava expandindo. De fato, durante 80 anos de política de valorização, de 1900 a 1980, a taxa de crescimento do PIB brasileiro foi de 5,5% por ano em média, provavelmente a mais alta do mundo.[272] Que o país tenha sido capaz disso com suas exportações dominadas por uma bebida tropical cuja produção mundial cresceu historicamente a uma taxa limitada a 2,3% ao ano, conforme se ilustra no Gráfico 18, é um feito difícil de dissociar da capacidade do Brasil de extrair tudo o que pôde desse produto primário.

Mas o debate sobre a política brasileira do café não pode ser deixado onde ele estava quase um quarto de século atrás, porque pesquisas mais recentes indicam que, de fato, o propósito real da defesa do café não era maximizar a capacidade de importar a curto ou longo prazos. Isso porque a defesa do café, conforme se arguiu no texto, expandindo num tema de Fritsch (1980), parece ter tido um propósito básico: sustentar a estabilidade macroeconômica através da defesa da taxa de câmbio.

O problema que essa perspectiva coloca é sobre os custos e benefícios relativos da política de defesa do café em relação a uma política de não defesa que requereria uma desvalorização da taxa de câmbio.

Quando se considera a propriedade da defesa do café a partir dessa perspectiva, outras questões imediatamente se apresentam. Por exemplo: e se, na década de 1920, o Brasil, na ausência da defesa paulista do café, tivesse sido forçado através de desvalorizações cambiais a encontrar outro substituto que não o café para a perda das exportações de borracha (quem sabe a produção algodoeira)? Ou então: e se, logo após a Segunda Guerra, a taxa de câmbio tivesse sido desvalorizada para acompanhar a libra esterlina, em vez de deixar a cargo da defesa do café, junto com os controles às importações, a tarefa de sustentar uma taxa fixa de câmbio? Ou ainda: e se, na década de 1950, a proposta de Whitaker para uma taxa flutuante de câmbio tivesse sido adotada e o Brasil tivesse desde então seguido uma política de crescimento liderada pela diversificação das exportações, em vez de optar, como o fez, por um processo de

---

[272]Cf. Ipea, "Indicadores antecedentes", *apud Gazeta Mercantil,* 24/4/1992, p. 3.

substituição de importações sem promoção das exportações? Ou ainda: e se, em 1975, em lugar de optar por aprofundar a substituição de importações, o governo Geisel tivesse escolhido desvalorizar a moeda para promover as exportações em resposta ao primeiro choque do petróleo?

Pessoas inteligentes poderão inteligentemente discordar das respostas a todos esses *e se* (e até mesmo discordar de que todos eles pertençam à mesma classificação!). Meus sentimentos hoje levar-me-iam a dizer que sim, se as políticas alternativas consideradas tivessem sido adotadas, o país não seria apenas diferente, mas também melhor (no mínimo, a atividade econômica seria mais igualmente distribuída no território nacional, em vez de estar tão pronunciadamente concentrada em São Paulo). Mas os temas levantados por essas questões não se referem só à política do café, mas também às políticas cambial e de proteção à indústria.

O fato é que, por um longo tempo na moderna história brasileira, a política externa do café e a proteção à indústria estiveram inextricavelmente associadas à política cambial. Uma política de taxa de câmbio fixa não podia ser concebida sem a maximização a curto prazo das receitas de exportação do café e a adoção de controles estritos às importações. Isso foi certamente o caso na década de 1950 e talvez também na de 1920. A opção por uma taxa de câmbio fixa nesses períodos implicou a adoção de uma política de defesa de curto prazo do café e de proteção à indústria contra as importações. Ao mesmo tempo, a existência das políticas de defesa do café e de proteção industrial sem dúvida facilitou a manutenção de uma taxa de câmbio fixa. De uma perspectiva maximizadora da receita cambial em curto prazo, uma alternativa seria taxar as exportações de café, reduzir a proteção à indústria e desvalorizar a taxa de câmbio. Mas isso envolveria uma inimaginável economia política, pois seria de esperar que São Paulo lutasse unido contra um curso de política contrário simultaneamente aos seus interesses cafeeiros e industriais.

Naturalmente, a alternativa de não taxar as exportações de café, assim simplesmente renunciando à possibilidade de explorar o poder de monopólio do país no mercado, poderia também ser considerada, e isso parece ter constituído a substância da proposta de Whitaker em 1955 para a adoção de uma taxa de câmbio livre, unificada e flutuante.[273] Os interesses industriais de São Paulo, no entanto, parecem haver sido suficientemente fortes já em meados da década de 1950 para evitar a adoção de uma política cambial que não discriminasse entre as importações complementares e as concorrentes à produção nacional.

Depois que um sistema de taxas flexíveis de câmbio foi, finalmente, adotado em 1968, com a cota de contribuição do café e as tarifas às importações firmemente estabelecidas, não havia mais razão para misturar a política do café com a política cambial. Assim, os episódios valorizadores de 1976-77 e 1986 somente podem ser entendidos como adjuntos pobremente concebidos de uma política fundamentalmente equivocada de sobrevalorização da taxa de câmbio real.

Hoje em dia, contudo, o café responde por uma parte tão pequena das exportações ou dos impostos do governo que a possibilidade de usar a política externa do produto, seja para manter a taxa de câmbio constante ou aumentar a receita do governo, simplesmente não mais se coloca. A política do café pode agora ser definida de um ponto de vista estritamente setorial, uma vez que o setor café já deixou, há algum tempo, de ter consequências macroeconômicas.

Referências

ABREU, M. de P. (org.). *A ordem do progresso: cem anos de política econômica republicana, 1889-1989*. Rio de Janeiro: Campus, 1990a.

_____."Crise, crescimento e modernização autoritária; 1930-1945". In: M. de P. Abreu, 1990a, pp. 73-104 [1990b].

AKIYAMA, T. e VARANGIS, P. "The Impact of the International Coffee Agreement on Producing Countries". *The World Bank Economic Review*, 4(2), may/1990, pp. 157-74.

---

[273]Não é essa a política que Delfim Netto (1979) parece ter em mente quando ele sugere a adoção de uma política de preços do café que maximize as receitas em dólares a longo prazo, porque essa maximização não implica preços livres concorrenciais, mas sim uma política monopolista de maximização a longo prazo, que leve em conta não só a resposta inelástica da demanda a curto prazo, mas também a reação da oferta dos concorrentes, bem como os efeitos duradouros dos preços sobre a demanda, por via da formação de hábitos.

ALIMANDRO, Regis. "Séries históricas da economia cajueira". Preparadas para Marcellino Martins & E. Johnston, processado, 1988.

AVRAMOVIC, D. "El problema del café". *Informe* EC-6/6. Washington: Economic Development Institute, The World Bank, apr./1958.

BACHA, C.J. Caetano. *Evolução recente da cafeicultura mineira: determinantes e impactos*. São Paulo, Faculdade de Economia e Administração da Universidade de São Paulo, tese de doutorado, processado, outubro 1988.

BACHA, E. L. "Esquema de análise do problema do café". Rio de Janeiro, processado, setembro 1967a.

_____.Artigo resenha de A. Delfim Netto e C.A. Andrade Pinto (1965). *Revista Brasileira de Economia*, 21(4), dez./1967b.

_____."An Econometric Model for the World Coffee Market: The Impact of Brazilian Price Policy". New Haven, Yale University, tese de doutorado, processado, 1968 [Ann Harbor: University Microfilms, 1973].

_____."Análise econométrica do mercado internacional do café e da política brasileira de preços". *Ensaios Econômicos da EPGE*. Rio de Janeiro, Escola de Pós-Graduação em Economia da Fundação Getulio Vargas, processado, 1970.

_____."O papel do café na economia brasileira: do pós-guerra a meados dos anos 60". In: E.L. Bacha. *Os mitos de uma década*. Rio de Janeiro: Paz e Terra, 1976a, pp. 137-57.

_____."A política cafeeira do Brasil, 1952/67". In: E.L. Bacha. *Os mitos de uma década*. Rio de Janeiro: Paz e Terra, 1976b, pp. 159-75.

_____."Política brasileira do café: uma avaliação centenária". In: Marcellino Martins & E. Johnston, *150 Anos de Café*, 2ª. ed. Rio de Janeiro: Salamandra, 1992.

BAIROCH, P. "The Main Trends in National Economic Disparities Since the Industrial Revolution". In: P. Bairoch e M. Lévy-Leboyer (orgs.). "Disparities in Economic Development Since the Industrial Revolution". Londres: Macmillan, 1981.

BEJARANO, J.A. "El despegue cafetero (1900-1928)". In: J.A. Ocampo, 1987, pp. 173-208.

BELTRÃO, A. F. "Café". In: *Dicionário Histórico e Bibliográfico Brasileiro, 1930-1978*. Rio de Janeiro: FGV, 1984.

BERGSMAN, J. *Brazil: Industrialization and Trade Policies*. Londres: Oxford University Press, 1971.

BESSERMAN-VIANNA, S. *A política econômica no Segundo Governo Vargas (1951-1954)*. Rio de Janeiro: BNDES, 1987.

_____."Política econômica externa e industrialização: 1946-1951". In: M. de P. Abreu (org.). *A ordem do progresso*. Rio de Janeiro: Campus, 1990, pp. 105-22.

BRAZIL. Ministério da Indústria e do Comércio. Instituto Brasileiro do Café (IBC). *Curso de economia cafeeira*, v. I e II. Rio de Janeiro: IBC, 1962.

BROWN, C.P. *The Political and Social Economy of Commodity Control*. Londres: Macmillan, 1980.

CALVO, G. e RODRIGUEZ, C. "A Model of Exchange Rate Determination under Currency Substitution and Rational Expectations". *Journal of Political Economy,* 85(3), 1977, pp. 617-52.

CANO, W. *Raízes da concentração industrial em São Paulo.* São Paulo: T.A. Queiroz Editor, 1977.

CARDENAS, M. "Coffee Exports, Endogenous State Policy, and the Business Cycle". Berkeley: Department of Economics, University of California at Berkeley, tese de doutorado, 1991.

CARDOSO, E. *Inflation, Growth, and the Real Exchange Rate: Essays on Economic History in Brazil and Latin America.* Nova York: Garanland Publishing, 1987.

CARNEIRO, D.D. "Crise e esperança: 1974-1980". In: M. de P. Abreu (1980:295-322).

CARNEIRO, D.D.; MODIANO, E. "Ajuste externo e desequilíbrio interno: 1980-1984". In: M. de P. Abreu (1980: 323-46).

CARVALHO, A.P. "Estudo dos instrumentos técnicos da política econômica cafeeira no período de 1972 a 1982". São Paulo: Programa de Pós-Graduação em Economia, Pontifícia Universidade Católica de São Paulo, dissertação de mestrado, processado, 1986.

CARVALHO, J.J. "Política cafeeira do Brasil, seus instrumentos, 1961/1971". Série IPE/Monografias, v. 7. São Paulo: Instituto de Pesquisas Econômicas da Universidade de São Paulo, 1975.

CASTELO BRANCO, J.H. "Relatório sobre a aquisição de café, pelo IBC, no Terminal de Londres (Operação Patrícia)". Brasília: Ministério da Indústria e do Comércio, 11/3/1988, processado.

Conjuntura Econômica, vários números.

COSTA, R. "Esforços intergovernamentais de ordenamento do mercado internacional do café". In: Brasil/IBC, v. 2, 1962, pp. 559-612.

DEAN, W. *A industrialização de São Paulo (1880-1945)* São Paulo: Difusão Europeia do Livro/Editora da Universidade de São Paulo, 1971.

DEATON, A. e LAROQUE, G. "On the Behavior of Commodity Prices". Working Paper Series n°. 3439. Cambridge, National Bureau of Economic Research, processado. Sep./1990.

DELFIM NETTO, A. *O problema do café no Brasil.* Rio de Janeiro: Fundação Getulio Vargas, 1979. Reproduzido de *Boletim* n°. 5, São Paulo, Faculdade de Ciências Econômicas e Administrativas da Universidade de São Paulo, processado, 1959.

_____."Sugestões para uma política cafeeira". In: Brasil/IBC, v. 2, 1962, pp. 669-722.

_____."Consideração sobre a elasticidade da demanda dos cafés brasileiros". In: M. Buescu (ed.). *Ensaios econômicos – Homenagem a Octávio Gouvêa de Bulhões.* Rio de Janeiro: Apec, 1972.

DELFIM NETTO, A. e ANDRADE PINTO, C.A. "O café do Brasil: 20 anos de substituição no mercado". São Paulo, Estudos Anpes, n°. 3, 1965. Parcialmente reproduzido em Pelaez (1973, pp. 299-340) e em Versiani e Barros (1977, pp. 223-38).

The Economist Intelligence Unit, Coffee to 1995: Recovery Without Crutches. EIU Commodity Outlook Series, Special Report n°. 2116. Londres, mar./1991.

ESTEVES, J. L. "O artificialismo da política econômica do café". Banco do Comércio do Café, 1° Ciclo de Conferências sobre Café. Rio de Janeiro, 1962.

FAUSTO, B. "Expansão do café e política cafeeira". In: B. Fausto (org.). *História geral da Civilização Brasileira.* Tomo III. *O Brasil Republicano.* 1° Volume. *Estrutura de poder e economia (1889-1930).* São Paulo: Difel, 1975.

Federação Brasileira dos Exportadores de Café (Febec). *A Operação Patrícia e a responsabilidade do governo federal.* Rio de Janeiro: Febec, 1989.

FISHER, B.S. *The International Coffee Agreement: A Study in Coffee Diplomacy.* Nova York: Praeger, 1972.

FISHLOW, A. "Origins and Consequences of Import Substitution in Brazil". In: L.E. Di Marco (ed.). *International Trade and Development: Essays in Honor of Raul Prebisch.* Nova York: Academic Press, 1972.

FORD, D.J. "Commodity Market Modelling and the Simulation of Market Intervention: the Case of Coffee". In: F.G. Adams e S.A. Klein (orgs.). *Stabilization World Commodity Markets.* Lexington: D.C. Heath, 1978.

FRANCO, G.H.B. *Reforma monetária e instabilidade durante a transição republicana.* Rio de Janeiro: BNDES, 1983.

FRITSCH, W. *External Constraints on Economic Policy in Brazil, 1889-1930.* Londres: Macmillan, 1988.

FURTADO, C. *Formação Econômica do Brasil.* Rio de Janeiro: Fundo de Cultura, 1959.

GEER, T. *An Oligopoly: The World Coffee Economy and Stabilization Schemes.* Nova York: Dunellen Publishing Co., 1971.

GHOSCH, S., GILBERT, C. e HUGUES-HALLETT, A. *Stabilizing Speculative Commodity Markets.* Oxford: Claredon Press, 1987.

GONÇALVES, R. e BARROS, A.C. "Tendências dos termos de troca: a tese de Prebisch e a economia brasileira – 1850/1979". *Pesquisa e Planejamento Econômico,* 12, 1982.

GORDON-ASHWORTH, F. *International Commodity Control – A Contemporary History and Appraisal.* Londres: Croom Helm, 1984.

GOLDSMITH, R.W. *Brasil, 1850-1984: desenvolvimento financeiro sob um século de inflação.* Rio de Janeiro: Bamerindus/Harper & Row do Brasil, 1986.

GRILLI, E. e YANG, M. "Primary Commodity Prices, Manufactured Goods Prices, and the Terms of Trade of Developing Countries: What the Long Run Shows". *The World Bank Economic Review,* 2(1): 1-47, 1988.

JUNGUITO, R. e PIZANO, D. (orgs.). *Producción de Café en Colombia.* Bogotá: Fedesarrollo, 1991.

HICKMANN, E. "Optimal Trade Policy for a Country with Market Power: The Case of Brazil's Coffee". Urbana-Champaign, University of Illinois, tese de doutorado, processado, 1980.

HOLLOWAY, T.H. *The Brazilian Coffee Valorization of 1906*. Madison: University of Wisconsin Press, 1975.

_____.*Imigrantes para o café*. Rio de Janeiro: Paz e Terra, 1984.

HOOP, H. "A lei da oferta e procura em relação ao preço do café". Nova York, Pan-American Coffee Bureau, processado, 1954.

Instituto Brasileiro de Geografia e Estatística, Fundação (IBGE). *Séries estatísticas retrospectivas*. Rio de Janeiro: IBGE, 1986.

International Coffee Agreement (ICO). *Histórico dos convênios internacionais do café*, 1954-63. Londres, ICO, Documento ICC-1-1, jun./1963.

KAUL, S. Coffee. *Futures Research*. In-Depth Report. Nova York: Shearson Lehman Brothers, processado, dec./1991.

KRASNER, S.D. "Manipulating International Coffee Markets: Brazilian Coffee Policy 1906 to 1962". *Public Policy*, 21(4), 1973, pp. 493-523.

LAGO, L.A. Corrêa do. "From Slavery to Free Labor: The Brazilian Coffee Region in the Nineteenth Century". Resumido de tese de doutorado apresentada ao Departamento de Economia da Harvard University. Cambridge, processado, jan./1978.

_____."A retomada do crescimento e das distorções do 'milagre': 1967-1973". In: M. de P. Abreu (org.). *A ordem do progresso*. Rio de Janeiro: Campus, 1990, pp. 233-94.

LAW, A.D. *International Commodity Agreements*. Lexington: D.C. Heath, 1975.

LAFER, C. "O convênio internacional do café". *Revista de Direito Mercantil*, 12(9), Nova Série, 1973, pp. 25-58.

_____.*O convênio do café de 1976: da reciprocidade no direito internacional econômico*. São Paulo: Perspectiva, 1979.

LEFF, N. *Política econômica e desenvolvimento no Brasil*. São Paulo: Perspectiva, 1968.

LEWIS, W.A. *Growth and Fluctuations*, 1870-1913. Londres: Aleen & Unwin, 1978.

LIMA, J.H. *Café e indústria em Minas Gerais: 1870-1920*. Petrópolis: Vozes, 1981.

LOBO, E.M.L. *História do Rio de Janeiro*. Rio de Janeiro: Ibmec, 1978.

MARQUES, S.A. *O consumo de café no Brasil, 1960-1981*. São Paulo, Instituto de Economia Agrícola, Relatório de Pesquisa 20/87, 1987.

MATOS, O. N. de. *Café e ferrovias*. São Paulo: Alfa-Omega, 1974.

MCCREERY, W.; BYNUM, M. *The Coffee Industry in Brazil*. U. S. Department of Commerce, Trade Promotion Series n°. 92. Washington: Government Printing Office, 1920.

MODIANO, E. "A ópera dos três cruzados: 1985-1990". In: M. de P. Abreu (org.). *A ordem do progresso*. Rio de Janeiro: Campus, 1990, pp. 347-387.

MWANDGA, J., NICHOLLS, J. e SARGENT, M. *Coffee: The International Coffee Agreement*. Aldershot: Gower, 1985.

NEUHANS, P. *História monetária do Brasil, 1900-45*. Rio de Janeiro: Ibmec, 1975.

NEWBERY, D. e STIGLITZ, J. *The Theory of Commodity Price Stabilization*. Oxford: Claredon Press, 1981.

NOZOE, N.H. "São Paulo: economia cafeeira e urbanização". São Paulo, Instituto de Pesquisas Econômicas da Universidade de São Paulo, *Séries Ensaios Econômicos,* v. 39, 1984.

OCAMPO, J.A. *Colombia y la Economia Mundial, 1830-1910.* México: Siglo XXI, 1984.

_____.(org.). *Historia económica de Colombia.* México: Siglo XXI, 1987.

_____."Crisis mundial y cambio estructural (1929-1945)". In: Ocampo, 1987, pp. 209-42.

OCAMPO, J.A., BERNAL, J., AVELLA, M. e ERRAZURIZ, M. "La consolidación del capitalismo moderno (1945-1986)". In: Ocampo, 1987, pp. 243-334.

OLIVEIRA, J.T. *História do café no Brasil e no mundo.* Rio de Janeiro: Livraria Kosmos Editora, 1984.

ORLANDI, A. "América Latina y la Economia Mundial del Café". *Cuadernos de la Cepal,* 42, Santiago, Cepal, Nações Unidas, 1982.

PELAEZ, C.M. "Análise econômica do Programa Brasileiro de Sustentação do Café – 1906-1945: teoria, política e medição". *Revista Brasileira de Economia,* 25(4), out./dez. 1971, pp. 5-212.

_____. (ed.). *Ensaio sobre café e desenvolvimento econômico.* Rio de Janeiro: Instituto Brasileiro do Café, 1973.

PELAEZ, C.M. e SUZIGAN, W. *História monetária do Brasil.* Brasília: Editora Universidade de Brasília, 1976.

PILAR, M.E. "La política cafetera en Colombia, Guatemala y Costa Rica". Bogotá, Fedesarrollo, processado, 1990.

PINHO, D.M. "O interregno Café Filho: 1954-1955". In: M. de P. Abreu (1990, pp. 51-70).

PREBISCH, R. "The Economic Development of Latin America and Its Principal Problems". Nova York: Nações Unidas, 1950. Reproduzido em ONU/Cepal, *Economic Bulletin for Latin America,* 1962.

RAINHO NEVES, O. *A política brasileira do café.* Rio de Janeiro, Instituto Brasileiro do Café, 1981.

REIS, E.M.P. "A política cafeeira e interesses de classe: a situação do grupo cafeicultor frente ao Estado a partir dos anos 50". Dissertação de mestrado. Rio de Janeiro, Instituto Universitário de Pesquisas do Estado do Rio de Janeiro, Faculdade Cândido Mendes, processado, julho 1972.

_____."The Agrarian Roots of Authoritarian Modernization in Brazil, 1880-1930". Tese de doutorado. Cambridge, Massachusetts Institute of Technology, processado, dezembro 1979.

RESTREPO, J.C. *Ensayos de política económica y cafetera.* Bogotá: Editorial Presencia, 1990.

Revista do Comércio do Café, vários números.

ROWE, J.W.F. "Studies in the Artificial Control of Raw Material Supplies, nº. 3, Brazilian Coffee". Londres: London and Cambridge Economic Service, Special Memorandum nº. 35, fev./1932.

_____. *Markets and Men: A Study of Artificial Control Schemes in Some Primary Commodities*. Cambridge: Cambridge University Press, 1936.

_____. *The World's Coffee*. Londres: HMSO, 1963.

RUFENACHT, C. *Le café et les principaux marchés de matières premières*. Haia: SCI, 1955.

SANTOS, J.O. "Análises das principais tendências do mercado internacional do café". Brasil/IBC, v. 2, pp. 471-558.

SILVA, S. *Expansão cafeeira e origens da indústria no Brasil*. São Paulo: Alfa-Ômega, 1976.

SPINDEL, C.R. *Homens e máquinas na transição de uma economia cafeeira: formação e uso da força de trabalho no Estado de São Paulo*. Rio de Janeiro: Paz e Terra, 1980.

SIMONSEN, R. *Evolução industrial do Brasil e outros estudos*. São Paulo: Companhia Editora Nacional/USP, 1973.

TAUNAY, A. *Pequena história do café no Brasil*. Rio de Janeiro: Departamento Nacional do Café, 1945.

Universidade de São Paulo. Instituto de Pesquisas Econômicas. "Possibilidades brasileiras no mercado de café solúvel". Preparado para o Instituto Brasileiro do Café. São Paulo, Faculdade de Economia e Administração da Universidade de São Paulo, processado, 1972.

VERSIANI, F. e BARROS, J.R.M. (orgs.). *Formação econômica do Brasil: a experiência da industrialização*. São Paulo: Saraiva, 1977.

VILLELA, A.V. e SUZIGAN, W. *Política do governo e crescimento da economia brasileira, 1889-1945*. Rio de Janeiro: Ipea, 1973.

WICKIZER, V.D. *The World Coffee Economy*. Stanford: Food Research Institute, 1943.

_____. *Coffee, Tea, and Cocoa*. Stanford: Stanford University Press, 1951.

13. O ascenso recente nos preços das *commodities* e o crescimento da América Latina: mais do que vinho velho em garrafa nova?[274]

Com Albert Fishlow

13.1. Introdução

Depois de 25 anos de declínio a partir do início dos anos 1980, os preços das *commodities* tiveram um forte aumento no começo do século XXI, mas sofreram um novo colapso com a crise financeira de 2008-2009. Parecia confirmar-se, assim, o tradicional padrão de sobe e desce dos preços das *commodities* no longo prazo. Contudo, impulsionados pela rápida recuperação das nações da Ásia, importantes compradoras de *commodities* (e quem sabe também por causa das taxas de juros muito baixas no mundo inteiro), os preços das *commodities* se recuperaram a partir de meados de 2009. No momento em que escrevemos, em abril de 2010, tudo indica que a tendência ascendente dos preços vai continuar – ainda que talvez com menos ímpeto do que entre 2001 e 2007, devido à recuperação econômica mais frágil nas nações industriais.

---

[274]Traduzido por Helga Hoffmann de "Recent commodity price boom and Latin American growth: more than new bottles for an old wine?". Em J. A. Ocampo e Jaime Ros (orgs.), (2011, pp. 394-410). Publicado com autorização da Oxford University Press.

A América Latina, rica em recursos naturais, beneficiou-se desse salto nos preços das *commodities*, alcançando taxas de crescimento do PIB per capita que não se viam desde os anos 1970. Preços das *commodities* em alta melhoraram as contas correntes dos balanços de pagamentos e induziram elevadas entradas de capital estrangeiro. Consequentemente, as taxas de câmbio real se apreciaram; mas a novidade do ciclo foi uma considerável acumulação de reservas em moeda estrangeira e uma nítida redução do endividamento externo. Assim, quando ocorreu a crise internacional em meados de 2008, os responsáveis pela política econômica na região tiveram os meios para atenuar o impacto dos choques externos através de políticas macroeconômicas anticíclicas adequadas.

Em 2010, a América Latina estava crescendo de novo e os preços das *commodities* se fortaleciam. É uma combinação feliz, mas não deixa de ter contradições. A tensão principal é antiga e aparece com o nome de "desindustrialização" ou "doença holandesa": à medida que os recursos internos são atraídos para os setores relacionados com as *commodities*, há uma tendência de apreciação da taxa de câmbio real e, em consequência, de perda de competitividade dos setores que não têm relação com as *commodities*, com o risco de perderem espaço tanto no mercado externo quanto no interno. Em vez de abandonar os mercados, os setores manufatureiros que sofrem esse impacto negativo com frequência se fazem ouvir, exigindo intervenção do governo para mantê-los em atividade.

Essa não é a única tensão derivada do *boom* recente nos preços das *commodities*, pois a taxa de câmbio pode se apreciar não como consequência direta das exportações de *commodities*, mas sim por causa da entrada de capitais atraídos pela melhoria nas perspectivas econômicas da região. Por conseguinte, o que está em jogo não é apenas uma velha controvérsia sobre padrões de industrialização, mas uma nova controvérsia sobre entrada de capitais e déficits simultâneos em conta corrente. E aí está envolvida também a questão das taxas de juros domésticas e seu nível adequado.

Iremos aprofundar essa questão dos instrumentos de política econômica – domésticos e internacionais – apropriados para compensar a volatilidade regular dos preços de *commodities*. Nesse processo, é essencial desagregar. Preços agrícolas, de minérios e do petróleo não necessariamente se movem em conjunto e muito menos todos os produtos nas duas primeiras categorias. Os índices agregados podem enganar.

Primeiro, vamos comentar de forma resumida a extensa literatura dedicada a esse tema. Poucos temas econômicos têm tamanha tradição. Mercantilismo e protecionismo existem há muito tempo. Começamos pelas contribuições do pós-guerra de Raúl Prebisch e Hans Singer. Não é acidental que a América Latina – que não esteve diretamente envolvida na guerra e foi um supridor inicial de exportações para a Europa em guerra – se tornasse o foco da industrialização via substituição de importações nos anos 1950. Alguns países da região obtiveram crescimento econômico durante a Grande Depressão e procuraram mantê-lo; outros tiveram a motivação para tentar.

Em seguida, dirigimos o foco para quatro experiências distintas de países da região. Essa seleção se deve a seu tipo de exportação, bem como às políticas diferenciadas que foram adotadas. Todos eles haviam embarcado na substituição de importações nos anos 1950. Todos eles se beneficiaram de ganhos nos termos de troca nos anos 2000. Mas a diferença nos resultados foi considerável.

Começamos pela Argentina, o único exemplo histórico de um país que caiu da colocação entre os dez países de maior renda per capita em 1900 para uma posição bem inferior mais de um século depois. A volatilidade cíclica dos preços dos produtos agrícolas exportados explica em grande medida o resultado, mas igualmente responsáveis são as opções de política econômica. A Argentina passou da exportação de carne e trigo para a concentração em soja nas duas últimas décadas. Mas impostos sobre exportações e restrições às importações continuaram sendo características centrais.

Continuamos com o Chile, onde a produção de cobre tem dominado desde 1945. Sujeito a maior volatilidade, devido à concentração de suas exportações em *commodities*, o Chile impressiona pela polarização em sua política econômica. A despeito de suas limitações de tamanho, primeiro se dedicou à industrialização protegida por elevadas barreiras.

Depois, uma tentativa de acomodar-se inteiramente ao mercado no período Pinochet mostrou-se igualmente enganosa. Finalmente, teve êxito sob os governos da *Concertación*. A exportação de recursos naturais e os preços crescentes do cobre ajudaram em muito essa transformação.

A Venezuela é nosso terceiro caso, um exportador de petróleo clássico, com a mais alta renda per capita da América Latina nos anos 1950, que fracassou em alcançar um desenvolvimento econômico sustentado e mais diversificado já bem antes da chegada à cena de Hugo Chávez nos anos 1990. Nesse caso, políticas domésticas e internacionais nitidamente interagem, a começar pelo ingresso na Opep nos anos 1970. Em tempos mais recentes, houve um grande aumento no preço do petróleo de 2003 a 2008, e de novo em 2010, acompanhado, no entanto, por intervenções de política cada vez mais inadequadas, que nos recordam as respostas iniciais à repentina riqueza exportadora que acabou na Década Perdida dos anos 1980.

O Brasil é o último exemplo que consideramos. O que diferencia essa experiência é a combinação de exportações agrícolas, de minérios e de petróleo em anos recentes, inclusive etanol e biodiesel. Ao mesmo tempo, seu setor industrial tem sido importante e, desde os anos 1990, sem a grande proteção tarifária característica da rápida expansão anterior. O setor público expandiu-se muito e a inflação tem sido mantida sob controle desde o Plano Real, em 1994. Além disso, a economia sobreviveu bem à Grande Recessão e registrou uma recuperação impressionante em 2010. Aqui a questão central torna-se a magnitude e a forma de intervenção compatível com a riqueza de recursos.

Com base nessa história diversa, voltamos, na seção final, à combinação apropriada de políticas para enfrentar as consequências negativas da volatilidade nos preços das *commodities* e alcançar um desenvolvimento sustentável.

13.2. A maldição e a doença

Várias vertentes da literatura sobre desenvolvimento econômico discutem recursos naturais e desenvolvimento econômico. Foi talvez David Landes (1998) quem primeiro cunhou a expressão "maldição dos recursos naturais", com o sentido de que países bem dotados de recursos naturais tenderiam a crescer em ritmo inferior aos países não tão bem dotados. Na América Latina, imediatamente depois da Segunda Guerra Mundial, foi proeminente a tese de Prebisch-Singer[275] sobre a tendência de longo prazo de declínio das relações de troca dos produtos primários: seria como resultado dessa tendência que os países especializados nas exportações de produtos primários estariam condenados a crescer mais lentamente.

Gastou-se muita tinta na análise e verificação empírica dessa proposição dos termos de troca: o veredicto final dos estudos recentes é que quebras estruturais de preços ocorrem, mas não há tendência discernível nos dados seculares (Cuddington, Ludeman e Jayasuriya, 2007; Brahmbatt e Canuto, 2010; Ocampo e Parra, 2010). Esse resultado, não obstante, é consistente com oscilações cíclicas de grande amplitude, como em 1919, nos anos 1970 e quase certamente depois de 2004. Além disso, há algumas *commodities* individuais cujo comportamento de longo prazo talvez evidencie uma tendência. Em resumo, o problema relevante de política econômica é a resposta a essa volatilidade.

Anteriormente essa resposta tivera duas formas: esforços de produtores para controlar a oferta, como a Opep e outros, e formação de estoques nacionais para atenuar as oscilações de preços.[276] Somente em anos recentes apareceu outra forma: fundos soberanos. Esses são acumulados durante a fase ascendente do ciclo, com a intenção de permitir o gasto durante a fase de declínio. Em consequência, os governos podem evitar os excessos da prosperidade e as profundezas da depressão. Para alguns exportadores de petróleo com reservas limitadas, a ideia é também a de estabelecer um fundo patrimonial. Atualmente, os fundos soberanos somam US$ 3,8 trilhões, sendo o Chile o único país da região a estar representado (IFSL Research 2010).

Outra variante popular da maldição dos recursos naturais argumenta que a produção primária não é tão "dinâmica" quanto a industrial, tanto por causa do crescimento mais baixo da produtividade quanto por

---

[275] Prebisch (1950); Singer (1950).
[276] Houve tentativas anteriores de incorporar também os consumidores, como o Acordo Internacional do Café envolvendo Brasil e Colômbia.

causa da elasticidade-renda mais baixa da demanda final. Resultados empíricos não confirmam a primeira proposição: a produtividade na agricultura e na mineração tende a crescer tão rapidamente quanto na indústria entre produtores eficientes.[277,278] Mas é um fato bem conhecido na economia do desenvolvimento desde Kuznets (1966) que, à medida que cresce a renda, parcelas de população e de renda se deslocam dos produtos primários para a indústria e depois para os serviços. A estrutura da produção, no entanto, não tem de ser replicada no padrão de comércio internacional. Se um país tem abundância de recursos naturais, suas exportações podem continuar sendo dominadas por esses, mesmo à medida que ele se desenvolve e que a maior parte da população se desloque para a indústria e depois para os serviços.

A Noruega tem a mais alta renda per capita do mundo e o petróleo domina suas exportações. Outros países que se desenvolveram na base de exportações de produtos primários incluem a Austrália, o Canadá, a Finlândia e a Nova Zelândia, sem falar da Suécia e dos Estados Unidos ainda no século XX. Está claro que o que caracteriza (ou caracterizava) esses países é a elevada dotação de produtos primários per capita. À medida que a população aumenta, declina a abundância relativa de recursos naturais e, em consequência, os padrões de exportação tendem a ficar mais semelhante aos padrões da produção interna, isto é, cresce a proporção da indústria e dos serviços nas exportações.

Não obstante o exemplo dos países nórdicos do "velho mundo" e dos países anglo-saxões do "novo mundo", o fato é que um grande número de exportadores de produtos primários, notadamente na África e na América Latina, apresenta fraco desempenho em seu crescimento

---

[277]Martin e Mitra (2001); Wright e Czelusta (2007).

[278]Prebisch e Singer não trataram de taxas relativas de crescimento da produtividade, mas sim da proposição de que o progresso técnico seria apropriado como salários mais altos nos centros manufatureiros e disperso como preços mais baixos na periferia fornecedora de produtos primários. Seu argumento pressupõe que a mão de obra está plenamente empregada no centro e tem oferta ilimitada na periferia (Lewis, 1954). Mas nesse caso se poderia argumentar que o que importa para a periferia é mais o crescimento do emprego do que a tendência das relações de troca (Bacha, 1978).

econômico.[279] Usando como critério a proporção das exportações de produtos primários, seja nas exportações totais seja no PIB, inúmeros estudos usando regressões de corte longitudinal (*cross section*), desde o conhecido artigo de Sachs e Werner (1995), aparentemente confirmariam a "maldição dos recursos naturais": países em desenvolvimento ricos em recursos naturais tendem a crescer menos do que os exportadores de produtos manufaturados.

Contudo, em uma série de estudos recentes, Lederman e Maloney (2007, 2008) questionam tal conclusão. Eles argumentam que a maldição dos recursos naturais, aparente na correlação simples entre especialização e crescimento,[280] desaparece quando se introduz nas regressões uma medida de concentração. Eles sugerem, assim, que a maldição é a da falta de diversificação, e não a dos recursos naturais. Essa verificação é consistente com a visão de que recursos naturais podem atrasar o crescimento devido às limitadas possibilidades de variação entre as *commodities*. Mas nesse caso, como argumentam De Ferranti et alii (2002) e Lederman e Xu (2007), é factível a diversificação para outros setores a partir de uma base forte em recursos naturais, como ilustram os países nórdicos e os anglo-saxões do "novo mundo" que são hoje países bem desenvolvidos.

Desse ângulo, a maldição seria uma decorrência não da natureza do bem exportado, mas da excessiva concentração das exportações e da falta de flexibilidade para mudar de setor conforme seja necessário pela evolução da demanda mundial e das vantagens comparativas do país. A especialização em *commodities*, no entanto, pareceria claramente desvantajosa, pois seus preços tendem a ser muito mais voláteis do que os preços dos manufaturados, tornando difícil separar mudanças de preço temporárias das permanentes e, assim, reduzindo investimento fixo e crescimento. Alguns autores sugeriram, assim, que não é a tendência,

---

[279] Exceções notáveis da maldição dos recursos naturais entre os países em desenvolvimento incluem a Malásia, a Tailândia, Omã, Botsuana e o Chile.

[280] Ver o livro recente de Ocampo, Rada e Taylor (2009, cap.4) que demonstra essa proposição.

mas a volatilidade dos preços dos recursos naturais que é prejudicial ao crescimento econômico.[281]

Além do mais, a volatilidade dos preços e o tamanho relativo do setor de recursos naturais em muitos países implicam grandes flutuações na receita fiscal, tornando mais complexa a tomada de decisões por parte dos governos. Na fase ascendente, a questão é se as receitas são bem usadas, desperdiçadas ou até aplicadas de forma prejudicial. Tornell e Lane (1999) documentam o que eles denominam "efeito voracidade", quando a entrada repentina de riqueza leva a um aumento mais do que proporcional dos gastos, à medida que grupos de interesse exigem a sua parcela do lucro inesperado.[282] Como o processo apresenta histerese, qualquer baixa na maré da bonança pode levar a crises fiscais quando os gastos permanecem altos enquanto as receitas afundam.

Assim, dentre os vários canais possíveis pelos quais os recursos naturais poderiam ser uma maldição para o desenvolvimento de longo prazo, a qualidade das instituições e da governança é a hipótese mais amplamente discutida. Isham et alii (2005) verificam que as *commodities* que prejudicam o desenvolvimento institucional são aquelas que eles denominam de recursos de "fonte concentrada" (*point source*): além do petróleo, outros minérios, monoculturas de exportação e café e cacau. Sala-i-Martin e Subramanian (2003) e Bulte, Damania e Deacon (2005) igualmente verificam que recursos de fonte concentrada como petróleo e certos minérios corroem a qualidade institucional e, portanto, o crescimento, mas que isso não se aplica aos recursos agrícolas. De acordo com Collier e Goderis (2007), efeitos negativos sobre crescimento de longo prazo se relacionam, sobretudo, com petróleo e minérios, enquanto há pouca evidência de efeitos negativos sobre o crescimento no caso de preços elevados de *commodities* agrícolas, em geral mais abertas à entrada

---

[281]Blattman, Hwang e Williamson (2007); Hausmann e Rigobon (2003); Poelhekke e van der Ploeg (2007).

[282]Observando com certo desespero a disputa pela participação nas futuras receitas do petróleo do pré-sal no Congresso Nacional, o presidente Lula bem resumiu o efeito voracidade com seu comentário: "Estão brigando pelo pirão antes de pescar o peixe" (entrevista para o jornal *A Tarde*, 26/3/2010).

de competidores. Mas Collier e Goderis verificam também que os preços de petróleo e minérios tiveram impacto negativo sobre o crescimento de longo prazo em países exportadores com má governança. Eles têm um impacto positivo e significativo no crescimento em exportadores com boa governança.

Essa última verificação, de acordo com Brahmbhatt e Canuto (2010), sugere que os elevados preços das *commodities* de forma continuada nos próximos anos poderiam proporcionar recursos valiosos para acelerar o desenvolvimento econômico e social dos países exportadores de *commodities* com boas políticas e boa governança. Lederman e Malloney (2008) consideram que, com novos dados, novas análises econométricas lhes fornecem evidência clara de que não há maldição, nem mesmo indiretamente, através das instituições políticas que seriam mais afetadas pelos efeitos da maldição via políticas, o que tem sido a questão central na literatura sobre as características de fonte concentrada dos recursos naturais.[283] Não obstante, ainda que eles não considerem confiável a evidência relativa à hipótese da maldição via política, eles reconhecem que faz muito sentido ter arranjos institucionais para suavizar as consequências econômicas de lucros repentinos com recursos naturais.

Possivelmente o foco principal dessas intervenções se relaciona com a chamada Doença Holandesa.[284] Esse fenômeno surge quando uma alta expressiva, mas talvez temporária, no preço internacional de uma *commodity* de exportação provoca uma forte apreciação cambial, um aumento de gastos (em particular do governo), um aumento nos preços dos bens locais relativamente aos bens vendidos internacionalmente que não são *commodities*, um consequente êxodo de insumos desses

---

[283] A alegação de uma "bendição dos recursos" defendida por Lederman e Maloney se baseia na medição da abundância de recursos naturais de um país por suas exportações líquidas de recursos naturais per capita. Isso é igual à renda per capita do país multiplicada pela exportação líquida de recursos naturais como proporção do PIB. Essa última é uma medida frequente de abundância de recursos naturais nos estudos anteriores que afirmam ter identificado nos dados uma "maldição dos recursos naturais". A medida de abundância de Lederman e Maloney dá peso maior aos países com renda per capita mais elevada e isso pode tornar seus resultados tendenciosos no sentido de mostrar que recursos naturais constituem uma bênção, e não uma maldição.

[284] O termo Doença Holandesa foi cunhado pela revista *The Economist* em 1977 e inspirou-se originalmente nos efeitos colaterais da descoberta de gás natural na Holanda no fim dos anos 1950.

últimos setores e um déficit em conta corrente.[285] Quando estão no setor manufatureiro os bens que sofrem o *crowding out*, o efeito temido é a desindustrialização.

Mas o que torna esse movimento uma "doença"? Um argumento especialmente relevante é que não se pode prever adequadamente o ciclo completo e que tudo será dolorosamente revertido quando o preço internacional da *commodity* de exportação voltar a cair. Pode então ocorrer uma fuga de capitais, acelerando a depreciação do câmbio em meio a uma crise de balanço de pagamentos. Uma segunda interpretação é que o *crowding out* das exportações que não são *commodities* pode ser julgado indesejável, talvez porque o setor manufatureiro tenha mais externalidades para o crescimento de longo prazo. Essa última visão é apenas outra maneira de descrever a já discutida maldição dos recursos naturais; assim, parece apropriado reservar o termo Doença Holandesa para o fenômeno cíclico.

Quando considerado na perspectiva cíclica, o termo se aplica também ao rápido aumento de caráter temporário na entrada de capitais, provocando uma apreciação do câmbio em termos reais e um deslocamento da atividade econômica na direção dos produtos locais e afastando-se dos produtos vendidos internacionalmente não beneficiados por alta de preços. É claro que elevadas entradas de capital podem resultar do próprio *boom* das *commodities*, assim contribuindo para ampliar seus impactos de Doença Holandesa. A força do *boom* de *commodities*, por outro lado, pode ser ampliada por movimentos especulativos nos mercados de futuros, cuja importância se ampliou muito em anos recentes.

O que importa aqui é uma série de choques externos cumulativos que geram volatilidade e, portanto, crescimento mais lento em países em desenvolvimento exportadores de *commodities*. Aqueles choques podem ser multiplicados pela instabilidade macroeconômica e política interna; a maioria dos países em desenvolvimento continua exibindo políticas monetária e fiscal pró-cíclicas em vez de anticíclicas, isto é, políticas que tendem a ser expansionistas nos períodos de *boom* e de contenção nos períodos de recessão, assim exacerbando a amplitude das oscilações.

---

[285]Frankel (2010).

Voltaremos a essas questões em nossa seção de conclusões. Antes é preciso examinar um pouco mais detalhadamente, mesmo em resumo, as experiências contrastantes dos nossos quatro países latino-americanos.

13.2.1. *Argentina*

A Argentina é talvez o caso mais típico no mundo da suposta maldição dos recursos naturais: um país rico e fértil que perdeu o rumo no período posterior à Segunda Guerra Mundial. Já então o país se havia desviado de sua participação anterior no comércio mundial. No *boom* anterior a 1914, a soma de importações e exportações representava cerca de 80% da renda nacional; em 1950 essa proporção caíra para 20%. A substituição de importações já havia sido substancial durante a Grande Depressão, período em que se concentrou boa parte daquele declínio.

O país na época demorou a depreciar a taxa de câmbio, confiando, em vez disso, em controles cambiais diretos e outras restrições ao comércio, mas a relação especial com a Grã-Bretanha pelo Tratado de Roca Runciman resultou em uma resposta mais débil do que a de outras grandes economias da região. A Argentina continuou a pagar sua dívida.

> Uma atitude menos bem-comportada (...) teria liberado recursos para a adoção de políticas internas expansionistas pelo governo federal e para continuar a consolidação da indústria argentina através da expansão das importações de bens de capital.[286]

Depois da guerra, a política foi o fator mais poderoso e desde então permaneceu como o elemento dominante da economia na Argentina. A ascensão de Perón foi significativa como base da nova economia. Envolveu a distribuição consciente de renda em favor da força de trabalho urbana, renda essa proveniente tanto de setores agrícolas quanto industriais, os quais administraram suas diferenças em meio a uma proteção tarifária crescente. A dimensão desse deslocamento foi impressionante. A filiação a sindicatos representava apenas 10% do emprego não agrícola em 1936; em 1950, essa proporção havia aumentado para 49%.

---

[286]Thorp (1998, p. 116).

A consequência também é impressionante. A parcela do trabalho na renda nacional aumentou oito pontos percentuais até meados dos anos 1950. Depois disso, embora esse ganho tenha sido revertido, a batalha redistributiva implicitamente continuou.[287]

Perón foi derrubado pelos militares em meados dos anos 1950, mas esses cederam o controle a um sucessor civil em 1958; em 1962, os militares voltaram, mas brevemente. Finalmente, em 1966, como já acontecera noutras paragens da região, os militares retornaram de modo mais permanente (exceto por um rápido interlúdio da eleição de Perón e sua mulher Isabela), até que Alfonsín foi eleito no fim de 1983. Apesar dos problemas macroeconômicos associados com seu termo no governo e do fracasso do Plano Austral, a sucessão pacífica para Menem evitou que mais uma vez houvesse uma intervenção arbitrária. Crise similar ocorreu com o fim do câmbio fixo e a renúncia forçada de De La Rúa no fim de 2001.

A Argentina continua até o presente com fragilidade política e instituições fracas. Os dois mandatos de Menem, amparados em investimentos estrangeiros em expansão e acesso favorável ao mercado brasileiro, não mudaram o país tão definitivamente quanto alguns haviam esperado. A subsequente sucessão dos presidentes (Néstor e Cristina) Kirchner e sua tentativa de definir uma estratégia estruturalista independente do FMI sugerem uma busca vã. As políticas têm sido de acomodação estratégica de curto prazo, em vez de um conjunto de regras permanentes que permitam um avanço sustentado da produtividade.

Durante boa parte do período, o comércio exterior permaneceu em níveis baixos e as tarifas continuaram altas, junto com outras intervenções periódicas, como impostos sobre a exportação, até os anos 1990. Depois disso, o comércio exterior adquiriu maior importância. Hoje em dia, exportação e importação somadas de novo representam algo como 45% da renda nacional. Seu papel apresenta dualidade. Por um lado, o Mercado Comum do Sul (Mercosul) abriu novas possibilidades de exportação de produtos manufaturados para o Brasil, especialmente automóveis. Por outro lado, a Argentina permaneceu como exportador agrícola para o resto do mundo, especializando-se cada vez mais em soja,

---

[287]Della Paolera e Taylor (2003, p. 135).

à medida que se expandiu rapidamente a demanda chinesa. Diferentemente do Brasil até há pouco, houve uma aprovação aberta de novas variedades genéticas com a consequente redução de custos.

Mesmo assim, apesar de um crescimento das exportações mais rápido do que o do PIB nas duas últimas décadas, poucos escolheriam a Argentina como um caso em que a riqueza dos recursos naturais se traduziu finalmente em base para um desenvolvimento com sucesso. Historicamente, enquanto as relações de troca apresentaram alta volatilidade, a política de comércio exterior do governo conseguiu atenuar o correspondente impacto sobre a receita dos agricultores. Quando os preços externos eram altos, foram tributados; quando esses eram baixos, foram implicitamente concedidos subsídios. Mas essa aparente estabilização não evitou conflitos internos com a indústria e uma desvantagem relativa em termos políticos que persiste.[288] A substituição de importações de novo se intensificou na Argentina depois da crise de 2001. Existe uma crença forte de que as manufaturas internas podem tornar-se mais produtivas e uma fonte melhor de desenvolvimento do que a agricultura e os mercados livres. Enquanto a poupança continua relativamente alta, o investimento real tem sido insuficiente, em boa parte devido a restrições à importação de bens de capital, o que eleva seu custo. O investimento estrangeiro guarda cautela, dada sua experiência no passado, além de um presente em que os índices de preços oficiais mostram apenas metade da inflação.

Em suma, apesar da volta do ambiente externo favorável para as *commodities*, a Argentina ainda não conseguiu resolver seus problemas internos fundamentais. Esses pesam muito mais para um crescimento econômico satisfatório do que as relações de troca. É verdade que tem havido volatilidade, mas suas origens estão muito mais na "instabilidade das 'regras do jogo' (regimes de política econômica, normas regulatórias, respeito aos direitos de propriedade e assim por diante)" (Chudnofsky e Lopez, 2007:27). É possível aproveitar uma base de recursos favorável e ao mesmo tempo alcançar a necessária competitividade e eficiência no setor industrial. Continuidade é uma virtude que tem faltado.

---

[288]Della Paolera e Taylor (2003, p. 107).

13.2.2. Chile

A longa tradição democrática do Chile teve uma quebra violenta em 1973 com a chegada da ditadura de Pinochet. As condições econômicas, que pareciam tão positivas nos anos 1960, quando o governo de Eduardo Frei havia se beneficiado de recursos da Aliança para o Progresso e levado a cabo amplas reformas, também se tornaram negativas no início dos anos 1970. A inflação chegara a 900% ao ano e tanto o déficit fiscal quanto o do balanço de pagamentos pareciam irremediáveis. Políticas populistas adotadas pelo governo de Salvador Allende tampouco eram uma solução.

Os *Chicago Boys* que chefiaram os ministérios econômicos na década seguinte procuraram reverter inteiramente a dedicação anterior à industrialização com substituição de importações e à elevada presença do Estado. Seus esforços tiveram êxito apenas em parte. O monetarismo, com sua lei de um só preço, não funcionou como estratégia para acabar com a inflação que continuava. A inflação diminuiu, mas com uma defasagem considerável. Um elevado déficit em conta corrente e um *boom* financeiro interno não foram precursores da restauração do crescimento econômico. Logo a economia veio abaixo de novo, em 1982, depois do mergulho dos preços do cobre e a recessão nos Estados Unidos. O governo chileno garantiu as dívidas privadas que haviam sido incorridas, em vez de deixar o setor privado à sua própria sorte, e assim terminou de fato o experimento do "livre mercado".

Seguiu-se uma nova política macroeconômica, de caráter menos ortodoxo, e com taxas de câmbio flutuantes. Houve uma modesta recuperação econômica, mas ela veio tarde demais para salvar a ditadura. Haviam ocorrido, no entanto, mudanças fundamentais na economia. Tarifas aduaneiras permaneceriam baixas. Privatizações continuariam – exceto no cobre. Continuariam também mudanças institucionais significativas envolvendo as aposentadorias pagas pelo governo, o papel do Banco Central e o da iniciativa privada de modo geral.

A *Concertación* assumiu o governo em 1990. Subsequentemente, o crescimento chileno se tornou endêmico. A inflação diminuiu continuamente, e com ela as taxas de juros reais. A indústria doméstica, com a confiança renovada, aumentou dramaticamente suas taxas de poupança e começou a investir. Novas atividades dispensaram a proteção tarifária. Regras de governo mais firmes foram estabelecidas para garantir regularidade fiscal. O investimento estrangeiro retornou. A produção de cobre, que chegou a ser 80% estatal, chegou ao ano 2000 70% privada, devido a novas explorações do minério. À medida que a renda aumentou gradualmente, a pobreza diminuiu rapidamente, embora persistisse elevada desigualdade na distribuição de renda. As políticas públicas respeitaram a primazia do mercado como sinalização para a produção, ainda que insistindo na legitimidade e na importância da intervenção do governo para fins sociais.

O gasto público contribuiu para melhorias na saúde, na habitação e na educação. Foram feitas revisões no sistema de aposentadorias, aumentando a cobertura e os benefícios para os mais pobres. As regras de barganha coletiva foram modernizadas. Aumentaram os investimentos em pesquisa e desenvolvimento.

A política econômica continuou a prestar atenção no mundo. O Chile tem sido o país mais ativo do mundo na conclusão de acordos de livre comércio. Ingressou na Associação Norte-Americana de Livre Comércio (Nafta) e escapou das tarifas mais elevadas e dificuldades do Mercosul. Suas principais exportações, além de cobre, incluem frutas e vegetais, produtos florestais, pescado e vinho. As exportações representam mais de 40% do PIB, sendo o cobre a metade delas. A recíproca é o acesso a uma variedade de produtos manufaturados importados de qualidade mais alta e preços menores do que os que poderiam ser produzidos internamente. Ainda que os Estados Unidos tenham cedido há muito sua posição de principal receptor das exportações chilenas, mantêm a liderança nas importações do país.

Em anos recentes, com a enorme elevação dos preços do cobre depois de 2003, o Chile tem demonstrado a eficácia de uma política fiscal compensatória. O ganho de um superávit comercial aumentado – equivalente a mais de 5% do produto nacional quando o preço do cobre chegou a US$ 4 a libra – foi reservado em um fundo soberano, aplicado em instrumentos financeiros domésticos (e também estrangeiros até o limite de 30%). Esses recursos, que chegam hoje a mais de US$ 15 bilhões, puderam ser acessados para compensar a dramática queda do preço do cobre para US$ 1,40 em 2009. Um déficit fiscal substituiu o superávit anterior. Em consequência, a renda em 2009 caiu apenas modestamente no Chile, o que evitou o rápido declínio sofrido por vários outros países no quarto trimestre de 2008. Esses fundos estão agora disponíveis quando o Chile procura se recuperar do terremoto de 2010 com um maciço esforço de reconstrução.

O fundamental é que o Chile tornou-se o exemplo de que não existe a maldição dos recursos naturais. Nem sempre esse foi o caso. O país fez um percurso excepcional, desde a completa adesão à doutrina Prebisch de um inevitável declínio nas relações de troca nos anos 1950 até a formação de um fundo soberano, usado em seu benefício, no século XXI. As manufaturas domésticas constituem uma porcentagem relativamente pequena da renda nacional. A mineração é mais ou menos comparável. O setor público permanece relativamente pequeno, mas eficiente.

No processo, o Chile também se modernizou politicamente. A eleição do candidato conservador Sebastian Piñera em 2010 simboliza a tendência. Ele substituiu a presidente Michelle Bachelet, da *Concertación*, que terminou seu mandado com 70% de aprovação popular. Existe hoje um centro poderoso na política chilena, que rejeita o irrealismo mágico dos extremos à esquerda e à direita que tiveram poder no passado. Essa maturidade importa para as políticas econômicas a serem seguidas no futuro.

13.2.3 *Venezuela*

Esse é, na América Latina do pós-guerra, um caso clássico de riqueza de recursos naturais e da maldição que eventualmente a acompanha. Inicialmente houve apenas um enorme ganho.

A exploração de petróleo começou nos anos 1920. Em 1950, a Venezuela se aproximava da Argentina em renda per capita na região e em 1970 a ultrapassou. Com o rápido aumento do preço do petróleo nos anos 1970, orquestrado pela Opep, da qual a Venezuela era membro, os ganhos aumentaram ainda mais.[289] O país foi copresidente da reunião de

---

[289]Entre 1920 e 1980, a economia da Venezuela cresceu mais rapidamente do que qualquer outra no mundo, segundo os dados reunidos por Angus Maddison.

Paris sobre Cooperação Econômica Internacional, em 1975, que buscou, sem sucesso, um acordo Norte-Sul.

Simultaneamente, houve avanço político. Em 1958, através de um acordo de participação no governo, a Ação Democrática (AD) e os democrata-cristãos (Copei) concordaram em alternar a presidência para substituir o governo militar. Esse processo continuou sem obstáculos até os anos 1990, mesmo quando boa parte do resto da região foi submetida a ditaduras militares. Os imigrantes se tornaram uma parte importante da população em rápido crescimento.

A industrialização substitutiva de importações foi perseguida nesse intervalo, sendo impostas tarifas e cotas de importação. Foram lançadas novas indústrias. O ritmo de crescimento das importações foi apenas de metade do ritmo de crescimento do produto total. Mas uma parcela muito maior das importações continuou sendo de bens de consumo, diferentemente do que acontecia com outros países. Outra diferença foi a importância do Estado: o setor público dominou, obtendo receitas abundantes das exportações de petróleo e gastando parte em subsídios. Cerca de 20% do emprego total estavam em atividades estatais. Não menos importante, os preços da gasolina foram mantidos baixos, proporcionando ganhos aos grupos de renda média e alta.

Essa feliz situação se alterou dramaticamente nos anos 1980. Também a Venezuela teve uma década perdida, não tanto por dívidas acumuladas no passado, mas pelo rápido declínio do preço internacional do petróleo. Nessas circunstâncias, tornou-se necessária a desvalorização do câmbio, que ocorreu em 1983. O serviço da dívida começou a absorver uma parcela maior de receitas de exportação diminuídas. A receita do governo, ligada ao petróleo, caiu drasticamente. Em 1989, a renda per capita havia voltado ao seu nível de 1973.

Todos os múltiplos beneficiários do Estado estavam de repente em uma relação de competição fora do comum: mais para alguns se traduzia em menos para outros. O funcionalismo público era corrupto e difícil de administrar. Os militares foram comprados. O poder político foi centralizado. A população urbana pobre foi em grande parte excluída e seus benefícios foram limitados. Mais de metade havia caído para abaixo da linha de pobreza (Reid, 2007:162).

Carlos Andrés Pérez foi eleito pela segunda vez em 1988. Dessa vez – como era o caso em outros países da região – não havia alternativa para reformas internas. Elas não chegaram a acontecer. Em vez disso, uma primeira tentativa de aumentar o preço da gasolina resultou em uma sublevação popular, o *Caracazo*, com mais de 400 mortos. Embora a administração continuasse com suas políticas, o Congresso e o partido da Ação Democrática não mais colaboravam. Hugo Chávez tentou um golpe em fevereiro de 1993, mas fracassou; no mesmo ano, Pérez teve impugnado o seu mandato.

Em 1998, Chávez foi eleito presidente. Esse evento, e a Assembleia Constituinte que se seguiu, deu início à nova República Bolivariana, que continuou e se estendeu até hoje. Chávez permanecerá como presidente até 2012 ou talvez depois. A economia da Venezuela continua a depender do petróleo, que representa quase 90% da sua receita de exportações e boa parte de sua receita fiscal. Entre as duas datas, temos mais de uma década com interpretações radicalmente diferentes e irreconciliáveis.

Os partidários do regime insistem na elevada taxa de expansão de cerca de 10% ao ano desde 2003, isto é, depois que o fracasso do golpe de abril garantiu o controle da PDVSA, a companhia estatal de petróleo da Venezuela. A maior parte do crescimento é atribuída por esses ao setor não petroleiro e à atividade privada. Durante a expansão, os gastos sociais aumentaram, a desigualdade caiu dramaticamente e a educação melhorou. Além disso, veem uma tentativa de diversificar a economia e, assim, escapar da maldição dos recursos naturais.[290]

Os opositores contestam virtualmente todas essas consequências do que foi inegavelmente um aumento muito lucrativo dos preços do petróleo entre 2002 e 2008 e que começaram a subir de novo na segunda metade de 2009. No início de 2011, com o início das revoltas populares no Norte da África, os preços do petróleo subiram de novo. Eles negam que haja uma política em favor dos pobres e enfatizam os limitados avanços de uma variedade de indicadores de desenvolvimento humano. Mais ainda, os resultados são menores do que deveriam ser, dado o

---

[290]Weisbrot, Ray e Sandoval (2009).

considerável aumento de renda ocorrido.[291] O que fica evidente é a intenção. Chávez está comprometido com um novo estilo de governança, e não simplesmente com a Venezuela. Suas ambições ousadas, como as de Bolívar, são continentais e até mais do que isso. Novas instituições, como as Missiones, são mecanismos para tentar alcançar os pobres, não muito diversas de tentativas populistas anteriores na região. Tampouco são completamente diferentes os resultados – apesar da abundância proveniente do enorme aumento nos preços do petróleo. Cada vez mais tem sido usado o racionamento em vez do mercado.

A despesa pública cresceu muito e levou a déficits fiscais persistentes, mesmo com o enorme aumento da receita do governo. A inflação ameaça ficar fora de controle. Uma taxa de câmbio sobrevalorizada teve de ser desvalorizada mais de uma vez. As taxas de câmbio múltiplas retornaram. Apesar de limites à saída de capitais, as reservas estrangeiras acumuladas aparentemente são menores do que o necessário. Um suposto fundo soberano foi usado em parte para gastos fora do orçamento e não há recursos disponíveis para uma política fiscal compensatória.[292]

A gravidade total do problema foi atenuada pelo retorno de preços mais altos do petróleo no mercado internacional. Chávez recentemente aceitou a participação de firmas de petróleo estrangeiras, inclusive a americana Chevron, na exploração de amplos depósitos de xisto betuminoso na bacia do rio Orinoco. Haverá até mesmo redução da cobrança de royalties de 33,3% para 20%. Publicidade muito maior tem sido dada a acordos com a China e a Rússia, cujas datas para início são muito mais remotas.

De que modo a Venezuela vai eventualmente emergir não se sabe. Mas os recursos naturais não têm sido uma dádiva líquida e certa. Na verdade, segundo informações recentes, o país estava classificado, conforme o preço dos *Credit Default Swaps* (CDS), como tendo alta probabilidade de *défault* nos próximos cinco anos. A probabilidade

---

[291] Rodriguez (2008).
[292] O tamanho real das reservas da Venezuela é difícil de saber, porque no cálculo de uma parte delas são incluídos recursos domésticos, à taxa de câmbio oficial. Mas a moeda interna pode ser criada sem custos, como mostra a década passada. Um imposto inflacionário implícito impõe custos para os pobres que em geral não têm sido discutidos.

dada para a Venezuela era de 48,5%, no momento em que aquela dada para a Grécia era de 25,4%. A Noruega, por outro lado, liderava a lista como o risco soberano mais seguro.[293]

13.2.4 Brasil

Desde o fim do século XIX até os anos 1930, o Brasil era café e café era Brasil. Desde então o país se industrializou com sucesso, na base de um mercado doméstico amplo e em expansão, e diversificou suas exportações: café hoje não passa de uma ínfima parcela dessas exportações. O Brasil talvez tenha demorado demais para se afastar de uma estratégia substitutiva de importações, mas graças a reformas orientadas para o mercado desde o início dos anos 1990, o país tornou-se um participante ativo na economia internacional.[294] O país é uma potência agrícola (sendo um importante exportador mundial não só de café, mas de açúcar, suco de laranja, tabaco, soja, milho, carne bovina, frango e carne suína). Suas duas maiores companhias, Petrobras e Vale, estão entre as líderes nos mercados internacionais de petróleo e minério de ferro. É testemunho da abundância de recursos naturais do Brasil o fato de que dois terços de suas exportações são de *commodities* ou produtos com elas relacionados. A descoberta recente de grandes reservas de petróleo em águas profundas na costa sudeste do Brasil certamente vai reforçar tanto a importância do país nos mercados mundiais de *commodities* quanto a importância das *commodities* na pauta de exportações brasileira.

O Brasil tem sido um dos principais beneficiários do *boom* nos preços das *commodities* do início do século XXI. A exportação total do país passou de US$ 72 bilhões em 2003 para US$ 197 bilhões em 2008 e o seu PIB cresceu em média 4,8% no período, um resultado considerável não apenas em comparação com os magros resultados da década anterior, mas também levadas em conta as baixas taxas de poupança e de investimento. Nesse período, o Brasil se beneficiou não só dos elevados preços das *commodities*, mas também de grande entrada de capital estrangeiro.

---

[293] *Financial Times* (8/4/2010).
[294] Ver Fishlow (2010) para uma análise da evolução do Brasil desde o fim do governo autoritário em 1985.

A consequência foi uma apreciação significativa do real, embora o Banco Central acumulasse um nível recorde de reservas internacionais. À medida que as *commodities* e os produtos a elas relacionados aumentaram nas exportações brasileiras, vários setores manifestaram a preocupação de que o país poderia sofrer a Doença Holandesa ou, pior ainda, uma desindustrialização. Mas os estudos acadêmicos que examinaram essa questão não encontraram evidências nem para a tese da Doença Holandesa nem para a da desindustrialização.[295] As indústrias não relacionadas com as *commodities* estão enfrentando dificuldade maior do que antes para manter o crescimento de suas exportações, mas têm muito espaço para expandir-se em um mercado interno em rápido crescimento e que continua bem protegido.

Essa evidência não dissipou a preocupação com a valorização do real, já que pelo menos parte dela está sendo provocada por entradas de capital (de curto prazo), atraído mais pelas elevadas taxas de juros do que pelos preços das *commodities*. Tais mudanças nos preços relativos levaram a um grande aumento de importações e à desaceleração das exportações que não são de *commodities*, contribuindo para aumentar o déficit em conta corrente, que no futuro poderá talvez não ser tão fácil de financiar. A questão imediata aqui é a composição da política macroeconômica: taxa de câmbio flutuante no contexto de uma conta de capital aberta e taxas de juros internas sustentadas em nível superior ao do exterior para manter a inflação sob controle.

Os estudos acadêmicos apontam para o óbvio, além da questão da composição da política macroeconômica: a baixa taxa de poupança do Brasil e déficits públicos persistentes. Se a poupança fosse mais alta e o déficit mais baixo, as taxas de juros poderiam ser reduzidas sem arriscar a alta da inflação e oferecendo espaço para uma taxa de câmbio mais competitiva. Sem essa austeridade, no entanto, o Brasil parece condenado a uma taxa de crescimento potencial insatisfatória, o que pode levar a um aumento do desconforto com a atual política macroeconômica e intensificação do apelo a políticas populistas abandonadas faz tempo.

---

[295] Ver Puga (2007); Barros e Pereira (2008); Jank et alii (2008); Nassif (2008); Souza (2009); Bonelli e Pessoa (2010).

Afinal de contas, a forte recuperação de 2009 deveu-se à política fiscal e monetária expansionista. Mas taxas de juros persistentemente altas e a volatilidade cambial constituem um obstáculo ao crescimento.

Pode ser que a descoberta recente do petróleo do pré-sal na costa sudeste ofereça algum alívio. De fato, o principal teste será se o Brasil vai ser vítima de uma "maldição dos recursos naturais" ou, em vez disso, vai se beneficiar de uma "bênção dos recursos naturais". Esse teste pode ocorrer nos próximos anos, quando o país começar a extrair o petróleo do pré-sal. Eventos recentes não dão muito motivo para esperança. Para lidar com a nova riqueza petroleira, o presidente Lula enviou ao Congresso proposta de modificações importantes nas regras vigentes para a exploração do petróleo: uma mudança do regime baseado em concessões, que deu bons resultados, para um regime ainda não testado de partilha de lucros, em que qualquer consórcio terá a participação obrigatória da Petrobras como única empresa a poder abrir poços. Além disso, um novo órgão estatal teria direitos exclusivos de venda das novas descobertas de petróleo. A ampla maioria do governo na Câmara dos Deputados aprovou essas mudanças, mas enviou ao Senado um projeto de lei com uma distribuição inteiramente nova das receitas do petróleo entre União, estados e municípios e isso paralisou as deliberações em torno do novo regime de exploração do petróleo.

Políticas industriais emergiram como mais uma questão controversa. O BNDES, banco oficial de financiamento de longo prazo, desempenhou um papel central na rápida recuperação de 2009 e seu papel no financiamento do investimento foi reforçado. O Programa de Aceleração do Crescimento do governo, embora implantado apenas em parte, já recebeu a suplementação de outro PAC começando em 2011 e incluindo a Petrobras. Durante a eleição presidencial houve muito envolvimento político nas questões. Espera-se que passadas as eleições volte a racionalidade que permitiu o êxito do Brasil em anos recentes.

13.3. Conclusões

O título deste ensaio sugere nossa conclusão. As exportações de *commodities* mereceram atenção e foram fonte de preocupações muito antes de Raúl Prebisch e Hans Singer no pós-guerra. A emergência da China e da Índia, e em geral da Ásia, como regiões ávidas de *commodities*, bem como a importância crescente das finanças internacionais na determinação de seus preços, é novidade no cenário. "É encorajador que durante o *boom* recente das *commodities* o gasto fiscal nas nações em desenvolvimento que dependem de recursos naturais tenha sido mais prudente do que em *booms* anteriores."[296]

Para as economias da América Latina, a indagação é se agora o vinho finalmente chegou à maturidade e se ele pode ser apreciado em novas garrafas sem provocar embriaguez.

Nenhuma das generalizações oferecidas anteriormente como guia de políticas públicas teve validade nos últimos anos. Cálculos econométricos mais sofisticados substituíram tentativas anteriores de estabelecer uma base para decisões de política. Enquanto anteriormente o perigo foi a crença na inevitabilidade da queda dos termos de troca, agora parece cada vez mais ser a projeção de ganhos crescentes que possam financiar todo tipo de intervenções governamentais.

Os países terão de formular suas políticas de comércio conforme os padrões mutantes da vantagem comparativa. Intervenções maciças destinadas a modificar essa realidade simplesmente arriscam repetir mais uma vez a industrialização substitutiva de importações. O comércio internacional pode ser um poderoso instrumento em favor do crescimento econômico, mas não sem esforços domésticos para conseguir inovação e mudança tecnológica no longo prazo.

Os quatro casos latino-americanos que consideramos reforçam essa conclusão.

A Argentina foi incapaz de transformar a riqueza de seus recursos naturais em fonte de avanço nos últimos 50 anos. Avanço e mudança ocorreram no setor exportador, sem que estimulassem alteração paralela no resto da economia. As políticas foram ainda mais voláteis do que os preços dos produtos.

O Chile alcançou ganhos impressionantes nas duas últimas décadas. A renda per capita aumentou de forma bastante regular, enquanto o mer-

---

[296] World Bank (2009, p. 9).

cado externo impulsionou uma transformação que dobrou a proporção das exportações no período. Novas exportações primárias emergiram, embora o cobre tenha mantido seu papel central entre elas. O setor privado tornou-se inovador. A política fiscal compensatória mostrou seus efeitos positivos, mesmo em uma situação em que o aumento de preços de exportação foi muito maior do que no passado. Essa volatilidade dos preços foi atenuada por uma intervenção pública eficaz.

A Venezuela é nosso terceiro caso. O petróleo não funcionou como base para um crescimento econômico sustentado. Em vez disso, os altos e baixos cíclicos se refletiram em instabilidade econômica interna. Isso ficou cada vez mais evidente na última década. Políticas públicas intervencionistas não aprenderam grande coisa com os erros do passado; tem se manifestado uma incapacidade de aproveitar plenamente o atual ciclo de alta dos preços.

O Brasil conseguiu uma notável transição durante esse mesmo período. A substituição de importações funcionou para desenvolver uma base industrial doméstica de magnitude relevante e capaz de competir internacionalmente. A produtividade agrícola aumentou muito, permitindo uma posição de liderança nos mercados. A exploração de minérios consolidou um papel crescente, marcado por investimentos brasileiros no exterior. Mais recentemente, a descoberta de petróleo nas camadas do pré-sal representa uma fonte potencial de riqueza.

Em todos esses casos, a característica dominante é a das políticas econômicas domésticas e sua transformação ao longo do tempo. A riqueza de recursos naturais inevitavelmente faz com que um país esteja mais sujeito à volatilidade. A questão é como lidar com ela. A resposta interna determina se a riqueza de recursos naturais se traduz em virtude ou maldição.

Referências

BACHA, E. "An Interpretation of Unequal Exchange from Prebisch–Singer to Emmanuel". *Journal of Development Economics* 5.4, 1978.

BARROS, O. e PEREIRA, R. "Desmitificando a tese de desindustrialização: reestruturação da indústria brasileira em uma época de transformações globais". In: O.

Barros e F. Giambiagi (orgs.). *Brasil globalizado: o Brasil em um mundo surpreendente*. Rio de Janeiro: Campus, 2008.

BLATTMAN, C., HWANG, J. e WILLIAMSON, J. "Winners and Losers in the Commodity Lottery: The Impact of the Terms of Trade Growth and Volatility in the Periphery, 1870–1939". *Journal of Development Economics* 82(1), 2007.

BONELLI, R. e PESSOA, S. "Desindustrialização no Brasil: fatos e versões". In: E. Bacha e M. de Bolle (orgs.). *Novos dilemas da política econômica: ensaios em homenagem a Dionísio Dias Carneiro*. Rio de Janeiro: LTC Editora, 2010.

BRAHMBHATT, M. e CANUTO, O. "Natural Resources and Development Strategy After the Crisis". *World Bank Economic Premise*, n°. 1, Washington, 2010.

BULTE, E., DAMANIA, R. e DEACON, R. "Resource Intensity, Institutions and Development". *World Development*, 33(7) 2005.

CHUDNOFSKY, D. e LOPEZ, A. *The Elusive Quest for Growth in Argentina*. Nova York: Palgrave, 2007.

COLLIER, P. e GODERIS, B. "Commodity Prices, Growth, and Natural Resources Curse: Reconciling a Conundrum". Working Paper n°. 276, Centre for the Study of African Economies, Oxford, 2007.

CUDDINGTON, J., LUDEMAN, R. e JAYASURIYA, S. "Prebisch-Singer Redux". In: Lederman and Maloney (2007).

DE FERRANTI, D. et alii. *From Natural Resources to the Knowledge Economy: Trade and Job Quality*. Washington: The World Bank, 2002.

DELLA PAOLERA, G. e TAYLOR, A. *A New Economic History of Argentina*. Nova York: Cambridge University Press, 2003.

FISHLOW, A. *O novo Brasil*. São Paulo: Saint Paul, 2010.

FRANKEL, J. "The Natural Resource Curse: A Survey". Harvard University Center for International Development Working Paper 195 (mai/2010). A sair em B. Schaffer (org.). *Export Perils*. University of Pennsylvania Press.

HAUSMANN, R. e RIGOBON, R. "An Alternative Interpretation of the Resource Curse: Theory and Policy Implications". In: J. Davis (org.). *Fiscal Policy Formulation and Implementation in Oil-Producing Countries*. Washington: IMF, 2003.

IFSL (International Financial Services London) Research (2010). *Sovereign Wealth Funds 2010*, March.

ISHAM, J. et alii. "The Varieties of Resource Experience: Natural Resource Export Structures and the Political Economy of Economic Growth". *World Bank Economic Review*, 19.2, 2005.

JANK, M. et alii. "Exportações: existe uma doença holandesa?". In: O. Barros e F. Giambiagi (orgs.). *Brasil globalizado: o Brasil em um mundo surpreendente*. Rio de Janeiro: Campus, 2008.

KUZNETS, S. *Modern Economic Growth*. New Haven: Yale University Press, 1966.

LANDES, D. *The Wealth and Poverty of Nations: Why Some Are So Rich and Some So Poor*. Nova York: Norton, 1998.

LEDERMAN, D. e MALONEY, W. (orgs.). *Natural Resources: Neither Curse nor Destiny*. Palo Alto e Washington: Stanford University Press and World Bank, 2007.
_____. "In Search of the Missing Resource Curse", *Economía*, 9.1, 2008.

LEDERMAN, D. e XU, L. "Comparative Advantage and Trade Intensity: Are Traditional Endowments Destiny?" In: Lederman e Maloney (2007).

LEWIS, A. "Economic Development with Unlimited Supplies of Labor". *Manchester School of Economics and Social Studies*, 22(2), 1954.

MADDISON, A. *The World Economy: A Millennial Perspective*. Paris: OCDE, 2003.

MARTIN, W. e MITRA, D. "Productivity Growth and Convergence in Agriculture and Manufacturing". *Economic Development and Cultural Change*, 49(2), 2001.

NASSIF, A. "Há evidência de desindustrialização no Brasil?", *Revista de Economia Política*, 28(1), 2008.

OCAMPO, J. A.; ROS, Jaime (orgs.). *The Oxford Latin America Economics Handbook*. Oxford University Press, 2011, pp. 394-410.

OCAMPO, J.A. e PARRA, M. "The Terms of Trade for Commodities since the Mid-19th Century". *Journal of Iberian and Latin American Economic History*, 28(1), 2010.

RADA, C. e TAYLOR, L. *Growth and Policy in Developing Countries: A Structuralist Approach*. Nova York: Columbia University Press, 2009.

POELHEKKE, S. e VAN DER PLOEG, F. "Volatility, Financial Development, and the Natural Resource Curse". CEPR Discussion Paper n°. 6513, Londres, 2007.

PREBISCH, R. *The Economic Development of Latin America and its Principal Problems*. Nova York: Eclac, 1950.

PUGA, F. "Aumento das importações não gera desindustrialização", BNDES, Visão do Desenvolvimento, n°. 26, Rio de Janeiro, 2007.

REID, M. *Forgotten Continent: The Battle for Latin America's Soul*. New Haven: Yale University Press, 2007.

RODRÍGUEZ, F. "An Empty Revolution: The Unfulfilled Promises of Hugo Chávez". In: *Foreign Affairs*, 87.2, 2008.

SACHS, J.D. e WARNER, A.M. "Natural Resource Abundance and Economic Growth". Harvard Institute for International Development, Development Discussion Paper 517a (out./1995).

SALA-I-MARTIN, X. e SUBRAMANIAN, A. "Addressing the Natural Resource Curse: An Illustration from Nigeria". IMF Working Paper n°. 03/139, Washington, 2003.

SINGER, H. "The Distribution of Gains Between Investing and Borrowing Countries". *American Economic Review*, 40(2), 1950.

SOUZA, C. "O Brasil Pegou a Doença Holandesa?". Universidade de São Paulo, Departamento de Economia, tese de doutorado, 2009.

THORP, R. *Progress, Poverty, and Exclusion*. Washington: IDB, 1998.

TORNELL, A. e LANE, P. "The Voracity Effect". *American Economic Review*, 89 (1), 1999.

WEISBROT, M., RAY, R. e SANDOVAL, L. "The Chávez Administration at 10 Years: The Economy and Social Indicators". *CEPR Reports and Issue Briefs*, abr./2009.

World Bank. *Global Economic Prospects and the Developing Countries*. Washington, 2009.

WRIGHT, G. e CZELUSTA, J.W. "Resource-Based Growth Past and Present". In: Lederman and Maloney (2007).

V. Epílogo

Glossário para não iniciados

Águas Doces = região dos Grandes Lagos, onde estão as universidades dos EUA cujos economistas são próximos ao monetarismo.

Águas Salgadas = costas leste e oeste dos EUA, onde estão as universidades cujos economistas se aproximam do keynesianismo.

AM = Alfred Marshall, economista inglês, autor dos *Principles of Economics (1890)*, considerada a bíblia da economia até a década de 1930.

D = símbolo (de: *demand*) para a curva de procura por bens e serviços da economia. Ao longo da curva de demanda, quanto maior o preço (P), menor, em geral, a quantidade demandada (Q).

HM = Hyman Minsky, economista americano, autor de *John Maynard Keynes* (1975), considerado o grande teórico das crises financeiras.

MK = John Maynard Keynes, economista inglês, autor de *Teoria Geral do Emprego, dos Juros e da Moeda* (1936), considerado o pai da macroeconomia moderna.

MF = Milton Friedman, economista americano, autor de *A Theoretical Framework for Monetary Analysis* (1971), considerado o pai do monetarismo.

P = Nível dos preços (ou taxa de inflação) da economia. Medido no eixo vertical das figuras no texto.

Q = PIB (ou nível de emprego) da economia. Medido no eixo horizontal das figuras no texto.

S = símbolo (de: *supply*) para a curva de oferta de bens e serviços da economia. Ao longo da curva de oferta, quanto maior o preço (P), maior em geral a quantidade ofertada (Q).

UltraFs = Ultramonetaristas (também conhecidos como neoliberais).

UltraKs = Ultrakeynesianos (também conhecidos como desenvolvimentistas).

14. O discreto erotismo da macroeconomia[297]

Há tempos, vem a oferta (S) cruzando com a procura (D) nos compêndios de economia. No final do século XIX, o sábio AM lhes havia recomendado a posição da tesoura, com as hastes semiabertas, na busca de um equilíbrio natural entre a dor da verticalidade (P) e o prazer da horizontalidade (Q):

1)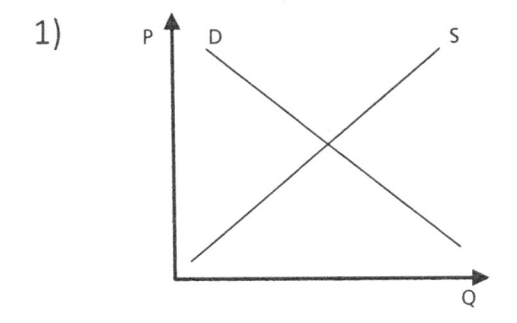

Nos anos 1930, sofrendo de Grande Depressão, saíram a oferta e a procura em busca de posições mais estimulantes. Sugeriu-lhes, então, o doutor MK que a oferta se deitasse passivamente na horizontal, deixando à procura, revigorada por pílulas governamentais, assumir o papel ativo de estimular a atividade:

[297]Publicado originalmente em O Globo, 08/07/2012, p. 30.

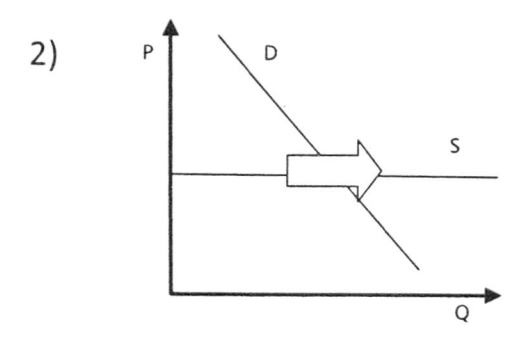

Por muitos anos viveram felizes assim, até que, nos anos 1970, padecendo com o Choque do Petróleo, a oferta se rebelou e assumiu a posição vertical. A prescrição de MK para obter maior Q-prazer, através de estímulos da demanda, tornou-se então fonte de pura P-dor:

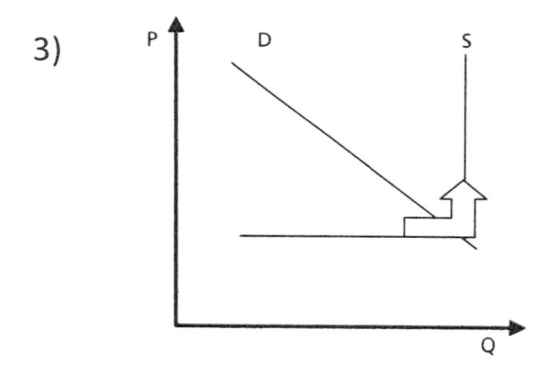

Os doutores das Águas Salgadas seguidores de MK recomendaram então maiores controles do governo para diminuir a P-dor. Ressabiadas, a oferta e a procura saíram interior adentro, em busca de alternativas que mantivessem sua liberdade de movimentos.

Encontraram-se com o guru das Águas Doces, MF, que lhes deu uma receita diretamente oposta à de MK: devia a procura assumir uma posição horizontal passiva, mantendo assim a P-dor sob controle. A oferta ficaria na posição vertical, crescendo à taxa natural, sem amarras do governo:

4)

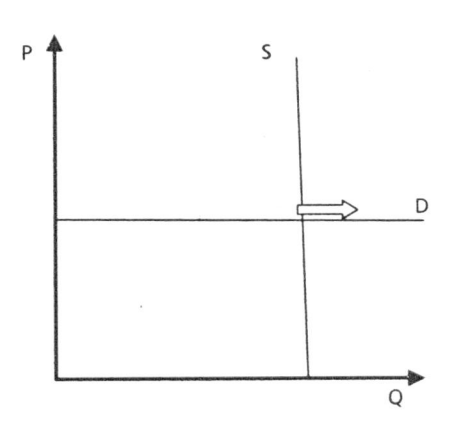

Deu-se então a Grande Moderação, com a P-dor sob controle e o Q-prazer expandindo-se sob a égide dos cassinos financeiros desregulamentados.

Final feliz, entretanto, só nos contos de fadas. Desde o início do século XXI, a expansão da procura passou a depender cada vez mais do crédito facilitado pelos cassinos. Sobreveio a Crise Financeira em 2008. Sobrecarregada de dívidas, a procura encolheu-se, não mais conseguindo responder aos estímulos creditícios. Também endividados, os governos não conseguiram mais estimulá-la com suas pílulas. A procura verticalizou-se, encolhida como estava, deixando um vácuo entre sua posição e a da oferta:

5)

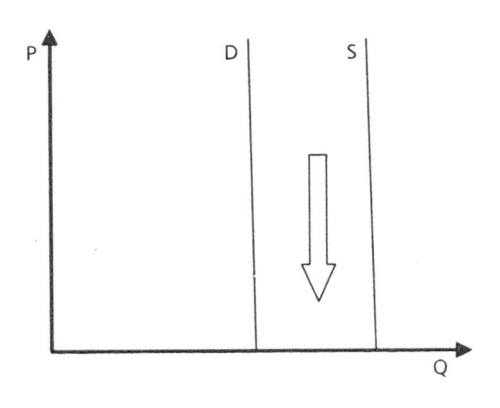

Descasadas, a procura e a oferta padecem agora de uma Q-dor que não sentiam desde os anos 1930. Prazer com a queda de P também não têm, pois ela apenas aumenta o peso das dívidas acumuladas. Estão agora a lamentar por não terem dado mais atenção a HM, o profeta esquecido, que há tempos lhes advertira sobre os perigos dos cassinos financeiros.

Como fazer para acasalar novamente procura e oferta? Velhos receituários retornam em tempos de crise. UltraKs só desejam mais estímulos, acreditando que a oferta vai atrás da procura onde ela for. UltraFs só querem saber de menos controles, pois acreditam, ao contrário, que a oferta gera sua própria procura.

Melhor deixar os ultras com suas manias de lado e retornar ao ponto de partida do sábio AM. Reconhecer as individualidades da oferta e da procura, sabendo que uma não vive sem a outra, e almejam cruzar-se harmonicamente como se hastes fossem de uma mesma tesoura. Posições extremas são excitantes de tempos em tempos, mas somente o Caminho do Meio unifica e transcende a dualidade.

Índice

Sobre os coautores

Albert Fishlow

Professor emérito da Universidade de Colúmbia e da Universidade da Califórnia, Berkeley. Foi professor nas universidades de Berkeley, Yale e Colúmbia e pesquisador na cátedra Paul A. Volcker de economia internacional do Council on Foreign Relations. Coordenador do grupo de pesquisas da Universidade da Califórnia junto ao Escritório (posteriormente, Instituto) de Pesquisa Econômica Aplicada do Ministério do Planejamento do Brasil em 1966-68. Foi secretário de estado adjunto dos EUA para a América Latina em 1975-76. Condecorado com a Ordem Nacional do Cruzeiro do Sul pelo governo brasileiro em 1999. Publicou, em português, *Desenvolvimento no Brasil e na América Latina: uma perspectiva histórica* (2004) e *O novo Brasil: As conquistas políticas, econômicas, sociais e nas relações internacionais* (2011). Ph.D. em Economia pela Universidade de Harvard em 1963.

André Lara Resende

Sócio-diretor da Lanx Capital Investimentos e membro do International Advisory Board do Itaú Unibanco. Foi diretor do Banco de Investimentos Garantia, do Unibanco e do Banco Matrix. Foi professor da PUC-Rio e pesquisador do Centre for Brazilian Studies da Universidade de Oxford. Foi diretor do Banco Central do Brasil, negociador-chefe para Asssuntos de Dívida Externa do Brasil, assessor do presidente Fernando Henrique Cardoso e presidente do BNDES. Organizador e coautor de *A questão da estabilização nos anos 80: um enfoque institucional* (1994) e autor de *Bolhas e pêndulos* (1997). Bacharel em economia pela PUC-Rio e Ph.D. em economia pelo Massachusetts Institute of Technology (MIT).

Dionisio Dias Carneiro (*in memoriam*)

Faleceu no Rio de Janeiro, em 29 de julho de 2010. Era sócio-fundador e diretor da Galanto Consultoria e do Instituto de Estudos em Política Econômica da Casa das Garças. Era também membro do Conselho Consultivo do Grupo Icatu, do Conselho de Administração e do Comitê de Auditoria da Companhia Siderúrgica Nacional, do Comitê Financeiro da Brasif e do Conselho de Administração da PDG Realty SA. Fora professor da Universidade de Brasília, da Escola de Pós-Graduação em Economia da Fundação Getulio Vargas, da PUC-Rio e vice-presidente da Financiadora de Estudos e Projetos (Finep). Graduou-se em economia na Universidade Federal do Rio de Janeiro, na Escola de Pós-Graduação em Economia da Fundação Getulio Vargas e na Universidade de Vanderbilt. Sua biografia intelectual, coordenada por Luiz Roberto Cunha, Maria Antonieta Leopoldi e Eduardo Raposo, será publicada em breve.

Persio Arida

Sócio do Banco BTG Pactual. Foi pesquisador do Centre for Brazilian Studies da Universidade de Oxford, do Woodrow Wilson Center do Smithsonian Institute em Washington e do Institute for Advanced Study em Princeton, professor da PUC-Rio e da Universidade de São Paulo. Foi diretor da área bancária do Banco Central do Brasil, presidente do BNDES e presidente do Banco Central do Brasil. Organizador e coautor de *Dívida externa, recessão e ajuste estrutural* (1982), *Inflação zero: Brasil, Argentina, Israel* (1986) e coorganizador e coautor de *A história do pensamento econômico como teoria e prática* (2003). Bacharel em economia pela Universidade de São Paulo e Ph.D. em Economia pelo Massachusetts Institute of Technology (MIT).

Regis Bonelli

Pesquisador sênior do Instituto Brasileiro de Economia da Fundação Getulio Vargas e Pesquisador Associado do Instituto de Estudos de Política

Econômica da Casa das Garças. Foi diretor-geral do Instituto Brasileiro de Geografia e Estatística (IBGE), diretor de pesquisas do Instituto de Pesquisas Econômicas e Aplicadas (Ipea) e diretor executivo do BNDES. Seus livros incluem *Ensaios sobre política econômica e industrialização no Brasil* (1995) e *A agenda de competitividade do Brasil* (organização e coautoria) (2011). Bacharel em engenharia pela PUC-Rio e Ph.D. em economia pela Universidade da Califórnia em Berkeley.

Simon Schwartzman

Presidente do Instituto de Estudos do Trabalho e Sociedade (IETS). Entre 1994 e 1998 foi presidente do Instituto Brasileiro de Geografia e Estatística (IBGE) e, antes, professor e pesquisador da Universidade Federal de Minas Gerais, Universidade de São Paulo, Fundação Getulio Vargas e Instituto Universitário de Pesquisas do Rio de Janeiro. Membro da Academia Brasileira de Ciências. Autor, entre outros, de *Os desafios da educação no Brasil* (2005), com Colin Brock; *Pobreza, inclusão social e modernidade: uma introdução ao mundo contemporâneo* (2004); *As causas da pobreza* (2004); e *University and development in Latin America: successful experiences of research centers* (2008). Doutor em ciência política pela Universidade da Califórnia em Berkeley.

O texto deste livro foi composto em Sabon,
desenho tipográfico de Jan Tschichold de 1964
baseado nos estudos de Claude Garamond e
Jacques Sabon no século XVI, em corpo 11/15.
Para títulos e destaques, foi utilizada a tipografia
Frutiger, desenhada por Adrian Frutiger em 1975.

A impressão se deu sobre papel off-white
pelo Sistema Cameron da Divisão Gráfica
da Distribuidora Record.